传统村落价值分级分类的理论与方法

周宏伟 等 著

科学出版社
北京

内 容 简 介

本书在既有传统村落保护利用研究与实践问题的基础上,提出并探讨了传统村落价值分级分类的理论与方法。第1章评述了传统村落保护利用价值认识与评估方法的发展特点与趋势;第2章提出并构建了国家历史文化空间格局背景价值评估指标体系,开展了相关实证研究;第3章探讨并构建了国家生态文明建设战略需求背景价值评估指标体系,以陕西为例进行了实证分析;第4章改进了传统村落文化本体价值评估指标体系,并以陕西、河南传统村落为例进行实证评估;第5章提出并构建了传统村落活态化保护利用价值评估指标体系,进行了相关案例验证;第6章提出基于传统村落保护利用价值综合评估的分级分类方法,并以陕西为例进行相关实证研究;第7章是基于上述研究的传统村落保护利用基础数据共享平台设计。

本书适合作为高等院校城乡规划相关专业教学研究人员、文化遗产保护相关领域专业技术人员、管理人员的参考用书,也适合文化遗产保护爱好者阅读。

审图号:GS(2022)5501号

图书在版编目(CIP)数据

传统村落价值分级分类的理论与方法 /周宏伟等著. —北京:科学出版社,2022.11

ISBN 978-7-03-073582-9

Ⅰ.①传⋯ Ⅱ.①周⋯ Ⅲ.①村落–文化遗产–保护–研究–中国 Ⅳ.K928.5

中国版本图书馆CIP数据核字(2022)第195751号

责任编辑:任晓刚 / 责任校对:王晓茜
责任印制:师艳茹 / 封面设计:润一文化

科学出版社 出版
北京东黄城根北街16号
邮政编码:100717
http://www.sciencep.com

北京九天鸿程印刷有限责任公司 印刷
科学出版社发行 各地新华书店经销

*

2022年11月第 一 版 开本:787×1092 1/16
2022年11月第一次印刷 印张:19 1/4
字数:380 000
定价:238.00元
(如有印装质量问题,我社负责调换)

"十三五"国家重点研发计划重点专项项目
"传统村落保护利用与现代传承营建关键技术研究"
（2019YFD1100900）
项目牵头承担单位：西安建筑科技大学
项目负责人：王树声

课题一
"传统村落保护利用价值的分级分类体系与评价导则"
（2019YFD1100901）
课题组

课题承担单位： 陕西师范大学
课题合作单位： 长安大学 西安建筑科技大学
课题负责人： 周宏伟
课题任务分工及主要研究人员：

任务1（陕西师范大学）：周宏伟（负责人）、刘晚莹、李庆鹏、薛滨瑞、
　　　　　　　　　　　蔡　娜、孙　颖、李冀宁、李富意、冯翊航

任务2（长安大学）：张　薇（负责人）、朱　玲（西安建筑科技大学）、
　　　　　　　　　王　乾、解天骄（西安建筑科技大学）、
　　　　　　　　　原　野（西安建筑科技大学）

任务3（陕西师范大学）：魏峰群（负责人）、李振亭、吴　冰、刘新颜、
　　　　　　　　　　　赵晶雪、林碧霞、杨蕾洁、马文硕

任务4（陕西师范大学）：黄晓燕（负责人）、殷江滨、张　甜、周　建、
　　　　　　　　　　　康喆文、康晨晨、夏伊凡

任务5（西安建筑科技大学）：朱旭东（负责人）、孔月萍、张　帆、赖　腾

前　　言

本书是基于"十三五"国家重点研发计划课题"传统村落保护利用价值的分级分类体系与评价导则"的部分研究工作而写作的。要理解传统村落保护利用的价值评估问题，有必要了解什么是传统村落、我国传统村落保护利用的重要成绩与问题，以及我们开展相关问题研究的基本设想。这样，可能会对理解本书的研究内容有所帮助。

1. 传统村落的概念

"传统村落"是近年来学术界出现的一个乡村聚落类型概念，过去常称为古村落、古村、古寨等。

目前所说的"传统村落"具有特定内涵。关于传统村落的定义，较早见于住房和城乡建设部等发布的相关文件中，但其内涵并不一致。例如，2012年发布的两份相关文件中，较早的一份文件说，传统村落指形成时间较早，拥有较丰富的传统资源，具有一定历史、文化、科学、艺术、社会、经济价值，应予以保护的村落[1]；而较晚的一份文件则修改为，传统村落指拥有物质形态和非物质形态文化遗产，具有较高的历史、文化、科学、艺术、社会、经济价值的村落[2]。应该说，在当时的经济社会条件下，从方便开展保护工作的角度看，后者的界定可能更为切实可行。无论如何定义，传统村落的特色无疑重在"传统"二字。所谓传统，是指从过去沿袭、流传下来的思想、文化、道德、风俗、艺术、制度及行为方式等，但大多时候，仅是指民间所流传的风俗和习惯做法。这些风俗和习惯做法有的可能在本地民间有漫长而遥远的历史源头和发展演变过程，有的则可能是自外地引入或传入，并逐渐融入本地的民间文化之中。也就是说，一个地方的传统总是处于"变"与"不变"的动态平衡之中。在新时代乡村振兴背景下，我国法律规定"各级人民政府应当采取措施保护农业文化遗产和非物质文化遗产，

---

[1] 住房和城乡建设部、文化部、国家文物局等：《关于开展传统村落调查的通知》，建村〔2012〕58号。
[2] 住房和城乡建设部、文化部、国家文物局等：《关于加强传统村落保护发展工作的指导意见》，建村〔2012〕184号。

挖掘优秀农业文化深厚内涵，弘扬红色文化，传承和发展优秀传统文化。县级以上地方人民政府应当加强对历史文化名镇名村、传统村落和乡村风貌、少数民族特色村寨的保护，开展保护状况监测和评估，采取措施防御和减轻火灾、洪水、地震等灾害"①。这就意味着，保护乡村传统文化既是各级政府的重要责任，无疑也是包括各村寨在内的全体乡村居民的重要义务；保护的对象不仅仅是传统村落等乡村聚落，更是面向"农业文化遗产和非物质文化遗产"；保护工作不仅是狭义的保护，还包括"保护状况监测和评估"以及防灾减灾。因此，传统村落的概念内涵有必要适当扩展。目前说来，视传统村落为传统时期（1912年中华民国成立以前）形成的具有较多的传统文化资源的乡村聚落，可能是较合适的。传统村落虽需要有较多的传统文化资源，但不一定都具有"较高的"价值。传统村落同时也是乡村居民生产生活的当代社区，其传统文化资源和非传统文化资源，只要属于农业文化遗产，也都需要采取一定的方式方法进行保护。

基于这样的考虑，本书所论的中国传统村落，既包括已获得各种称号（如"中国历史文化名村""中国传统村落""××省传统村落""少数民族特色村寨"等）的乡村传统聚落，也可延伸至其他各地各类乡村传统聚落。

2. 中国传统村落保护的重要意义

近几十年来，随着城市化的快速发展和新农村建设的推进，从传统物质形态看，我国的传统村落无疑已发生很多改变，不少村落传统的人工物质形态甚至已基本消失，但从非物质层面看，很多村落的传统风俗、礼仪、习惯等还相当浓郁，部分地方某些方面甚至有一定程度的强化（如续修家谱、族谱，修祠堂）。这是因为，村落传统文化的继承本是无意识的、不可避免的。在新的乡村振兴背景下，主动地、有意识地保护传统村落文化仍然具有十分重要的意义。这些意义概括起来主要表现在如下诸方面。

（1）更多地保存乡村传统记忆。我国绝大部分乡村聚落都有相当长的发展历史，受到传统文化的长期洗礼。在农耕文明传承过程中逐步形成的传统村落，必定凝结着独具特色的乡村历史记忆，如当地的风俗习惯、传统建筑艺术和村落空间格局，以及村落与周边自然环境的和谐关系等。这些历史遗存、传统与记忆，是活着的文化遗产，反映着中国农耕文明的丰富内涵与进步历程，体现出人与自然和谐相处的文化精髓和独特记忆。它们既是构成乡村居民文化记忆的主要方面，也是乡村居民社会凝聚力的关键内容，具有重要的现实社会文化意义和一定的历史、艺术、科学、社会等学术研究价值。今天，随着大量村落人口不断迁出，传统村落的节庆、风俗、饮食、手艺等

---

① 《中华人民共和国乡村振兴促进法》第三十二条，2021年。

逐渐失去传承的土壤；同时，随着外来城市文化的强势渗透，一些乡村的传统文化已出现异化，村民过去的朴素乡情也日趋瓦解。这样，如何让更多的乡村传统记忆得到保存是一项十分艰巨的任务。

（2）更好地弘扬乡村优良文化。传统村落是一个天然的乡村共同体，在这个共同体内，由于人与人、人与自然、人与社会的长期互动，往往形成具有地方特色的村落文化，并很大程度上规范着人、自然与社会的基本关系结构，维系着人们日常的生产秩序和生活秩序。这些生产秩序和生活秩序实际上催生了特定传统村落的物质性实体、精神性和制度性集体意识，也就是乡村传统文化。这些传统文化，既有很多自然、淳朴、积极、有益的内容，也有部分迷信、消极因素（如求神拜仙、重男轻女）。因此，如何在保存乡村传统记忆的基础上，采取合适的方式进一步弘扬乡村优良文化，改造、汰除乡村落后文化，保持乡村文化特色，是推动当代乡村社会进步的重要内容。

（3）更大地助力乡村经济发展。之所以要保存、弘扬村落传统文化，是因为传统村落所具有的特色街巷、传统建筑和节庆、风俗、饮食、手艺等，都是属于有价值的文化资源。保护传统村落就是保护传统村落的独特价值。现存中国传统村落的大部分，位于经济发展相对滞后的闭塞、偏远区域，这些地方虽然自然环境大多宜人，但村落民居破旧、危险，常住人口减少，基础设施缺乏，对外联系不便，产业活动单调，乡村经济缺少持久的推力与活力。合理利用村落传统文化资源，适度开发乡村景观，设法吸引外地游客，丰富乡村产业类型，无疑有利于增加乡村居民收入，维持乃至激发乡村经济活力，巩固乡村脱贫成果，促进乡村可持续发展。

这些意义的存在，无疑体现了传统村落保护所具有的重要的无可替代的价值。

3. 中国传统村落保护的主要成绩与问题

我国的传统村落进入保护研究者视野，大约萌芽于20世纪90年代。到21世纪初，开始有一批村落传统建筑群（如西递、宏村、流坑、张谷英等）列入全国重点文物保护单位名单。此后我国的传统村落保护工作取得了很大成绩。主要表现在如下几方面。

（1）保护制度不断健全。2002年，《中华人民共和国文物保护法》进行新的修订，规定"保存文物特别丰富并且具有重大历史价值或者革命纪念意义的城镇、街道、村庄，由省、自治区、直辖市人民政府核定公布为历史文化街区、村镇，并报国务院备案"，正式把"村庄"列为不可移动文物。2007年出台的《中华人民共和国城乡规划法》，规定在制定和实施城乡规划时，应当"保护耕地等自然资源和历史文化遗产，保持地方特色、民族特色和传统风貌"。2008年，国务院公布《历史文化名城名镇名村保护条例》，完善了包括历史文化名村在内的各项保护制度。2021年颁布的《中华人民共和国乡村振兴促进法》，明确保护、传承和发展乡村优秀传统文化是繁荣乡村文化的重要手段。除了法律制度外，中共中央、国务院及相关部门先后发布了《关于切实加强中国传统村落保护的指导意见》（建村〔2014〕61号）、《关于在城乡建设中加强历史文化保护传承的意见》，使开展传统村落的保护工作有了更加切实的政策性依据。

（2）保护力度越来越大。中华人民共和国成立以来，村落遗产保护的对象最早只是极少数具有革命历史纪念意义的单体建筑，如韶山毛泽东旧居。2003年，建设部和国家文物局开始共同组织评选"中国历史文化名村"，即那些保存文物特别丰富，且具有重大历史价值或纪念意义的，能较完整地反映一些历史时期传统风貌和地方民族特色的村。截至2018年，经过先后七次评选，共有487个村获得"中国历史文化名村"称号。2012年，住房和城乡建设部、文化部、国家文物局、财政部等联合成立专家委员会，开始评审发布"中国传统村落"名录。截至2019年，一共评审发布五批中国传统村落名录，列入名录的村落（包括中国历史文化名村）数量达到6819个，约占中国12000个具有传统性质村落的57%。更重要的是，对于其中一部分传统村落，从国家文物部门到地方政府，已投入大笔保护资金，实施保护利用项目。例如，2022年财政部、住房和城乡建设部共同组织在全国范围选择40个传统村落集中的县（包括区、县级市、旗及直辖市下辖区县，以下统称县）开展传统村落集中连片保护利用示范工作。可见，近年来我国对传统村落保护的数量越来越多、力度越来越大。

（3）保护方法与时俱进。对于村落遗产的保护，开始时是国家文物主管部门通过遴选村落中的部分建筑或建筑群作为国家重点文物保护单位的方式开展保护，当时所关注的自然是作为保护对象的文物建筑或建筑群本体。2003年，随着住房和城乡建设部和国家文物局共同组织"中国历史文化名村"的评选，尤其是乡村历史文化遗产保护内容写入2007年出台的《中华人民共和国城乡规划法》，文物建筑或建筑群本体之外的反映乡村传统风貌和地方民族特色的其他物质性遗产也进入保护规划编制者的视野。2012年，在既有基础上，考虑到传统村落作为居民生产和生活的基地，是农村社会构成最基层的单位，兼有物质与非物质文化遗产特性，于是，住房和城乡建设部、文化部、国家文物局、财政部等在联合组成专家委员会评审"中国传统村落"时，主张对传统村落的保护要从物质性遗产扩展到村落独特的非物质文化遗产，如风俗节庆、历史记忆、宗族传衍、俚语方言、乡约乡规、生产方式等。这样，"中国传统村落"的保护开始向整体性、活态性保护方向发展。而近些年"大智移云"技术的发展，使传统村落遗产保护利用的方式与手段有了更多更好的选择。显然，传统村落的保护方法愈益合理、科学、完善。

（4）保护成效越来越好。从进入"中国传统村落"名录的村落来看，保护成效主要体现在两方面。一是社会效益。调查显示，列入"中国传统村落"名录的村落没有发生拆并现象，没有发现严重破坏问题，村民保护意识明显增强；传统村落中大量危旧甚至濒危遗产得到保护修缮，越来越多的传统村落居民的生产生活条件有了明显改善；所有进入名录的"中国传统村落"都建立了村落文化遗产档案，很多村落通过挖掘整理了村史、村志、乡规、族训，将保护文化遗产和传承优秀传统美德要求写入村规民约，甚至还兴建了传统文化活动场所，教育村民，感染和熏陶各地游客[①]。不少地方在文物修缮、活化利用、产业发展、社会参与等方面都做了有益探索和创新，村落活力明显增强。二是经济效益。各地传统村落在坚持"保护第一、利用第二"原则的同时，通过各种经营形式发展农家乐休闲旅游和民宿业，促进传统建筑（老屋）的活化利用，让老房子保值、增值，不同程度实现乡村旅游与传统村落保护的良性互动和发展共赢。据报道，有一半的传统村落人均收入高于所在县平均水平，有70%的传统村落旅游收入实现近40%的增长[②]。

在传统村落保护工作取得很大成绩的同时，存在的问题也是不容忽视的。主要表现有四。

第一，遗产认识仍显不足，保护意识亟待加强。不但地方相关部门对农村文化遗产保护宣传力度不够，重头衔称号，轻保护宣传，而且大多数乡村基层干部对传统村落文化遗产的保护和传承同样认识不足。例如，把建设新农村、美丽乡村、乡村振兴等，视同为拆老房，盖洋楼，建新村，仿古村，让"旧貌换新颜"；有些地方受不良政绩观影响，急功近利，而作为遗产资源所有者的村民，大多对农村文化遗产的价值和作用缺乏基本认识。例如，很多村民把老民居、乡土建筑、古桥、历史水利设施、古树木视为贫穷落后的象征，随意拆除、毁坏、废弃、芟除；随着部分农村聚落的空心化，一些有价值的古建筑构件或卖给非法文物商，或被盗贼偷走；一些传统民俗、传统技艺等非物质文化遗产无人传承、自生自灭。

第二，规划目标千篇一律，价值判断轻率随意。由于传统村落保护规划编制工作的开展具有一定程度的运动性、急迫性，编制者往往难以对规划对象做深入细致的调查研究，而仅仅套用、模仿既有的历史文化保护规划模板，不能真正因地制宜、有的放矢。例如，不管什么保护对象，都说"具有重要的历史、艺术、科学价值"，而对于历史、艺术、科学价值分别体现在哪里却说不清楚。这样，容易造成实际保护利用工作或难以具体开展，或难以实现保护规划的宏大目标。

第三，注重保护物质实体，轻视延续非遗文化。各地村落遗产保护利用工作大多只集中甚至停留在有名镇名村、传统村落、重点文保单位等称号的古建筑、历史遗迹等物质性遗产层面，对历史悠久的没有"头衔"的普通村落，尤其是物质性实体不多村落的文化遗产（主要是非物质文化遗产），其发掘、保护、开发问题并没有引起应有的、适当的注意。

第四，保护管理政出多门，保护发展难以协调。传统村落的保护工作与所在地农村、

[①]《传统村落保护发展："中国方案"获世界称赞》，《中国建设报》2019年9月5日。
[②]《在时光边缘留住乡愁——我国集中连片传统村落保护见成效》，新华社贵阳2018年11月2日电。

农业、农民问题息息相关，城乡建设、文物、文化旅游、自然资源、农业农村、乡村振兴、水利、林草等管理部门或多或少涉及。如果相互之间对被保护对象的价值认识不一，缺乏实质性沟通、协调，容易造成本来应重点保护的对象没有保护，本来有限的遗产保护资金可能使用不当，或重复浪费，甚至导致某些重大决策出现偏差。

4. 既有中国传统村落价值评估方法及其不足

保护文化遗产的终极目标即在于保护利用文化遗产的价值，保护传统村落的终极目标自然也在于保护利用传统村落的价值。从当前存在的上述诸方面问题可知，这些问题的产生其实都与相关方对传统村落价值认识、理解不足甚至缺乏存在直接或间接的联系。

自从住房和城乡建设部牵头相继开展"中国历史文化名村""中国传统村落"保护工作以来，对于其保护价值都是采取层次分析法来进行推荐、评选、认定。中国历史文化名村的评选所依据的是 2003 年发布的、后来有所修订的《中国历史文化名镇（名村）评价指标体系（试行）》。该指标体系分"价值特色"和"保护措施"两大部分，前者所占分值为 70 分，以评价物质性文化遗产为主，非物质文化遗产仅有 4 分，后者所占分值为 30 分，其设计目的是"为更好地保护、继承和发扬我国优秀建筑历史文化遗产，弘扬民族传统和地方特色"。近年中国传统村落的遴选所依据的是 2012 年发布的《传统村落评价认定指标体系（试行）》。该指标体系分"传统村落建筑评价体系""村落选址和格局评价指标体系""村落承载的非物质文化遗产评价指标体系"三部分，分值各为 100 分，其设计目的是"为评价传统村落的保护价值，认定传统村落的保护等级"（分国家级、地方级）。比较两种评价体系可知，虽然二者评价方法、评价对象类似甚至相同，但由于评价指标、评价目的并不一致，所产生的评价结果自然也就不一样。例如，《中国历史文化名镇（名村）评价指标体系（试行）》中的"价值特色"基本体现在物质性文化遗产上，而在《传统村落评价认定指标体系（试行）》中，出现了两方面的明显变化：一是对村落选址与格局内容给予前所未有的关注，二是非物质文化遗产内容占有较大比例。这说明在传统村落的价值评价中，人们对村落文化遗产的完整性和活态性价值有了新的更为全面、科学、合理的认识。

然而，采取《传统村落评价认定指标体系（试行）》所获得的"中国传统村落"遴选结果，并不能十分客观地反映中国各地传统村落价值的历史与现状。其一，传统村落评价的方法偏于微观。目前评估主要针对的是特定村落个体现存的文化遗产情形进行微观性评价，缺乏从国家历史格局、国家战略层面对传统村落的价值进行宏观性思考。这既容易导致历史更为悠久、经济更为发达区域传统村落文化遗产保护工作的落后乃至缺失，也可能导致遗产保护工作与国家的相关发展战略产生矛盾。其二，传统村落保护的层级结构相对扁平。目前，传统村落保护层次只有国家、省级二类，这既容易造成村落保护工作的重点不明，也容易导致有价值的村落遗产不能"应保尽保"。其三，传统村落保护存在区域性失衡。这是评价方法存在均质化、扁平化倾向所导致的。从目前的遴选结果来看，部分区域同质化的"中国传统村落"数量过多（如贵州省黎平县有"中国传统村落"称号者93个），明显出现过密化情形；而不少地区的"中国传统村落"则完全缺失（如长江三角洲、华北平原等地的某些县域），无疑存在空白化情形。过多、过少以至于缺乏，都是不利于各地开展传统村落文化遗产的保护与传承工作的。其四，传统村落未能充分展示其应有的社会经济价值。这主要是指传统村落对普通大众缺乏应有的吸引力。传统村落的保护利用需要有公众参与，传统文化的传承更需要公众参与。只有设法唤起人们对乡土的热爱之情，才能体现传统村落保护的真正意义，实现传统村落保护的终极目的。显然，传统村落保护过程中存在的上述不足，并不利于中国传统村落文化遗产的保护、利用与开发工作。

2012年党的十八大召开以来，一方面，习近平总书记发表一系列重要论述、做出一系列重要指示批示，为历史文化遗产保护工作引路，指出"我们一定要重视历史文化保护传承，保护好中华民族精神生生不息的根脉"；另一方面，生态文明建设、乡村振兴相继成为国家发展的长期战略。因此，如何从国家历史文化格局、国家生态文明建设战略以及乡村振兴战略层面更为准确地理解"传统"的完整含义和动态特征，进而填补、充实、完善过去传统村落价值评估工作的缺陷与不足，就是研究者需要思考、解决的关键问题。

5. 中国传统村落价值评估原则与方法的新探索

通过对中国传统村落价值评估的既有思路和存在问题的思考，我们认为，宏观和微观结合、静态与动态兼顾、历史与现实对接、定性与定量交融四方面原则，可能是探索中国传统村落保护利用价值新的评估方法的基本遵循。那么，如何来认识和理解这些原则？

（1）宏观和微观结合。这是就评估的地域范围而言，是指进行传统村落评估时，不但要认识传统村落小范围内遗产资源的个体情形，而且更需要考虑国家或所在地较大区域遗产保护的宏观背景，以便于保护对象的区域比较与区际比较。

（2）静态与动态兼顾。这是就评估的遗产对象而言，是指进行传统村落评估时，不但要重视静态的物质性文化遗产资源，而且更需要重视动态的非物质性文化遗产资源和村民现实的生产生活状态，以尽可能呈现传统村落较完整的风貌、景观、景象。

（3）历史与现实对接。这是就评估的遗产价值而言，是指进行传统村落评估时，不但要重视传统村落遗产资源的历史价值、艺术价值乃至科学价值挖掘，而且更需要重视传统村落遗产资源的可持续保护、传承、利用、开发，以彰显传统村落保护的经济、社会、生态效益。

（4）定性与定量交融。这是就评估的技术要求而言，是指进行传统村落评估时，不但要注重国家对文化遗产资源的现有定性定位，而且要把定性评估与定量评估紧密结合起来，以提高评估工作的精准度，便于评估工作的智能化、便捷性。

基于上述原则，我们尝试在既有传统村落保护利用的研究与实践基础上，把国家历史文化空间格局背景、国家生态文明建设战略需求背景的宏观层面，与特定传统村落传统资源静态情形与活态情形的微观层面结合起来，然后，通过建立传统村落保护利用基础数据共享平台来进行综合价值评估，根据获得的评估结果来实现对传统村落价值的分级分类。这样，不但可以为未来科学、合理遴选新的传统村落保护对象提供方便，更重要的是，可以为未来既有区域传统村落有重点地开展保护利用工作，以及传统村落保护利用状况的周期性监测、评估工作，进而促进传统村落的长效保护利用提供方便。我们相信，采取这样的方法，应该可以把我国传统村落的保护利用价值评估工作提高到一个新水平。

本书就是我们尝试探讨中国传统村落价值分级分类理论与方法的最终成果。

周宏伟

2022 年 8 月 28 日

目 录

前言 ··· i

第1章 传统村落保护利用价值评估研究述评 ·· 1
   1.1 传统村落价值认识的演进：从部分到整体 ·· 2
   1.2 传统村落保护利用价值评估方法的变迁：从单一到多元 ······························ 8
   1.3 研究展望 ··· 13

第2章 作为评价背景的国家历史文化空间格局研究 ·· 15
   2.1 引言 ··· 15
   2.2 国家历史文化空间格局的概念 ··· 16
   2.3 国家历史文化空间格局背景价值评估指标体系的构建 ······························ 18
   2.4 结果分析 ··· 45
   2.5 传统村落国家历史文化空间格局背景价值评估研究——以40个集中连片示范县为例 ··· 47
   2.6 结语 ··· 53

第3章 作为评价背景的国家生态文明建设战略需求研究 ······································ 55
   3.1 引言 ··· 55
   3.2 国家生态文明建设战略需求与城乡规划 ·· 57
   3.3 国家生态文明建设战略需求背景评价的基本思路 ·································· 61
   3.4 国家生态文明建设战略需求背景价值评估指标体系 ································ 65

3.5 国家生态文明建设战略需求背景评价实证分析 80
3.6 结论 114

第4章 传统村落文化遗产本体价值评估研究 115

4.1 引言 115
4.2 相关研究述评 116
4.3 传统村落文化遗产本体价值评估框架 132
4.4 现行相关评价指标体系分析 135
4.5 传统村落文化遗产本体价值评估体系 138
4.6 陕西省传统村落文化遗产本体价值评估 146
4.7 河南省传统村落文化遗产本体价值评估 156
4.8 结语 163

第5章 传统村落活态化保护利用价值认知与评估研究 165

5.1 引言 165
5.2 活态化保护利用价值认知 166
5.3 价值评估基本思路 174
5.4 价值评估方法 176
5.5 指标体系构建 180
5.6 案例验证 189
5.7 探索与展望 196

第6章 传统村落保护利用价值综合评估与分级分类研究 207

6.1 引言 207
6.2 传统村落保护利用价值综合评估 208
6.3 传统村落保护利用价值分级方法 209
6.4 传统村落保护利用价值分类方法 210
6.5 实证研究 211

第 7 章　传统村落保护利用基础数据共享平台设计 ··· 224
  7.1 引言 ·· 224
  7.2 平台结构设计 ·· 226
  7.3 基础数据平台 ·· 227
  7.4 软件共享平台 ·· 241
  7.5 数据共享平台 ·· 253

附录 1 ·· 267

附录 2 ·· 268

附录 3 ·· 271

附录 4 ·· 283

后记 ··· 287

第1章 传统村落保护利用价值评估研究述评

传统村落一般是指传统时期（1912年中华民国成立以前）形成的具有较多传统文化资源的乡村聚落。我国学术界目前所关注的传统村落是指拥有物质形态和非物质形态文化遗产，具有较高的历史、文化、科学、艺术、社会、经济价值的村落[①]。这一概念形成于2012年。此前，人们往往对传统村落有不同的称呼，如古村落、古村、古寨、历史文化名村。2003年，建设部与国家文物局共同组织评选"中国历史文化名村"，标志着部分传统村落进入国家保护视野。2012年，住房和城乡建设部、文化部、国家文物局、财政部又联合启动了"中国传统村落"的调查、评审工作。截至2021年底，分别评选了七批共487个中国历史文化名村和五批共6819个中国传统村落。中国历史文化名村基本上都被录入中国传统村落名录。传统村落作为一种乡村型的活态文化遗产，是保存中国传统的生活方式与精神文化的土壤[②]，具有数量多、分布广、类型多的特点。但在城镇化的发展及现代文明的影响下，传统村落无论是有形的建筑遗产还是无形的非物质文化遗产，均面临十分严重的威胁，如传统建筑破败、新修建筑雷同，以及人口空心化、景观同质化、传统文化载体逐渐消失等问题。于是，对传统村落的保护利用工作逐渐受到各级政府部门的重视，大部分传统村落陆续编制了保护规划，开展了具体的保护利用项目，取得了很大的成绩。传统村落的保护利用是一项长期的工作，在新的乡村振兴战略背景下，需要不断地提高保护利用工作水平。认识传统村落的价值是开展传统村落保护工作的前提和基础，保护利用传统村落价值是传统村落保护利

---

① 住房和城乡建设部、文化部、国家文物局等：《关于加强传统村落保护发展工作的指导意见》，建村〔2012〕184号。
② 冯骥才：《传统村落的困境与出路——兼谈传统村落是另一类文化遗产》，《民间文化论坛》2013年第1期。

用工作的核心与目标，科学、合理地评估传统村落价值是保护利用工作不可或缺的环节。以此，回顾过去与传统村落的保护利用价值评估相关的研究工作是很有必要的。

中国传统村落价值的相关研究开始于20世纪90年代，衍生于当时进行的建筑遗产的保护工作。伴随着传统村落的调查与评选工作的开展，以及相关保护利用工作的现实需求，近年来有关传统村落保护利用价值的研究呈增长趋势。下面主要就学术界既往对传统村落价值的认识及其评价方法的探讨与实践，做一简单总结。

1.1 传统村落价值认识的演进：从部分到整体

1.1.1 传统村落保护利用价值的内涵认识

传统村落的保护利用价值可分为保护价值与利用价值两个方面。保护价值主要指历史、艺术、科学等非使用价值，而利用价值主要指居住、教化、旅游等使用价值。目前的传统村落价值评价，基本都围绕这两方面展开。由于传统村落保存的历史文化遗产多为传统建筑，因而其保护利用价值研究脱胎于建筑遗产的保护利用工作。20世纪90年代，朱光亚和蒋惠较早认识到对建筑遗产密集区（包括传统村落、历史街区等）进行建筑遗产评估的迫切性，主张将传统村落建筑遗产价值分解为历史文物价值、科学价值、艺术价值及实用价值，来评估建筑遗产密集区建筑遗产的保护利用价值[1]。早期对传统村落价值认识基本围绕着保护价值，即使有认识到使用价值，也基本上限于建筑遗产本身，而非传统村落整体的情况。朱晓明将村落价值认识分为历史价值、科学价值、艺术价值三个方面，较早对传统村落的评价标准进行研究[2]。梁雪春等构建的城乡历史地段综合价值的评价方法，也以保护价值为主，利用价值仅体现于建筑物的使用价值中，对传统村落整体的使用价值缺乏探讨[3]。2004年建设部发布的《中国历史文化名镇（村）评价指标体系（试行）》[4]使用了赵勇等的研究成果[5]，同样将历史文化名村的价值认识限于保护价值之中。由于这套评价体系本身是以历史文化名镇名村的评选

---

[1] 朱光亚、蒋惠：《开发建筑遗产密集区的一项基础性工作——建筑遗产评估》，《规划师》1996年第1期。
[2] 朱晓明：《试论古村落的评价标准》，《古建园林技术》2001年第4期。
[3] 梁雪春、达庆利、朱光亚：《我国城乡历史地段综合价值的模糊综合评判》，《东南大学学报》（哲学社会科学版）2002年第2期。
[4] 建设部、国家文物局：《关于组织申报第三批中国历史文化名镇（村）的通知》，建规〔2006〕103号。
[5] 赵勇、张捷、李娜等：《历史文化村镇保护评价体系及方法研究——以中国首批历史文化名镇（村）为例》，《地理科学》2006年第4期；赵勇、张捷、卢松等：《历史文化村镇评价指标体系的再研究——以第二批中国历史文化名镇（名村）为例》，《建筑学报》2008年第3期；赵勇：《中国历史文化名镇名村保护理论与方法》，北京：中国建筑工业出版社，2008年。

为目标，因而，重视保护价值也是理所应当。

2006年后，越来越多的学者开始重视传统村落的综合价值。汪清蓉和李凡将传统村落的综合价值分解为资源价值、现状条件评估、旅游开发条件三个方面①，既包含了保护价值又涉及了利用价值；黄晓燕认为历史地段的综合价值由历史价值、使用价值、社会文化价值、美学与艺术价值、情感价值、景观和旅游价值六方面构成②；王云才等认为，传统村落的价值特征体现在村落本身所具有的遗产性价值特征和基于村落特色和创新利用的市场价值两个方面③。张艳玲和肖大威将历史村镇价值分为物质文化价值和非物质文化价值，强调非物质文化遗产在历史文化名村镇保护中的重要性④。国家现行的《传统村落评价认定指标体系（试行）》⑤则主张从传统建筑、村落选址和格局、非物质文化遗产三方面对传统村落的综合价值进行评估。陆琦和谭皓文将古村落的价值划分为历史价值、人文价值、艺术价值、商业价值和环境价值，并在广东从化松柏堂街区的改造过程中进行实践⑥。冯骥才认为传统村落是一种生活生产中的遗产，融合了物质与非物质文化遗产，其保护工作必须是整体保护⑦。黄家平构建了由特征评价和真实完整性评价两大部分组成的历史文化村镇评价体系，涉及物质要素、历史影响、传统文化、社会生活四方面的价值⑧。鲁可荣和胡凤娇认为传统村落具有农业生产价值、生态价值、生活价值及文化传承与教化价值⑨。杨立国等分别构建了传统村落的文化传承度和保护度的评价体系⑩。屠李从历史文化价值、社会价值两方面讨论了传统村落的遗产价值⑪。窦银娣等从传统产业经营价值、人居环境风貌价值、资源开发潜力价值、历史遗产纪念价值四个维度评价了传统村落的多维价值⑫。刘志宏建立了中国传统村落遗产价值评价的等级结构，揭示了传统村落文化遗产价值评价从重视有形文化遗产价值到重视

---

① 汪清蓉、李凡：《古村落综合价值的定量评价方法及实证研究——以大旗头古村为例》，《旅游学刊》2006年第1期。
② 黄晓燕：《历史地段综合价值评价初探》，西南交通大学2006年硕士学位论文。
③ 王云才、郭焕成、杨丽：《北京市郊区传统村落价值评价及可持续利用模式探讨——以北京市门头沟区传统村落的调查研究为例》，《地理科学》2006年第6期。
④ 张艳玲、肖大威：《非物质文化遗产在历史文化名村保护中的重要性》，《古建园林技术》2009年第3期。
⑤ 住房和城乡建设部、文化部、国家文物局等：《关于印发〈传统村落评价认定指标体系（试行）〉的通知》，建村〔2012〕125号．
⑥ 陆琦、谭皓文：《价值评定对历史村落转型再利用的指导作用——广州市从化松柏堂街区改造思索》，《新建筑》2011年第6期。
⑦ 冯骥才：《传统村落的困境与出路——兼谈传统村落是另一类文化遗产》，《民间文化论坛》2013年第1期。
⑧ 黄家平：《历史文化村镇保护规划技术研究》，华南理工大学2014年博士学位论文。
⑨ 鲁可荣、胡凤娇：《传统村落的综合多元性价值解析及其活态传承》，《福建论坛》（人文社会科学版）2016年第12期。
⑩ 杨立国、刘沛林：《传统村落文化传承度评价体系及实证研究——以湖南省首批中国传统村落为例》，《经济地理》2017年第12期；杨立国、龙花楼、刘沛林等：《传统村落保护度评价体系及其实证研究——以湖南省首批中国传统村落为例》，《人文地理》2018年第3期。
⑪ 屠李：《皖南传统村落的遗产价值及其保护机制》，南京：东南大学出版社，2019年。
⑫ 窦银娣、谢双喜、李伯华：《传统村落多维价值评价及实证研究》，《中南林业科技大学学报》（社会科学版）2020年第1期。

无形文化遗产价值的转变[①]。

虽然不同学者对传统村落的价值有不同的分解方式，但均离不开保护与利用两大方面。由于传统村落具有文化遗产属性，在传统村落的保护价值和利用价值之间，前者所受到的关注远大于后者。人们对传统村落保护价值认识的范围明显扩大，从最初仅关注村落建筑遗产，到近年来普遍将传统村落的整体空间纳入，体现了对传统村落保护价值认识的进步与深化。此外，各种评价体系逐渐重视传统村落的非物质文化遗产价值，从官方现行的两套传统村落评价体系中亦可窥见这种变化。《中国历史文化名镇（村）评价指标体系（试行）》从 2004 年发布以来，先后在 2007 年、2010 年进行了修订，虽然非物质文化遗产部分的最高分值有所提高，但仍仅有 6 分[②]；而在《传统村落评价认定指标体系（试行）》中，对非物质文化遗产单独构建了一个评价体系，占评价体系三分之一的分值，占比大幅度提高。

传统村落除具有文化遗产属性外，还具有聚落属性，必然存在利用价值。对传统村落利用价值的分解和评价，既是对传统村落价值认识的拓展，也是对传统村落整体性认识的深化，有助于探索和选择传统村落的未来发展方向。目前构建的各种传统村落保护利用价值评价体系，由于划分价值的标准不一，侧重点不同，对传统村落具体价值的命名方式和解释也千差万别，容易导致对传统村落的保护利用价值内涵缺乏准确、一致的认识，如村落保护规划内容与价值认识脱节、诸多评价体系难以大范围应用等问题。探索出明晰的传统村落价值划分方式，较为全面和准确地认识传统村落的价值内涵，是传统村落价值评价研究需要进一步发展的方向之一。

1.1.2 建筑遗产评估中涉及的传统村落价值评估

传统村落的文化遗产进入人们的研究视野，离不开建筑学者们的长期工作。在中国的传统村落中，有相当一部分是因保存了较为完整的建筑遗产而入选，因而，对建筑遗产进行价值评估，一直是传统村落价值评估关注的重点。1996 年，朱光亚和蒋惠以安徽呈坎村为例，探索了针对传统村落、历史地段等区域的建筑遗产价值评估方法[③]。一改以往只重视价值较高的单体建筑的工作习惯，将非文物保护单位的建筑遗产纳入评估对象之中，并针对评估结果对建筑遗产进行分级保护，为传统村落的保护发展规划提供了依据。朱光亚在 2002 年进一步阐述了古村镇建筑遗产价值评估的要点，如深

[①] 刘志宏：《中国传统村落世界文化遗产价值评估研究》，《西南民族大学学报》（人文社会科学版）2021 年第 11 期。

[②] 该体系从 2004 年发布以来，先后在 2007 年、2010 年进行了修订。2007 年的版本加强了自然环境、空间形态、街巷格局等方面的评价，提高了非物质文化遗产部分的最高分值；2010 年的版本则去除了历史久远度这一指标，不衡量历史建筑、文物保护单位的最早修建年代，而关注其数量和等级，并增加了历史环境要素的评价指标。

[③] 朱光亚、蒋惠：《开发建筑遗产密集区的一项基础性工作——建筑遗产评估》，《规划师》1996 年第 1 期。

化对价值要素的认识、将传统风貌（环境价值）列为评估中权重最大的要素等①。虽然建筑遗产只是传统村落遗产的一部分，并不能完全概括传统村落的所有价值，但无疑体现了传统村落价值的主要部分。可以说，传统村落建筑遗产的价值评估研究，为大部分传统村落的价值评估提供了较好的视角。

1.1.3 历史地段价值评估

历史地段亦被译为历史地区或历史街区。根据1976年联合国教育、科学及文化组织（以下简称联合国教科文组织）大会第19届会议通过的《关于历史地区的保护及其当代作用的建议》（《内罗毕建议》）中的定义，历史地区指包含考古和古生物遗址的任何建筑群、结构和空旷地，它们构成城乡环境中的人类居住地，从考古、建筑、史前史、历史、艺术和社会文化的角度看，历史地段的凝聚力和价值已得到认可。历史街区可划分为史前遗址、历史城镇、老街区、老村庄、老村落及相似的古迹群②。传统村落属于历史地段的一个类型，因而，历史地段的价值评价，亦适用于大部分传统村落。

梁雪春等从人类活动、建筑物、空间结构、环境地带四方面制定了历史地段综合价值的评价指标体系，并对浙江永嘉县的四个古村落进行评价③。虽然该文指出评价对象为乡村地区的建筑遗产，但实际上囊括了村落周边环境要素和人文社会要素，更接近传统村落的评价体系。黄晓燕通过分析《中国历史文化名镇（村）评价指标体系（试行）》的不足，认为采用量化评价为主、定性评价调查法为辅的评价方法，可以从单体（组）建筑和历史地段整体综合价值两方面对历史地段进行评估④。较之此前的评价体系，增加了情感价值的相关指标，进一步完善了传统村落的价值评价指标。

随着历史文化村镇、古村落等乡村聚落受到更多关注，传统村落逐渐从历史地段的研究中独立出来。

1.1.4 历史文化村镇价值评估

历史文化村镇是中国历史文化名镇、名村的简称，指保存文物特别丰富且有重大历史价值或者革命纪念意义，能较完整地反映一些历史时期的传统风貌和地方民族特色的镇（村）。建设部和国家文物局2003年开始共同组织评选中国历史文化名镇名村，截至2021年，全国已有799个村落入选。同历史地段相比，历史文化村镇的评选只面

---

① 朱光亚：《古村镇保护规划若干问题讨论》，《小城镇建设》2002年第2期。
② 国家文物局法制处编：《国际保护文化遗产法律文件选编》，北京：紫禁城出版社，1993年，第101—102页。
③ 梁雪春、达庆利、朱光亚：《我国城乡历史地段综合价值的模糊综合评判》，《东南大学学报》（哲学社会科学版）2002年第2期。
④ 黄晓燕：《历史地段综合价值评价初探》，西南交通大学2006年硕士学位论文。

向乡村地域，范围更加明晰，因而其价值评价体系更具有针对性。

赵勇等受托从2002年开始研究历史文化村镇保护评价体系[1]，其研究成果经修改后2004年被建设部采用（《中国历史文化名镇（村）评价指标体系（试行）》）。该评价体系从价值特色和保护措施两方面进行评价，价值特色包含了物质文化遗产和非物质文化遗产；保护措施包含保护规划、保护措施两大方面[2]。该评价体系先后在2007年、2010年进行了修改，基本囊括了传统村落非利用价值的各个方面，此后各地的历史文化村镇价值评价体系也多是在此评价体系的基础上进行修改和补充[3]。由于该评价体系的研制目标在于历史文化村镇评选，因而体现出重保护、轻利用的特点，并未能很好地考虑村镇遗产类型的地域差异，导致历史文化村镇在某些地域过度集中，某些地域大范围空白，没有全面体现出中国乡村文化的地域发展脉络与总体特征。

华南理工大学团队在历史文化村镇价值评价体系的研究上也有较多贡献。黄家平等针对历史文化村镇保护规划的需要，在现行评价体系的基础上，构建了一套由历史文化遗产、村镇概况、居民保护意向三方面构成的基础数据指标体系[4]。张艳玲和肖大威根据评价因素的特征和操作方法的差异，将历史文化村镇的评价体系分为客观评价体系和主观评价体系，客观评价体系采用定量评价的方法，主观评价体系采用定性与定量结合的方法，两种评价体系各自的分数总和作为历史文化村镇的最后得分[5]。其总评价体系的因子同赵勇的体系类似，但量化方法有所推进。

邵甬和付娟娟在分析现行的历史文化村镇评价体系的存在问题的基础上，提出在构建评价体系时，强调重视聚落与自然环境的相互作用即整体协调性；强调生活延续性与非物质遗产的重要性；将真实完整性评价指标从价值特色评价中分离出来，单独设立评价子系统，并与价值构成要素建立对应关系，希望把历史文化村镇综合评价体系的框架从"树状"向"网络状"转变，建立特征评价—真实完整性评价—保护措施评价—监测预警评价的动态评价体系[6]。

应该说，历史文化村镇同传统村落相比，更强调村镇现状有形文化遗产的保护，其评价体系均以保护为中心，较适用于村镇有形遗产价值的评价。

---

[1] 赵勇、张捷、李娜等：《历史文化村镇保护评价体系及方法研究——以中国首批历史文化名镇（村）为例》，《地理科学》2006年第4期；赵勇、张捷、卢松等：《历史文化村镇评价指标体系的再研究——以第二批中国历史文化名镇（名村）为例》，《建筑学报》2008年第3期。

[2] 赵勇：《中国历史文化名镇名村保护理论与方法》，北京：中国建筑工业出版社，2008年。

[3] 周铁军、黄一滔、王雪松：《西南地区历史文化村镇保护评价体系研究》，《城市规划学刊》2011年第6期。

[4] 黄家平、肖大威、贺大东等：《历史文化村镇保护规划基础数据指标体系研究》，《城市规划学刊》2011年第6期。

[5] 张艳玲、肖大威：《历史文化名镇名村客观评价体系研究》，《华中建筑》2010年第8期；张艳玲、肖大威：《历史文化村镇主观评价体系》，《华中建筑》2013年第12期；张艳玲：《历史文化村镇评价体系》，北京：中国建材工业出版社，2018年。

[6] 邵甬、付娟娟：《以价值为基础的历史文化村镇综合评价研究》，《城市规划》2012年第2期。

价值并重，体现了人们对传统村落保护利用价值的认识越来越完善和深入，为建立合理、科学的传统村落保护利用价值评估体系打下了较好的基础。

经过学界的大量研究，目前传统村落保护利用价值的指标体系已基本稳定下来，但存在的问题仍然不少。其一，由于各种指标体系往往侧重于评估现存的、有形的遗产，既容易导致区际传统村落价值的横向可比性不强，也容易导致区域尤其是经济发达地区传统村落保护工作的缺失。其二，在编制传统村落保护规划时，一个区域甚至一个村落可能会专门制定一套评价体系，容易产生大量的重复性工作。虽然地域性指标的研究对改善这种现象有一定的效果，但仍需要在评价指标的普适性、可比性方面做更进一步的研究。其三，当前针对多对象的评价体系基本上都是选拔性评价，缺乏对传统村落的分级分类评价，无法满足全国数千个传统村落的个性化发展需求。其四，当前学界关注的对象多位于传统村落密集区或是建筑遗产价值较高的传统村落，对于传统村落分布较少的地区或近年新入名录的传统村落关注不够，而这类传统村落在中国的传统村落中占有相当大的比例，提高对此类村落的关注，有助于探索出更加普适的传统村落保护利用路径。

1.2　传统村落保护利用价值评估方法的变迁：从单一到多元

传统村落保护利用价值评估需要设置多方面的指标进行衡量，属于典型的综合评价。综合评价需要确定评价客体、评价标准和评价模型。其中，评价模型指将评价客体实际价值水平显化为可直接理解或解释的"评价结论"的机制，包含变量（属性）的构成及参数转化为评价值的系统[①]。评价模型的选择是否合适，决定了评价结论是否合理、可靠。

指标赋权是综合评价的关键，按照赋权的方式，可以将综合评价的方法分为主观赋权法与客观赋权法两大类型。常用的主观赋权法有层次分析法（analytic hierarchy process，AHP）、德尔菲法、模糊综合评价法，客观赋权法主要有主成分分析法、K-modes聚类、熵权法等。由于传统村落价值的评价指标存在定性与定量结合、定性指标的数据难以准确获取的情况，主观赋权法始终是传统村落保护利用价值评估中最常用的方法。经过多年的发展，传统村落保护利用价值评估的指标赋权方法出现了从早期单一主观赋权法的运用到多种主观赋权法组合运用的转变，以及从主观赋权法到主观赋权法与客观赋权法组合运用的多元化倾向。

---

① 苏为华：《综合评价学》，北京：中国市场出版社，2005年，第1页。

1.1.5 传统村落/古村落价值评估

我国传统村落/古村落的价值评价研究开始于21世纪初。朱晓明从传统村落的历史研究与现状条件（基础评价和居民意向）两方面，初步构建了传统村落价值的综合评价体系[①]。汪清蓉和李凡构建了古村落综合价值的定量评价模型，从资源价值要素、现状条件与旅游开发条件三方面确定评价指标[②]，较朱晓明的评价体系更为细化。王云才等以北京市门头沟区的传统村落为例，从悠久性、完整性、乡土性、协调性、典型性五方面对其综合价值进行了评价[③]。

2012年，住房和城乡建设部、文化部、国家文物局、财政部四部门开始联合开展传统村落的调查，并发布了《传统村落评价认定指标体系（试行）》，作为评价传统村落的保护价值及认定其保护等级的现行标准。该评价体系分为传统建筑、村落选址和格局、非物质文化遗产三个子评价体系，兼具定性与定量指标，较好地囊括了传统村落各个方面的价值。由于对传统村落价值内涵认识的拓展与深化，传统村落需整体保护成为共识。该评价指标体系逐渐成为后来学者研究、实践的重要参考，相关指标体系的构建也多参考历史文化村镇与传统村落这两套官方现行的指标体系，或在现有指标体系基础上增加或修改地域性指标[④]，或在方法上进行更进一步的定量化探索[⑤]。

传统村落同历史文化村镇相比，更加强调村落作为一个整体的价值。不仅关注村落中的物质文化遗产，还强调非物质文化遗产状况；不仅着眼于村落本体的价值内涵，还将目光放在村落周边环境的价值上；不仅关注村落的遗产价值，还普遍考虑了村落的保护管理、资源开发等方面的价值。从物质文化遗产到非物质文化遗产；从关注传统建筑本身的价值拓展到关注传统村落整体环境；从偏重保护价值到保护价值与利用

[①] 朱晓明：《试论古村落的评价标准》，《古建园林技术》2001年第4期。
[②] 汪清蓉、李凡：《古村落综合价值的定量评价方法及实证研究——以大旗头古村为例》，《旅游学刊》2006年第1期。
[③] 王云才、杨丽、郭焕成：《北京西部山区传统村落保护与旅游开发利用——以门头沟区为例》，《山地学报》2006年第4期。
[④] 屠李：《皖南传统村落的遗产价值及其保护机制》，南京：东南大学出版社，2019年；李久林、储金龙、赵志远：《基于特征认知与价值评价的传统聚落活化路径探究——以古徽州为例》，《现代城市研究》2019年第4期；单彦名、赵天宇、马慧佳：《传统村落价值评价指标体系探讨——以义乌传统村落为例综》，《古建园林技术》2020年第2期；徐峰、易子涵、叶菲：《传统村落评价认定指标体系地域化研究》，《中外建筑》2021年第2期；崔家萌、周立军：《东北满族传统村落地域适应性评价因子分析》，《面向高质量发展的空间治理——2021中国城市规划年会论文集（16乡村规划）》，2021年，第908—915页；黄巧、孙晶：《四川省传统村落评价认定指标体系研究》，《面向高质量发展的空间治理——2021中国城市规划年会论文集（09城市文化遗产保护）》，2021年，第93—104页。
[⑤] 梁水兰：《传统村落评价认定指标体系研究——以滇中地区为例》，昆明理工大学2013年硕士学位论文；李清泉、王小德、张小谷等：《基于指数标度AHP-模糊综合评价法的传统村落资源价值研究》，《山东林业科技》2017年第2期；窦银娣、谢双喜、李伯华：《传统村落多维价值评价及实证研究》，《中南林业科技大学学报》（社会科学版）2020年第1期；何艳冰、张彤、熊冬梅：《传统村落文化价值评价及差异化振兴路径——以河南省焦作市为例》，《经济地理》2020年第10期。

1.2.1 主观赋权法运用的多元化

传统村落保护利用价值评估使用的主观赋权法主要有直接赋权法、层次分析法、德尔菲法、模糊综合评价法四种。

直接赋权法是由研究者根据评价指标的相对重要性，按比例直接给出各个指标的权重值。该方法在早期的传统村落评价中使用较多[1]，近年已极少使用。该方法的优点是操作简便，缺点是只适用于指标较少的情况，主观性强，存在一定的随意性。随着对传统村落价值研究的深入，评价指标的层级与数量增多，该方法已难以适用新的要求。

层次分析法是美国运筹学家萨蒂（T. L. Saaty）在20世纪70年代中期提出的一种定性和定量相结合的、系统化、层次化的分析方法，广泛应用于综合评价领域。使用该方法构建传统村落保护利用价值评估体系的基本思路如下：①分析传统村落的价值构成；②逐层分解各个价值的内涵与构成要素；③构建传统村落保护利用价值评估的递阶层次模型；④选择合适的赋权方法确定各层次的指标权重。该方法赋权的基本原理是首先将一个复杂问题分解为若干个有序层次，每一层次中的元素与上一层次和下一层次有着一定的联系，层次之间按隶属关系建立一个有序的递阶层次模型，并按照对一定客观事实的判断，以构建两两比较的判断矩阵的方式确定每层元素的相对重要性；其次利用数学方法计算每个层次的判断矩阵中各指标的相对重要性；最后通过在递阶层次结构内各层次相对重要性的组合，得到全部指标相对于目标的重要程度，即指标的权重[2]。由于递阶层次模型的构建取决于研究者对传统村落价值的认知，具有一定的主观性，若单由研究者构建判断矩阵，计算权重，往往存在应用范围有限、主观性太强等局限。为使指标的权重更加合理，在进行指标间的两两比较时，通常配合德尔菲法，通过专家群组反馈的方式，以减少主观干扰。

德尔菲法是一种综合多名专家经验与主观判断的方法。一般先由组织者选择若干专家给出指标体系的权重，经过几次反馈修改，最终得出评价体系的最终权重[3]。这种赋权方法操作方法简单，逻辑清晰，配合层次分析法，能够较为清晰地分解出传统村落的价值内涵。且后来的研究者可以在前人构建的传统村落价值体系的基础上，根据评价目的、区域特征或村落个体特征的差异，对评价体系的层次进行调整与完善[4]，十分简单便捷。因而，层次分析法与德尔菲法组合运用的赋权方法成为传统村落保护利

---

[1] 朱光亚、蒋惠：《开发建筑遗产密集区的一项基础性工作——建筑遗产评估》，《规划师》1996年第1期；王云才、郭焕成、杨丽：《北京市郊区传统村落价值评价及可持续利用模式探讨——以北京市门头沟区传统村落的调查研究为例》，《地理科学》2006年第6期。
[2] 虞晓芬、傅玳：《多指标综合评价方法综述》，《统计与决策》2004年第11期。
[3] 徐蔼婷：《德尔菲法的应用及其难点》，《中国统计》2006年第9期。
[4] 黄晓燕：《历史地段综合价值评价初探》，西南交通大学2006年硕士学位论文；程明翔：《江西省级传统村落评价指标体系研究》，江西师范大学2016年硕士学位论文；李久林、储金龙、赵志远：《基于特征认知与价值评价的传统聚落活化路径探究——以古徽州为例》，《现代城市研究》2019年第4期。

用价值评估方法的主流选择①。这种方法十分依赖指标体系和专家选择的合理性，所选专家的研究领域、个人经验等方面的差别往往会导致指标体系权重的差异，因而，为保证评价的质量，需要组织者前期对指标体系做较多的论证与准备工作，工作量较大。

模糊综合评价法是在模糊数学的基础上发展起来的一种解决难以定量化问题的综合评价方法。该方法的基本步骤如下：①确定评价指标集，通常记为 U，如果有 n 个指标，则 $U=\{U_1,U_2,\cdots,U_n\}$；②确定因素的评价等级集 V，若等级数量为 m，则 $V=\{V_1,V_2,\cdots,V_n\}$；③确定各个指标的权重 W，$W=\{W_1,W_2,\cdots,W_n\}$；④建立模糊关系矩阵 $R=(r_{ij})_{m\times n}$，r_{ij} 表明被评价对象第 i 项指标隶属于第 j 评价等级的程度；⑤计算模糊合成值 B，$B=W\odot R$，得到综合评价的结果②。其中指标权重的确定，大都采用层次分析法与德尔菲法组合的形式③。该方法使用隶属函数和模糊统计方法，具有较为严密的数学逻辑，能够有效地提高评价的可靠性。但由于该方法在确定评价等级的标准和赋权上仍有一定的主观性，评价人员的专业知识水平与个人经验的差异，会对评价等级产生较大影响。

由于传统村落的评价指标具有定性与定量并存的特点，在指标权重确定与定性指标定量化的过程中，不可避免地需要运用主观判断的方法，为了使主观判断更加合理可靠，将多种主观赋权法组合运用，是当前传统村落保护利用价值评估方法的发展趋势。

1.2.2 主、客观赋权法的组合运用

为了进一步减少确定评价指标时的主观性干扰，使评价体系能够尽可能客观地反映传统村落的价值状况，有学者尝试使用主观赋权法与其他客观赋权法组合的方式，构建传统村落保护利用价值的评价体系。客观赋权法主要有主成分分析法、K-modes 聚类、熵权法等。

主成分分析法是作为多元数据的降维处理技术而提出的一种多元统计分析方法，其基本思想如下：在众多相关指标中，寻找某种数学变换，生成少数代表性较好的综

---

① 朱光亚、方遒、雷晓鸿：《建筑遗产评估的一次探索》，《新建筑》1998 年第 2 期；张艳玲：《历史文化村镇评价体系》，北京：中国建材工业出版社，2018 年；刘奕彤：《传统村落价值评估研究——以北京市吉家营村为例》，北京建筑大学 2018 年硕士学位论文；王淑佳、孙九霞：《中国传统村落可持续发展评价体系构建与实证》，《地理学报》2021 年第 4 期。

② 苏为华：《综合评价学》，北京：中国市场出版社，2005 年，第 260—261 页。

③ 梁雪春、达庆利、朱光亚：《我国城乡历史地段综合价值的模糊综合评判》，《东南大学学报》（哲学社会科学版）2002 年第 2 期；汪清蓉、李凡：《古村落综合价值的定量评价方法及实证研究——以大旗头古村为例》，《旅游学刊》2006 年第 1 期；李清泉、王小德、张小谷等：《基于指数标度 AHP-模糊综合评价法的传统村落资源价值研究》，《山东林业科技》2017 年第 2 期。

合指标，这些综合指标彼此相互独立，又能继承原指标中的大多数信息，即"主成分"。利用该方法构建传统村落保护利用价值的基本步骤如下。

（1）选取传统村落的评价指标。

（2）使用 SPSS 软件计算出指标值的载荷矩阵、特征值、方差贡献率及累计方差贡献率。

（3）根据多个公因子的累计方差贡献率合成评价函数，通常是选取累计方差贡献率大于 85%（或大于 80%）的因子用于合成函数，合成的方法一般采用线性加权，即

$$F = a_1 \times f_1 + a_2 \times f_2 + \cdots + a_n \times f_n \qquad (1\text{-}1)$$

其中，F 为村落的综合价值得分；$a_1, a_2, \cdots, a_n$ 为前 n 个因子的方差贡献率；$f_1, f_2, \cdots, f_n$ 为提取的不同公因子。

该方法能够从大量具有相关性的指标中，用较少的指标尽可能反映原指标的信息，简化了指标结构的同时，还有效解决了指标之间的信息重叠问题。评价函数使用因子的方差贡献率作为权重，避免了主观赋权法中人为确定权重可能导致的主观偏向，能使评价结果更为客观。该方法的计算过程较主观赋权法更为复杂，且基于样本指标进行分析，样本数量对评价函数的结果有很大影响。当前使用该方法构建的传统村落价值评估体系基本上是地域性的讨论[①]，样本规模并不很大。若使用该方法构建全国普适的传统村落保护利用价值评估体系，所选样本在地域和数量上需要扩大。

K-modes 聚类是 K-means 聚类的扩展。传统的 K-means 聚类只能处理数值属性的数据，而 K-modes 则适用分类变量的聚类。K-modes 聚类以差异度表示样本的各个属性同聚类中心之间的汉明距离[②]，差异度越小，则距离越小，而样本所属的类型即差异度最小的聚类中心。其基本步骤如下[③]。

（1）根据评价指标的分类总数，确定聚类的类别的数量。通常使用 Mardia 等提出的经验法则计算[④]，即

$$k \approx \sqrt{\frac{n}{2}} \qquad (1\text{-}2)$$

其中，k 为聚类的类别数量；n 为待分类的指标分类总数。

[①] 赵勇、张捷、李娜等：《历史文化村镇保护评价体系及方法研究——以中国首批历史文化名镇（村）为例》，《地理科学》2006 年第 4 期；赵志远、姚本伦、陈晓华等：《传统村落多维价值评价及遴选——以歙县 35 个传统村落为例》，《安徽建筑大学学报》2017 年第 5 期；窦银娣、谢双喜、李伯华：《传统村落多维价值评价及实证研究》，《中南林业科技大学学报》（社会科学版）2020 年第 1 期。

[②] 汉明距离（Hamming Distance）表示两个相同长度的字符串在相同位置上不同字符的个数，可用于计算两个文本之间的相似度，根据不同字符的个数来判断两个文本是否相似。在传统村落的价值评价中，可以将其理解为一个村落样本价值要素的属性同各个聚类中心的属性不相同的个数。

[③] 李霄鹤、兰思仁：《基于 K-modes 的福建传统村落景观类型及其保护策略》，《中国农业资源与区划》2016 年第 8 期。

[④] Mardia K. V., Kent J. T. and Bibby J.M., *Multivariate Analysis*, New York: Academic Press, 1979.

（2）为每一类选取一个评价指标的类型，作为初始中心，并计算村落样本同初始聚类中心的差异度。

（3）根据差异度最小的原则，将样本归入与之最相似的类，重新计算每一类的中心。

（4）计算村落样本同新中心的差异度，并将其归入与之最相似的类。

（5）重复上一步，直到各个类的中心与各个村落样本的归属不发生变动为止。

传统村落的价值评估有大量的定性指标，在定性指标的定量化上，往往使用能够衡量水平高低或是数量多少的指标，使用间接量化法将其转为数值型的数据，但这种处理方法对部分难以进行分值高低比较的指标的量化，如聚落形态、产业类型等，存在一定的局限性。若将传统村落价值的评价指标的分级视为分类变量，提取传统村落的分类特征，对传统村落进行价值评估，对于传统村落保护和发展策略的选择，有很大便利[①]。不过，这种方法对样本的要求较高，当所选样本的典型性不足时，其评价结果的质量也会随之降低。

熵权法是根据各指标的离散程度，通过计算其信息熵确定指标权重的一种客观赋权法。指标的信息熵越小，表明其离散程度越大，权重越大。若有 n 个传统村落样本，m 个评价指标，x_{ij} 表示第 i 个村落的第 j 个评价指标值（$i=1,2,\cdots,n$；$j=1,2,\cdots,m$），则使用熵权法计算权重的基本步骤如下：

（1）对评价指标值进行标准化处理，若有负向指标，则需对指标做正向化处理，即

$$r_{ij} = \frac{x_{ij} - \min(x_i)}{\max(x_i) - \min(x_i)} \quad （正向指标） \tag{1-3}$$

或

$$r_{ij} = \frac{\min(x_i) - x_{ij}}{\max(x_i) - \min(x_i)} \quad （负向指标） \tag{1-4}$$

（2）计算各指标在各村落样本下的比值：

$$p_{ij} = \frac{r_{ij}}{\sum_{i=1}^{n} r_{ij}} \tag{1-5}$$

（3）计算各指标的信息熵 E_j：

$$E_j = -\ln(n)^{-1} \sum_{i=1}^{n} p_{ij} \ln p_{ij} \tag{1-6}$$

（4）计算差异系数：

$$g_j = 1 - E_j \tag{1-7}$$

[①] 黎洋佟、田靓、赵亮等：《基于K-modes的北京传统村落价值评估及其保护策略研究》，《小城镇建设》2019年第7期。

（5）计算指标权重：

$$w_j = \frac{g_j}{\sum_{j=1}^{m} g_j} \quad (1-8)$$

熵权法具有较好的客观性，但也对评价指标值的质量有一定要求。如果指标值出现异常情况，则会导致指标权重出现偏差，影响最终评价结果的合理性；同时，熵权法以指标的信息熵作为权重设定的依据，有严格的数学意义，但对指标本身的重要程度缺乏考虑。因此，在计算传统村落的价值评估指标权重时，一般结合层次分析法，分别计算主观赋权法和客观赋权法的权重，取二者均值作为最终的指标权重[①]，将指标本身的重要程度与指标的离散程度均考虑在内，以实现评价的合理性。

传统村落价值评估的方法，从最初主观赋权法中的层次分析法或德尔菲法的大量运用，到近年来的主观赋权法与客观赋权法组合运用的尝试，表明了传统村落价值评估方法的多元化倾向。主观赋权法虽存在主观的干扰，但可以先建立评价模型，再进行村落评价，操作简单，能够满足数量较多的传统村落评价的需求；而客观赋权法需要先对样本村落打分，再进行评价模型的构建，对样本规模和样本的选择都有一定要求，且根据样本指标值的变化，指标权重也会随之发生变化，在计算上更为复杂。因而，在目前传统村落价值评估研究中，客观赋权法均需同主观赋权法结合使用，且评价体系往往仅在部分地域适用。总之，无论是哪种评价方法，都是为了使传统村落价值评估的结果尽可能科学、合理、可靠。

1.3 研究展望

近年来，我国传统村落的保护研究与实践工作取得了很多成绩，但毋庸讳言，问题与不足也是很明显的。价值认识是开展传统村落保护的基础，但要科学、合理、方便、直观地认识其价值尚不容易。虽然近年来涌现出大量传统村落保护利用价值评估的研究，但研究内容上，基本上是在现行的《中国历史文化名镇（村）评价指标体系（试行）》和《传统村落评价认定指标体系（试行）》基础上进行修改增补，微观有余而宏观不足甚至欠缺，难以跳脱出两套评价体系的思维限制。由于这两套评价体系设计的目的是在全国范围内选择高价值的保护对象，因而，其评价结果既不能从根本上解决省域或地域间传统村落分布过度集中、极度失衡问题，也难以用来指导传统村落保护利用和发展的具体实践。例如，很多传统村

---

① 何艳冰、张彤、熊冬梅：《传统村落文化价值评价及差异化振兴路径——以河南省焦作市为例》，《经济地理》2020年第10期。

落保护规划的价值认识与保护利用项目的具体规划安排脱节。因此，在乡村振兴战略的背景下，针对既有评价体系的特点和问题，结合新的信息技术手段，研究并构建客观、合理及适应性和实用性更好的传统村落保护利用价值评估指标体系和评价方法很有必要。

第2章 作为评价背景的国家历史文化空间格局研究

2.1 引 言

传统村落作为乡村聚落长期发展演变的产物,体现了人与人、人与自然和谐相处的智慧,反映了中国农耕文明的丰富内涵与进步历程,具有重要的历史文化价值。保护传统村落的目标其实就是保护其历史文化价值。开展传统村落的保护利用工作,科学、合理地认识并评估传统村落的历史文化价值无疑十分重要。目前,作为"中国历史文化名镇(名村)"评选依据的《中国历史文化名镇(名村)评价指标体系(试行)》、作为"中国传统村落"评选依据的《传统村落评价认定指标体系(试行)》以及其他各级各类历史文化名村、传统村落价值评估指标体系,主要针对特定村落个体的历史、文化资源现状进行微观性评价,而不进行,也无法进行全国范围的地域横向比较和长时段的历史背景纵向比较,因而,个体所获得的历史文化价值评估结果在某种程度上具有片面性、自赏性乃至于误导性,容易导致被评选出来的"中国传统村落"出现地域性过度集中且同质化十分突出的现象,一些历史更为悠久、经济更为发达区域传统村落文化遗产的保护工作由于价值认识不足而被忽视。因而,完善、改进既有评价体系,弥补其中的认识不足,避免其中的认识盲点,很有必要。通过对历史文化空间格局含义和内容的思考,建立全国尺度上的历史文化空间格局评价指标体系,对区域的历史文化价值进行科学、合理的评价,可以突破以往偏重于传统村落微观个体历史文化资源现状评价的局限,为传统村落的分级分类保护与发展提供基础性、背景性依据,从而推动传统村落文化遗产获得更好的保护与传承。

中国地域辽阔,地理环境多样,各族人民经历漫长时间创造并形成了各地丰富多彩、内涵不同、价值各异的历史文化面貌。从道理上说,各地历史文化遗产价值的不同是客观存在的。目前,历史文化地理研究绝大多数是基于中小尺度区域的深挖,而较少从面上展开全国尺度的研究[1]。其中对历史文化空间格局的研究以讨论文化分区为主,或是研究通代的区域历史文化地理[2],或是讨论断代的全国文化地理区划[3]。以上两种研究都是在定性描述的基础上以一种或几种文化要素划分文化区,不同文化区之间只能进行文化特征的定性比较,而难以定量比较文化价值的高低。

随着数字人文、历史地理信息系统、量化历史研究的不断进步,以及历史文化名城、传统村落等文化遗产保护和国土空间规划工作的开展,从全国尺度的宏观视角对不同区域所承载的历史文化价值进行量化研究就显得尤为迫切。目前,关于历史文化空间格局的定量研究主要集中在对反映历史文化的单一载体,如国家历史文化名城[4]、国家级非物质文化遗产[5]、中国传统村落[6]和全国重点文物保护单位[7]等方面,以及偏重于历史文化资源现状的历史文化空间重要性评价方面[8]。中国历史文化空间格局是对中国传统时期各地多种文化要素长期发展演变结果的直观反映与呈现。本章即尝试构建中国历史文化空间格局,以作为传统村落保护利用价值评估的宏观历史文化背景。

2.2 国家历史文化空间格局的概念

2.2.1 国家历史文化空间格局的含义

国家历史文化空间格局也可以称为国家文化空间格局。一般来说,具有较为广大的国土面积、具有较长的发展历史、拥有不同民族种族的国家,其文化内涵必定具有多样性,呈现出时代特色与地域特征。不同时代的文化不断传承积累,不同地域的文化相互交流融合,往往形成今日所见的带有各自地域特色的文化面貌。这种文化面貌既具有时间积

---

[1] 张伟然等:《历史与现代的对接:中国历史地理学最新研究进展》,北京:商务印书馆,2016年,第163—164页。
[2] 司徒尚纪:《广东文化地理》,广州:广东人民出版社,1993年;张伟然:《湖南历史文化地理研究》,杭州:浙江古籍出版社,2021年;蓝勇:《西南历史文化地理》,重庆:西南师范大学出版社,1997年;张伟然:《湖北历史文化地理研究》,武汉:湖北教育出版社,2000年;张晓虹:《文化区域的分异与整合——陕西历史地理文化研究》,上海:上海书店出版社,2004年。
[3] 卢云:《汉晋文化地理》,西安:陕西人民教育出版社,1991年;周振鹤:《中国历史文化区域研究》,上海:复旦大学出版社,1997年。
[4] 胡浩、金凤君、王姣娥:《我国国家历史文化名城空间格局及时空演变研究》,《经济地理》2012年第4期。
[5] 徐柏翠、潘竟虎:《中国国家级非物质文化遗产的空间分布特征及影响因素》,《经济地理》2018年第5期。
[6] 李江苏、王晓蕊、李小建:《中国传统村落空间分布特征与影响因素分析》,《经济地理》2020年第2期。
[7] 李畅:《长江经济带文化资源分布态势及归因——以全国重点文物保护单位为例》,《南京社会科学》2022年第7期。
[8] 张能、武廷海、王学荣等:《中国历史文化空间重要性评价与保护研究》,《城市与区域规划研究》2020年第1期。

累上的差异,即不同的历史文化因素形成及发展的时间长度不同;又具有区域差异,历史文化因素在地域空间上的分布不同,并且这种差异在不同尺度下可能呈现出不同的特征。因此,可以把一定地域范围内物质文化与非物质文化所呈现出的综合性空间结构特征,定义为文化空间格局。全国尺度下的历史文化空间格局,可以称为国家历史文化空间格局。为研究的方便,本章接下来探讨的国家历史文化空间格局特指中国历史文化空间格局。

2.2.2　国家历史文化空间格局的内涵

中国地大物博、人口众多,其文化"既有时代差异,又有地区差异"[①]。如何定量构建并显示中国历史文化空间格局?可以尝试从时空差异的角度将影响中国历史文化空间格局的主要力量分解为三个方面:过去时间积累差异、过去空间分布差异与当代空间分布差异(图2-1)。影响中国历史文化空间格局的这三个方面可以分别简称为历史文化厚度、历史文化丰度和历史文化精度。

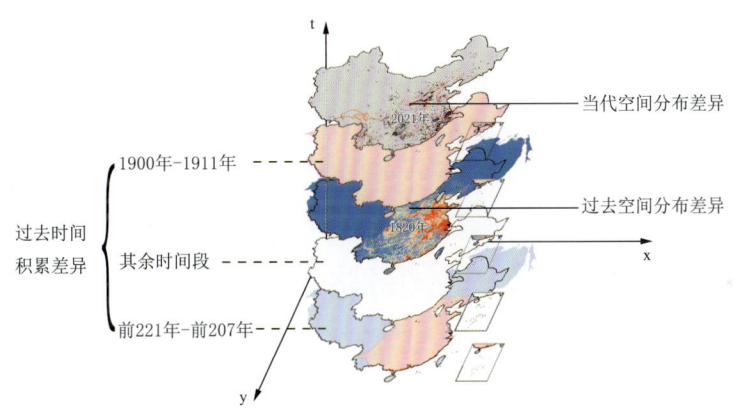

图 2-1　中国历史文化空间格局内涵解析

1. 历史文化厚度

历史文化厚度即一定地域历史时期先进文化积累积淀的时间长度。历史文化厚度可以反映特定区域历史文化的久远程度或底蕴深度。中华文明源远流长,不同区域的文化在发展进程上具有不同步性,同一时期的文化发展水平在空间上也具有不均衡性。例如,当秦统一全国进入封建社会阶段时,其周边的东胡、匈奴、羌等少数民族尚处于

---

① 谭其骧:《长水集续编》,北京:人民出版社,2011年,第179—197页。

奴隶社会，所呈现的文化面貌也不相同。由于中原王朝①和非中原王朝统治区的文化发展进程不同，中原王朝统治区域与非中原王朝统治区域的文化积累积淀在时间上会产生文化层级差异。

2. 历史文化丰度

历史文化丰度即一定地域历史时期各种文化发生和创造的数量。历史文化丰度反映特定区域历史文化的丰富程度和多样程度。文化来源于人类的发明和创造，文化本身并无高低、优劣之分。根据文化相似性划分出的文化区域，难以对整体意义上的文化进行空间上的定量比较。于是，跳出对区域文化特征、类型进行比较的思维定式，从文化创造者——人的数量入手，则可以对文化整体在空间上的差异进行定量分析。

3. 历史文化精度

历史文化精度即一定地域当代重要物质文化遗产与非物质文化遗产存量。历史文化精度反映某个区域重要历史文化遗存的密集程度。那些留存至今，作为历史文化载体的物质文化遗产和非物质文化遗产很大程度上体现了当代历史文化资源的空间格局，也能够比较合理地反映当代历史文化空间分布的差异。

需要指出的是，这里的中国历史文化，指的是在中华人民共和国疆域内创造、存在并从历史时期发展至今的文化，包括汉文化与少数民族文化。

2.3 国家历史文化空间格局背景价值评估指标体系的构建

区别于以往对文化类型、文化区域及特定文化内涵的研究，本节试图从国家历史文化空间格局的内涵出发，从全国尺度上构建科学、合理的评估指标体系来定量反映历史文化的区域差异。鉴于在文化遗产保护、国土空间规划等实践中，通常将历史文化作为宏观背景予以考虑，因而，将国家历史文化空间格局定量呈现的结果称为国家历史文化空间格局背景价值。

---

① 这里的中原王朝包括秦、西汉、东汉、西晋、隋、唐、元、明、清等统一王朝，同时考虑到割据时期各政权的疆域与中原农耕区的关系以及不同政权之间的关系，将三国、东晋十六国、南北朝、五代十国、宋辽金夏也作为中原王朝。

2.3.1 指标选取与指标体系

根据国家历史文化空间格局的内容构成，可从历史文化厚度、历史文化丰度、历史文化精度3个维度建立评估指标体系对国家历史文化空间格局进行定量评估。

鉴于中原王朝和非中原王朝统治区的文化在发展进程上的差异，可将中原王朝和非中原王朝的统治时间长度作为历史文化厚度的评估指标。通过统计不同区域在中原王朝和非中原王朝统治下的时间长度，对其分别赋予一定的权重，生成体现历史文化久远程度的"历史政权统治时长地图"，从而，可形成中国历史文化厚度格局。

文化是人的创造，需要人来发展和传承，也会随着人口的增减、迁移而产生变化。这样，区域人口数量在很大程度上可以表征区域历史文化的丰富程度。在理论上，重建多个反映不同历史时期人口空间分布状况的时间序列并进行叠加可以较好地体现历史文化的丰富程度。但在实践上，不论是历史疆域变迁的复杂性还是人口数量记载的局限性，都使较早历史时期的人口重建难以实现较高的精度。同时，区域人口及其文化往往是区域人类适应环境的长期发展演变结果，而清中期基本上属于中国传统文化的定型期，该时期的人口分布状况应该可以反映历史文化在经过长期发展演变后基本定型时的丰富程度。从人口数据质量看，清中期嘉庆二十五年（1820年）的全国分府人口数据是学术界公认的较为可靠的人口统计数据，并且已有学者对其进行了补充和校正[1]。因此，选取1820年的人口密度作为历史文化丰度的代用指标，不但覆盖面广，而且可靠性高，应能较好地反映中国传统文化丰度的区域差异。通过将清中期全国分府人口进行空间化处理，可以得到清中期 1 km × 1 km 人口空间分布栅格数据集，以此作为历史文化丰度的评估指标。

中国文化遗产的数量众多，价值不同。从中国文化遗产的现有保护体系看，存在世界级、国家级、省级、县市级等差异[2]。除世界级和国家级外，其他层级的文化遗产在认定标准上难以做到全国统一，且承载的历史文化价值也相对较低。同时，不同文化遗产的等级数量也存在差异。例如，非物质文物遗产有世界、国家、省、市、县5级，文物保护单位有国家、省、市、县4级，而传统村落目前只有国家、省两级，且并非所有省、市、县都会评选相应类型的文化遗产。因此，如果将类型多样、等级不同、评价标准并不统一的文化遗产全部纳入评估指标体系，不仅会增加信息获取的难度，而且评价体系繁杂，不利于准确确定各评估指标的权重。因此，为保证数据的可比性和评估指标体系的精简，只选取世界级和国家级文化遗产中空间位置明确且具有代表性的几项作为历史文化精度的评估指标。

在遵循评估指标体系客观性、智能化和易操作性原则的基础上，深入分析评估指

---

[1] 曹树基：《中国人口史》第五卷《清时期》，上海：复旦大学出版社，2001年。
[2] 周宏伟等编著：《城乡文化遗产保护基础》，北京：科学出版社，2021年，第10页。

标的典型性和代表性，设计了目标层、准则层、指标层3个层次的评估指标体系，如表2-1所示。

表2-1 国家历史文化空间格局背景价值评估指标体系

目标层	准则层	指标层	指标对象层
国家历史文化空间格局背景价值（A）	历史文化厚度（B_1）	历史政权统治时长（C_1）	历史政权统治时长（D_1）
	历史文化丰度（B_2）	清中期人口密度（C_2）	清中期人口密度（D_2）
	历史文化精度（B_3）	物质文化遗产（C_3）	世界文化遗产（D_3）
			国家历史文化名城（D_4）
			全国重点文物保护单位（D_5）
			中国历史文化名镇（D_6）
			中国传统村落（含中国历史文化名村）（D_7）
		非物质文化遗产（C_4）	人类非物质文化遗产代表作（D_8）
			国家级非物质文化遗产代表性项目（D_9）

2.3.2 数据来源与处理

相比矢量数据，栅格数据具有结构简单、便于运算的优点。因此，利用ArcGIS10.8将国家历史文化空间格局背景价值的9个评估指标（表2-1）均处理为 1 km×1 km 栅格数据，进而计算每个栅格的国家历史文化空间格局背景价值。

1. 历史文化厚度的算法

历史政权统治时长由中原王朝统治时长和非中原王朝统治时长两部分组成。由于某些历史时期的中原王朝范围大于当代中国疆域范围，且根据总时长减去中原王朝统治时长，可以求得非中原王朝的统治时长，因此，计算统治时长时只需计算每个栅格的中原王朝统治时长。在计算每个栅格的中原王朝统治时长时，需同时考虑时间和空间两方面的变化。某一政权的统治范围在其统治时间内并不是固定不变的，某一统治范围只持续了一段时间，而无法覆盖政权的整个统治时间。因此，要在空间上体现历史政权的统治时长，需结合历史政区的研究成果，弄清历史时期政权统治范围的变化情况，以满足历史文化厚度评价的要求。目前，中国历史政区的研究成果较为丰富，如谭其骧主编的《中国历史地图集》、复旦大学与哈佛大学合作开发的中国历史地理信息系统（CHGIS）、周振鹤主编的《中国行政区划通史（第2版）》。CHGIS在《中国历史地图集》的基础上，试图建立一套中国历史时期的基础地理信息库，目前已经公布了V6数据，包括前221—1911年统县政区的面数据与线数据、县及以上行政治所的点数据，这为利用历史时期疆域与政区演变材料做进一步的研究提供了基础数据。CHGIS V6数据虽包含了前221—1911年的政区时间序列，但并未完全包含所有的政区，特别是明代以前的政区面数据有相当程度的缺失。另外，中国东部的平原海岸在河流、海流和波浪等动力因素作用下，历史时期演变显著[①]。为使历史文化厚度的计算更加贴近实际情况，除历史疆域变迁外，还需考虑海岸线的变迁。CHGIS V6 数据直接使用清代的海岸线，并未体现历史时期海岸线的变迁，而《中国历史地图集》则体现了海岸线的变迁。因此，清代的政区数据采用 CHGIS V6 数据，而清代以前的政区数据则根据《中国历史地图集》进行地理配准后分别对海岸线和陆上疆域界线进行矢量化获取。由于纸质地图的局限，《中国历史地图集》中每一个朝代仅选取一至两个标准年[②]来呈现政区的变迁，不能体现政区的动态发展变化，难以满足历史文化厚度的计算。理论上，标准年选取的越多，越有利于历史文化厚度的精确计算。鉴于建立逐年的政区演变序列存在一定的困难，参考历史时期疆域政区变迁研究的重要成果——《中国行政区划通史》中的相关内容，在前 221—1911 年共 2132 年中确定了 72 个中原王朝疆域政区发生变化的年份，即 72 个标准年（表 2-2），以求尽可能完整地呈现中国历史时期政区的演变情况。以标准年为开始时间，下一个标准年的前一年为结束时间，计算政权的统治时长[③]。

表 2-2　前 221—1911 年 72 个标准年及统治时长

序号	标准年	结束时间	统治时长	所属王朝	序号	标准年	结束时间	统治时长	所属王朝
1	前 221 年	前 207 年	15 年	秦	18	111 年	117 年	7 年	东汉
2	前 206 年	前 136 年	71 年	西汉	19	118 年	122 年	5 年	
3	前 135 年	前 128 年	8 年		20	123 年	128 年	6 年	
4	前 127 年	前 122 年	6 年		21	129 年	139 年	11 年	
5	前 121 年	前 113 年	9 年		22	140 年	214 年	75 年	
6	前 112 年	前 109 年	4 年		23	215 年	219 年	5 年	
7	前 108 年	前 61 年	48 年		24	220 年	263 年	44 年	三国
8	前 60 年	前 47 年	14 年		25	264 年	280 年	17 年	
9	前 46 年	24 年	70 年		26	281 年	300 年	20 年	西晋
10	25 年	36 年	12 年	东汉	27	301 年	303 年	3 年	
11	37 年	49 年	13 年		28	304 年	316 年	13 年	
12	50 年	68 年	19 年		29	317 年	381 年	65 年	东晋十六国
13	69 年	73 年	5 年		30	382 年	419 年	38 年	
14	74 年	75 年	2 年		31	420 年	479 年	60 年	南北朝
15	76 年	90 年	15 年		32	480 年	502 年	23 年	
16	91 年	106 年	16 年		33	503 年	534 年	32 年	
17	107 年	110 年	4 年		34	535 年	550 年	16 年	

[①] 邹逸麟、张修桂主编：《中国历史自然地理》，北京：科学出版社，2013 年，第 513 页。
[②] 即每一个王朝的总图都只选取一个标准年的政区疆域资料入图，前后疆域变化较大的王朝适当增加多幅总图，参见谭其骧主编《中国历史地图集》总编例。
[③] 这一设想来自 CHGIS 的"生存期"概念，可将两个标准年之间的时段视为某政权疆域的"生存期"。参见满志敏：《走进数字化：中国历史地理信息系统的一些概念和方法》，中国地理学会历史地理专业委员会《历史地理》编辑委员会：《历史地理》第 18 辑，上海：上海人民出版社，2002 年，第 12—22 页。

续表

序号	标准年	结束时间	统治时长	所属王朝	序号	标准年	结束时间	统治时长	所属王朝
35	551年	557年	7年	南北朝	54	1030年	1037年	8年	北宋、辽
36	558年	577年	20年		55	1038年	1122年	85年	北宋、辽、西夏、金
37	578年	581年	4年		56	1123年	1141年	19年	南宋、西夏、金
38	582年	589年	8年		57	1142年	1205年	64年	
39	590年	609年	20年	隋	58	1206年	1279年	74年	
40	610年	618年	9年		59	1280年	1329年	50年	元
41	619年	638年	20年	唐	60	1330年	1367年	38年	
42	639年	703年	65年		61	1368年	1410年	43年	明
43	704年	753年	50年		62	1411年	1429年	19年	
44	754年	819年	66年		63	1430年	1487年	58年	
45	820年	872年	53年		64	1488年	1527年	40年	
46	873年	906年	34年		65	1528年	1567年	40年	
47	907年	923年	17年	五代十国	66	1568年	1644年	77年	
48	924年	936年	13年		67	1645年	1661年	17年	清
49	937年	947年	11年		68	1662年	1845年	184年	
50	948年	950年	3年		69	1846年	1859年	14年	
51	951年	960年	10年		70	1860年	1893年	34年	
52	961年	980年	20年		71	1894年	1899年	6年	
53	981年	1029年	49年	北宋、辽	72	1900年	1911年	12年	

利用 ArcGIS 10.8 对 72 个标准年的中原王朝政区边界进行矢量化处理，建立 72 个标准年的政区面状矢量数据库，利用矢量转栅格工具将其转换成 1 km×1 km 栅格数据并赋予相应的统治时长，利用栅格计算器计算每个栅格在中原王朝统治下的时长（图 2-2）。将计算结果根据中国现代疆域范围进行裁剪，可以得到中原王朝统治时长数据集（图 2-3）。

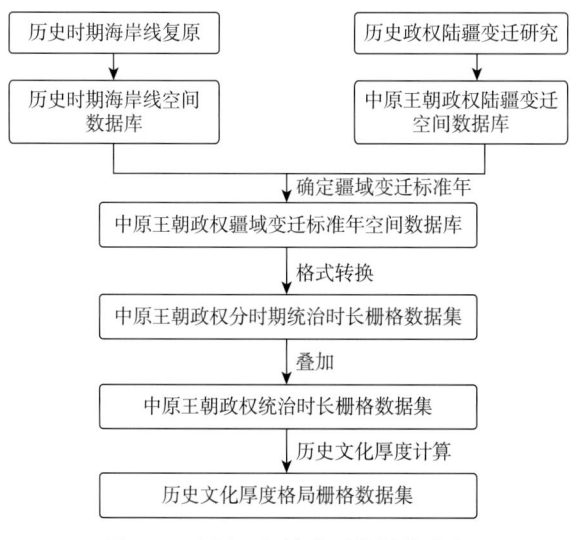

图 2-2 中原王朝统治时长计算流程

第2章　作为评价背景的国家历史文化空间格局研究

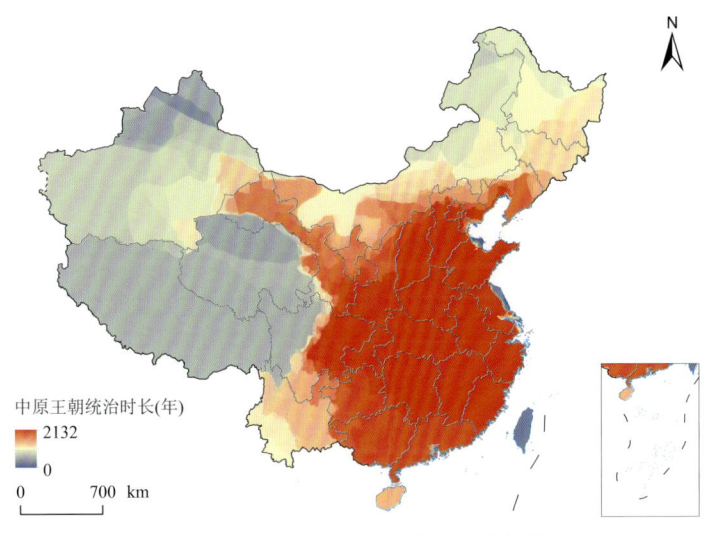

图2-3　中国中原王朝统治时长数据集

基于自然资源部标准地图服务网站GS（2019）1831号标准地图制作，底图边界无修改

2. 历史文化丰度的算法

1）人口空间化思路

1820年全国人口数据以府州为单位，无法反映府州内部人口空间分布的差异。因此，采用人口数据空间化方法，选取适宜、合理的人口分布影响因素，构建数学模型，将以行政区为单元的人口统计数据分布到一定大小的地理格网上，实现表达人口信息的载体由行政单元向格网转换[①]。相比于现代人口空间化的丰富成果，历史时期人口空间化研究相对较少。一则，现代人口空间化建模可供选取的参考因素较多，如土地利用/覆被变化、居民点密度、夜间灯光指数、像元波谱反射率等，而可供利用的历史时期的参考因素较少；二则，历史时期留下来的人口数据一般只记录到府州总数一级，其精度难以达到人口空间精细化重建的要求；三则，历史时期留下来的人口数据大多为纳税服役而统计，往往不能反映真实的人口数量。目前，历史时期人口空间化主要采用人口空间插值法和根据现代人口分布模式对历史时期的人口空间分布格局进行回溯的"由今溯古"法。王志伟以2000年人口普查数据为基础，分别比较了5种常用插值方法的精度，认为研究区外围调节点控制下的点插值方法精度较高，并以此方法重建了西汉时期的人口分布[②]。周小平以区外围调节点控制下的点插值方法对历代人口进行了空间化处理[③]。空间插值法的不足在于未考虑到地理环境的区域差异以及对人口空

---

① 董南、杨小唤、蔡红艳：《人口数据空间化研究进展》，《地球信息科学学报》2016年第10期。
② 王志伟：《中国历代人口分布空间化方法研究》，兰州大学2010年硕士学位论文。
③ 周小平：《中国历代人口分布的GIS表述》，兰州大学2011年硕士学位论文。

间分布的影响，因此难以反映真实的人口分布状况。薛樵风等以居住空间为指向因子，以城镇中心引力、河流和道路为影响因子，构建了清中期苏州府的历史人口空间分布模型[①]。该研究从城乡人口空间分布差异的视角，将居住空间分为城镇、农村居民点、远离农村居民点三种类型，分区进行数量控制，避免了城乡统一建模而引起的误差。张学珍等选取海拔、坡度、起伏度、距城市远近和湿润指数，利用 2000 年分县人口数据进行随机森林模型训练，将输出的预测值作为历史时期人口空间化分配的权重，重建了 1776—1953 年共 6 个时段的中国传统农区 10 km×10 km 人口格网化数据集[②]。在国外，Goldewijk 等以 LandScan 现代人口空间分布格局为基础，采用土地适应性指标、距河流的远近等因子构建了不同历史时期人口空间分布权重，以估算的历史时期人口为数据源，对人口空间分布进行了重建[③]。荷兰环境评价局的"全球历史环境数据集"（HYDE）以此方法推算了近 12000 年全球的人口分布情况。此外，Fang 和 Jawitz 采用居住适宜性、地形适宜性和社会经济发展便利性原则构建了 1 km×1 km 的美国人口格网化数据集[④]。

　　2000 余年来，中国大部分地区的基本经济形态均为自给自足的小农经济，绝大部分农民安土重迁。在社会相对安定、传统农业生产方式没有根本性变革的情况下，人口空间分布的影响因子也呈现出相对稳定的特征：一是影响因子类型基本稳定；二是各影响因子相互关系及作用力相对稳定。在自然状况下，不同时期人口空间分布格局的差异主要与对应时期各影响因子空间分布格局的差异有关。然而，随着工业化、城镇化进程的加快和市场经济的发展，现代人口空间分布的影响因子相比传统小农经济时期发生了很大的变化，而且各影响因子的相互关系及作用力也随之变化。这样，现代人口的空间分布状况与历史时期的人口空间分布状况必然存在很大差异。因此，基于现代人口空间化模型重建历史时期人口空间分布格局，容易背离历史时期人口空间分布的基本原理，其结果必然存在较大的局限性。相比之下，如果能找到某些具有较可靠的村落历史人口统计数据的县域，再利用这些数据来分析影响历史时期人口空间分布的因素，进而建立历史时期人口空间化模型，应该更为接近历史时期区域人口空间分布的实际情况。

　　中国南北方地理环境差别较大，相同的影响因素对南北方人口空间分布的作用力存在差异，单一的模型难以合理地重建历史时期人口分布的状况。因此，考虑划分南、

---

　　① 薛樵风、金晓斌、韩娟等：《区域历史人口空间格局精细化重建：方法与实证》，《地理科学》2019 年第 12 期。

　　② 张学珍、王发浩、路伟东等：《1776—1953 年中国传统农区人口的格网化重建》，《中国科学：地球科学》，2022 年第 3 期。

　　③ Goldewijk K. K., Beusen A and Janssen P., Long-Term Dynamic Modeling of Global Population and Built-Up Area in a Spatially Explicit Way: HYDE 3.1, *Holocene*, Vol. 20, No. 4, 2010, pp.565-573.

　　④ Fang Y., Jawitz J. W., High-Resolution Reconstruction of the United States Human Population Distribution, 1790 to 2010, *Scientific Data*, No.5, 2018, pp. 180067.

北两大区域[1]，分别建立一套模型进行人口空间化处理。通过建立具有典型意义的县域内村落历史人口空间分布数据库，利用地理探测器分析历史人口空间分布影响因子的作用关系，并据此确定人口空间化各影响因子的权重，可以建立人口空间格网化模型，然后，基于1820年全国分府人口数据形成清中期全国人口空间分布数据集（图2-4）。

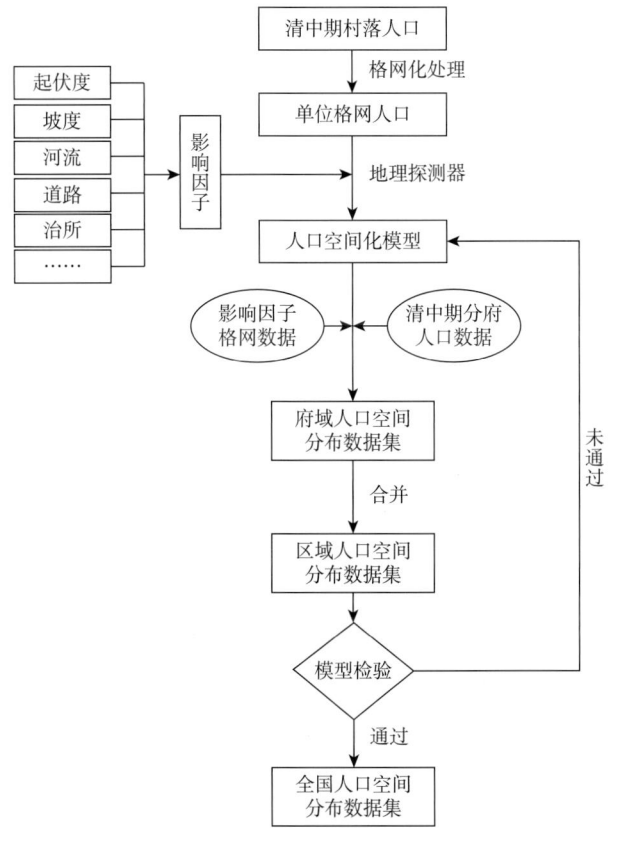

图2-4 清中期人口空间化思路

结合清代行政区划和现代行政区划，本章研究所形成的清中期人口空间分布数据集的范围为清代内地十八省[2]，以及盛京、吉林、黑龙江、西藏、新疆、青海、内蒙古和乌里雅苏台的科布多等区域。

2）典型县域选取

详细记载清代村落人口数据的历史文献资料较少，通过查阅《中国地方志联合

---

[1] 在保证清中期府级行政区完整的前提下，根据秦岭—淮河自然地理界线对南北方进行划分。
[2] 即江苏、浙江、安徽、江西、湖北、湖南、四川、福建、广东、广西、云南、贵州、直隶、河南、山东、山西、陕西、甘肃。

目录》①中的方志以及国家图书馆数字方志，发现乾隆《陵川县志》②完整记录了当时陵川县376个村落的户口规模和人口结构。这是一份十分珍贵的资料，它真实地反映了乾隆四十年（1775年）十月诏令全国清查保甲户口之后的人口分布状况③。乾隆四十四年（1779年）与嘉庆二十五年（1820年）相距41年，期间陵川县没有发生影响人口异常变迁的重大事件，该县1779年的人口分布状况应与1820年高度相似。陵川县地形条件多样，东部为石质山区，中部为土石丘陵区，西南部为平川区。从历史人口数据的时间和区域的地理环境两方面考虑，陵川县均可以作为北方地区的典型区域来认识地理环境对清中期人口空间分布的影响（图2-5）。目前，尚未找到清代南方地区记载有详细村落人口的资料，但发现民国《蓝山县图志》④对县域内村落的人口进行了详细记载。1933年虽与1820年相距113年，但蓝山县位置偏僻，期间同样没有发生影响人口异常变迁的重大事件，估计该县1933年的人口分布态势与1820年也高度相似。因此，在无法找到清代南方地区县域范围详细的村落人口记载的情况下，以民国年间蓝山县作为南方地区人口空间分布的典型区域。

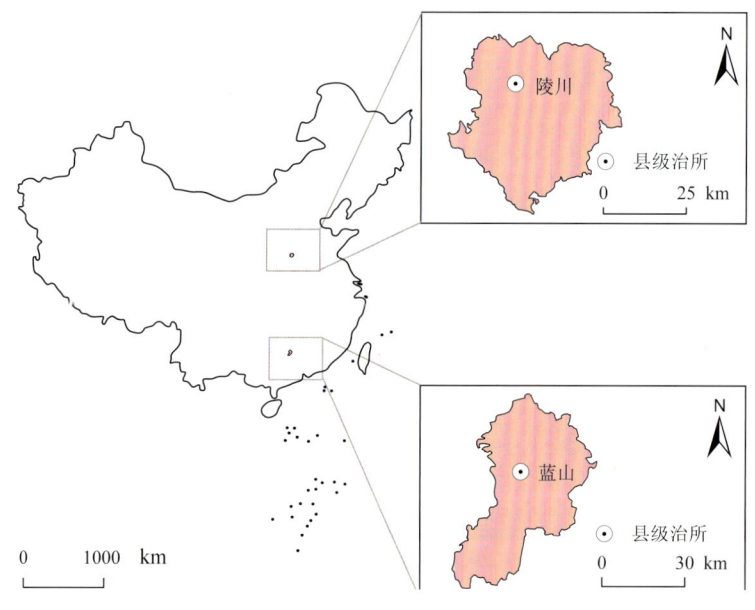

图 2-5　陵川县和蓝山县位置

基于自然资源部标准地图服务网站 GS（2020）4619 号标准地图制作，底图边界无修改

需要指出的是，历史人口数据的误差主要是由统计口径造成的。由于本章研究并

---

① 中国科学院北京天文台主编：《中国地方志联合目录》，北京：中华书局，1985年。
② 乾隆《陵川县志》，南京：凤凰出版社，2005年。
③ 郝文军：《清代乡村聚落分布与人口规模的环境要素分析——以乾隆44年（1779年）陵川县为例》，《西北大学学报》（自然科学版）2015年第2期。
④ 民国《蓝山县图志》，《中国地方志集成·湖南府县志辑》第47册，南京：江苏古籍出版社，2002年。

非要精确复原历史时期的人口分布状况，而只是通过确定不同格网人口的相对数量来反映特定地域历史文化的丰富程度和多样程度，因而，以典型样本作为分析对象是具有很大合理性的。

3）影响因子及权重确定

人口的空间分布是各种自然因素和人文因素相互作用的结果。借用精确到村级的人口数据，可以尝试探究清中期人口空间分布的影响因子。基于历史数据的可获取和可量化原则，初步选取坡度、起伏度、距河流距离、距道路距离、距治所距离5个影响因子。

根据乾隆《陵川县志》和民国《蓝山县图志》中记载的各村名称、方位、距县城里数、所属里甲等信息以及《山西省陵川县地名录》[①]和《湖南省蓝山县地名录》[②]将各村位置进行矢量化处理并将各村人口数据与之匹配，建立村落人口空间分布数据库（图2-6）。利用 ArcGIS 10.8 核密度分析工具计算县域人口核密度。通过比较将搜索半径设置为 5 km，输出像元大小为 0.1 km × 0.1 km。通过重采样获得 1 km × 1 km 格网的人口核密度（图2-7）。

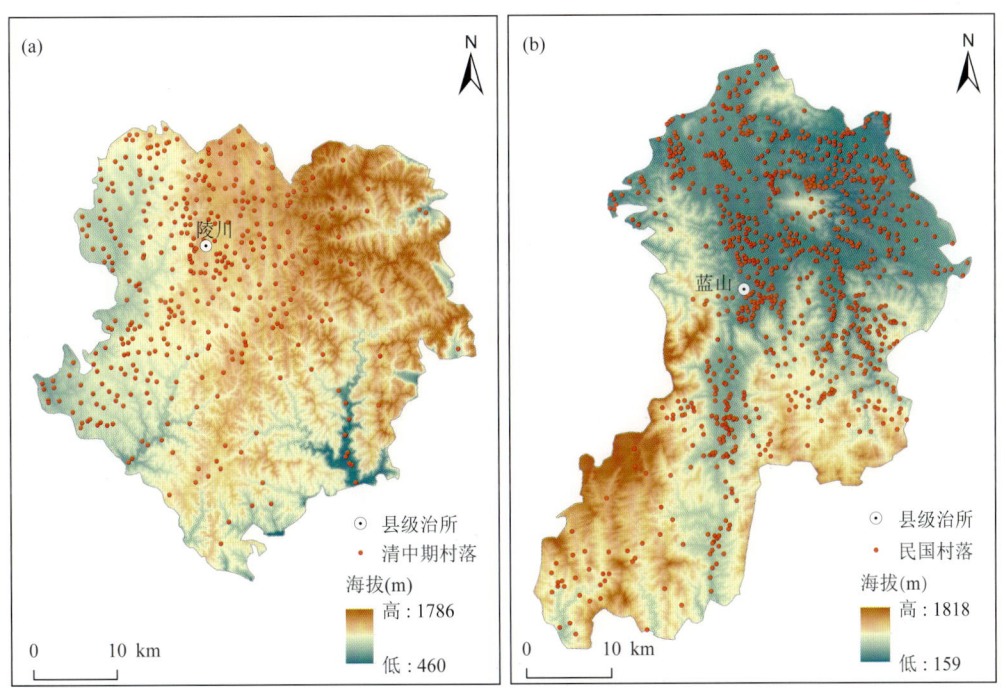

图 2-6 清中期陵川县（a）和民国蓝山县（b）村落分布

---

① 陵川县地名委员会办公室编印：《山西省陵川县地名录》，内部资料，1985年。
② 蓝山县人民政府编印：《湖南省蓝山县地名录》，内部资料，1981年。

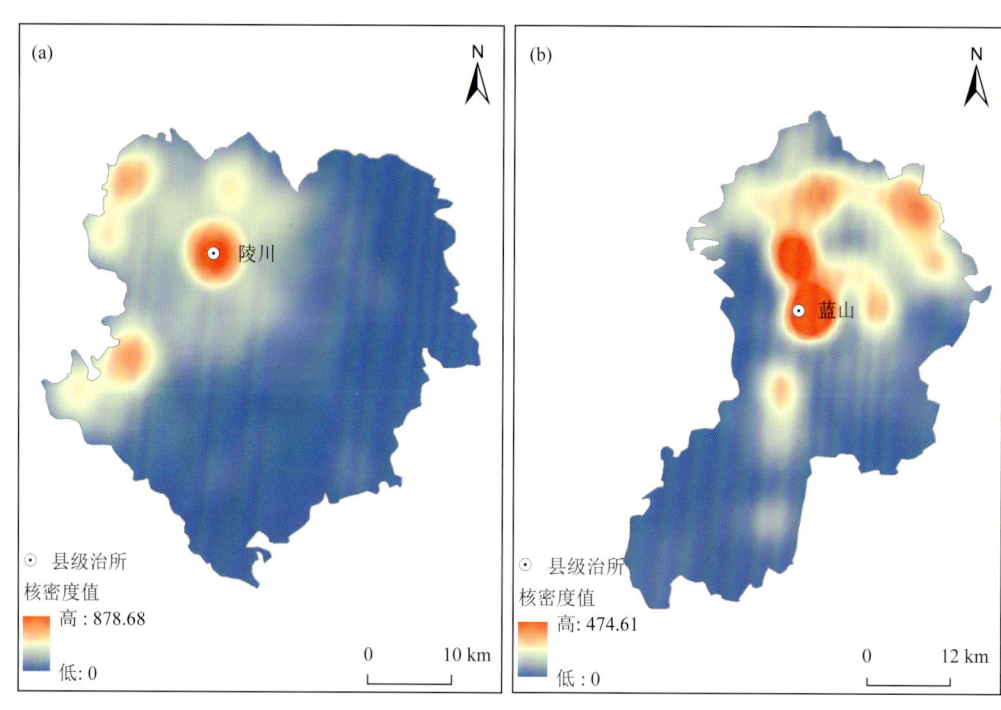

图 2-7 清中期陵川县（a）和民国蓝山县（b）人口核密度

CHGIS 对 1820 年全国主要水域进行了复原，包括一至四级河流、部分五级河流及一些较大的湖泊。参照古地图、历史自然地理的研究成果以及 1∶400 万全国基础地理数据库对 1820 年水域数据进行适当修正和补充，可以获得乾隆四十四年（1779 年）陵川县和民国二十二年（1933 年）蓝山县的河流数据。根据乾隆《陵川县志》和民国 1∶5 万实测地形图①及现代道路走向，可以对乾隆四十四年（1779 年）陵川县主要道路进行矢量化处理。根据民国《蓝山县图志》、民国三十年（1941 年）《湖南省县市分图》②、民国 1∶5 万实测地形图、corona 影像③及现代道路走向，可以对民国二十二年（1933 年）蓝山县的主要道路进行矢量化处理。相较于人文条件，历史时期的地形数据难以获取，不过，清中期至今的地形变化不大，因而，可以使用现代数字高程模型计算坡度、起伏度。数字高程模型数据来自中国科学院计算机网络信息中心地理空间数据云平台④。利用 ArcGIS 10.8 对数字高程模型数据进行裁剪、投影变换后，提取坡度、地形起伏度。其中，地形起伏度利用移动窗口法计算不同窗口（像元大小为 $n \times n$，$n=1,3,\cdots,49$）下的地形起伏度，利用均值变点法⑤确定最佳分析窗口为 17×17。通过重采样获得 1 km ×

---

① "中央研究院"地理信息科学研究专题中心地图数位典藏整合查询系统，https://map.rchss.sinica.edu.tw。
② 湖南省民政厅制印：《湖南省县市分图》，民国三十年（1941 年），见"中央研究院"地理信息科学研究专题中心地图数位典藏整合查询系统，https://map.rchss.sinica.edu.tw。
③ 美国地质调查局网站，https://earthexplorer.usgs.gov。
④ 地理空间数据云，http://www.gscloud.cn。
⑤ 陈学兄、常庆瑞、毕如田等：《地形起伏度最佳统计单元算法的比较研究》，《水土保持研究》2018 年第 1 期。

1 km 格网的坡度、起伏度。鉴于各类数据的储存方式、坐标系存在差异，将各类数据统一转换至 Albers 等积圆锥投影坐标系。通过 ArcGIS 10.8 欧氏距离工具，可以分别求出每个格网距河流、道路、县级治所的距离，输出像元大小为 1 km×1 km（图 2-8）。

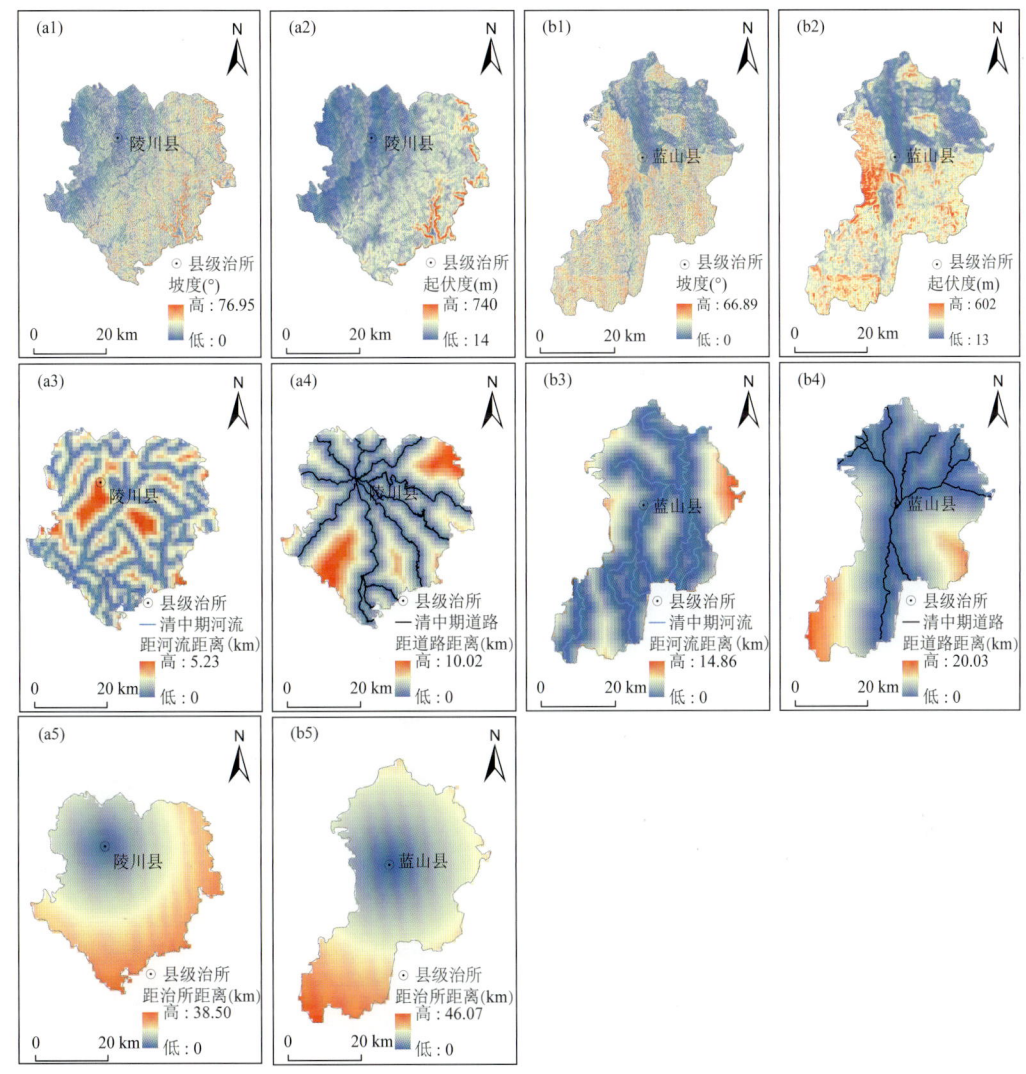

图 2-8　清中期陵川县（a）和民国蓝山县（b）人口影响因子的空间分布

利用地理探测器计算影响因子的作用力及权重。地理探测器是探测因变量空间分异以及量化某一自变量对因变量的解释程度的工具，包括因子探测、交互探测、风险探测和生态探测，用 q 值度量各因子作用力大小[①]。q 值的计算公式为

---

① 王劲峰、徐成东：《地理探测器：原理与展望》，《地理学报》2017 年第 1 期。

$$q = 1 - \frac{\sum_{h=1}^{L} N_h \sigma_h^2}{N \sigma^2} \qquad (2\text{-}1)$$

其中，N 和 N_h 分别为研究对象和第 h 类影响因子的样本量；σ^2 和 σ_h^2 分别为研究对象和第 h 类影响因子的方差；L 为第 h 类影响因子的分类数量。q 取值为 $[0,1]$，数值越大表明影响因子对研究对象空间分布的作用力越强。

地理探测器利用了层间相似性的原理，其适用于多因子耦合地理现象的分析，能够定量分析历史时期人口空间分布影响因子间的相互作用关系。利用地理探测器测度各影响因子对人口空间分布的作用力大小。将村落 1 km×1 km 的人口核密度作为因变量 Y，初步选取的影响因子作为自变量 X，使用地理探测器计算工具得出影响因子的 q 值。利用自然间断点分级法将各影响因子分为 3—15 级，选择 q 值最大的分级作为最佳分级。研究表明：初步选取的 5 个影响因子均通过 0.01 信度水平下的显著性检验，起伏度对人口空间分布的作用力较大，而河流对人口空间分布的作用力相对较小（表 2-3）。因此，选取通过显著性检验的 5 个因子作为清中期人口空间化重建的因子。根据影响因子 q 值的大小确定其在人口空间化模型中的权重（k）。

表 2-3　影响因子的探测结果和权重

变量	北方地区					南方地区				
	坡度	起伏度	河流	道路	治所距离	坡度	起伏度	河流	道路	治所距离
q	0.21	0.58	0.06	0.12	0.59	0.26	0.45	0.01	0.32	0.26
k	0.13	0.37	0.04	0.08	0.38	0.20	0.34	0.01	0.25	0.20

4）人口空间化重建

由于人口空间化模型是基于中小尺度构建的，因而，并不适宜使用省级等大尺度的人口数量进行人口重建。经过检验，采用府级人口进行重建具有较好的效果。嘉庆《大清一统志》较为完整地记录了当时府一级的人口数量，梁方仲《中国历代户口、田地、田赋统计》对分府人口进行了整理，曹树基《中国人口史》第五卷《清时期》对部分府级人口进行了修正。采用曹树基修正过的府级人口数据进行人口空间化重建。清中期府级行政区划数据来源于 CHGIS V6。起伏度、坡度、河流数据的获取方法与上述典型区域相同。清中期的道路根据《大清会典》、《大清会典事例》、刘文鹏《清代驿站考》，以及各地方志、古地图、民国 1：5 万实测地形图、1：100 万全国基础地理数据库、corona 影像、卫星影像等多种资料进行复原。将距治所距离分为距府级治所距离和距县级治所距离，权重各占一半。

利用上述数据计算清中期人口影响因子的栅格数据集（图 2-9），并分为 5 个等级（表 2-4）。根据等级对各影响因子进行赋值，Ⅰ级至Ⅴ级依次赋值为 4—0，等级越高，分值越高。

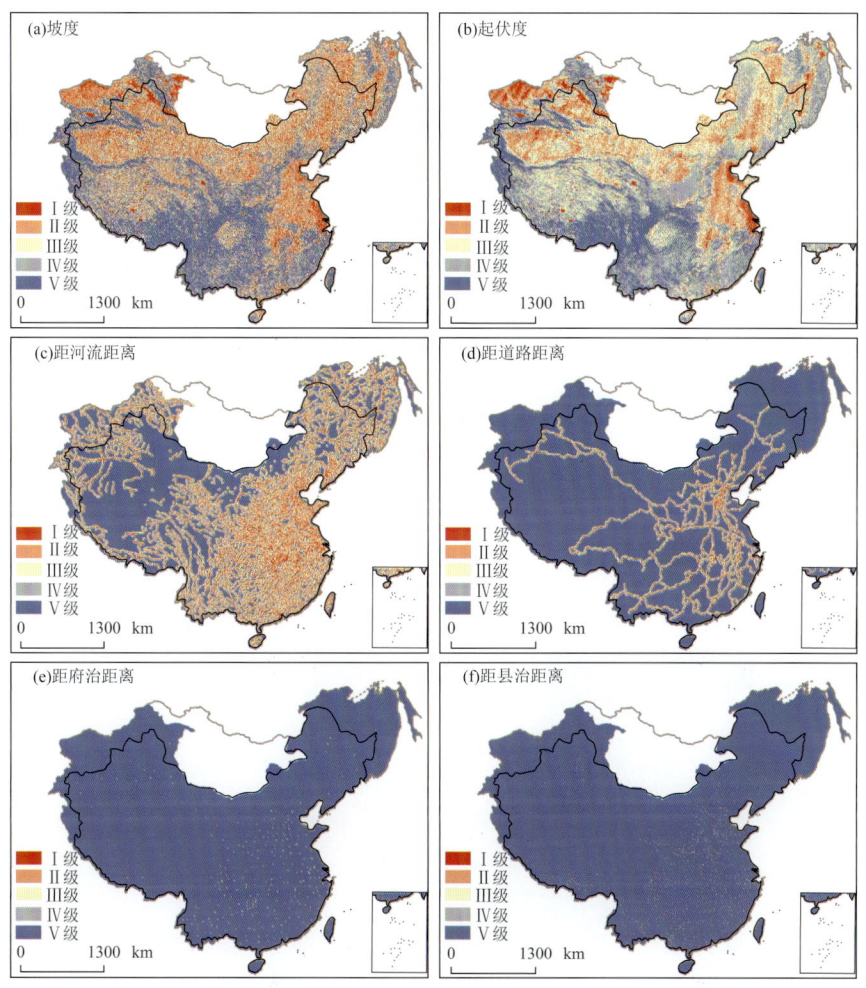

图 2-9　1820 年人口影响因子的空间分布

表 2-4　影响因子分级标准

影响因子	Ⅰ级	Ⅱ级	Ⅲ级	Ⅳ级	Ⅴ级
坡度（°）	0<2	2—6	6—10	10—15	>15
起伏度（m）	0—15	15—30	30—70	70—200	>200
距河流距离（km）	0—1	1—5	5—10	10—20	>20
距道路距离（km）	0—1	1—5	5—10	10—20	>20
距府治距离（km）	0—1	1—3	3—5	5—10	>10
距县治距离（km）	0—1	1—2	2—3	3—5	>5

通过对各影响因子的权重和分值进行线性加权计算人口空间分布指数。其公式为

$$Q_i = \sum_{j=1}^{m}\sum_{i=1}^{n} q_j k_{ij} \qquad (2\text{-}2)$$

其中，Q_i 为第 i 个格网的人口空间分布指数；q_j 为第 j 个影响因子的权重；k_{ij} 为第 i 个格网第 j 个影响因子的分值；m 为影响因子的数量；n 为府州格网的数量。

以 1820 年各府级人口数量为总量控制，各格网人口空间分布指数为权重，分府州计算 1 km×1 km 格网的人口数量 P_i：

$$P_i = \frac{Q_i}{\sum_{i=1}^{n} Q_i} \times P \qquad (2\text{-}3)$$

其中，P_i 为第 i 个格网的人口数量；Q_i 为第 i 个格网的人口空间分布指数；P 为 1820 年各府州的人口数量；n 为府州格网的数量。

将府级人口重建结果合并，得到清中期 1 km×1 km 人口空间分布数据集（图 2-10）。

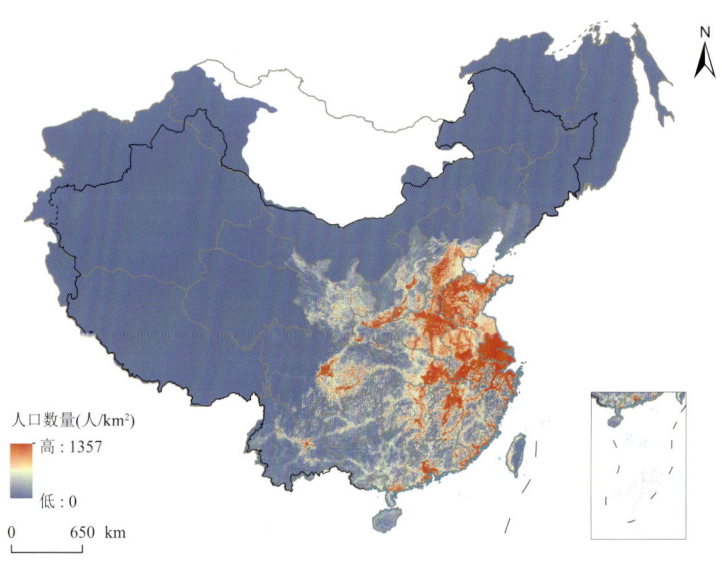

图 2-10　1820 年 1 km×1 km 人口空间分布数据集

5）结果验证

选取山西省和湖南省从空间格局和数量两方面检验人口空间分布数据集的可靠性。

A. 空间格局验证

虽然历史时期的人口分布状况与现代的人口分布状况存在一定的差异，但影响人口分布的自然地理基础具有相对稳定性，近古历史时期的人口与现代的人口在宏观空间格局上应具有相对一致性。将重建结果与 2010 年《中国公里网格人口分布数据集》[①] 进行

[①] 付晶莹、江东、黄耀欢：《中国公里网格人口分布数据集》，《地理学报》2014 年第 69 卷增刊。

对比，可以验证重建结果在空间格局上的合理性。以清中期山西、湖南各府州为单元建立 1 km×1 km 采样点，通过采样工具获取 1820 年和 2010 年各采样点的人口数量。考虑到古今人口数量的绝对差异，按照自然间断点分级法将 2010 年公里格网人口分为 10 级，计算各府州范围内 1820 年与 2010 年 1 km×1 km 格网人口的 Pearson 相关性。结果显示：在山西 20 个府州中，11 个府州的相关性达到 0.6，占比 55%，4 个府州的相关性在 0.4—0.6，占比 20%，大同府、朔平府、保德州、蒲州府等的相关性小于 0.4，占比 25%。大同府、朔平府、保德州等受外来移民影响，1820 年以来人口数量和分布格局都发生了较大的变化。因此，相关性较晋南、晋中地区偏弱（图 2-11）。

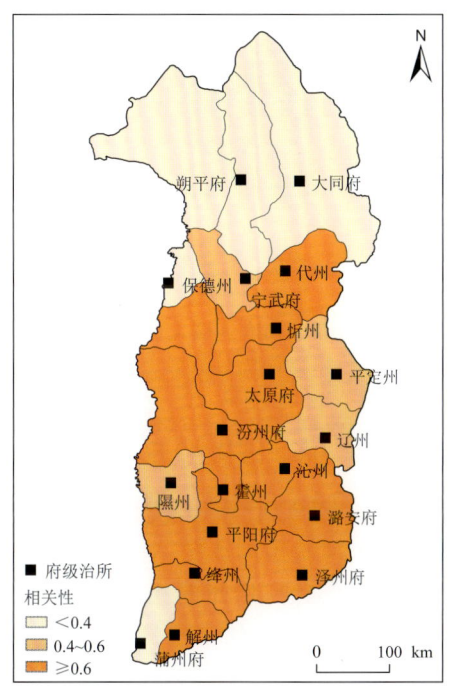

图 2-11　1820 年与 2010 年山西人口空间分布格局的相关性

位于晋南的蒲州府 1820 年与 2010 年的人口空间分布格局相关性较弱（图 2-12），这可能与蒲州府治废弃以及所辖各县治所和行政区划调整有密切的关系。雍正六年（1728 年）蒲州直隶州升为蒲州府，置永济县为附郭县。1912 年废府存县。蒲州城西临黄河，水害频仍，城池屡遭水浸。1947 年永济县治迁至今址赵伊镇。随着蒲州府所辖其余各县治所迁移和政区合并，原临晋县、虞乡县、万泉县、荣河县均降为镇[①]。嘉

[①] 1954 年临晋县与猗氏县合并为临猗县，原临晋县为今临晋镇。清代荣河县治所在今万荣县城西南宝井村，1920 年治所迁移至今万荣县城西南荣河镇。1954 年荣河县与万泉县合并为万荣县，原荣河县为今荣河镇。清代万泉县治所在今万荣县城南古城村，1954 年与荣河县合并，原万泉县为今万泉乡。清代虞乡县治所在今山西永济市东虞乡镇，1954 年和解县合并为解虞县。1958 年又与安邑县合并为运城县。1961 年原虞乡县地域改划归永济县，为今虞乡镇。参见周振鹤主编：《中国行政区划通史》，上海：复旦大学出版社，2017 年；永济县志编纂委员会：《永济县志》，太原：山西人民出版社，1991 年；临猗县志编纂委员会：《临猗县志》，北京：海潮出版社，1993 年；万荣县志编纂委员会：《万荣县志》，北京：海潮出版社，1995 年。

庆年间，蒲州府的人口主要集中在蒲州府治所及其周边地区，并且在临晋县、猗氏县、虞乡县治周围形成次一级的人口分布聚集区。2010年形成了以永济市、临猗县、万荣县城为中心的三个人口分布聚集区。原蒲州府城、临晋县和虞乡县治所在地人口减少较多，而临猗县治位置没有发生变动，人口依然相对密集。

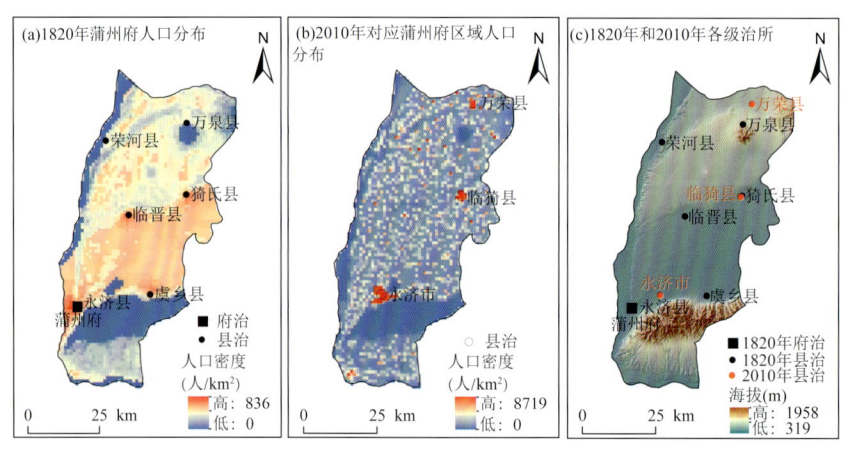

图2-12　1820年和2010年蒲州府区域人口空间分布格局和治所变化[①]

从图2-13可知，在湖南14个府州[②]中，2个府州的相关性达到0.6，占比14.29%，6个府州的相关性在0.4—0.6，占比42.86%，靖州、岳州府、沅州府、郴州、永顺府和湘西四厅的相关性小于0.4，占比42.86%。相比山西省，湖南各府州重建人口的空间格局与2010年人口空间格局相关性略低。但总体上看，所有府州空间格局的相关性均通过0.01显著性检验，近60%府州的相关性在0.4以上，说明重建的清中期南方人口在空间格局上具有一定的合理性。

B. 数量验证

由于缺少1820年山西省县级人口的可靠数据，难以对全部县份的人口空间化结果进行数量验证。不过，山西各地方志中记载有乾隆年间部分县的人口数量，曹树基《中国人口史》第五卷《清时期》对这些数据进行了分析和修正。因而，可以选取这些县份的数据重建人口数量。根据《中国人口史》第五卷《清时期》的修正结果以及各府年平均增长率，可以推算出1820年43个县的人口数量。重建的43个县的人口数量与推算的1820年的人口数量在0.01显著性水平下，相关系数为0.70。通过比较两者的差异，进一步检验县级人口数量重建的准确性。差异值小于40%，所占比重为60.47%；差异值在40%—60%，所占比重为13.95%；差异值大于60%，所占比重为25.58%（图2-14）。

[①] 2010年蒲州府人口空间分布格局根据中国公里网格人口分布数据集制作。
[②] 根据曹树基《中国人口史》第五卷《清时期》将永绥厅、凤凰厅、乾州厅、晃州厅合并计算。

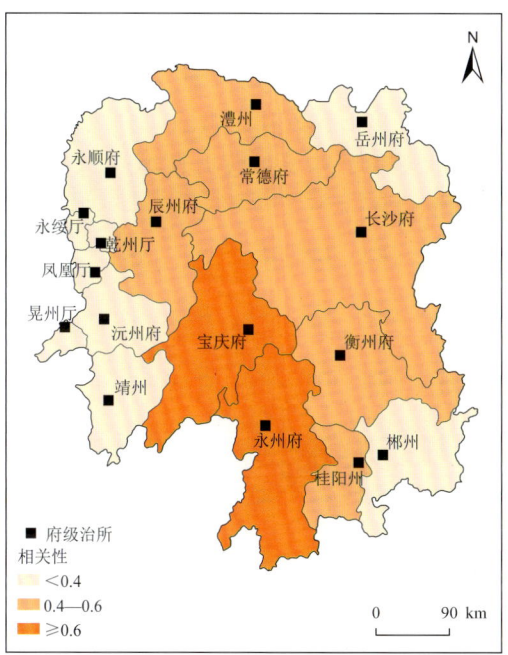

图 2-13　1820 年和 2010 年湖南人口空间分布格局的相关性

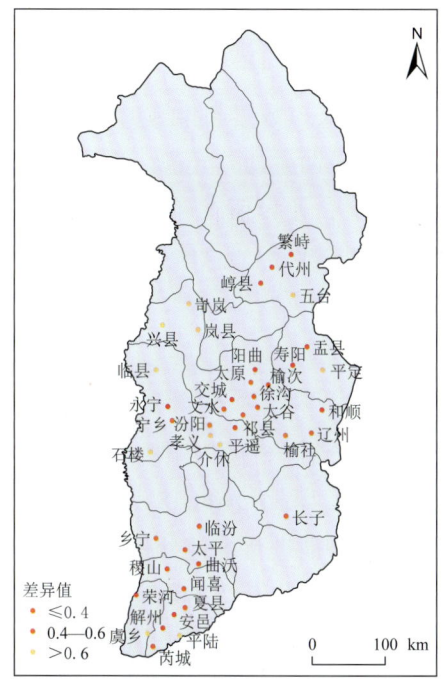

图 2-14　1820 年山西县级重建人口和推算人口差异值

清中期以来山西省的总人口虽然发生了很大的变动，但县级人口占所在府州总人口的比重变动不大。因此，为了进一步验证模型数量重建的准确性，有必要将重建结果与 2010 年各县人口数量进行比较。鉴于 2010 年县级政区特别是区级政区与清代县级政区相比变化较大，为避免因行政区划调整带来的干扰，以1911年县级政区为统计单元，分别计算重建结果和2010年公里网格人口分布数据集的人口总数，检验两个时期县级人口占所在府州总人口比重的相关性。由图2-15可知，两者呈现显著线性关系，R^2为0.626，在0.01显著性水平下，相关系数为0.791。上述分析表明，清中期北方人口重建在数量上具有较高的可靠性。

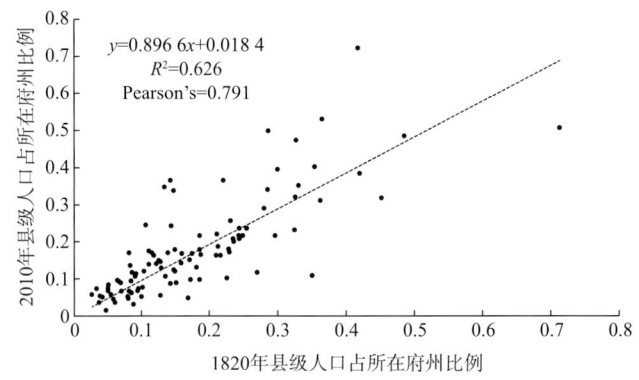

图2-15　1820年山西省县级人口占府州总人口比例与2010年数据的相关性

光绪《湖南通志》记载了嘉庆二十一年(1816年)各县的人口数量。根据《中国人口史》第五卷《清时期》计算各府年平均增长率，推算出1820年71个县级政区及湘西四厅的人口数量。重建的75个政区的人口数量与推算的1820年人口数量在0.01显著性水平下，相关系数为0.843。通过比较两者的差异进一步检验县级政区数量重建的准确性。差异值小于40%所占比重为75%，差异值在40%—60%所占比重为10.53%，差异值大于60%所占比重为14.47%（图2-16）。总体来看，清中期湖南省的人口重建在数量上同样比较可靠。

3. 历史文化精度的算法

按照"数据采集—空间统计分析—构建中国历史文化精度格局"的思路，采集各项文化遗产的空间数据并进行整理，利用ArcGIS 10.8建立中国历史文化精度格局评估指标数据库，对评估指标的空间特征进行统计分析，在此基础上可以构建中国历史文化精度格局。其中，准确获取各项文化遗产的地理位置是构建历史文化精度的基础。各项文化遗产的空间形态和属性存在差异，在采集数据时需要根据具体情况分别以点状、线状和面状三种形式呈现（表2-5）。各项文化遗产的数量截至2021年底。具体采集和处理方法如下。

第2章 作为评价背景的国家历史文化空间格局研究

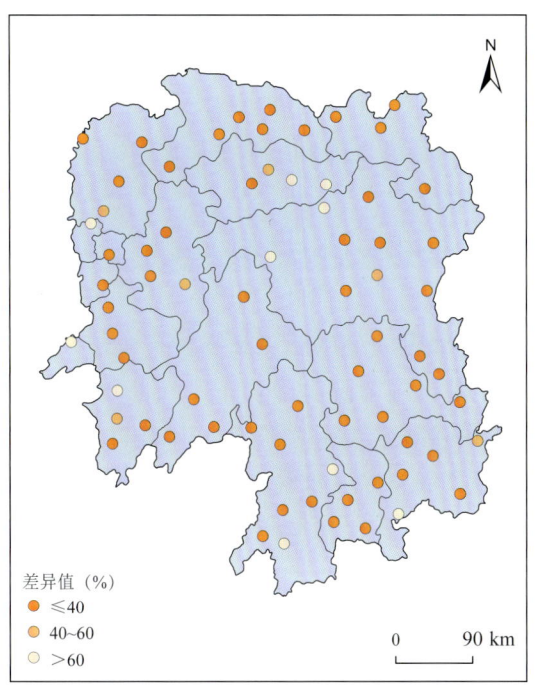

图 2-16　1820 年湖南县级重建人口和推算人口的差异值

表 2-5　中国历史文化精度各评估指标的数量和表现形式

名城	世界文化遗产	国家历史文化名城	全国重点文物保护单位	中国历史文化名镇	中国传统村落	人类非物质文化遗产代表作	国家级非物质文化遗产代表性项目
数量	42①	138	5057	312	6820	42	1557
表现形式	线状、面状	点状	点状、线状、面状	点状	点状	面状	面状

1）世界文化遗产[1]

世界文化遗产是由联合国教科文组织世界遗产委员会列入《世界遗产名录》，是对全人类具有突出普遍价值的文化遗产。根据《保护世界文化和自然遗产公约》，世界文化遗产主要包括文物、建筑群和遗址三种类型。截至 2021 年底，中国已成功申报 42 项世界文化遗产（含 4 项世界文化与自然混合遗产）。世界文化遗产按照联合国教科文组织网站世界遗产委员会公布的中国世界文化遗产有关材料以及中国世界文化遗产中心的中国世界文化遗产监测预警总平台的资料，以线状和面状两种形式进行采集。

2）国家历史文化名城

国家历史文化名城是由国务院公布的保存文物特别丰富，具有重大历史文化价值和革命意义的城市②。国务院先后于 1982 年、1986 年和 1994 年公布了三批共 99 座国

---

① 含 4 项世界文化与自然混合遗产。
② 《中华人民共和国文物保护法》。

家历史文化名城，此后陆续进行了增补。截至2021年底，共有139座国家历史文化名城。其中，住房和城乡建设部、国家文物局做统计报告及海口市政府编制城市总体规划和历史文化名城保护规划时，均将琼山和海口视作一处。因此，在采集国家历史文化名城数据时，将琼山和海口视为一处。国家历史文化名城以点状要素采集。

3）全国重点文物保护单位

全国重点文物保护单位是国家对不可移动文物所核定的最高保护级别，国务院所属的文物行政部门（国家文物局）在省级、市级、县级文物保护单位中，选择具有重大历史、艺术、科学价值的确定为全国重点文物保护单位，或者直接确定，并报国务院核定公布。截至2021年底，国务院已经公布了八批共5057处全国重点文物保护单位，其中绝大部分可以用点状要素表达。但因全国重点文物保护单位的规模和表现形式较为多样，如长城、京杭大运河等长度较长，汉长安城遗址等面积较大，西汉帝陵、唐代帝陵等作为一处全国重点文物保护单位，却由多个较为分散的帝陵组成，这些要素难以使用单一的点要素进行准确表达。针对这些复杂的情况，在采集全国重点文物保护单位地理数据时，形成了一套完整的数据采集原则与处理方法。

A. 采集原则

（1）真实性原则：采集点为全国重点文物保护单位所在的实际位置，如有多个子项，则分别采集各子项的地理位置。

（2）完整性原则：对于空间范围较大（超过 $1\ km^2$）且边界清晰、完整的全国重点文物保护单位，根据实际形态以面状形式进行采集。

（3）弹性原则：在单个自然村范围内子项较多、分布集中，只采集中间子项的地理位置。如果有多个子项，且子项中存两种或三种要素类型（如隋大兴唐长安城遗址），则按照实际情况采集不同的类型。

B. 处理方法

（1）点状要素。a. 分布范围小于 $1\ km^2$ 且无子项的全国重点文物保护单位，以点状要素采集，采集点为全国重点文物保护单位的几何中心。若无法准确确定几何中心，则以保护标志牌所在位置为准。b. 具有多个子项且每一子项的面积均小于 $1\ km^2$ 的全国重点文物保护单位，以点状要素采集。

（2）线状要素。a. 空间上呈线状但长度不足 $1\ km$ 的全国重点文物保护单位以点状要素采集，采集点为线段的中点。b. 空间上呈线状且长度大于 $1\ km$ 的全国重点文物保护单位（如古道路、城墙遗址等）根据实际情况采集为线状要素。c. 空间上不连续，但间隔距离小于 $100\ m$，采集为连续的线状要素。d. 空间上不连续，但间隔距离大于 $100\ m$，采集为分段的线状要素。e. 含有多段空间上不连续的线状要素，且有部分长度大于 $1\ km$，则小于 $1\ km$ 的部分采集为点状要素，大于 $1\ km$ 的部分采集为线状要素。

（3）面状要素。面积大于 $1\ km^2$，空间上连续且边界明确的全国重点文物保护单位（如汉长安城遗址）采集为面状要素。

4）中国历史文化名镇

中国历史文化名镇是由住房和城乡建设部与国家文物局共同评选的保存文物特别丰富，且具有重大历史价值或纪念意义的，能较完整地反映一些历史时期传统风貌和地方民族特色的镇。截至2021年底，住房和城乡建设部与国家文物局公布了七批共312个中国历史文化名镇。中国历史文化名镇以点状要素采集，采集点为镇的几何中心。

5）中国传统村落

中国传统村落是由住房和城乡建设部、文化部、国家文物局、财政部等部门联合评定的，拥有物质形态和非物质形态文化遗产，具有较高的历史、文化、科学、艺术、社会、经济价值的村落。截至2021年底，共有五批6819个村落被列入中国传统村落名录。在中国历史文化名村中，除青海循化县大庄村外其余的历史文化名村均被列入中国传统村落名录。在数据采集时将大庄村也算作中国传统村落，故最终传统村落的数量为6820个。中国传统村落以点状要素采集，采集点为村落的几何中心。

6）人类非物质文化遗产代表作

人类非物质文化遗产代表作是指经联合国教科文组织评选确定而列入《人类非物质文化遗产代表作名录》的遗产项目。根据《保护非物质文化遗产公约》的定义，非物质文化遗产指被各社区、群体，有时是个人，视为文化遗产组成部分的各种社会实践、观念表述、表现形式、知识、技能以及相关的工具、实物、手工艺品和文化场所。这种非物质文化遗产世代相传，在各社区和群体适应周围环境以及与自然和历史的互动中，被不断地再创造，为这些社区和群体提供认同感和持续感，从而增强对文化多样性和人类创造力的尊重[①]。非物质文化遗产作为非物质实体，难以像物质文化遗产一样准确确定其空间分布范围，但申报单位可以体现其主要的分布范围。非物质文化遗产多以县级及以上行政区为申报单位，因此以县级行政区为基本单元统计人类非物质文化遗产代表作的数量。如果涉及多个申报单位或者县级行政区以及诸多子项，则按政区对其进行拆分。县级行政区划矢量数据来源于自然资源部国家基础地理信息中心地理资源目录系统1:100万基础地理信息数据（2021年）[②]。

7）国家级非物质文化遗产代表性项目

国家级非物质文化遗产代表性项目是由文化和旅游部确定、国务院批准的非物质文化遗产名录。截至2021年底，共有五批1557项国家级非物质文化遗产代表性项目（共3610子项），包括民间文学、民间音乐、民间舞蹈、传统戏剧、曲艺、杂技与竞技、民间美术、传统手工技艺、传统医药、民俗共十个大类。国家级非物质文化遗产代表

---

① 联合国教科文组织：《保护非物质文化遗产公约》，2003年。
② https://mulu.tianditu.gov.cn。

性项目的处理方法与人类非物质文化遗产代表作相同，以县级行政区为基本单元进行统计。

根据上述方法，利用 ArcGIS 10.8 分别建立世界文化遗产、国家历史文化名城、全国重点文物保护单位、中国历史文化名镇、中国传统村落、人类非物质文化遗产代表作、国家级非物质文化遗产代表性项目空间分布数据图（图 2-17）。

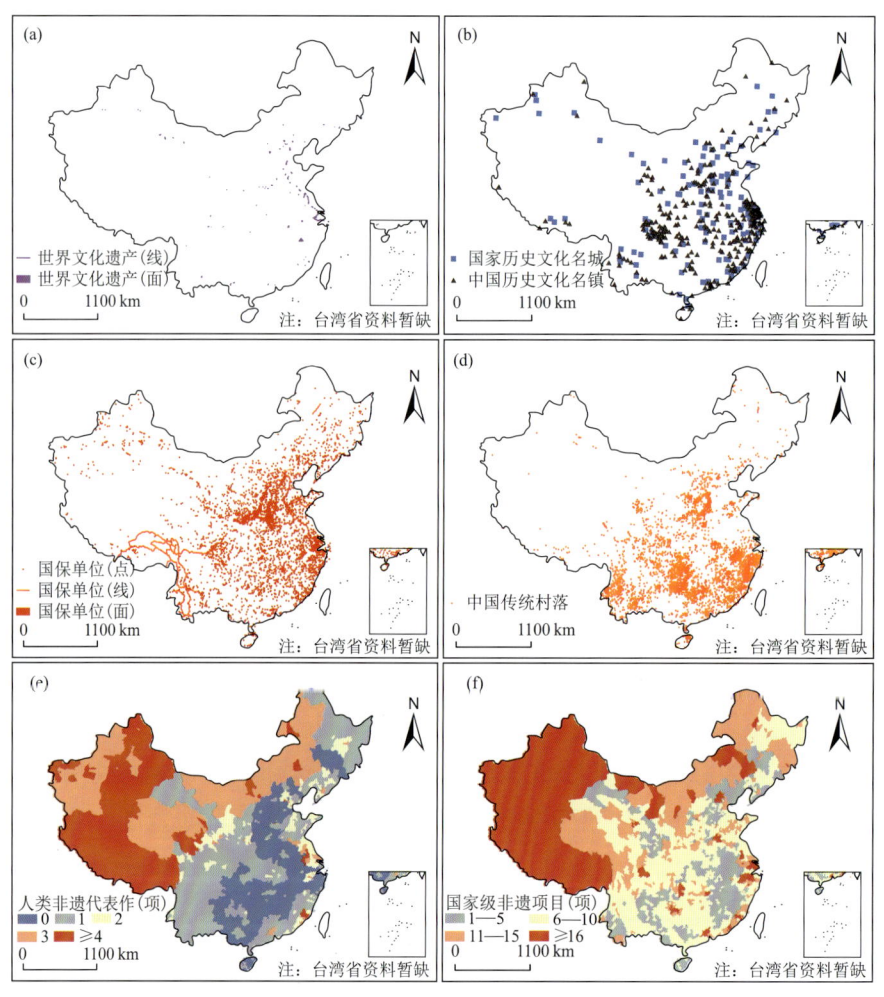

图 2-17 中国历史文化精度各评估指标空间分布

基于自然资源部标准地图服务网站 GS（2019）1831 号标准地图制作，底图边界无修改

历史文化精度的评估指标涉及点、线、面三种数据形式，其中物质文化遗产和非物质文化遗产在内涵上又存在差异。如何将不同的矢量数据统一转换为便于计算的栅格数据是历史文化精度处理的难点。一般而言，物质文化遗产的形成、保护、利用与所在地的社会文化环境有关，并且距离越近，这种关系越密切。因此，可根据物质文化遗产与周围地区的关系确定物质文化遗产的辐射范围，利用 ArcGIS 10.8 的缓冲区工

具，可把辐射范围分为遗产本体区、邻近遗产区和远离遗产区3种类型。在邻近遗产区，不同格网邻近物质文化遗产的数量存在很大差异，需要加以区分。在统计邻近遗产区所邻近的物质文化遗产数量时主要利用ArcGIS 10.8的联合、面要素转点要素、删除相同项、空间连接等方式来完成。将遗产本体区、邻近遗产区和远离遗产区矢量数据转换成1 km×1 km栅格数据，以便于进行赋分和后续计算。在非物质文化遗产的计算中，覆盖范围为全国的非物质文化遗产在数学计算上并无太大意义，因此不纳入计算范围。利用ArcGIS 10.8面转栅格工具分别以县级行政区人类非物质文化遗产代表作和国家级非物质文化遗产代表性项目的数量作为值字段，将矢量面数据转换成1 km×1 km栅格数据。

2.3.3 指标分值

国家历史文化空间格局背景价值9个评估指标满分均为100分，根据可量化和可比性原则对每个评估指标进行赋分，赋分单元为1 km×1 km栅格。其中，历史政权统治时长为中原王朝统治时长和非中原王朝统治时长在整个统计时段内（2132年）所占的比重。根据二者在文化发展上的差异，将其权重分别设置为1和0.6667。历史文化厚度计算公式为

$$V_D = \frac{t_1}{2\,132} \times 100 + \frac{2\,132 - t_1}{2\,132} \times 66.67 \tag{2-4}$$

其中，V_D为历史文化厚度；t_1为中原王朝统治时长；$2\,132 - t_1$为非中原王朝统治时长。

重建的清中期1 km×1 km人口空间分布数据集的极差很大，若直接使用归一化方法转换为百分制，整体分值偏低。因此，参照自然间断点分级法对清中期1 km×1 km人口密度划分为5个等级。

历史文化精度评估指标的性质和数据特征不同，不同评估指标的赋分标准难以统一。因此，对不同的评估指标分别进行分级赋分。物质文化遗产因涉及点、线、面3种不同属性的数据，所以在赋分时要加以区分。全国重点文物保护单位、中国传统村落、中国历史文化名镇和国家历史文化名城的点状要素，分别以1 km、1 km、2 km和10 km为缓冲区划定遗产本体区；对全国重点文物保护单位、世界文化遗产的线状要素，分别以1 km和2 km为缓冲区划定遗产本体区；对全国重点文物保护单位和世界文化遗产的面要素，分别以核心区和重点保护区作为遗产本体区。遗产本体区赋值为Ⅰ级即100分。邻近遗产区根据邻近遗产的数量进行分级赋分，其中世界文化遗产和国家历史文化名城分布比较分散，邻近遗产区的物质文化遗产数量区分度较小，只按距离进行分级赋分。远离遗产区赋值为Ⅴ级即20分。人类非物质文化遗产代表作、国家级非物质文化遗产代表性项目两项非物质文化遗产根据数量进行赋分（表2-6和图2-18）。

表 2-6　中国历史文化丰度、精度评估指标赋分标准

评估指标	20分	40分	60分	80分	100分
清中期人口密度	0 人 /km²	0—25 人 /km²	25—100 人 /km²	100—250 人 /km²	>250 人 /km²
世界文化遗产	>50 km	30—50 km	15—30 km	线要素 2—15 km；面要素 0—15 km	线要素位于 0—2 km 内；面要素位于核心区
国家历史文化名城	>50 km	30—50 km	15—30 km	5—15 km	0—5 km
全国重点文物保护单位	10 km 内存在 0 个	10 km 内存在 1 个	10 km 内存在 2—5 个	10 km 内存在 6—10 个	点和线要素：0—1 km 内；面要素：位于重点保护区内；10 km 内存在 10 个以上
中国历史文化名镇	20 km 内存在 0 个	20 km 内存在 1 个	20 km 内存在 2 个	20 km 内存在 3 个	0—2 km 内；20 km 内存在 3 个以上
中国传统村落（含中国历史文化名村）	10 km 内存在 0 个	10 km 内存在 1 个	10 km 内存在 2—3 个	10 km 内存在 4—5 个	0—1 km 内；10 km 内存在 5 个以上
人类非物质文化遗产代表作	0 个	1 个	2 个	3 个	>3 个
国家级非物质文化遗产代表性项目	0 个	1—5 个	6—10 个	11—15 个	>15 个

2.3.4　指标权重

在国家历史文化空间格局背景价值评估指标体系中，各评估指标的影响力存在差异，因此，需为各评估指标赋予不同的权重。指标权重通过层次分析法构建判断矩阵确定。层次分析法主要应用系统分析方法，对评价总体目标进行逐层分解得到各层评价目标，综合定性与定量，是一种十分有效的系统分析方法[①]。以国家历史文化空间格局背景价值（A）作为目标层，历史文化厚度（B_1）、历史文化丰度（B_2）和历史文化精度（B_3）作为准则层，评价准则之间的相对重要性由通过专家评判得到的判断矩阵表示（表 2-7）。通过计算特征向量 W 得到评价准则的权重值 W_i，判断矩阵最大特征根 $\lambda_{max}=3$，一致性指标 CI=0，平均随机一致性指标 RI=0.58，CR=CI/RI= 0<0.10，说明矩阵具有满意的一致性。B_1、B_2、B_3 的权重分别为 0.2、0.4 和 0.4。B_1 和 B_2 的指标层、指标对象层只有一个，因此无需计算 C_1、C_2、D_1、D_2 的权重。B_3 的指标层 C_3、C_4 的权重根据专家意见直接赋为 0.7 和 0.3。C_3 的指标对象层的权重由专家判断矩阵得到（表 2-8）。判断矩阵最大特征根 $\lambda_{max}=5.068\,3$，一致性指标 CI=0.0171，平均随机一致性指标 RI=1.12，CR=0.0153<0.10，说明矩阵具有满意的一致性。B_4 的指标层 D_8、D_9 的权重根据专家意见直接赋为 0.7 和 0.3。通过准则层、指标层、指标对象层权重相乘，得到 9 个评估指标最终的权重（表 2-9）。

---

① 王淑佳、孙九霞：《中国传统村落可持续发展评价体系构建与实证》，《地理学报》2021 年第 4 期。

第2章 作为评价背景的国家历史文化空间格局研究

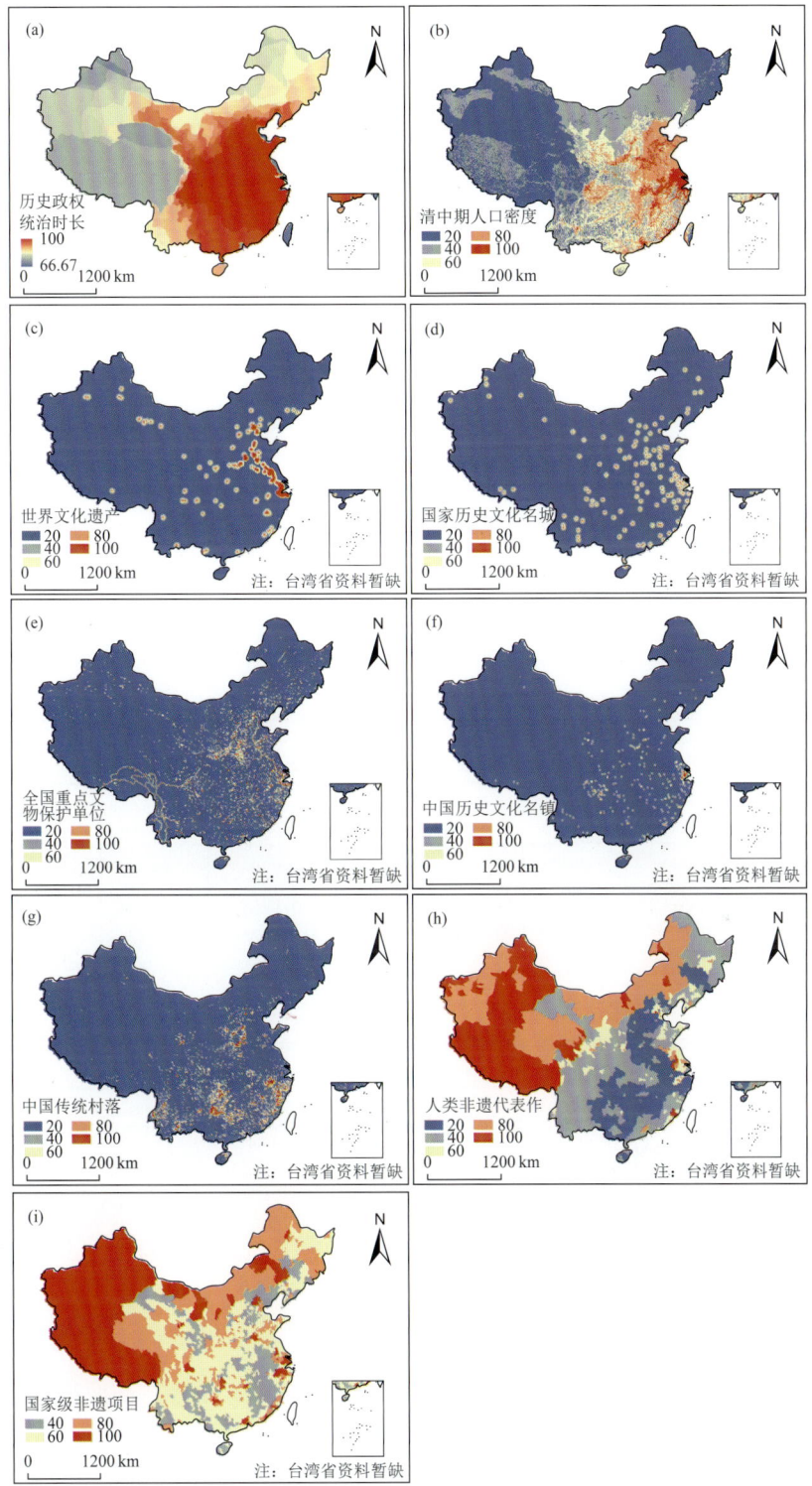

图 2-18 国家历史文化空间格局背景价值各评估指标分值

基于自然资源部标准地图服务网站 GS（2019）1831 号标准地图制作，底图边界无修改

表 2-7　准则层判断矩阵及权重

A	B_1	B_2	B_3	W_i
B_1	1	1/2	1/2	0.2
B_2	2	1	1	0.4
B_3	2	1	1	0.4

表 2-8　C_3 指标对象层判断矩阵及权重

C_3	D_3	D_4	D_5	D_6	D_7	W_i
D_3	1	2	3	4	5	0.4162
D_4	1/2	1	2	3	4	0.2618
D_5	1/3	1/2	1	2	3	0.1610
D_6	1/4	1/3	1/2	1	2	0.0986
D_7	1/5	1/4	1/3	1/2	1	0.0624

表 2-9　国家历史文化空间格局背景价值评估指标体系各指标权重

评估指标	历史文化厚度	历史文化丰度	历史文化精度						
	历史政权统治时长	历史人口密度	世界文化遗产	国家历史文化名城	全国重点文物保护单位	中国历史文化名镇	中国传统村落	人类非物质文化遗产代表作	国家级非物质文化遗产代表性项目
权重	0.2000	0.4000	0.1165	0.0733	0.0451	0.0276	0.0175	0.0840	0.0360

2.3.5　评价标准

采用线性加权函数法对国家历史文化空间格局背景价值进行综合评价，其公式为

$$V_H = \sum_{i=1}^{n}(X_i \times W_i) \qquad (2\text{-}5)$$

其中，V_H 为国家历史文化空间格局背景价值综合得分；X_i 为第 i 个评估指标的得分；W_i 为第 i 个评估指标的权重。V_H 的数值为 20—100，数值越大，表示国家历史文化空间格局背景价值越大，反之则越小。

参照自然间断点分级法和数据的分布情况，分别将中国历史文化厚度、丰度、精

度及国家历史文化空间格局背景价值综合评价分为5个类型（表2-10）。

表 2-10　国家历史文化空间格局背景价值分类

类别	历史文化厚度	历史文化丰度	历史文化精度	综合评价
Ⅰ类	>90	100	>70	>70
Ⅱ类	85—90	80	50—70	60—70
Ⅲ类	80—85	60	40—50	50—60
Ⅳ类	75—80	40	30—40	40—50
Ⅴ类	≤75	20	≤30	≤40

2.4　结果分析

利用 ArcGIS 10.8 计算中国历史文化厚度、丰度、精度和国家历史文化空间格局背景价值综合评价，绘制中国历史文化厚度、丰度、精度和综合评价空间分布图（图2-19），并进行分类统计（表2-11），从空间格局和数量分布两方面分析其特征。

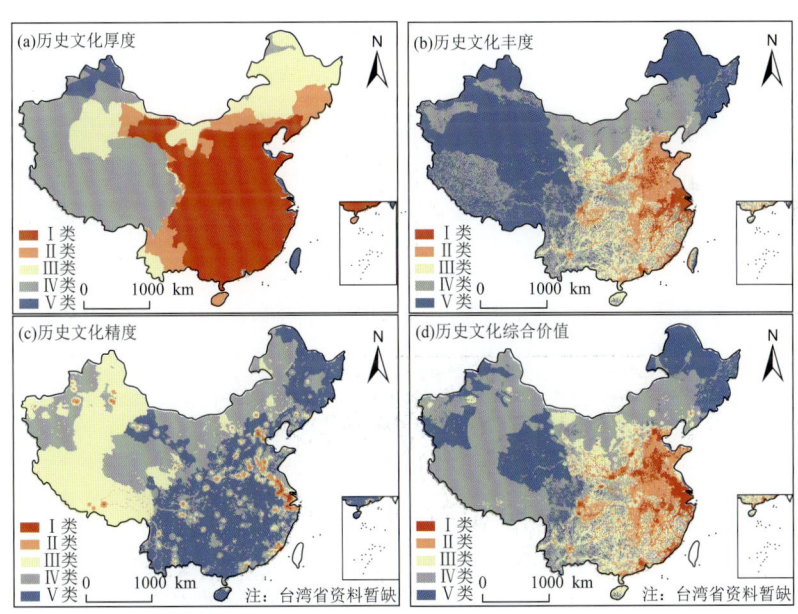

图 2-19　国家历史文化空间格局背景价值空间分布

基于自然资源部标准地图服务网站 GS（2019）1831 号标准地图制作，底图边界无修改

表 2-11 国家历史文化空间格局背景价值分类统计

类别	历史文化厚度	历史文化丰度	历史文化精度	综合评价
Ⅰ类	36.89%	3.12%	0.27%	3.96%
Ⅱ类	9.94%	10.97%	2.16%	10.72%
Ⅲ类	18.68%	14.45%	28.23%	16.83%
Ⅳ类	31.29%	36.88%	36.26%	48.37%
Ⅴ类	3.20%	34.57%	33.09%	20.12%

历史文化厚度在数量上呈 S 形分布，其中Ⅰ、Ⅳ类所占比重较大，分别为 36.89% 和 31.29%，在空间上呈典型的圈层结构，以Ⅰ类为中心向外逐渐扩展。Ⅰ类主要分布在长城以南、玉门关、青藏高原—横断山脉以东的广大地区。这一地区曾长期作为中原王朝的核心统治区，农耕文化发达。Ⅳ类主要分布在青藏高原、新疆西部及天山一线，这些区域在历史时期长期处于少数民族政权统治，以游牧文化为主，同时与中原农耕文化有持续不断的联系，参与了中原历史文化的形成过程。Ⅱ类位于Ⅰ类的外围地区，其北部与农牧交错带有相当部分重合，体现了农耕文化与游牧文化的此消彼长，以及两者的交流与融合，其南部主要包括今云南大部及海南岛，在历史时期这些地区时而为中原王朝政权统治，时而又为少数民族政权统治。Ⅲ类主要包括今黑龙江大部，内蒙古东部、西部，新疆东部，云南西南部，当中原王朝势力强大时，往往也将以上地区纳入了统治范围。Ⅴ类区所占比重最小，仅为 3.20%，分布在新疆北部边缘及沿海地区。

历史文化丰度在数量上随着类别的升高，所占比重逐渐降低（除Ⅴ类外），在空间上从东至西呈明显的阶梯状分布。Ⅰ类在长江三角洲地区呈面状分布，在华北平原呈散点状分布。另外，在一些平原、沿海港口等地区也有零星分布。Ⅱ类主要分布在华北平原和长江中下游平原及低山丘陵地区。Ⅲ类主要分布在内蒙古以南的广大农耕区。Ⅳ、Ⅴ类分布在东三省、内蒙古、新疆、青海、西藏及四川和云南的西部。这些地区生态环境脆弱，人口承载力较小，相比东部平原区人口分布较少。

历史文化精度在数量上也大致呈阶梯状分布，在空间上高值区呈点状分布，中低值区呈面状分布。其中，Ⅰ、Ⅱ类所占比重较小，分别为 0.27% 和 2.16%，在空间上形成了以"成都平原—关中平原—河洛地区"一线与大运河一线相交的 T 形分布带。

Ⅲ类主要分布在西藏和新疆东部地区，这主要与少数民族地区保留有众多的非物质文化遗产有关。Ⅳ、Ⅴ类所占比重最大，分别为36.26%和33.09%，两者的物质文化遗存均较少，但前者的非物质文化遗产的保存情况往往优于后者，从而前者的历史文化精度高于后者。

从历史文化综合价值来看，从Ⅰ类至Ⅴ类，其所占比重依次为3.96%、10.72%、16.83%、48.37%、20.12%，在空间上从东至西呈阶梯状逐渐降低。Ⅰ类历史文化厚重，如大运河沿线、关中平原、河洛地区、京津地区，这些地区不仅长期作为中原王朝核心统治区，而且历史时期农业开发很早，人口众多，创造并保存了丰富的文化遗产。Ⅱ类主要分布在华北平原、长江中游平原、四川盆地。这些地区农耕条件较好，开发历史稍早，文化遗产也比较丰富。Ⅲ类主要分布在黄土高原大部以及南方丘陵地区。Ⅳ主要分布在内蒙古、新疆东部和西藏。Ⅴ类主要分布在黑龙江、吉林东部、内蒙古东部、青海、四川西部、甘肃西部和新疆西部。相比Ⅰ、Ⅱ类，Ⅳ、Ⅴ类主要为少数民族聚集地区，历史时期受中原文化影响有限，保存有类型丰富的少数民族特色文化，使中国历史文化具有鲜明的多民族特色。

2.5 传统村落国家历史文化空间格局背景价值评估研究——以40个集中连片示范县为例

2.5.1 评估对象概况

传统村落是乡村聚落经过长期发展演变形成的，体现了人与人、人与自然、人与社会长期互动的智慧，包含了中华农业文明的丰富内涵，是十分重要的乡村文化遗产。随着传统村落保护意识的不断加强和保护工作的大力开展，一大批传统村落得到了有效保护和良好发展。同时，也存在盲目照搬照抄、保护利用方式单一、同质化现象突出、盲目拆旧建新、拆真建假、"破坏性保护"，以及注重保护物质实体、轻视非遗文化等诸多问题。

为探索以县域为单位统筹推进传统村落集中连片保护利用模式，住房和城乡建设部、财政部于2022年4月评选出40个传统村落集中连片保护利用示范县（以下简称示范县）[①]。这40个示范县分布在全国26个省级行政区（图2-20），共涉及804个国家级传统村落，县域内传统村落最少的有5个，最多的达86个。那么，作为示范县的

---

① 住房和城乡建设部、财政部：《关于做好2022年传统村落集中连片保护利用示范工作的通知》，建村〔2022〕32号。

传统村落，从全国尺度来看，其所蕴含的历史文化价值是否存在很大差异？这种差异和示范县传统村落密度是否存在耦合关系？这些问题不仅关系到传统村落集中连片保护资金的合理使用，更关系到县域之间以及县域内部传统村落保护利用具体路径和方法的选择。下面以 40 个示范县 804 个国家级传统村落为例，评估各示范县传统村落的国家历史文化空间格局背景价值（以下简称历史文化背景价值）。

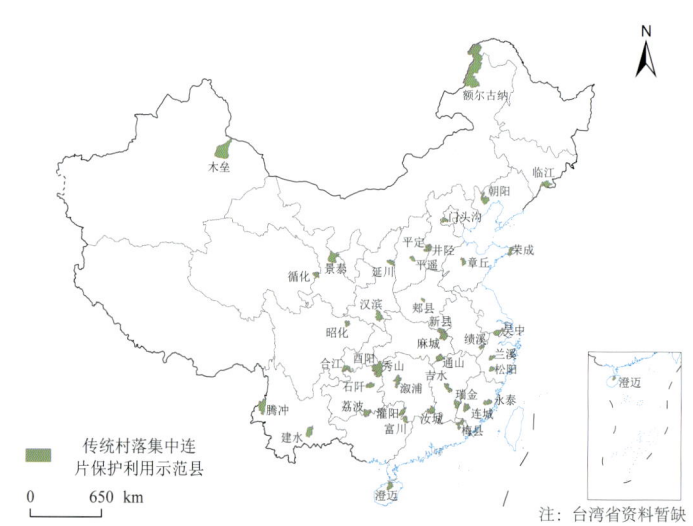

图 2-20　40 个传统村落集中连片保护利用示范县空间分布

基于自然资源部标准地图服务网站 GS（2019）1831 号标准地图制作，底图边界无修改

2.5.2　评估结果分析

1. 历史文化厚度

总体上看，804 个传统村落的历史文化厚度分值在 78.52—100，平均值为 96.66，说明这些传统村落的历史文化厚度总体上处于较高水平。其中，65.17% 的传统村落分值为 100，Ⅰ类传统村落占比 80.85%；Ⅱ类传统村落占比 6.84%；Ⅲ类传统村落占比 10.82%；Ⅳ类传统村落占比 1.49%；没有Ⅴ类传统村落，说明大部分传统村落长期处于中原王朝统治之下，历史文化底蕴比较深厚。同时，不同类别的传统村落在东、中、西部地区占比差异十分明显。根据通常的 11∶8∶12 东、中、西的区域划分方法，将全国分为三大地带。统计不同类别的传统村落在东、中、西部地区所占比重（图 2-21）。Ⅰ类传统村落在东、中、西部地区所占比重相似，Ⅱ类传统村落在东、中部地区所占比重较低，在西部地区所占比重较高，Ⅲ、Ⅳ类传统村落全部分布在西部地区。

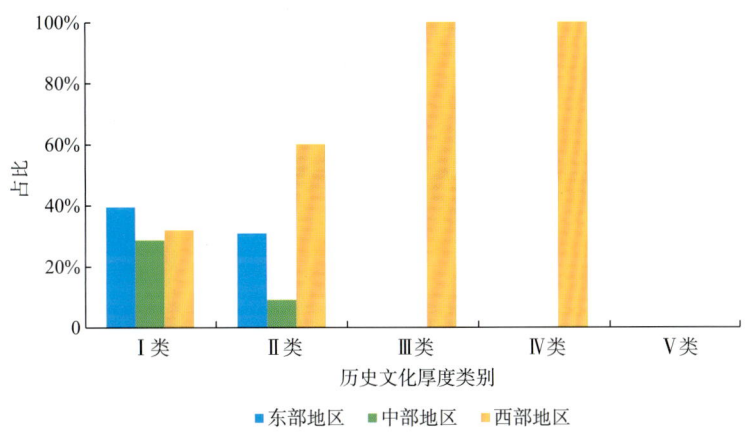

图 2-21　示范县传统村落历史文化厚度类别在不同地区的占比

2. 历史文化丰度

总体上看，804 个传统村落的历史文化丰度平均值为 65.50，不同类别的传统村落大致呈正态分布，类别由 Ⅰ 类到 Ⅴ 类所占比重依次为 8.83%、27.11%、48.38%、14.05%、1.62%，说明大部分传统村落的历史文化丰度处于中等水平。从图 2-22 可知，从东至西 Ⅰ 类传统村落所占比重逐渐减少，Ⅱ 类传统村落所占比重先增加后减少，Ⅲ 类、Ⅳ 类传统村落所占比重先减少后增加，Ⅴ 类传统村落所占比重逐渐增加，体现出不同类别传统村落在东、中、西部地区分布的差异。Ⅲ、Ⅳ、Ⅴ 类传统村落在西部地区所占比重较大，其中 Ⅲ、Ⅴ 类所占比重均超过 60%，而 Ⅰ、Ⅱ 类传统村落在西部地区所占比重较小。

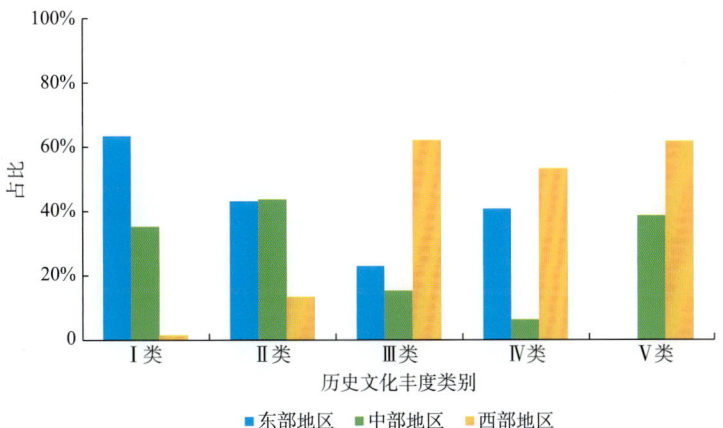

图 2-22　示范县传统村落历史文化丰度类别在不同地区的占比

3. 历史文化精度

总体上看，804个传统村落的历史文化丰度在25.30—84.27，平均值为36.66，说明大部分传统村落与其他物质文化遗产的空间关系比较疏远，历史文化密集程度较弱。从图2-23来看，Ⅰ类传统村落全部分布在东部地区，但仅占东部地区的3.65%，Ⅱ类传统村落所占比重从东向西逐渐增加，Ⅲ、Ⅳ类传统村落从东向西所占比重先降低后增加，Ⅴ类传统村落呈金字塔型。东部地区以Ⅲ、Ⅳ类为主，中部、西部地区以Ⅳ、Ⅴ类为主。同时，中部地区Ⅱ、Ⅲ类所占比重为17.28%，西部地区Ⅱ、Ⅲ类所占比重为30.68%，相比中部地区，西部地区Ⅱ、Ⅲ类所占比重增加了13.40%。这与西部地区地理环境相对封闭，利于物质文化和非物质文化遗产的保存有关。

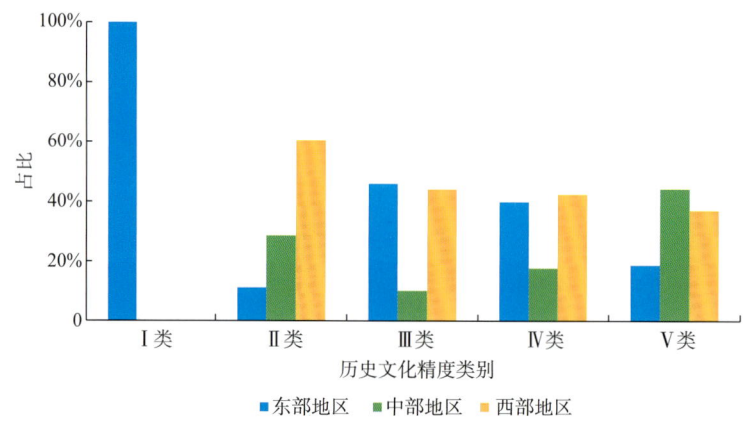

图2-23 示范县传统村落历史文化精度类别在不同地区的占比

4. 历史文化综合价值

在804个传统村落中，历史文化背景价值最低值为35.30，最高值为93.71，平均值为60.20。不同类别的传统村落大致呈正态分布，Ⅰ类传统村落占比13.81%；Ⅱ类传统村落占比30.10%；Ⅲ类传统村落占比43.28%；Ⅳ类传统村落占比12.06%；Ⅴ类传统村落占比0.75%。相较于全国总体情况，高类别传统村落所占比重明显增加，Ⅰ、Ⅱ、Ⅲ类传统村落所占比重高达87.19%，表明：从整体上来看，示范县传统村落的历史文化背景价值较高。同时，不同类别的传统村落在东、中、西部地区占比差异也十分明显（图2-24）。Ⅰ、Ⅱ类传统村落主要分布在东部地区，Ⅲ、Ⅳ类传统村落主要分布在西部地区，Ⅴ类传统村落主要分布在中部地区。东部地区没有Ⅴ类，表明东部地区传统村落的历史文化背景价值整体水平较高。随着类别的变化，中部地区所占比重呈U形，表明中部地区内部传统村落历史文化背景价值两极分化严重，而西部地区所占比重呈倒U形。中部地区作为过渡地带，Ⅰ、Ⅱ类所占比重明显低于东部地区，同时Ⅴ类传统村落占比最大，过渡特征明显。

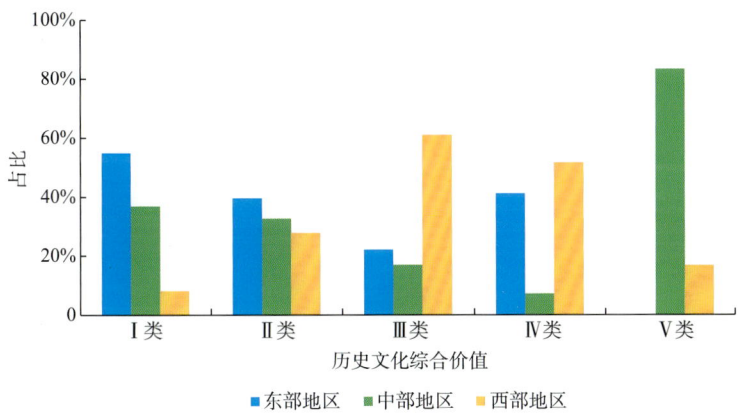

图 2-24　示范县传统村落历史文化综合价值类别在不同地区的占比

2.5.3　问题及对策

东、中、西部地区传统村落所占比重分别为 34.08%、23.76%、42.16%，而历史文化背景价值平均值依次为 62.93、62.91、56.61。从整体上看，西部地区传统村落数量虽然较多，但历史文化背景价值较东、中部地区低。同时，不同示范县传统村落的历史文化背景价值平均值、传统村落的密度差别很大。吴中区传统村落历史文化背景价值平均值最大，为 86.43，而临江市平均值最小，为 36.65，两者相差 49.78；松阳县传统村落密度最大，为 53.34 个 $/10^3$ km^2，而额尔古纳市密度最小，为 0.21 个 $/10^3$ km^2，前者是后者的 254 倍。此外，示范县传统村落历史文化背景价值与传统村落密度之间的耦合关系差异也很大，如吴中区传统村落密度为 5.38 个 $/10^3$ km^2，低于平均值 5.96 个 $/10^3$ km^2，而松阳县传统村落历史文化背景价值平均值为 53.42，也明显低于 804 个传统村落的平均值 60.20。从合理利用有限资源的角度看，历史文化背景价值较高的传统村落应该给予重点关注和保护。针对传统村落历史文化背景价值与传统村落密度之间的不同耦合关系，需采取不同的保护路径。IPA 分析法由 Martilla 和 James[①] 提出，主要应用于服务性行业的满意度测评等领域。IPA 分析法的基本思想是通过比较各因子的重要性与实际绩效，确定各因子改进的轻重缓急，以便管理者

[①] Martilla J. A., James J.C., Importance-Performance Analysis, *Journal of Marketing*, Vol. 41, No.1, 1977, pp. 77-79.

将有限的资源用在"刀刃"上[①]。因此，运用IPA分析法有助于确定传统村落历史文化背景价值与传统村落密度之间的耦合关系，可以为相关传统村落选择保护利用路径提供参考。

以示范县传统村落历史文化背景价值平均值作为横坐标，以示范县传统村落密度作为纵坐标，以去掉最高值和最低值后的平均值作为交叉点[②]（60.02，9.24），40个示范县被划分在4个象限内（图2-25）。根据传统村落历史文化背景价值与传统村落密度的关系，提出各象限所含示范县传统村落保护利用的路径。第Ⅰ象限为重点保护区，东部地区4个，中部地区2个，西部地区1个，这些示范县传统村落的历史文化背景价值总体较高，同时县域内传统村落密度较大，无论是国家还是地方层面都需要进行重点保护。第Ⅱ象限为选择性保护区，东部地区1个，中部地区1个，西部地区4个。这些示范县大多位于西部偏远山区，受城镇化影响较小，传统村落保存状况较好，密度较大，但部分区域传统村落同质化现象严重，从全国尺度来看，其所承载的历史文化价值略低。这些示范县应充分考虑到传统村落保护与经济发展的协调关系，选择一些有代表性的传统村落进行保护，凸显地方特色。第Ⅲ象限为活态保护区，共有14个，东部地区2个，中部地区3个，西部地区9个。这些示范县传统村落密度较小，承载的历史文化较弱，同时经济发展比较缓慢，人口空心化问题更加严重，发展的需求更加迫切。因此，应积极调整传统村落的产业结构，激发经济活力，留住传统村落的原居民，促进传统村落活态化保护。第Ⅳ象限为加强保护区，共有13个，主要分布在东部及中部地区，这些地区的传统村落分布较少，但传统村落的历史文化背景价值较高，并且经济发展环境较好。因此，这些示范县需进一步加强传统村落保护，传承好村落历史文化。

综上所述，40个示范县传统村落的历史文化背景价值平均值存在较大的区域差异，并且与县域传统村落密度存在4种不同的耦合关系。在探讨以县域为单位统筹推进传统村落集中连片保护利用方式时，应充分考虑到各传统村落在国家历史文化空间格局中的地位和价值，进而针对传统村落历史文化背景价值与实际分布状况的不同耦合关系，确定重点保护、选择性保护、活态化保护、加强保护等不同的保护利用路径。

[①] 温煜华：《基于修正IPA方法的温泉游客满意度研究——以甘肃温泉旅游景区为例》，《干旱区资源与环境》2018年第5期。
[②] 魏峰群、赵晶雪、杨蕾洁等：《传统村落活态化发展水平评估研究——以陕西省为例》，http://kns.cnki.net/kcms/detail/11.3513.S.20220129.1132.010.htnk，2022-11-15。

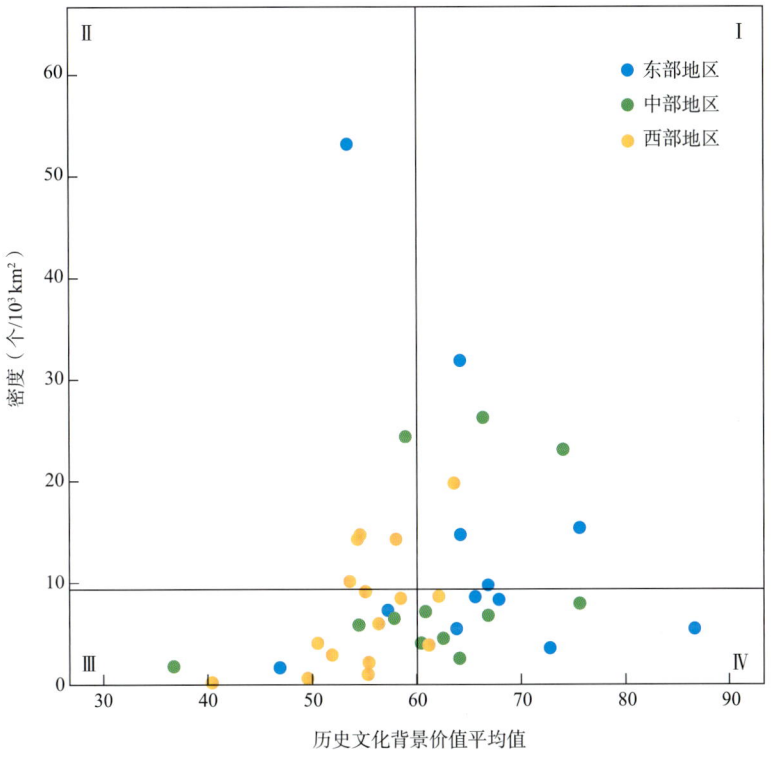

图 2-25 示范县传统村落历史文化背景价值综合评价与密度 IPA 分析

2.6 结　　语

中国历史文化既有时代差异，又有地区差异，二者构成了国家历史文化的时空格局。将国家历史文化空间格局的基本内涵分解为过去时间积累差异、过去空间分布差异、当代空间分布差异 3 个方面，构建了包括 3 个一级指标、9 个二级指标的国家历史文化空间格局背景价值评估指标体系。通过历史文化要素数据的收集、加工和处理，利用空间叠加分析、人口空间化等方法建立了历史文化厚度、丰度、精度空间格局数据库，利用层次分析法确定了评估指标的权重，确定了各评估指标的赋分标准，建立了 1 km × 1 km 国家历史文化空间格局背景价值数据集。

历史文化厚度在空间上呈典型的圈层结构，以 I 类为中心向外逐渐扩展；历史文化精度高值区呈点状分布，中低值区呈面状分布；历史文化丰度和历史文化综合价值从东至西呈明显的阶梯状分布，其结果基本符合中国历史文化的实际情况。以 40 个示范县 804 个国家级传统村落为例，探讨了国家历史文化空间格局背景价值在传统村落保护利用中的应用。基于示范县国家历史文化空间格局背景价值与县域传统村落密度

4种不同的耦合关系，制定了重点保护、选择性保护、活态化保护、加强保护4种不同的保护路径。从应用结果来看，国家历史文化空间格局背景价值可以为传统村落的保护和可持续发展提供科学依据。

国家历史文化空间格局背景价值评估指标体系是立足于国家文化战略角度对历史文化空间格局综合量化评价的有益尝试，不仅在理论上将以往中小尺度的历史文化定性研究扩展到全国尺度的历史文化定量综合研究，而且在实践上可以弥补以往偏重于传统村落微观个体历史文化价值的不足，从全国尺度对传统村落所承载的历史文化进行科学、合理的评价，从而为传统村落的保护利用提供科学的依据。

然而，该评估指标体系仍有一些可继续改进的地方：①进一步完善评估指标。相比于历史文化精度，历史文化厚度和历史文化丰度的评估指标相对单一，根据数据的可获取性，未来可适当增加一些具有代表性的评估指标，如清代田亩数据，使国家历史文化空间格局背景价值评估指标体系更加完善。②进一步细化研究内容。中原王朝和非中原王朝统治时长只选取了72个标准年，接下来可以建立更多的标准年甚至建立逐年的政区演变序列，同时对中原王朝的直接统治区和间接统治区进行区分，从而使历史文化厚度的评价结果更加精确。另外，清中期人口的空间化研究可以根据干湿状况与地形条件的不同组合方式划分为更多的研究区，每一研究区域选取多个典型县域进行研究；也可以选取1953年全国人口普查的某些典型县域数据进行研究。通过这样的工作，应该可以进一步提高人口空间化的精度。③进一步检验评估指标体系的有效性。各评估指标赋分标准和综合评价分级标准在数据分析基础上得出，将其应用于40个传统村落集中连片区检验了其合理性和有效性。接下来，应该选取更多的区域和更多的角度对赋分标准、分级标准及评估指标体系的有效性进行检验。

第3章 作为评价背景的国家生态文明建设战略需求研究

3.1 引 言

我国的生态文明建设战略是2012年正式提出来的。2012年11月，党的十八大从新的历史起点出发，做出"大力推进生态文明建设"的战略决策，描绘了今后相当长一个时期我国生态文明建设的宏伟蓝图。2015年5月5日，《中共中央国务院关于加快推进生态文明建设的意见》发布。2015年10月，随着十八届五中全会的召开，增强生态文明建设首度被写入国家五年规划。2018年3月11日，第十三届全国人民代表大会第一次会议通过宪法修正案，第三章第三节第八十九条"国务院行使下列职权"第（六）项修改为"（六）领导和管理经济工作和城乡建设、生态文明建设"，即增加了"生态文明建设"内容。2021年出台的《中华人民共和国乡村振兴促进法》，把"坚持人与自然和谐共生，统筹山水林田湖草沙系统治理，推动绿色发展，推进生态文明建设"作为实施乡村振兴战略应遵循的原则之一。可见，生态文明建设已成为我国经济社会发展的长期战略。

"生态"一词，从生态学角度来理解，主要是指生物个体或群体与居住的环境间的关系状态，即在一定条件下的时空环境下生物体的生理特性和生活习性与自然环境的关系。随着时代的进步，"生态"一词的含义也不断丰富。在我国生态文明建设背景语境下，生态文明是指以人与自然、人与人、人与社会和谐共生、良性循环、全面发展、持续繁荣为基本宗旨的社会形态。

生态文明有广义和狭义之分。从广义层面理解，生态文明是人类社会继原始文明、农业文明、工业文明后的新型文明形态。以尊重和维护自然为前提，以人与自然、人与人、人与社会和谐共生、良性循环、全面发展、持续繁荣为基本宗旨，以建立可持续的经济发展模式、健康合理的消费模式及和睦和谐的人际关系为主要内涵,倡导人的自觉与自律,倡导人与自然环境的相互依存、相互促进、共处共融[①]。从狭义层面理解,生态文明是与物质文明、政治文明和精神文明相并列的现实文明形式之一,着重强调人类在面对自然环境的负面影响,处理与自然关系时所达到的文明程度。具体而言,生态文明是指人类在物质生产和精神生产的过程中,充分发挥人的主观能动性,按照自然生态系统和社会生态系统运转的客观规律而建立起来的人与自然、人与社会的良性运行机制以及和谐协调发展的社会文明形式。

  国内学者关于生态文明建设已开展很多研究,但其中大多是从政治学背景出发来论证生态文明建设,着重讨论生态文明建设与政治、经济、社会、文化等方面的内在逻辑关系。在我国将生态文明建设上升为国家战略的新时代背景下,随着具体丰富的生态文明建设实践开展,对于生态文明及其建设的认识也应更为深刻。2012年十八大报告的第八部分"大力推进生态文明建设"中,明确提出"把生态文明建设放在突出地位,融入经济建设、政治建设、文化建设、社会建设各方面和全过程",具体内容包括优化国土空间开发格局、全面促进资源节约、加大自然生态系统和环境保护力度、加强生态文明制度建设四方面。由此,相关的研究与诠释逐渐增多。苗启明和兰文华针对生态文明建设提出了人-境生态系统,他们认为,生态文明建设的任务:一是要把人与环境作为一种人-境生态系统进行建设;二是要进行人-境生态系统的五层次生态文明建设[②]。牛文元从生态文明的哲学层面进行研究,他认为:第一,应积极关注人与自然的平衡,寻求人与自然和谐发展及其关系的合理存在性;第二,应努力关注人与人的协调[③]。郇庆治在论述生态文明建设时,提出生态文明建设主要作为一种政策话语,有着三重内涵:第一,在哲学价值观层面,生态文明建设是指人与自然之间和谐共生的价值态度、伦理追求与文明愿景;第二,在政治取向层面,生态文明建设是在社会主义文明整体框架中构建起更加健康和谐的人与自然关系,其核心目标是实现社会公平正义与生态可持续性考量的自觉结合和相互促进,从而推动中国特色社会主义的绿色革新以及向更高阶段跃升的全面综合转型;第三,在战略路径选择层面,生态文明建设是指通过统筹协调推进人与自然和谐共生的现代化,探索构建一种经济、社会与生态环境之间协调可持续发展的新社会[④]。另有学者说,生态文明建设应是指人们在遵循人、自然、社会和谐发展的客观规律改造客观物质世界的同时,以建立可持续的生产方式和消费方式为内涵,不断克服人类活动中的负面效应,积极改善和优化人与自然、人与人、人与社会的关系,建设有序的生态运行机制和良好的生态

[①] 朱智文:《生态文明三题》,《甘肃社会科学》2008年第1期。
[②] 苗启明、兰文华:《生态文明建设三题》,《哈尔滨工业大学学报》(社会科学版)2013年第4期。
[③] 牛文元:《生态文明的理论内涵与计量模型》,《中国科学院院刊》2013年第2期。
[④] 郇庆治:《作为一种转型政治的"社会主义生态文明"》,《马克思主义与现实》2019年第2期。

环境[①]。尽管学界关于生态文明建设还未形成统一的看法，但不同领域的学者从不同角度阐释了对生态文明建设的理解，主要形成以下四种认识：第一，认为生态文明建设实质是新型工业文明建设；第二，认为生态文明建设是一项社会事业和一种发展道路；第三，认为生态文明建设不仅是理念改变而且是实践过程；第四，认为生态文明建设主要是生态治理。

3.2 国家生态文明建设战略需求与城乡规划

3.2.1 国家生态文明建设战略的内涵

学术界多认为生态文明是一种社会发展形态，涵盖物质、精神和政治等各领域，以实现经济社会和环境可持续发展为目标。从我国国家战略角度看，生态文明是我国国家发展的一种战略要求和发展路径，贯穿了环境保护、科学发展观、转型发展、建设小康社会和全面深化改革、依法治国等一系列重大决策。显然，生态文明建设战略的内容是丰富多样的，其中会涉及国土开发空间格局、生态保护和建设战略、新型城镇化战略等方面。生态文明建设战略是指对生态文明建设中重大的、带有全局性质的问题的谋划和解决，因而，其内涵应由战略指导思想、战略目标及战略举措等诸要素构成，而这些要素之间是相互作用、相互影响、相互制约的[②]。

将生态文明建设上升为国家战略，其必然会涉及多方面问题。依据十八大报告的相关内容，可从下述几个方面进行阐释。

1. 优化国土空间开发格局

任何建设和发展都离不开一定的国土空间。人与自然关系的协调以及人口、资源、环境与经济发展之间矛盾的解决，都必须以一定的国土空间为载体。工业化与城镇化不可避免地会利用国土空间，因而，优化利用国土空间，不过分挤占生态空间，给予自然一定的生态恢复空间，保证其生态活力，有利于促进生态环境的保护，促进可持续发展。具体内容包括：①人类生产、生活需求与生态系统服务供给能力的再平衡；②社会经济发展与自然资源禀赋的再平衡；③资源开发利用与环境保护的再平衡；④国土资源空间格局与产业布局的再平衡；⑤受损和退化生态系统修复与重大生态工程的再平衡。

---

① 天津经济课题组、张丽恒、田生等：《打造"美丽天津"》，《天津经济》2012年第12期。
② 刘静：《生态文明建设战略论》，《中共贵州省委党校学报》2010年第6期。

2. 全面促进资源节约

粗放型的经济发展方式已经大大影响到生态环境，必然要向集约型发展方式转型。必须从资源使用这个源头抓起，把节约资源作为根本之策。以建设生态文明为总目标，以满足全面小康、现代化建设和人们不断增长的生态需求为宗旨，深入实施生态兴国战略，大力构建坚实的生态安全体系，推动我国走向社会主义生态文明新时代。只有全面促进资源节约，实现向集约型经济发展方式的转变，才能最终实现生态文明建设总目标。

3. 加大自然生态系统和环境保护力度

"生态兴则文明兴，生态衰则文明衰"[①]。生态保护是人类文明发展的必然诉求。我国的生态保护治理格局主要由"八区、十屏、二十五片、多点"构成。"八区"是指黄河上中游地区、长江上中游地区、三北风沙综合防治区、南方山地丘陵区、北方土石山区、东北黑土漫岗区、青藏高原区、东部平原区。我国保护和建设生态系统的内容，主要是以保护和修复草原生态系统、荒漠生态系统、湿地生态系统、农田生态系统为核心，并同时建设和改善城市生态系统，维护和发展生物多样性等，以增加生物碳汇和应对全球气候变化问题。

4. 加强生态文明制度建设

生态文明制度建设是落实生态文明理念的保证。我国生态文明制度建设，需要树立"尊重自然、顺应自然、保护自然的生态文明理念"[②]。

生态文明建设战略内容涉及优化国土空间开发保护格局、加强生态环境保护、构建生态经济体系、建立生态文明制度等方面，因而，从国土空间入手，以节约集约的资源利用方式促进经济发展方式转变和产业结构转型升级，以优化国土空间开发格局引导产业梯度转移和区域相对均衡发展，以生态文明理念妥善处理短期稳增长和长期调结构的关系，是实现国家生态文明建设的重要途径。

3.2.2 生态文明建设背景下的城乡规划问题

生态文明建设背景下的城乡规划问题，主要集中在城市区域发展、自然环境保护、历史文化名城名镇和传统村落保护等方面。至于如何在城乡建设中、城乡历史文化保护中引入并践行生态文明理念等，相关研究尚较薄弱。

---

① 习近平：《生态兴则文明兴——推进生态建设 打造"绿色浙江"》，《求是》2003年第13期，第42页。
② 《中国共产党第十八次全国代表大会文件汇编》，北京：人民出版社，2012年。

第3章 作为评价背景的国家生态文明建设战略需求研究

生态文明背景下的城乡建设研究,主要集中在生态保护、生态社会及生态经济方面。在乡村生态建设方面,李国柱主张积极开发农村清洁能源,推动农村清洁生产,通过开发推广沼气、太阳能等新能源,缓解日益紧张的生态环境①。在生态社会建设方面,何东云认为既要认同传统生态伦理道德,遵守道德和规范,注重人与人之间及人与社会之间的关系,同时也要把人与自然的关系作为调整对象②。在发展生态经济方面,杜受祜和丁一基于我国长期恒久存在资源成本无价、原料低价、产品高价的环境资源价格体系情形,主张采取"谁污染、谁治理,谁使用、谁付费"的环境补偿机制③。在传统村落、乡土建筑的保护上,发达国家(或地区)较早地认识到了传统村落遗产的价值,并建立了集法律政策、科研团队、民间力量、整体保护理念为一体的传统村落遗产保护体系。

基于生态文明背景下传统村落的保护研究,主要集中在传统村落环境生态可持续及传统村落的生态建设方面。在传统村落环境的可持续保护理念上,吴承照和肖建莉主张拆除保护区内的现代民居,恢复古村落的生态环境,疏通水系,加强绿化,形成优雅古朴的村落环境④。在传统村落的生态建设理念上,江文婷和胡振宇提出要学习传统建筑中的生态价值观,即生态、形态、情态的有机统一,人、建筑、自然和社会环境的有机统一,以及材料与技术、功能、审美情趣的有机统一。⑤ 传统村落关键词分析见图3-1。生态文明关注度指数分析及研究热点分析见图3-2和图3-3。

图3-1 基于CiteSpace的传统村落主题关键词分析

---

① 李国柱:《区域农村生活能源生态经济系统研究——以陇中黄土丘陵地区为例》,兰州大学2007年博士学位论文。

② 何东云:《论新时期农村经济改革中的生态伦理建设》,《商场现代化》2009年第6期。

③ 杜受祜、丁一:《我国新农村生态文明建设中的几个问题》,《西南民族大学学报》(人文社会科学版)2009年第2期。

④ 吴承照、肖建莉:《古村落可持续发展的文化生态策略——以高迁古村落为例》,《城市规划汇刊》2003年第4期。

⑤ 江文婷、胡振宇:《中国传统村落的生态经验解析——以楠溪江中游古村落为例》,《住宅科技》2011年第10期。

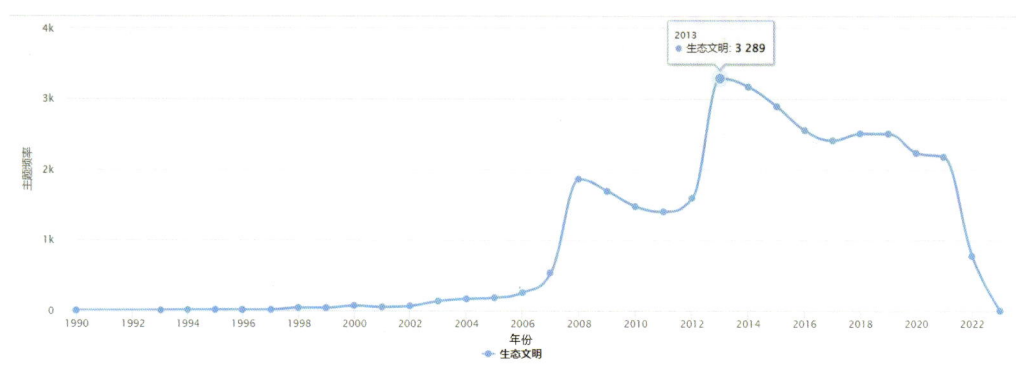

图 3-2　生态文明关注度指数分析

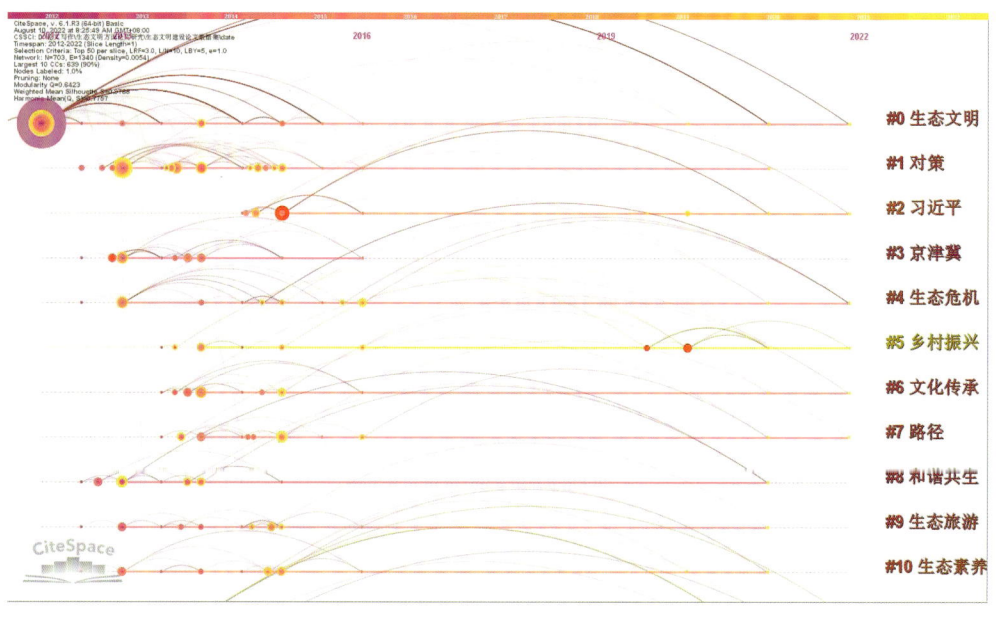

图 3-3　基于 CiteSpace 生态文明研究热点趋势分析图

可见，目前国内关于生态文明建设背景下城乡建设问题的研究，涉及生态保护、生态社会及生态经济等诸多方面，主要关注生态环境调查、环境质量评价、生态环境区划和规划、资源环境承载力评价等具体问题；关于新型城镇化和生态文明建设等基础性理论的研究也有不少成绩[①]。在现阶段国家生态文明建设和乡村振兴背景下，城乡规划建设的空间管控的作用已经受到越来越多的重视，而传统村落作为城乡规划建设的重要内容，应该充分融入生态文明建设理念，以使传统村落保护真正实现人与自然的和谐，实现生态文明建设与经济社会文化建设的融合。

---

① 王毅：《推进生态文明建设的顶层设计》，《中国科学院院刊》2013 年第 2 期。

基于上述思考，以传统村落保护利用与国家生态文明建设战略的耦合关系为切入点，尝试建立一套科学、有效的全国生态文明建设战略需求背景评价指标体系，构建国土尺度上体现生态文明建设多维目标的战略格局，整合形成国家生态文明建设战略需求背景价值评估体系，对于构建"文化＋生态"国家战略格局下传统村落保护利用价值的分类体系评估体系具有重要意义。

3.3 国家生态文明建设战略需求背景评价的基本思路

3.3.1 理论基础

1. 生态学

生态学是指研究生物有机体与周围环境（包括生物环境和非生物环境）相互关系的科学，也是研究生命系统和环境系统相互关系的科学。生态学原理有多个方面的内容，如生物多样性原理、生态位原理、物质循环原理、能量单向流动原理、营养层级原理、竞争与协同进化原理、生态平衡原理等。

2. 人居环境科学

人类聚居环境泛指人类集聚或居住的生存环境，特别是指建筑、城市、风景园林等人为建成的环境。人居环境科学就是在人类居住的环境和科学两大因素基础上发展起来的新学科。人居环境科学是由吴良镛先生提出的，研究人类因各类生存活动需求而构筑空间、场所、领域的一类学科，其研究内容包括乡村、集镇、城市等在内的以人为中心的人类聚居活动与以生存环境为中心的生物圈联系，是对建筑学、城市规划学、景观建筑学的综合。

3. 城乡规划学

现代城乡规划学是以城乡建设环境为研究对象，以城乡土地利用和城市物质空间规划为学科核心，结合城乡发展政策、城乡规划理论、城乡建设管理等社会性问题所形成的综合性学科。研究对象包括：城乡规划区域发展、社会经济宏观层面的研究；城乡规划设计理论、方法和技术问题研究；城乡规划管理、法规、政策体系等层面的研究。

4. 地理学

地理学是研究地球表层空间地理要素或者地理综合体空间分布规律、时间演变过程和区域特征的一门学科，是自然科学与社会科学的交叉，具有综合性、交叉性和区域性的特点。随着地理信息技术的发展与研究方法的变革，新时期地理学的研究主题更加强调陆地表层系统的综合研究，研究范式经历着从地理学知识描述、格局与过程耦合，向复杂人地系统的模拟和预测的转变。

5. 统计学

统计学是应用数学的一个分支，主要通过利用概率论建立数学模型，收集所观察系统的数据，进行量化分析、总结，做出推断和预测，为相关决策提供依据和参考。统计学被广泛应用在各学科之上，从物理学和社会科学到人文科学，甚至还被用在工商业及政府的情报决策上，随着数字化进程不断加快，统计学致力于从大量的数据中总结出一些经验规律，并以此为依据，提出更可靠有效的决策。

3.3.2 研究方法

（1）人居环境科学研究方法。人居环境科学是研究乡村、集镇、城市、区域等在内的人类聚落及其环境的相互关系与发展规律的科学，追求以人为核心的有序空间和宜居环境。人居环境科学理论的研究方法强调传统村落与生态环境的联系，关注村落、村民及生态环境之间的交互性与动态统一性。

（2）文献综述法。研究运用中国知网、图书馆等多元化渠道，对有关生态安全战略格局构建、乡村建设规划和乡村生态评价的文献资料进行广泛梳理、整合、归纳，全面把握国内外相关现有研究成果，进而为本章后续研究提供理论支撑。

（3）空间数据分析方法。空间数据分析是一种基于地理对象空间分布的地理数据分析技术，包括数据描述、地图插值、探索性分析和解释性分析。目前，空间数据分析方法主要分为三类：基于 ArcGIS 的空间分析、基于空间句法的空间分析和景观格局的空间分析。本章研究主要基于 ArcGIS 进行空间数据分析与模型建立。

（4）统计方法及其应用。统计方法是指有关收集、整理、分析和解释统计数据，并对其所反映的问题做出一定结论的方法。运用在建筑学相关领域主要有主成分分析法、相关分析法及回归分析法。

3.3.3　评估过程

评估工作具体通过如下几个步骤展开。

（1）收集整合。收集和整合国家及地区生态文明建设规划、实施、评估方案，以及影响国家和地区生态文明建设发展的其他相关资料。

（2）提炼集成。分类提炼和集成其战略支撑结构及要素，形成"四大系统层—九大指标层—二十六项指标分解"的匹配国家生态文明建设战略的传统村落保护利用评估指标体系，最终形成在国土尺度上体现生态文明建设多维目标的战略格局。

（3）构建模型。基于 ArcGIS，统筹各类指标数据，将各类型数据矢量化、可视化，构建"传统村落＋国家生态文明建设战略格局"的地理信息叠合模型。

（4）建立标准。依据不同传统村落与国家战略需求的差异化匹配关系，建立生态文明建设战略需求下传统村落保护利用价值的分类标准与方法。

（5）形成导则。形成与生态文明建设战略需求相匹配的传统村落保护利用价值分类体系与导则。

3.3.4　评估原则

1. 问题导向，目标引领

围绕传统村落生态环境保护、利用等方面的突出问题，合理安排工作重点。以实现国家生态文明战略为根本目标，挖掘传统村落生态智慧，保护传统村落生态环境，提升传统村落人居环境。

2. 全面综合，统筹兼顾

从统筹全国的角度出发，注重对全国及各省域生态文明建设多维指标评估因子的分类、提炼整合，形成国土尺度上体现生态文明建设多维目标的战略格局，突出工作的综合性、系统性和整体性。

3. 整体考量，分类指导

本章研究评估工作应突出不同类型、不同层级的传统村落生态环境特点及其保护利用价值，匹配国家生态文明建设战略需求，分类指导规划传统村落的保护、利用、传承工作。

4. 客观评估，结论科学

依据现有国家及地区生态文明建设规划、实施、评估方案，对传统村落生态保护利用价值进行客观分析，评估方法应成熟可靠，数据资料应完整可信，结论建议应具体明确且具有可操作性。

3.3.5 技术路线

基于研究内容与研究目标，拟定的主要技术路线如下（图 3-4）。

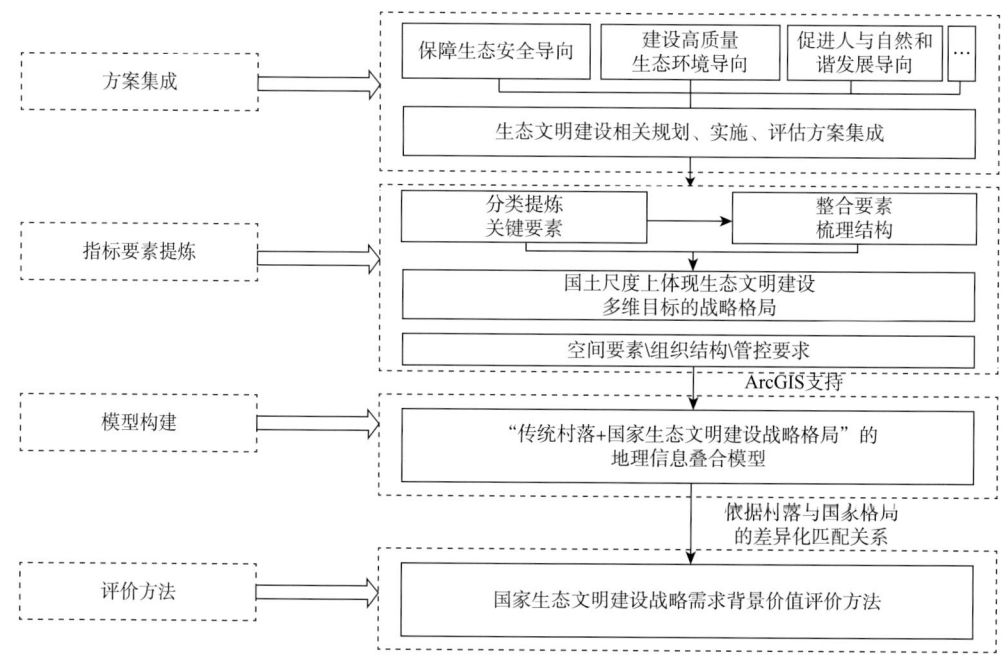

图 3-4 研究思路与技术路线

第一阶段：方案集成。收集和整理国家及地区生态文明建设规划、实施、评估方案，以及生态环境和社会发展相关指标数据。并基于生态文明建设多维目标，建立统筹省域数据的全国生态文明建设多维目标基础数据库。

第二阶段：指标要素提炼。在全国一盘棋和凸显地区特性的前提下，结合各省生态文明建设的实际指标内容，将各省域生态文明建设指标评估因子和评估标准进行整合统一，最终形成生态环境层面评估、社会发展层面评估、生态分区评估、生态系统评估及生态保护评估体系，在此基础上，形成国土尺度上体现生态文明建设多维目标的战略格局。

第三阶段：模型建构。依托国家生态文明建设战略需求，通过 ArcGIS 平台建立匹配生态文明建设战略需求的"传统村落＋国家生态文明建设战略格局"的地理信息叠合模型。

第四阶段：评价方法。基于已建构的国家生态文明建设战略需求指标体系，根据传统村落与国家生态文明建设战略格局的差异化匹配关系，整合形成国家生态文明建设战略需求背景价值评估体系与导则，结合传统村落样本基础数据库与实地踏勘，完成典型地区典型村落的实例验证。

3.4 国家生态文明建设战略需求背景价值评估指标体系

3.4.1 基础数据集成

本章研究围绕保障生态安全、建设高质量生态环境、促进人与自然和谐发展等主题，从全国一盘棋的角度，集成全国各个省份及地区的生态文明规划、实施及评估方案[①]。从全国及省域两个层面入手，重点围绕《全国国土规划纲要（2016—2035年）》（包含人居生态环境保护、自然生态环境保护、水资源和耕地资源保护、海洋生态环境保护相关内容）、《全国主体功能区规划》（包含生态脆弱性评价、自然灾害危险性评价、生态安全战略格局、生态重要性评价、国家重点生态功能区、国家禁止开发区域相关内容）、《"十三五"生态环境保护规划》、《全国生态旅游发展规划（2016—2025年）》、《全国生态功能区划》，以及各省份的省域《国土空间规划》（包含生态空间格局相关内容、农业空间格局相关内容、城镇空间格局相关内容）、省域《主体功能区规划》（包含生态安全战略格局、重点开发区域分布、限制开发区域分布、禁止开发区域分布、人均可利用土地资源评价等相关内容）、省域《新型城镇化规划》[②]等相关内容，最大程度涵盖全国各个省份及地区已经颁布实施的相关生态文明规划、实施及评估方案，秉持动态更新原则，不断补充新出台的相关规划、实施及评估方案，建立国家生态文明建设战略背景基础资料数据库。资料集成概览如图3-5所示。

---

① 中华人民共和国水利部水资源司：《水利部关于加快推进水生态文明建设工作的意见》，http://www.mwr.gov.cn/zwgk/gknr/201302/t20130206_1443431.html，2013-01-03；中华人民共和国国务院：《生态文明体制改革总体方案》，http://www.gov.cn/guowuyuan/2015-09/21/content_2936327.htm，2015-09-21；中华人民共和国国务院：《生态文明建设目标评价考核办法》，http://www.gov.cn/xinwen/2016-12/22/content_5151555.htm，2016-12-22；中华人民共和国国务院：《关于设立统一规范的国家生态文明试验区的意见》，http://www.gov.cn/gongbao/content/2016/content_5109307.htm，2016-08-23。

② 中华人民共和国农业农村部：《农业部办公厅关于推动落实休闲农业和乡村旅游发展政策的通知》，http://www.moa.gov.cn/gk/tzgg_1/tfw/201705/t20170531_5639797.htm，2017-06-20；中华人民共和国国务院：《关于深入推进新型城镇化建设的若干意见》，http://www.gov.cn/xinwen/2016-02/06/content_5039979.htm，2016-02-06；中华人民共和国国家发展和改革委员会：《关于开展国家城乡融合发展试验区工作的通知》，https://www.ndrc.gov.cn/xxgk/zcfb/tz/201912/t20191227_1216773.html?code=&state=123，2019-12-19。

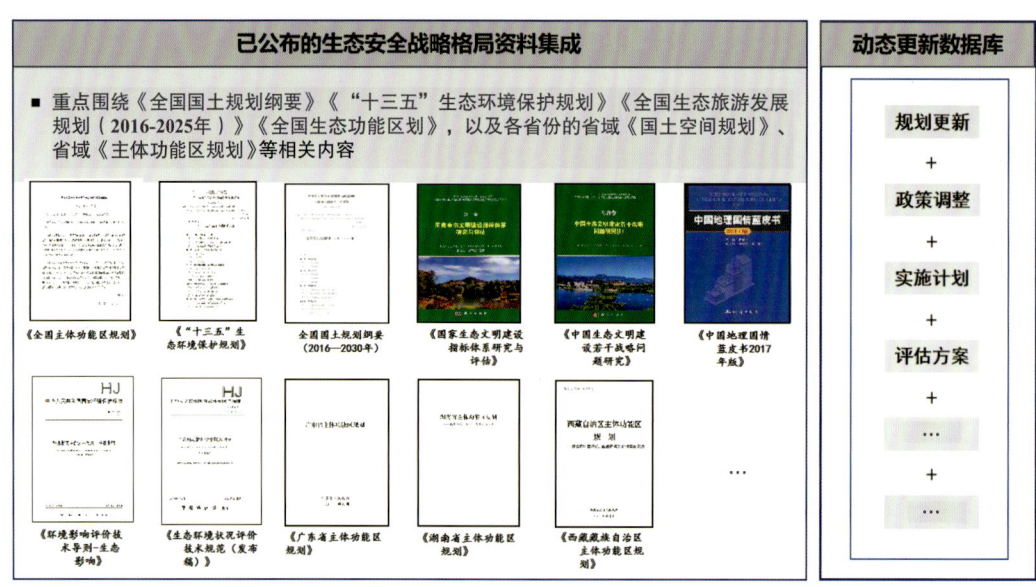

图 3-5　资料集成概览

在全国层面研究重点集成了全国地形、气候、环境容量、社会经济和区位等方面数据，以及全国层面生态文明规划、实施及评估方案等相关数据（表 3-1 和表 3-2）。在省域层面研究重点集成了各省地形地貌、气候气象、环境资源、社会发展相关数据，以及省域范围内针对生态文明建设的规划、实施及评估方案，其数据精度以县界为属性划分边界，且较为全面地囊括了全省生态文明建设战略的诸多方面（表 3-3）。

表 3-1　全国生态文明建设相关规划、实施及评估方案清单

资料名称	年份	单位
《全国主体功能区规划》	2010	国务院
《环境影响评价技术导则—生态影响》	2011	环境保护部
《生态环境状况评价技术规范（发布稿）》	2015	生态环境部
《"十三五"生态环境保护规划》	2016	国务院
《全国生态旅游发展规划（2016—2025 年）》	2016	国家发展改革委国家旅游局
《全国国土规划纲要（2016—2030 年）》	2016	自然资源部
《中国地理国情蓝皮书（2017 年版）》	2017	中国测绘科学研究院
《乡村振兴战略规划（2018—2022 年）》	2018	中共中央国务院
《国家生态文明建设指标体系研究与评估》	2019	中国工程院
《中国生态文明建设若干战略问题研究》	2020	中国工程院

表 3-2 全国基础数据列表

中类	数据内容	资料来源	资料年份
地形	海拔	地理空间数据云	2021
	起伏度	全国 dem 数据	2021
	地貌	《中国自然地理图集》	2019
气候	气候区划	国家环境信息中心（NCEI）	2021
	年平均气温	国家环境信息中心（NCEI）	2021
	年平均风速	国家环境信息中心（NCEI）	2021
	年平均湿度	国家环境信息中心（NCEI）	2021
	年平均降雨量	国家环境信息中心（NCEI）	2021
	年平均日照时数	国家环境信息中心（NCEI）	2021
环境容量	碳排放量	国家地球物理数据中心（NGDC）	2017
	二氧化硫排放量	中国城市数据库	2019
	$PM_{2.5}$ 排放量	达尔豪斯大学大气成分分析组	2017
	优良生态系统占比	文献数据	2017
	生态环境质量评价	文献数据	2009
社会经济	城镇化率	中国县域统计年鉴	2019
	人口密度	中国县域统计年鉴	2019
	人均 GDP	中国县域统计年鉴	2019
	路网密度	中国县域统计年鉴	2019
	服务业发展系数	中国县域统计年鉴	2019
	贫困区分类	中国县域统计年鉴	2019

注：NCEI：National Centers for Environmental Information，国家环境信息中心；NGDC：National Geophysical Data Center，国家地球物理数据中心

表 3-3 省级基础数据列表

中类	数据内容	资料来源	资料年份
地形	海拔	地理空间数据云	2021
	起伏度	省级 dem 数据	2021
	地貌	《中国自然地理图集》	2019
	地形	省级 dem 数据	2021
	生态功能区划	陕西省自然资源厅	2022
气候	气候区划	国家环境信息中心（NCEI）	2021
	年平均气温	国家环境信息中心（NCEI）	2021
	年平均风速	国家环境信息中心（NCEI）	2021
	年平均湿度	国家环境信息中心（NCEI）	2021
	年平均降雨量	国家环境信息中心（NCEI）	2021
	年平均日照时数	国家环境信息中心（NCEI）	2021
环境容量	碳排放量	国家地球物理数据中心（NGDC）	2017
	二氧化硫排放量	中国城市数据库	2019
	$PM_{2.5}$ 排放量	达尔豪斯大学大气成分分析组	2017

续表

中类	数据内容	资料来源	资料年份
社会经济	城镇化率	中国县域统计年鉴	2019
	人口密度	中国县域统计年鉴	2019
	人均GDP	中国县域统计年鉴	2019
生态规划	生态安全格局	省级国土空间规划	2021
	生态保护红线	省级国土空间规划	2021
	生态安全战略格局	省级国土空间规划	2021
生态评价	地质灾害评价	省自然资源厅	2022
	年干燥度	省自然资源厅	2022
	生态敏感性	省自然资源厅	2022

在上述资料集成的基础上，对其进行资料分类筛选、同类评价内容合并、特有评价内容梳理，秉持着动态更新原则，同时不断增补新出台的相关规划、实施及评估方案，为本章研究搭建国家生态文明建设战略需求背景基础资料数据库（图3-6）。

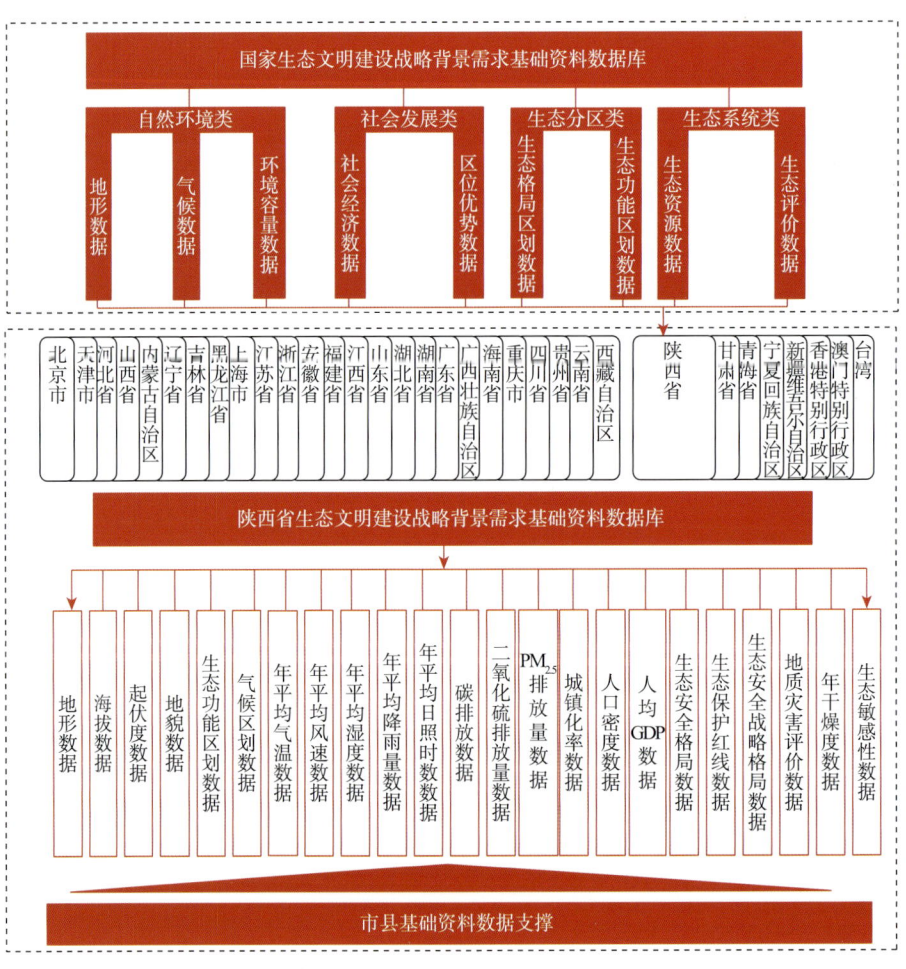

图3-6 国家生态文明建设战略需求背景基础资料数据库（省级数据以陕西省为例）

3.4.2 指标体系构建

1. 指标构建原则

（1）科学合理性原则。所建立的指标体系要建立在科学的基础上，能够客观地反映国家生态文明建设战略的本质和基本特征，选取的指标必须概念清晰、科学涵义明确，指标之间既要有内在联系，又要避免重复。

（2）系统完备性原则。生态文明建设战略其内部结构存在着错综复杂的层次关系，相互独立又相互制约。应结合生态文明建设战略需求确定相应的评估层次，将各个指标按系统论的观点综合考虑，进而构成完整的指标体系。

（3）可比可量性原则。考虑到指标的量化及其数据获取的难易程度，选取的指标需综合考虑数据是否详尽，指标须是在当前研究水平上可以准确获得的数据，而且选取的数据要有可对比性。

（4）动态发展性原则。选取的指标既要有社会阶段发展的连续性，又要有纵向的可比性，以保证评估指标体系具有较大的可适用范围。

2. 指标体系内容

根据国家生态文明建设战略需求基础资料数据库，对全国范围内各省域生态文明建设多维指标评估因子进行分类、提炼整合，秉持指标构建四项原则，最大程度凸显地区特性，结合各省生态文明建设实际情况，将全国各省域生态文明建设多维指标名称、等级等评估标准进行动态整合、统一化处理。

基于生态文明的内涵和本质特征，结合不同指标内在关联与层次关系，从总体结构上将生态文明建设战略背景分为四大准则层。准则层由复合系统生态文明度的一个指标构成，划分为自然环境、社会发展、生态分区、生态系统四个方面：①自然环境，由地形、气候、环境容量指标组成。反映传统村落所在地域自然环境基本情况。②社会发展，由社会经济、交通区位指标组成。反映传统村落存在地域社会经济发展及其区位优势关系。③生态分区，由生态格局区划、生态功能区划指标组成。反映传统村落所在地域位于生态安全战略格局及生态开发区的情况。④生态系统，由生态资源、生态评估指标组成。反映传统村落所在地域人均可利用资源和生态保护系统的重要性、脆弱性，以及自然灾害的危险性情况。每个准则层建立评估指标，每个指标层又对应若干指标对象，共计形成四项准则—九项指标—二十六项指标对象的评估指标体系，具体如表3-4所示。

表 3-4 指标体系及释义

准则层	指标层	指标对象层	指标释义	编号
自然环境	地形	海拔	反映地面某个地点高出海平面的垂直距离（m）	A-1
		起伏度	反映某地特定区域内最高点海拔与最低点海拔的差值（%）	A-2
		地貌	反映某地的地表形态	A-3
	气候	气候区划	反映某地所属的气候分区	A-4
		年平均气温	反映某地一年内逐月平均气温的算术平均值（℃）	A-5
		年平均风速	反映某地在给定时间内瞬时风速的平均值（m/s）	A-6
		年平均湿度	反映某地一定体积的空气中含有的水蒸气的质量（%）	A-7
		年平均降雨量	反映某地多年来平均年降水量（mm）	A-8
		年平均日照时数	反映某地多年来平均日照时数（h）	A-9
	环境容量	碳排放量	反映某地在生产、运输、使用及回收过程中所产生的平均温室气体排放量（kg）	A-10
		二氧化硫排放量	反映某地工业与生活二氧化硫排放量总和（mg/m³）	A-11
		PM$_{2.5}$排放量	反映大气中空气动力学当量直径小于或等于2.5μm的颗粒物的量（μg/m³）	A-12
社会发展	社会经济	城镇化率	反映某地城镇人口占总人口（包括农业与非农业）的比重（%）	B-1
		人口密度	反映某地单位土地面积上的人口数量（人/km²）	B-2
		人均GDP	反映某地区核算期内实现的每万人常住人口的平均生产总值（亿元）	B-3
	区位优势	距城镇距离	反映传统村落中心距城镇中心直线距离（km）	B-4
		距河流水系距离	反映传统村落中心距最近河流水系直线距离（km）	B-5
生态分区	生态格局区划	生态安全战略格局	反映生态区、生态屏障、生态带的范围，是生态系统服务功能重要、生态环境相对脆弱的区域	C-1
	生态功能区划	重点开发区	反映在省（区、市）范围内，经济和人口集聚有一定基础、资源环境承载能力较大的区域	C-2
		限制开发区域-农产品主产区	反映以种植业为主的农业地区和以草原牧业为主的农业地区	C-3
		限制开发区域-重点生态功能区	反映生态环境问题严重的地区和生态功能重要的地区	C-4
生态系统	生态资源	人均可利用土地资源	反映某地人均可利用土地资源面积（单位：亩/人）	D-1
		人均可利用水资源	反映某地人均可利用水资源体积（单位：m³/人）	D-2
	生态评估	生态系统重要性	反映我国全国或区域尺度生态系统结构、功能重要程度的综合性指标	D-3
		生态系统脆弱性	反映我国全国尺度或区域尺度生态环境脆弱程度的集成性指标	D-4
		自然灾害危险性	反映特定区域自然灾害发生的可能性和灾害损失的严重性	D-5

3.4.3 格局模型建立

基于指标体系具体内容，开展"传统村落+国家生态文明建设战略格局"的差异化匹配。从全国一盘棋出发，为满足未来省域范围内传统村落保护、传承与实施管理的具体需要，对每个省份的传统村落与国家生态文明建设战略需求各项指标进行差异化匹配，建立国家生态文明建设战略背景评估的传统村落格局地理信息叠合模型，其中数据对应于指标所涵盖的四个准则维度，以实现国家生态文明建设战略需求背景下传统村落价值评估的可视化匹配。

1. 自然环境与社会发展

通过海拔、起伏度、地貌、平均气温、平均湿度、碳排放量、人口密度等指标对象内容，建立传统村落与自然环境、社会发展指标的匹配关系，以评估村落所在区域地形、气候、环境容量、社会经济方面的价值内容（图3-7）。

2. 生态分区

通过国家生态安全格局和国土资源环境承载力方面的四项指标对象内容，建立传统村落与国家生态安全格局和国土资源环境承载力指标的匹配关系，基于村落与生态安全战略需求格局、全国重点开发区、全国限制开发区的区位耦合关系，评估传统村落所在区域生态分区的价值内容（图3-8）。

3. 生态系统

通过生态资源与生态评估两项指标对象具体内容，建立传统村落与生态系统各分项指标的匹配关系，评估传统村落所在区域在水资源、土地资源、生态系统重要性、生态系统脆弱性、自然灾害危险性等方面的价值内容（图3-9）。

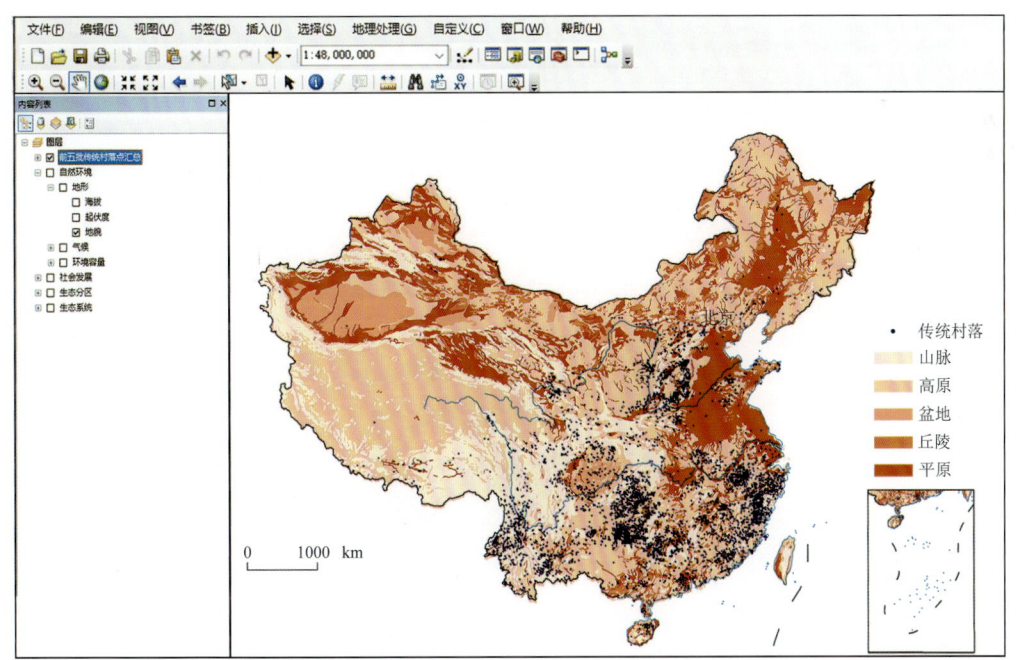

（a）传统村落+地貌矢量数据地理信息叠合模型

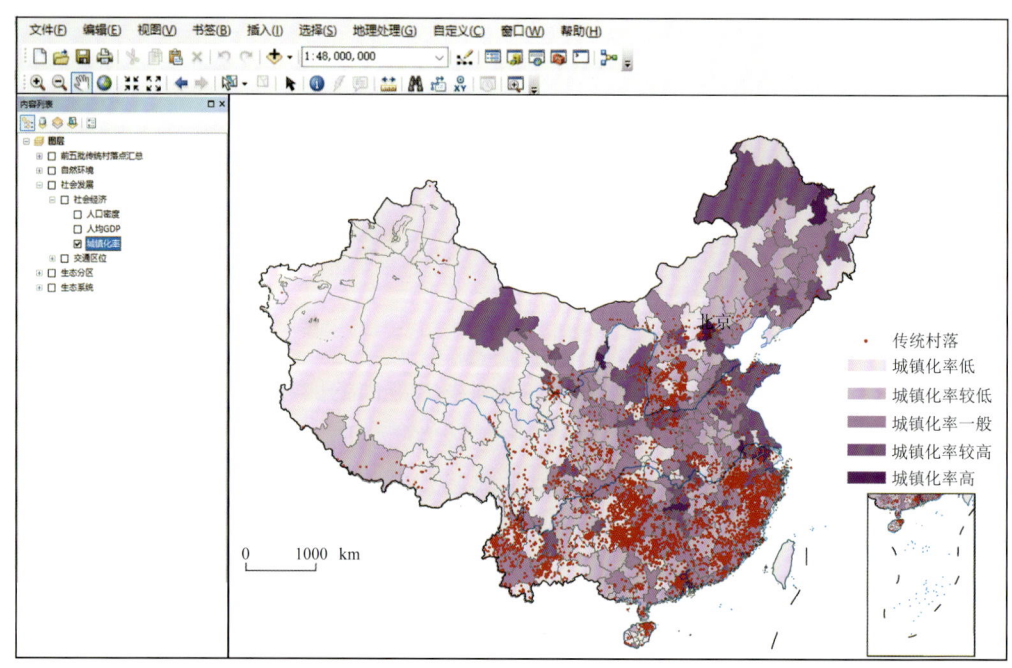

（b）传统村落＋城镇化率矢量数据地理信息叠合模型

图 3-7　传统村落＋自然环境与社会发展地理信息叠合模型

基于自然资源部标准地图服务网站审图号为 GS（2016）1594 号的标准地图制作，底图边界无修改

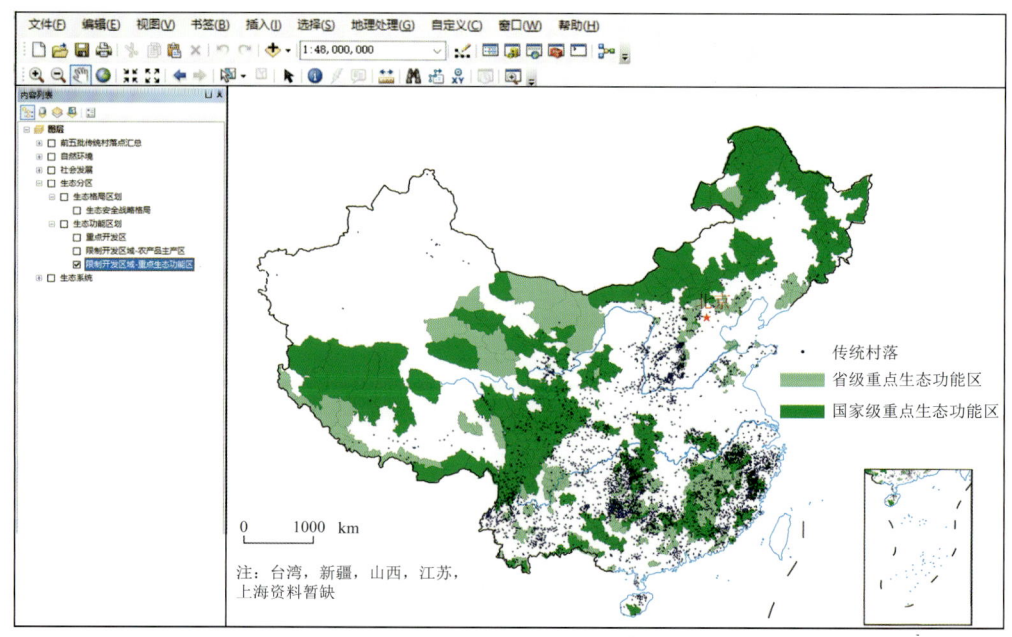

图 3-8　传统村落＋生态格局区划地理信息叠合模型

基于自然资源部标准地图服务网站审图号为 GS（2016）1594 号的标准地图制作，底图边界无修改

第3章 作为评价背景的国家生态文明建设战略需求研究

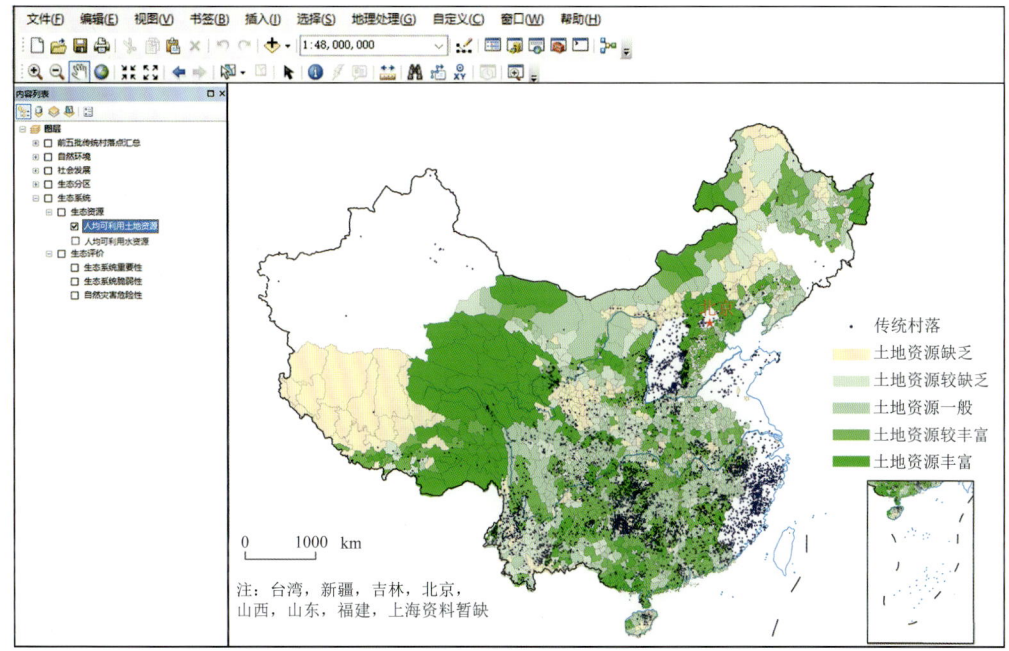

（a）传统村落+全国人均可利用土地资源评价地理信息叠合模型

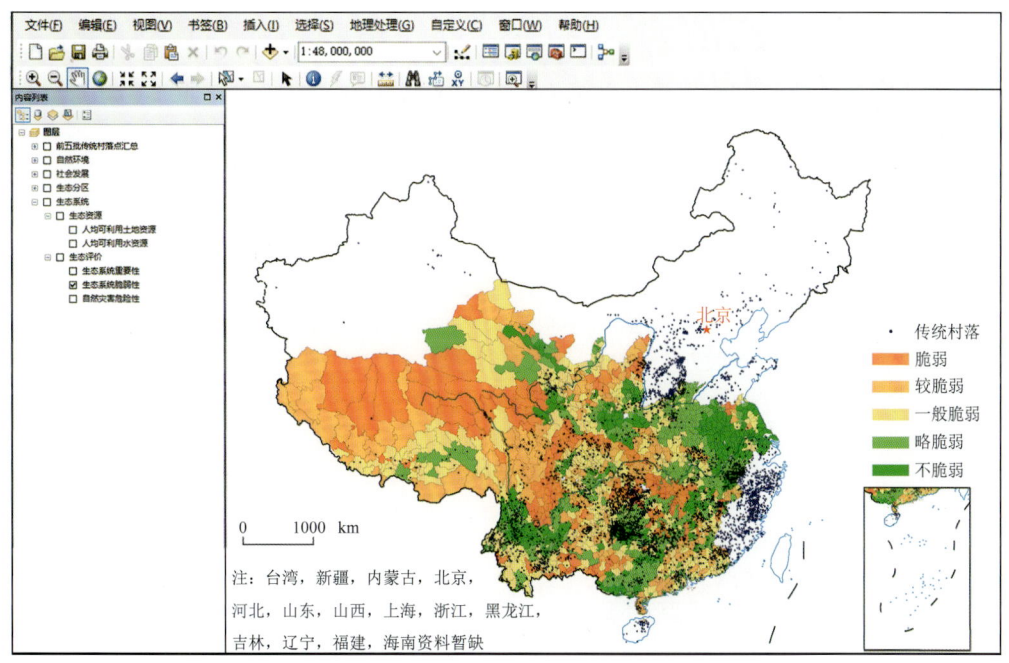

（b）传统村落+全国生态系统脆弱性评价地理信息叠合模型

图 3-9 传统村落+生态系统评价地理信息叠合模型

基于自然资源部标准地图服务网站审图号为 GS（2016）1594 号的标准地图制作，底图边界无修改

3.4.4 评估指标测算

1. 权重测算方法

确定指标权重的方法大致可以分为两类：即主观赋权法和客观赋权法。主观赋权法是根据决策者主观信息进行赋权的一类方法，是基于决策者的经验或偏好，通过对各指标重要性进行比较而赋权的方法，即通过一定方法综合各位专家对各指标给出的权重进行的赋权，因此主观赋权法也称专家赋权法，目前使用较多的是层次分析法、专家咨询法、二项系数法、环比评分法等。运用主观赋权法确定各指标间的权重系数，反映了决策者的主观意向，决策或评估结果具有一定的主观随意性。

客观赋权法是从实际数据出发，利用各指标值所反映的客观信息确定权重的一种方法，如熵权法、主成分分析法、离差及均方差法、多目标规划法、通过分析指标间相关性显示指标重要性的 CRITIC 法等。客观赋权法利用了数据的客观信息，但是忽视了专家的经验信息，要依赖于足够的样本数据和实际的问题域，通用性和可参与性差，计算方法也比较复杂，而且不能体现评判者对不同属性指标的重视程度，有时候定的权重会与属性的实际重要程度相差较大。

由于主、客观赋权方法各有其优缺点，本次指标评估针对不同指标属性特点，采用组合赋权法确定指标权重，综合主观赋权方法与客观赋权方法，以层次分析法确定主观权重，熵权法确定客观权重，最终确定各评估指标的因子权重，如图 3-10 所示。

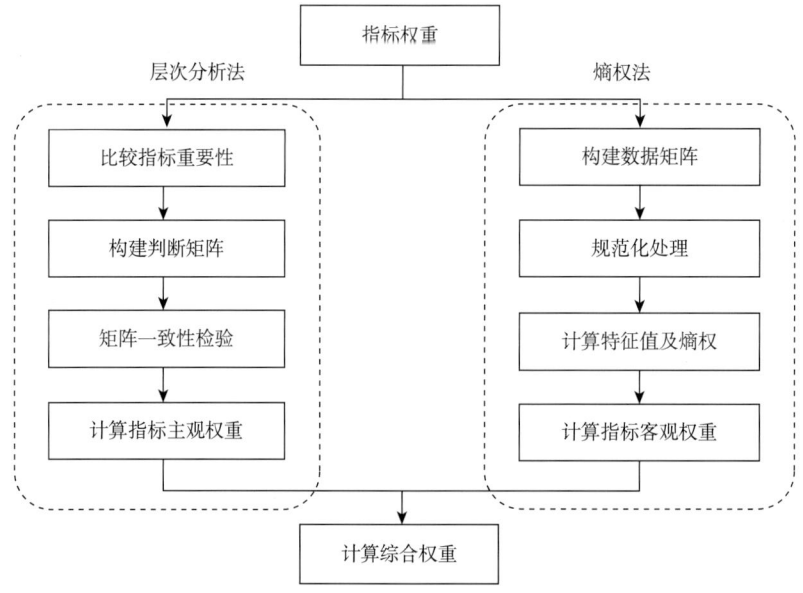

图 3-10 基于组合赋权法的权重确定框架图

2. 权重测算

1）层次分析法

层次分析法是指将与决策总是有关的元素分解成目标、准则、方案等层次，在此基础之上进行定性和定量分析的决策方法。层次分析法是指将一个复杂的多目标决策问题作为一个系统，将目标分解为多个目标或准则，进而分解为多指标（或准则、约束）的若干层次，通过定性指标模糊量化方法算出层次单排序（权数）和总排序，以作为目标（多指标）、多方案优化决策的系统方法。层次分析法是将决策问题按总目标、各层子目标、评估准则直至具体的备投方案的顺序分解为不同的层次结构，然后用求解判断矩阵特征向量的办法，求得每一层次的各元素对上一层次某元素的优先权重，最后再加权和的方法递阶归并各备择方案对总目标的最终权重，此最终权重最大者即最优方案。

首先，构建指标层级结构模型，将决策的目标、考虑的因素（评估因子准则层和指标层）和决策对象（指标对象）按它们之间的相互关系分为最高层、中间层和最低层，绘出层次结构图。基于研究评估指标体系，构建最高层对应准则层（四项）、中间层对应指标层（九项）、最低层对应指标对象层（二十六项）的指标层次结构图（图3-11）。

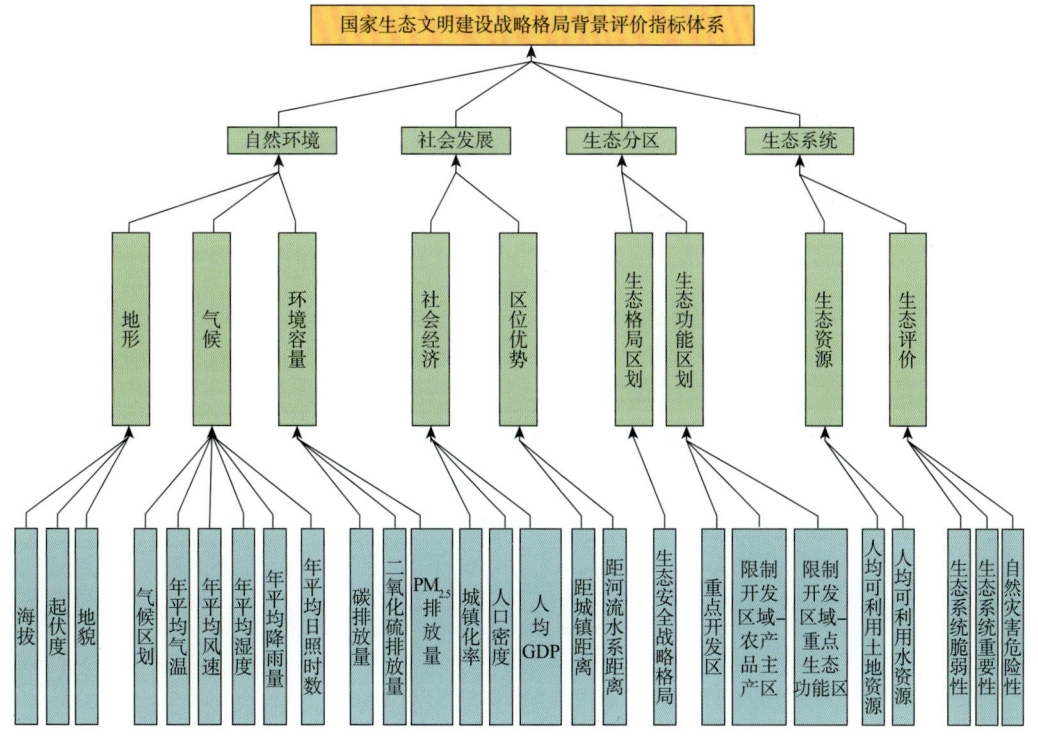

图 3-11　指标因子层级结构图

其次，构造判断矩阵，采用相对尺度将所有因素两两相互比较，尽可能减少性质不同的诸因素相互比较的困难，以提高准确度。研究聘请城乡规划学、生态学、地理学、遗产保护学等多学科多领域专家组成专家小组，进行多轮打分，最终确定判断矩阵，判断矩阵具有如下性质：

$$a_{ij} = \frac{1}{a_{ji}} \tag{3-1}$$

最后，将层级结构模型和判断矩阵输入 Yaahp 软件中进行一致性检验（CI）和权重计算。定义一致性指标为

$$CI = \frac{\lambda - n}{n - 1} \tag{3-2}$$

其中，CI=0 表示有完全的一致性；CI 接近于 0 表示有满意的一致性；CI 越大则表明不一致越严重。结果显示各项因子指标 CI 小于 0.1，有较高的一致性，各计算结果均通过一致性检验。

2）熵权法

按照信息论基本原理的解释，信息是系统有序程度的一个度量，熵是系统无序程度的一个度量。根据信息熵的定义，对于某项指标，可以用熵值来判断某个指标的离散程度，其信息熵值越小，指标的离散程度越大，该指标对综合评估的影响（即权重）就越大，如果某项指标的值全部相等，则该指标在综合评估中不起作用。因此，可利用信息熵这个工具，计算出各个指标的权重，为多指标综合评估提供依据。

具体的计算方法如下。

第一，构建各目标项目的各评估指标得分的判断矩阵。

第二，将判断矩阵进行归一化处理，得到归一化判断矩阵：

$$r_{ij} = \frac{r'_{ij} - \min_i r'_{ij}}{\max_i (r'_{ij}) - \min_i (r'_{ij})} \tag{3-3}$$

第三，根据熵的定义，结合各村落评估指标分项得分，可以确定评估指标的熵：

$$H_j = -k \sum_{i=1}^{m} f_{ij} \ln f_{ij} \tag{3-4}$$

第四，定义熵权。定义了第 n 个指标的熵后，可得到第 n 个指标的熵：

$$w_j = \frac{1 - H_j}{\sum_{j=1}^{n}(1 - H_j)} = \frac{1 - H_j}{n - \sum_{j=1}^{n} H_j} \tag{3-5}$$

第五，计算各指标因子的权重值，最终确定客观的权重值：

$$\lambda_j = \frac{\lambda'_j w_j}{\sum_{j=1}^{n} \lambda'_j w_j} \tag{3-6}$$

3. 权重确定

通过层次分析法获得主观权重,通过熵权法获得客观权重,将主观权重和客观权重进行组合赋权,从而得到每项指标的综合权重 W_i,计算公式如下,其中,$W(A)$ 为层次分析法获得的主观权重;$W(S)$ 为熵权法获得的客观权重;W_i 的取值在 0—1。

$$W_i = W(A) W(S) / \sum_{i=1}^{n} W(A) W(S) \qquad (3\text{-}7)$$

4. 评分方法

依据《主体功能区划技术规程》、省级《国土空间规划编制指南》、《"十三五"生态环境保护规划》、《绿色发展指标体系》、《生态文明建设考核目标体系》、《国家生态文明建设示范市指标》、《国家生态文明建设示范县指标》、《环境质量报告》、《国家重点生态功能区县域生态环境质量考核办法》、《大气污染防治行动计划实施情况考核办法(试行)实施细则》和《生态保护红线划定指南》等相关规范,编制指南中的相关指标赋分标准,对评估指标体系中各指标的含义及赋分方法进行解释,结合上文所述权重,最终形成指标赋分标准及权重如下(表3-5)。

表3-5 国家生态文明建设战略需求背景价值评估指标赋分标准及权重

指标对象	指标释义	赋分标准	权重
海拔	反映地面某个地点高出海平面的垂直距离(m)	≥3600m,20分;2800—3600m,40分;1800—2800m,60分;800—1800m,80分;0—800m,100分	0.0113
起伏度	反映某地最高点海拔高度与最低点海拔高度的差值与该地面积的比率(%)	4.36%—6.30%,20分;2.79%—4.36%,40分;1.56%—2.79%,60分;0.61%—1.56%,80分;0—0.61,100分	0.0264
地貌	反映某地的地表形态	山脉,20分;高原,40分;盆地,60分;丘陵,80分;平原,100分	0.0071
气候区划	反映某地所属的气候分区	严寒地区,20分;寒冷地区,40分;夏热冬冷地区,60分;夏热冬暖地区,80分;温和地区,100分	0.0093
年平均气温	反映某地一年内逐月平均气温的算术平均值(℃)	>25℃或<0℃,20分;22—25℃或0—6℃,40分;20—22℃或6—10℃,60分;18—20℃或10—14℃,80分;14—18℃,100分	0.0070
年平均风速	反映某地在给定时间内瞬时风速的平均值(m/s)	>3.56m/s 或 <1.48m/s,20分;3.3—3.56m/s 或 1.48—1.74m/s,40分;3.04—3.56m/s 或 1.74—2m/s,60分;2.78—3.04m/s 或 2—2.26m/s,80分;2.26—2.78m/s,100分	0.0052
年平均湿度	反映某地一定体积的空气中含有的水蒸气的质量(%)	>92.5% 或 <10%,20分;85%—92.5% 或 10%—20%,40分;77.5%—85% 或 20%—30%,60分;70%—77.5% 或 30%—40%,80分;40%—70%,100分	0.0051

续表

指标对象	指标释义	赋分标准	权重
年平均降雨量	反映某地多年来平均起来的年降水量（mm）	>2513.2 mm 或 <310.0 mm，20 分；2231—2513.2 mm 或 310.0—574.1 mm，40 分；1966.9—2231 mm 或 574.1—856.3 mm，60 分；1684.7—1966.9 mm 或 856.3—1120.4 mm，80 分；1120.4—1684.7 mm，100 分	0.0103
年平均日照时数	反映某地多年来平均起来的日照时数（h）	>3127.0 h 或 <1191.6 h，20 分；2885.2—3127.0 h 或 1191.6—1433.5 h，40 分；2463.2—2885.2 h 或 1433.5—1675.5 h，60 分；2410.2—2643.2 h 或 1675.5—1917.4 h，80 分；1917.4—2401.2 h，100 分	0.0079
碳排放量	反映某地在生产、运输、使用及回收过程中所产生的平均温室气体排放量（kg）	17.03—44.03 kg，20 分；8.81—17.03 kg，40 分；4.62—8.81 kg，60 分；1.88—4.62 kg，80 分；0—1.88 kg，100 分	0.0448
二氧化硫排放量	反映某地工业与生活二氧化硫排放量总和（mg/m³）	50394—115089 mg/m³，20 分；25813—50393 mg/m³，40 分；11577—25812 mg/m³，60 分；3704—11576 mg/m³，80 分；0—3703 mg/m³，100 分	0.0224
$PM_{2.5}$ 排放量	反映某地大气中空气动力学当量直径小于或等于 2.5 μm 的颗粒物的浓度（μg/m³）	57.05—88.84 μg/m³，20 分；41.06—57.05 μg/m³，40 分；27.20—41.06 μg/m³，60 分；11.28—27.20 μg/m³，80 分；0—11.28 μg/m³，100 分	0.0224
城镇化率	反映某地城镇人口占总人口（包括农业与非农业）的比重（%）	0—16.45%，20 分；16.45%—41.3%，40 分；41.3%—57.7%，60 分；57.7%—76.13%，80 分；76.13%—100%，100 分	0.0239
人口密度	反映某地单位土地面积上的人口数量（人/km²）	0—185.14 人/m²，20 分；185.14—538.12 人/m²，40 分；538.12—2332.37 人/m²，60 分；2332.37—6174.86 人/m²，80 分；6174.86—18487.39 人/m²，100 分	0.0478
人均 GDP	反映某地区核算期内实现的每万人常住人口的平均生产总值（亿元）	0—400.81 亿元，20 分；400.81—2279.55 亿元，40 分；2279.55—6827.7 亿元，60 分；6827.7—55293 亿元，80 分；55293—523675 亿元，100 分	0.0478
距城镇距离	反映传统村落中心距城镇中心直线距离（km）	>15 km，20 分；12—15 km，40 分；8—12 km，60 分；4—8 km，80 分；0—4 km，100 分	0.0399
距河流水系距离	反映传统村落中心距最近河流水系直线距离（km）	>5 km，20 分；3—5 km，40 分；1.5—3 km，60 分；0.5—1.5 km，80 分；0—0.5 km，100 分	0.0199
生态安全战略格局	反映传统村落是否落于该省生态区、生态屏障、生态带的范围	村落位于省级生态区、生态屏障、生态带，50 分；位于国家级生态区、生态屏障、生态带，100 分	0.1220
重点开发区	反映传统村落是否落位于该省（区、市）中经济和人口集聚有一定基础、资源环境承载能力较大的区域	村落位于省级重点开发区域，50 分；位于国家级重点开发区域，100 分	0.0407
限制开发区域-农产品主产区	反映传统村落是否落位于该省以种植业为主的农业地区和以草原牧业为主的农业地区	村落位于省级农产品主产区，50 分；位于国家级农产品主产区，100 分	0.0407
限制开发区域-重点生态功能区	反映传统村落是否落位于该省生态环境问题严重的地区和生态功能重要的地区	村落位于省级重点生态功能区，50 分；位于国家级重点生态功能区，100 分	0.0407
人均可利用土地资源	反映某地人均可利用土地资源面积（单位：亩/人）	<0.1 亩，20 分；0.1—0.3 亩，40 分；0.3—0.8 亩，60 分；0.8—2 亩，80 分；>2 亩，100 分	0.0662
人均可利用水资源	反映某地人均可利用水资源体积（单位：m³/人）	<0 m³，20 分；0—200 m³，40 分；200—500 m³，50 分；500—1000 m³，60 分；1000—1500 m³，70 分；1500—3000 m³，80 分；>3000 m³，100 分	0.0662
生态系统重要性	反映我国全国或区域尺度生态系统结构、功能重要程度的综合性指标	低，20 分；较低，40 分；中等，60 分；较高，80 分；高，100 分	0.1135

续表

指标对象	指标释义	赋分标准	权重
生态系统脆弱性	反映我国全国尺度或区域尺度生态环境脆弱程度的集成性指标	脆弱，20分；较脆弱，40分；一般脆弱，60分；略脆弱，80分；不脆弱，100分	0.0757
自然灾害危险性	反映特定区域自然灾害发生的可能性和灾害损失的严重性	极大，20分；大，40分；较大，60分；略大，80分；无，100分	0.0757

5. 类别划分

基于上述国家生态文明建设战略需求背景的传统村落价值评估程序，根据评估指标体系对传统村落进行打分，按照评估因子权重加权计算各村落最终得分。基于分值断裂点理论，综合各传统村落评估最终得分，结合评估对象数量和类型等具体情况、传统村落数据来源的级别分布状况、统筹全国的评估目标及传统村落总体价值评估体系构建等相关要求，对匹配国家生态文明建设战略的传统村落保护利用价值进行分类划分。保证各分类之间具有显著差异，增强评估体系的科学性与合理性，将国家生态文明建设战略需求背景的传统村落划分为Ⅰ类、Ⅱ类、Ⅲ类、Ⅳ类与Ⅴ类，其对应分值与类型如表3-6所示。

表3-6 评估级别认定

评估得分阈值	类型划分	价值划分
$65 \leq X_i \leq 100$	Ⅰ类村落	价值高
$55 \leq X_i < 65$	Ⅱ类村落	价值较高
$45 \leq X_i < 55$	Ⅲ类村落	价值一般
$35 \leq X_i < 45$	Ⅳ类村落	价值较低
$X_i < 35$	Ⅴ类村落	价值低

评估结果说明如下。

经评分定级的Ⅰ类村落特征：生态质量非常高或生态功能重要，资源环境承载能力强，将保护生态作为首要任务的村落多落位或临近于国家生态安全格局中的生态区、生态带、生态屏障及国家级重点开发区域和限制开发区域。

经评分定级的Ⅱ类村落特征：所在地域生态质量较高，具有较高的生态环境资源承载力，适宜开展城乡建设，但需要统筹协调城乡开发建设与生态环境保护的关系，在城乡建设中加强生态建设和生态保护的村落多落位或临近于省级重点开发区域。

经评分定级的Ⅲ类村落特征：所在地域生态质量一般，生态环境质量评估得分处于区域内的平均水平，具有一定的资源环境承载力，在传统村落的保护、传承、利用中关注生态建设和生态保护的村落，在村落产业建设、经济发展、人居环境整治提升工作中兼顾生态环境的保护。

经评分定级的Ⅳ类村落特征：所在地域生态质量相对较低，生态环境质量各项评估指标的得分较低，生态环境敏感性高，资源环境承载力差，不宜进行大规模、高强度工业化城市化开发，所在地域需要关注生态建设和生态保护。

经评分定级的V类村落特征：生态极为脆弱，资源环境承载能力极差，不具备开展大规模的村庄开发建设的条件，其区域位置虽不处于重要的生态区生态区、生态带、生态屏障或重点开发区域和限制开发区域，但因其生态环境质量极低，生态环境系统非常脆弱，必须特别关注其生态，并把增强生态作为首要任务。

秉持着循序渐进、逐步深化、动态开放的原则，结合各地区生态文明建设相关成果的更新，不断补充新出台的相关规划、实施及评估方案，更新补充国家生态文明建设战略需求背景基础资料专题数据库，每五年进行一次传统村落价值评估，评估结果作为传统村落级别调整的依据。

3.5 国家生态文明建设战略需求背景评价实证分析

3.5.1 研究区域

从宏观视角出发，以县域为基本空间单元，基于已建构的国家生态文明建设战略格局与指标体系，整合匹配生态文明建设战略需求的传统村落保护利用价值分类体系与导则，结合传统村落样本基础数据库与实地踏勘，对典型地区、典型村落展开实证分析。从全国一盘棋的角度出发，根据各省生态文明建设相关规划的编制情况，结合本次研究团队的实际踏勘调研情况，在已实地调研完成的村落样本的基础上，尽可能选取基础资料翔实，且具有代表性的典型村落。兼顾实地探勘的合理性与数据获取的翔实性，研究选取陕西省的传统村落样本进行实证分析。

1. 陕西省生态环境概况

陕西省地处我国内陆腹地黄河中游地区，兼跨长江支流汉江流域和嘉陵江上游的秦巴山地区，东隔黄河与山西省相望，北与内蒙古自治区毗连，西与宁夏回族自治区和甘肃省相邻，南以米仓山、大巴山主脊与四川省接界，东南与湖北省、河南省接壤，是连接东西部地区的重要纽带，且具备西部地区生态环境典型特征，在西部开发中占有重要的地位。

2. 陕西省自然地理格局

陕西省包括陕北高原、关中平原、陕南山地三大地理板块，内含十三个自然地理分区。陕西地理环境形势的总特点为南北高、中部低，地势由西向东倾斜，北山和秦岭把陕西分为三大自然区域：北部陕北高原、中部关中平原、南部秦巴山区。按照地貌类型划分，可将陕西省划分为风沙过渡区、黄土高原区、关中平原区、秦岭山地区、汉江盆地区和大巴山地区六个地貌类型区域。陕西省黄河流域内主要河流有二级河流渭河，三级河流无定河、延河、洛河、泾河；长江流域内主要河流有二级河流汉江、嘉陵江，三级河流丹江、旬河、牧马河。

陕西省地跨北温带和亚热带，整体属大陆性季风气候，由于南北延伸很长，达到800千米以上，所跨纬度多，从而引起南北气候的明显差异。由北向南渐次过渡为温带、暖温带和北亚热带。长城沿线以北为温带干旱半干旱气候，陕北其余地区和关中平原为暖温带半湿润气候，陕南盆地为北亚热带湿润气候，山地大部为暖温带湿润气候。年平均降水量 576.9 mm，年平均气温 13.0℃，无霜期 218 天左右。年降水量的分布南多北少，由南向北递减，受山地地形影响比较显著。

3. 陕西省生态安全战略格局

陕西地处我国黄土高原腹地和秦巴山区，是黄河、长江两大流域淡水资源补给的重要区域。在《全国生态环境建设规划》的 8 个类型区中，属黄河上中游地区、长江上中游地区和"三北"风沙综合防治区 3 个水土流失、沙化荒漠化严重、生态环境问题最为严重的地区，被列为全国生态环境建设重点治理区。2021 年陕西省编制《陕西省国土空间规划（2021—2035 年）》，在生态空间优化上，规划构建"一山两河、四区六带"的生态安全格局，即秦岭山脉、黄河流域、长江流域三个生态地理大区，陕北长城沿线生态修复区、陕北黄土高原丘陵沟壑区、子午岭-黄龙山生物多样性保护区、秦巴低山丘陵生态功能区四个生态保护区划，白于山区生态修复带、沿黄防护林提质增效示范带、关中北山绿色重建带、秦岭北麓生态保护带、渭河生态安全带、汉丹江生态安全带六个生态保护走廊，形成国土空间生态修复格局的主体单元，并提出相应的修复策略。特别是近年来，陕西重点开展了黄河水土保持生态工程、长江流域上游水土保持综合防治工程、无定河流域国家水土保持重点建设工程等，有力地推动了全省水土保持生态建设的全面发展。通过水土治理，有效改善了全省生态环境。

3.5.2 研究对象

研究主要实证对象为陕西省省域范围内传统村落，包括 113 个中国传统村落和 314 个省级传统村落，共计 427 个传统村落（表 3-7）。

表 3-7 陕西省传统村落及批次

省级传统村落	第一批	第二批	第三批	第四批	第五批
309+5（其中延安市阿寺村、郝城村、桐堤村、渭南市善车口村、铜川市办水峪村同时为省级历史文化名村）	119	112	83		
中国传统村落	第一批	第二批	第三批	第四批	第五批
111+2（其中铜川市立地坡村、移村同时为省级历史文化名村）	5	8	17	41	42

对陕西省各地市传统村落数量及分布情况进行统计，可得出：陕西省内的中国传统村落以榆林市、渭南市为最多；陕西省内省级传统村落以安康市、榆林市为最多；传统村落分布主要集中在榆林市-延安市、渭南市-韩城市、安康市-商洛市三个聚集区（图 3-12 和图 3-13）。

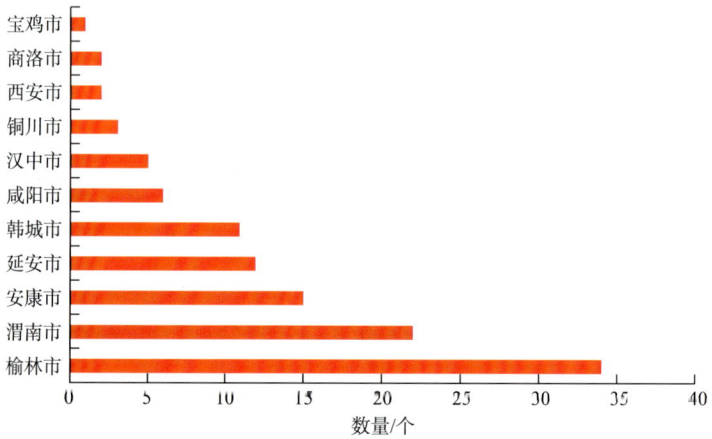

（a）各市中国传统村落数量

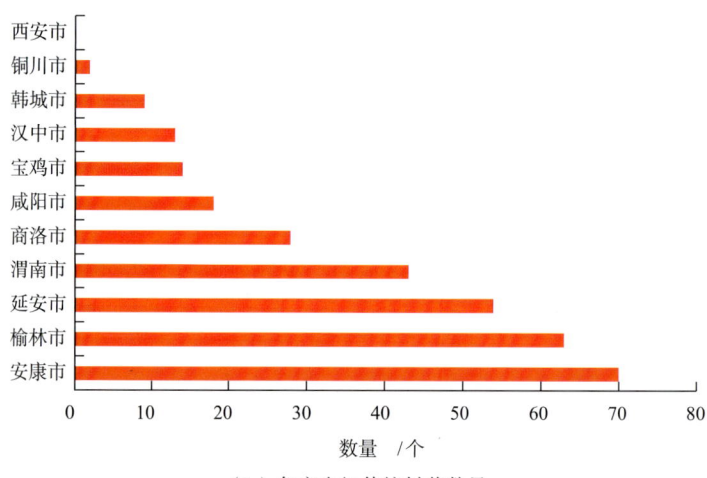

（b）各市省级传统村落数量

图 3-12 陕西省各市传统村落数量

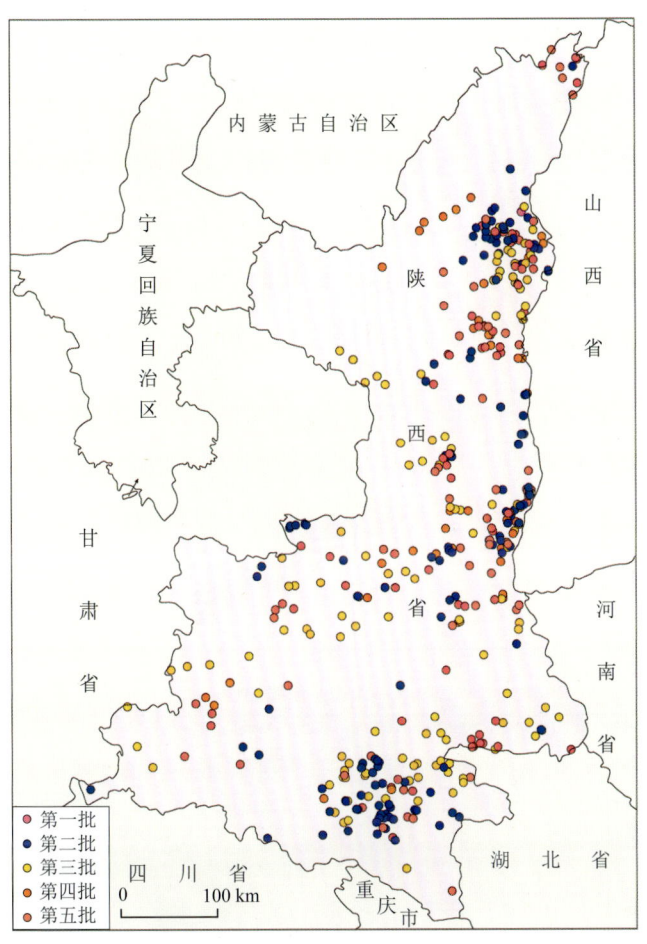

图 3-13 陕西省传统村落分布图

基于自然资源部标准地图服务网站审图号为 GS（2019）3266 号的标准地图制作，底图边界无修改

3.5.3 指标评估

1. 陕西省传统村落评估数据库搭建

基于本章研究构建评估指标体系，从统计年鉴、规划编制资料、开源数据平台等处分别收集陕西省省域的二十六项指标数据，并在 ArcGIS 中搭建数据库，将部分评估指标矢量化处理后如图 3-14 所示。

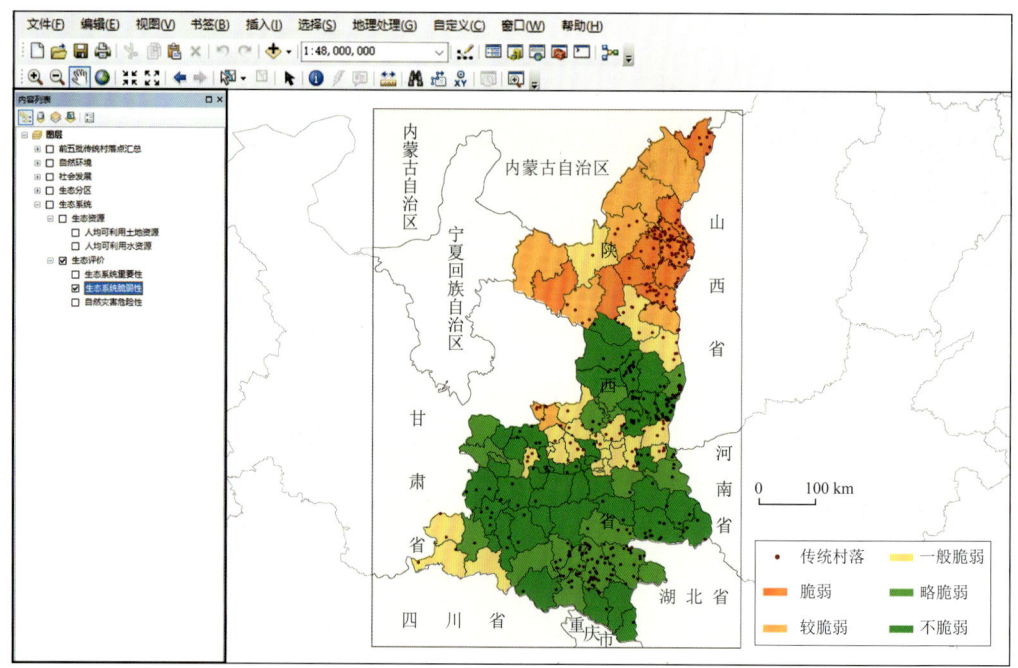

(a) 生态系统脆弱性

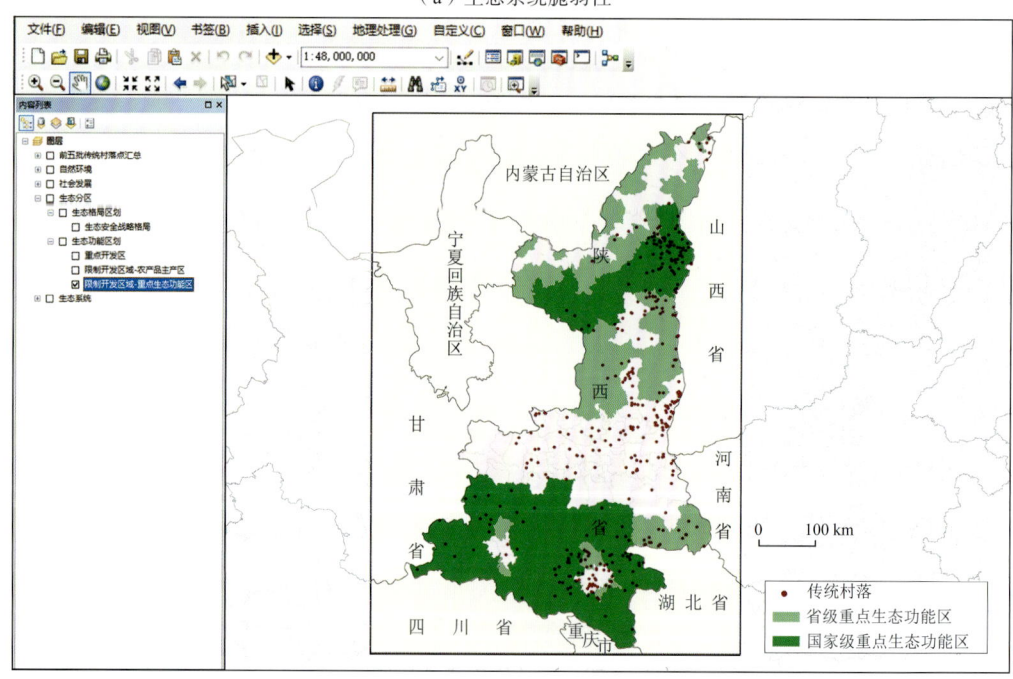

(b) 限制开发区域-重点生态功能区

图 3-14 陕西传统村落+生态系统评价地理信息叠合模型

基于自然资源部标准地图服务网站审图号为 GS（2019）3266 号的标准地图制作，底图边界无修改

2. 陕西省传统村落评估打分

依托陕西省传统村落评估数据库,将陕西省传统村落与各项指标包含的基础信息进行匹配,建立陕西省传统村落评估叠合模型。进一步对应在该指标项下的赋分,由此得到427个陕西省传统村落的26项指标的对应分值,乘以该项权重后加和,最终得到该村落在评估体系中的得分。具体评分细则见附录3。

3.5.4 结果分析

1. 得分统计

在完成评估打分后,对陕西省427个传统村落的得分进行排序和统计,如表3-8所示。

表 3-8 陕西省427个传统村落生态文明水平排名

镇村	得分	镇村	得分	镇村	得分	镇村	得分
咀头镇方才关村	74.7	西庄镇下甘谷村	54.18	锦阳路街办水峪村	49.858	南宽坪镇李家湾村	46.555
黄柏塬镇二郎坝村	70.85	大安镇烈金坝村	54.174	同家庄镇南长益村	49.811	旧县镇姚苌村	46.547
首善街道办葫芦峪村	69.478	共进镇高山村	54.145	太华路街道西关村	49.8	旧县镇桐堤村	46.547
城关镇城关村	69.438	新城街道周原村	54.05	路井镇赤东村	49.735	永宁镇白沙川村	46.5
谢村镇东韩村	68.894	杏林镇老官台村	53.904	白水江镇铁佛寺村	49.698	香庙乡程家川村	46.424
后柳镇群英村	68.716	西庄镇杨村	53.78	彭公镇芋元村	49.68	县河镇红霞村	46.357
留侯镇庙台子村	68.272	铁佛寺镇双喜村	53.756	百良镇东宫城村	49.667	南宽坪镇老林村	46.191
宽州镇石台寺村	67.984	土基镇鄜城村	53.681	龙镇黑石窑村	49.596	安吴镇安吴村	46.141
江口镇磨坪村	67.922	同家庄镇文王村	53.569	大禹街道高家圪台村	49.505	旧县镇洛生村	46.019
碾子镇碾子老街	67.676	佳芦镇张庄村	53.548	和家庄镇张刘村	49.467	崔家湾镇苏家坨村	45.998
焕古镇焕古村	67.57	迎丰镇新庄村	53.5	和家庄镇刘彦村	49.467	烟霞镇官厅村	45.939
凤州镇凤州村	67.548	恒口镇盘龙村	53.386	赤岩镇七里村庙湾村	49.464	沙家店镇李站村	45.919
城关镇袁家庄	66.678	原公镇西坝村	53.345	杜家石沟镇柳家洼	49.458	史官镇史官村	45.831
漩涡镇茨沟村	66.088	西庄镇柳村	53.254	石坡镇鴕子梁	49.421	鲁桥镇东里村	45.823
横山街道贾大峁村	65.796	城关镇友谊村	53.212	杨家圪台镇下大木村	49.375	崔家湾镇雷家沟村	45.774
向阳镇营梁村	65.762	王家河镇王宿里村	53.188	旧县镇北村	49.341	南宽坪镇湖坪村	45.663
焕古镇东红村	65.448	皇甫庄镇河西坡村	53.137	金峪镇方寨社区朱家河村	49.337	旧县镇洛阳村	45.621
试马镇红庙村	65.413	早阳镇王庄村	53.107	印斗镇红崖洼村	49.328	北塬镇却寨村	45.605
华阳镇华阳街村	65.392	同家庄镇南龙亭村	52.997	杨家沟镇杨家沟村	49.318	涧峪岔镇周家山村	45.568

续表

镇村	得分	镇村	得分	镇村	得分	镇村	得分
双坪镇磨坝村	65.286	芝川镇高门村	52.984	杨家沟镇寺沟村	49.318	尧头镇尧头村	45.539
漩涡镇堰坪村	65.032	芝川镇堡安村	52.984	桃镇桃镇村	49.318	四十里铺镇艾家沟村	45.418
漩涡镇东河村	65.032	西庄镇薛村	52.984	桃镇黑圪塔村	49.318	南宽坪镇安家门村	45.403
厚畛子乡老县城村	65.022	石转镇双柏村	52.965	乔河岔乡刘家峁村	49.318	四十里铺镇雷家岔村	45.376
南市镇子孝村	64.958	银川街道王沙沟村	52.944	茶坊街办思宜村	49.295	古塔镇罗硷村	45.365
熨斗镇长岭村	64.774	银川街道雷家峁村	52.944	桑树坪镇王峰村	49.152	薛家河镇吉镇村	45.244
赤水镇辛村	64.506	城郊镇姬桥村	52.918	新池镇行家庄村	49.137	太要镇寺底村	45.192
麻坪镇早阳村	64.412	芝川镇华池村	52.854	雷赤镇上坡村	49.069	南宽坪镇下锅厂村	45.135
桑镇双山村	64.158	高杰村镇河口村	52.79	寺前镇吴家坡村	49.067	上盐湾镇寨坬村	45.123
麻坪镇卷棚村	64.14	西庄镇郭庄砦村	52.758	府谷镇城内村	49.032	土基镇黄连河村	45.093
后柳镇长兴村	64.096	蜀河镇蜀河社区	52.61	杨家沟镇岳家岔村	49.016	史官镇富平村	45.077
揉谷镇姜原村	63.94	西庄镇柳枝村	52.602	赤岩镇湛家湾村	48.982	烟霞镇袁家村	44.917
营盘镇朱家湾村	63.574	监军镇等驾坡村	52.595	朝邑镇大寨村	48.974	恒口镇明清古街	44.891
五泉镇毕公村	63.542	芝川镇徐村	52.558	雷赤镇下坡村	48.939	满堂川镇孙家岔村	44.846
河口镇安河寺村	63.432	柳枝镇张桥村	52.138	杨家沟镇巩家沟村	48.93	木瓜镇木瓜村	44.817
上元观镇乐丰村	63.327	铁佛寺镇四合村	52.076	沙家店镇张家崖村	48.93	枣园办事处庙沟村	44.793
棣花镇棣花村	63.316	双河口镇幸河村	52.076	高塘镇腰村	48.907	北塬镇杨武村	44.721
贾家坪刘马家圪塔村	62.899	双河口镇幸福村	52.076	高塘镇柿村	48.907	哈镇哈镇村	44.687
双湖峪镇张寨村	62.142	彭公镇马坊村	52.074	高塘镇拆头村	48.905	关家镇高沟村	44.633
贾家坪镇张家河村	61.973	小河镇金坡村	51.98	寺仙镇太平村	48.897	枣林坪镇前坪村	44.578
葛牌镇石船沟村	61.821	青木川镇青木川村	51.872	寺耳镇桑坪村	48.893	义和镇薛家渠村	44.578
文安驿镇梁家河村	61.789	白雀寺镇白雀寺村	51.866	黑池镇黑东村	48.869	吉镇镇狮子堎村	44.578
贾家坪曲溪交舍古村	61.573	白马滩镇神峪村	51.813	竹林关镇竹林关村	48.839	定仙墕镇前坪村	44.578
关庄镇甄家湾村	61.391	高杰村镇高杰村	51.81	尧山镇陶池村	48.805	烽火镇烽火村	44.517
贾家坪镇刘家沟村	61.303	壶口镇骠骑村	51.809	路井镇杨家坡村	48.757	中角镇中角村	44.394
赵石畔镇王皮庄村	60.839	双河口镇梨树河村	51.808	马家庄镇西中雷村	48.697	义和镇虎墕村	44.394
永坪镇段家圪塔村	60.775	丈八镇丈八村	51.799	黑池镇北雷村	48.697	满堂川乡郭家沟村	44.394
白家硷镇海满坪村	60.748	高杰村镇袁家沟村	51.768	路井镇北党村	48.669	三张镇紫阳村	44.344
贾家坪镇马家湾村	60.593	米粮镇八一村	51.676	城郊镇镇子湾村	48.643	陈炉镇立地坡村	44.268
永坪镇赵家河村	60.323	丁家镇十里铺村	51.676	云盖寺镇云镇村	48.606	大河镇大河社区	44.233

续表

镇村	得分	镇村	得分	镇村	得分	镇村	得分
秦汉新城刘家沟村	59.998	酒房镇万家城村	51.649	岳庙街道双泉村	48.602	中角镇深沟村	44.18
武关镇武关村	59.927	直罗镇直罗村	51.545	桐峪镇善车口村	48.592	薛家河镇高家沟村	44.18
杨家园则镇热寺湾村	59.832	小河镇膀子村	51.542	腰市镇上集村	48.58	崔家湾镇王家沟村	44.18
关庄镇太相寺村	59.795	酒房镇麻夫村	51.531	寺耳镇伍仙村	48.495	中角镇梁家甲村	44.168
石家湾镇芝房沟村	59.724	螅镇刘家坪村	51.412	黑池镇南社村	48.443	南坊镇水平村	44.121
周家硷镇营盘村	59.704	白马滩镇张峰村	51.361	郭兴庄镇天王塔村	48.402	中原镇麻庙村	43.965
田庄镇田庄村	59.596	殿市镇五龙山村	51.326	赤岩镇万福村	48.388	满堂川乡常家沟村	43.866
镇靖镇镇靖村	59.575	红军镇红军村	51.316	胡家庙镇黄甫村	48.341	大同镇鱼姐村	43.851
淮宁湾镇薛家城则村	59.574	蜀河镇傅家湾村	51.286	坊镇灵泉村	48.309	县河镇林香村	43.837
凤鸣镇庵里村	59.292	丁家镇南涧村	51.276	杨家圪台镇拓家川村	48.307	瀛湖镇联心村	43.835
张家砭镇郝家桥村	59.172	杜家石沟镇柳家洼	51.192	文安驿镇吕家河村	48.307	关家镇许河村	43.835
贾家坪镇上田家川村	59.041	印斗镇吕家硷村	51.078	黑池镇峪渠村	48.299	庄里镇西关村	43.804
安定镇安定村	59.026	集义镇桌里村	51.055	凤栖街道办作善村	48.285	朝邑镇平罗村	43.641
张家砭乡侯家坪村	58.798	杨家沟镇后马家园则村	51.054	尧山镇闫家村	48.237	沈坝镇张四营村	43.609
火烧店镇堰坎村	58.742	芝阳镇清水村	51.006	尧山镇六合村	48.237	甘谷驿镇东镇村	43.595
裴家湾镇园则坪村	58.724	棕溪镇矾石村	50.93	相公镇柳泉村	48.224	冯原镇吉安城村	43.449
薛家峁镇薛家峁村	58	龙镇马湖峪村	50.68	黄甫镇尧渠村	48.204	瀛湖镇沙沟村	43.437
满堂川镇三十里铺村	57.846	银州高庙山村	50.644	孟塬镇司家村	48.178	新兴镇柏社村	43.349
崔家湾镇纸房沟村	57.574	石门镇崔家老院村	50.628	旦八镇吊坪村	48.12	中原镇团结村	43.337
何家集镇眠虎沟	57.544	红军镇茨坪村	50.616	乾坤湾镇刘家山村	47.951	双溪镇兴红村	43.211
中原镇联合村	57.517	武侯镇莲水社区	50.584	铁王镇桃渠塬村	47.943	段家镇东高垣村	43.015
五里镇五里社区	57.491	金丝峡镇太子坪村	50.561	文安驿镇乔家河村	47.909	叶坪镇叶坪村	42.939
流水镇窑头村	57.489	太村镇唐家村	50.54	交口河镇京兆村	47.885	京当镇岐阳村	42.905
名州镇黑家沟村	57.448	银州街道井家沟村	50.524	关庄镇北村	47.862	双龙镇双龙村	42.811
崔家湾镇铁茄坪村	57.342	大坪镇红旗村	50.524	永乡镇现头村	47.745	冯庄乡李庄村	42.771
瀛湖镇天柱山村	57.233	红军镇周家河村	50.52	永乡镇冯家村	47.745	冯庄乡康坪村	42.771
瀛湖镇青春村	56.833	吉子现西山川驿村	50.489	永乡镇阿寺村	47.615	故郡镇涝川村	42.681
西庄镇党家村	56.702	康家港乡沙坪村	50.486	金丁镇金汤村	47.592	早阳镇集中村	42.415
简池镇杨家营村	56.532	响水镇响水村	50.403	张家山镇寺沟村	47.574	谭坝镇前河村	42.415

续表

镇村	得分	镇村	得分	镇村	得分	镇村	得分
流水镇新庄村	56.433	仁河口镇水泉坪村	50.39	永宁镇崾子川村	47.564	中原镇卫星村	42.411
龙背镇油陈村	56.174	秋林镇太平村	50.389	高坝店镇高坝街社区	47.527	柳林镇龙寺村	42.375
中池镇东沙河村	56.144	永宁镇马老庄村	50.384	法官镇法官庙村	47.509	南泥湾镇马坊村	42.373
牛蹄镇双村	56.035	十里坪镇核桃坪村	50.335	张家山高家楞	47.444	茨沟镇瓦铺村	42.285
九成宫镇蔡家河村	55.917	金丝峡镇王家坡	50.335	尧山镇光陵村	47.439	临镇镇石村	42.189
观音镇小里沟村	55.908	城关街道办临皋村	50.265	兴镇曹家村	47.437	范家镇井庄村	42.045
瀛湖镇中心村	55.809	县麻坪镇枫树村	50.264	楼坪乡魏塔村	47.364	万花乡毛家堡则	41.975
涧池镇新华村	55.738	同家庄镇西同鞮村	50.263	旧县镇候井村	47.345	甘谷驿镇顾屯村	41.845
双石铺镇张家尧村	55.49	佳芦镇神泉村	50.26	石头镇秦寨村	47.343	孙塬镇孙塬村	41.678
中池镇五坪村	55.476	云岩镇永宁村	50.259	黄甫镇黄甫村	47.278	墰坝镇马河村	41.661
牛蹄镇吉安村	55.411	秋林镇西庄村	50.259	南宽坪镇窑沟口村	47.213	叶坪镇双桥村	41.465
大同镇大道村	55.411	延水关镇新胜古村	50.255	椿林镇山西村	47.211	范家镇结草村	41.387
九成宫镇城关村	55.389	红军镇庙湾村	50.218	薛录镇盘州村	47.167	双龙镇天宝村	41.217
中池镇军民村	55.348	赵湾镇中山村	50.204	亭口镇川丰村	47.16	老庙镇笃祜村	41.117
龙背镇南焦村	54.976	杨家圪台瓦村河村	50.173	安崖办事处房崖村	47.158	桥南镇天留村	40.571
中池镇堰坪村	54.948	沙家店木头则沟村	50.152	镇川镇陈家坡村	47.145	龙门镇西原村	40.545
瀛湖镇大明村	54.883	路井镇岱堡村	50.135	漫川关镇街道村	47.111	美原镇美原村	39.749
迎丰镇火石沟村	54.654	沙家店折家圪崂村	50.126	小丘镇小丘镇移村	47.108	百良镇岔峪村	23.387
马道镇龙潭坝村	54.626	高渠乡高西沟村	50.126	凤鸣镇北郭村	47.066	宋川镇城里村	23.046
新坝镇黄泥村	54.62	红军镇上马村	50.122	清水镇磁尧沟村	47.038	峪口乡峪口村	22.346
芝川镇滩子村	54.578	柴坪镇文家庙村	50.07	木瓜镇榆家坪村	46.982	辛家沟高家庄村	22.248
新城办相里堡村	54.578	凤凰镇凤镇街村	50.062	漫川关镇古镇社区	46.981	乾坤湾镇碾畔村	21.054
新城办留芳村	54.578	郭兴庄镇白兴庄村	50.005	两宜镇东白池村	46.859	雷赤镇凉水岸村	21.054
西庄镇张代村	54.578	铁厂镇铁厂村	49.996	庙沟门镇沙梁村	46.852	螅镇荷叶坪村	20.75
西庄镇梁带村	54.578	坑镇赤牛坬村	49.916	杜康镇康家卫村	46.845	木头峪乡木头峪村	20.75
留侯镇营盘村	54.53	湘河镇地坪村	49.895	白家硷乡贺一村	46.814	朱家坬镇泥河沟村	20.298
中池镇中心村	54.522	坊镇东雷村	49.891	兴镇曹家村	46.641	黄甫镇前园则村	18.756
中池镇茨坪村	54.522	王村镇南王村	49.867	中村镇洛峪村	46.601	仙河镇牛家阴坡村	18.506
孟石岭镇武学村	54.36	王村镇井溢村	49.867	城关镇莲湖村	46.596		

2. 总体评析

基于打分结果进行分析，陕西省传统村落得分最高分为74.700分，最低分为18.506分，平均值为50.561，中位数为49.867，众数为54.578，标准差为8.056，可知陕西省传统村落整体属于水平分级中的Ⅲ类。将上述数据导入地理信息系统，进行进一步研究与分析。

首先，陕西省427个传统村落国家生态文明建设战略需求背景价值，总体上基本符合正态分布规律，其中价值高（得分65—100）的传统村落共23个，占比5.39%；价值较高（得分55—65）的传统村落共69个，占比16.16%；价值一般（得分45—55）的传统村落共259个，占比60.66%；价值较低且生态较脆弱（得分35—45）的传统村落共65个，占比15.22%；价值极低且生态脆弱（得分0—35）的传统村落共11个，占比2.58%（表3-9和图3-15）。

表3-9 陕西省不同级别传统村落数量

村落分级	得分区间（分）	村落个数（个）	占比
Ⅰ类村落	65—100	23	5.39%
Ⅱ类村落	55—65	69	16.16%
Ⅲ类村落	45—55	259	60.66%
Ⅳ类村落	35—45	65	15.22%
Ⅴ类村落	0—35	11	2.58%

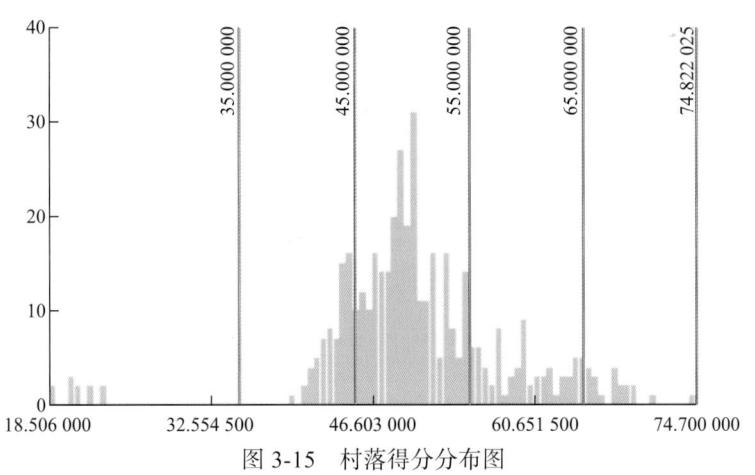

图3-15 村落得分分布图

资料来源：基于ArcGIS平台绘制

由坐标数据可见，陕西省中国传统村落及省级传统村落主要集中在榆林市-延安市、渭南市-韩城市、安康市-商洛市三个聚集区。将村落得分与其空间落点数据匹配，并结合上述分级结果，可看出村落的空间分布（图3-16）。比较村落落点核密度与村落分级空间分布，可以看出：①村落落点核密度集中区与高分值村落聚集区不完全对应，就陕北、关中地区而言，村落密度最高区域为中段分值村落聚集区，陕南地区的村落聚集区则为高分值村落较多；②在汉中市北部出现了高分值村落的集聚，说明该处生态环境条件优势大。

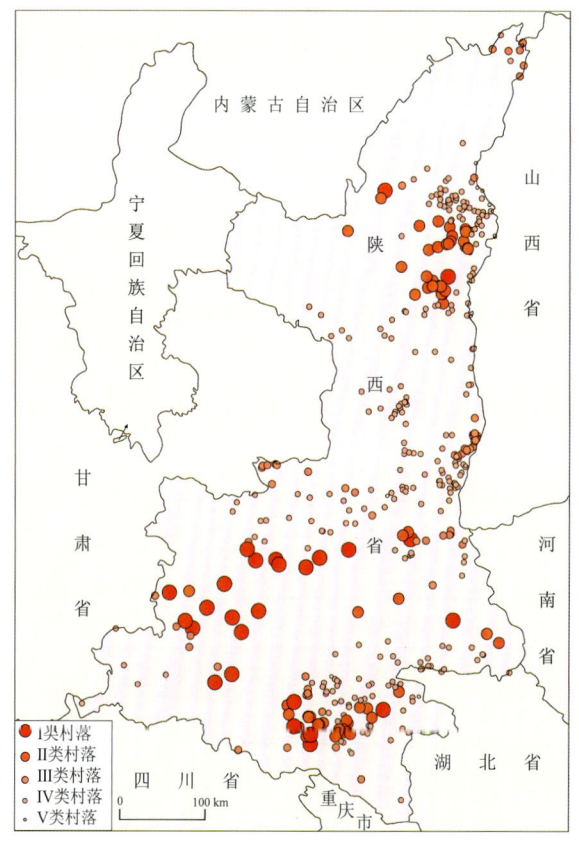

图 3-16　陕西省各级传统村落空间分布图

基于自然资源部标准地图服务网站审图号为 GS（2019）3266 号的标准地图制作，底图边界无修改

3. 交叉分析

1）不同属性村落得分比较分析

陕西省传统村落按照属性可分为"中国传统村落"和"省级传统村落"两类，对这两类村落数据特征进行总体分析，可以看出陕西省省级传统村落的平均值高于中国传统村落，并且标准差明显小于中国传统村落，即村落得分的分布更为集中（表 3-10 和表 3-11）。

表 3-10　陕西省省级传统村落与中国传统村落得分比较

类型	陕西省省级传统村落	陕西省中国传统村落
总数	314	113
平均值	51.0123	49.4425
标准差	7.2203	10.1645

表 3-11　陕西省省级传统村落与中国传统村落匹配生态文明建设战略背景需求评估数量统计

村落分类	陕西省省级传统村落	陕西省中国传统村落	总计
Ⅰ类村落	17	6	23
Ⅱ类村落	51	18	69
Ⅲ类村落	198	61	259
Ⅳ类村落	44	21	65
Ⅴ类村落	4	7	11

根据表格绘制饼状图（图 3-17）可以看出：①两类属性的村落中，均为Ⅲ类村落所占比例最高；②Ⅰ类、Ⅱ类村落在省级传统村落和中国传统村落中所占比例基本相等；③就Ⅳ类和Ⅴ类村落而言，中国传统村落比例明显高于省级传统村落，也即中国传统村落中，匹配生态文明建设战略背景需较差的村落占比更高。

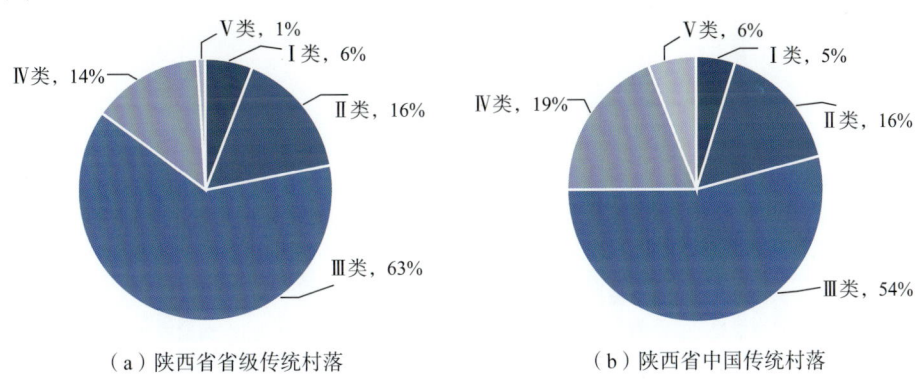

（a）陕西省省级传统村落　　　　（b）陕西省中国传统村落

图 3-17　陕西省省级传统村落与中国传统村落生态文明等级分布比较（组图）

此外，陕西省传统村落按照批次还可分为一到五批，首先对五批村落数据特征进行总体分析（表 3-12）。可以看出第一批传统村落的得分均值最高，第二、三、四、五批均值较为接近。在离散程度上，第五批传统村落标准差明显高于其他几批，也即数据波动最大。分别统计不同批次传统村落生态文明等级的分布（表 3-13）。

表 3-12　陕西省不同批次传统村落分数特征比较

批次	第一批	第二批	第三批	第四批	第五批
总数	124	120	100	41	42
平均值	53.3714	49.8106	48.6459	49.1067	50.356
标准差	6.9655	7.1476	7.3539	9.1546	11.5366

表 3-13　陕西省不同批次传统村落分类数量比较

村落分类	第一批	第二批	第三批	第四批	第五批	总计
Ⅰ类村落	12	5	1	1	4	23
Ⅱ类村落	25	17	12	5	10	69
Ⅲ类村落	79	72	66	25	17	259
Ⅳ类村落	8	23	18	8	8	65
Ⅴ类村落	0	3	3	2	3	11

根据表格绘制柱状图（图 3-18）可以看出：①各批次传统村落中占比最高的均为Ⅲ类村落，除第五批外，都超过 50%；②第一批和第五批传统村落的Ⅰ类村落和Ⅱ类村落占比较高，也即高分段传统村落比例更大；③观察Ⅳ类和Ⅴ类村落的占比可以发现，随着村落批次增加，低分段村落所占比例也增加，即生态状况较差的传统村落数量增多，说明村落的批次对其生态质量亦存在一定影响。

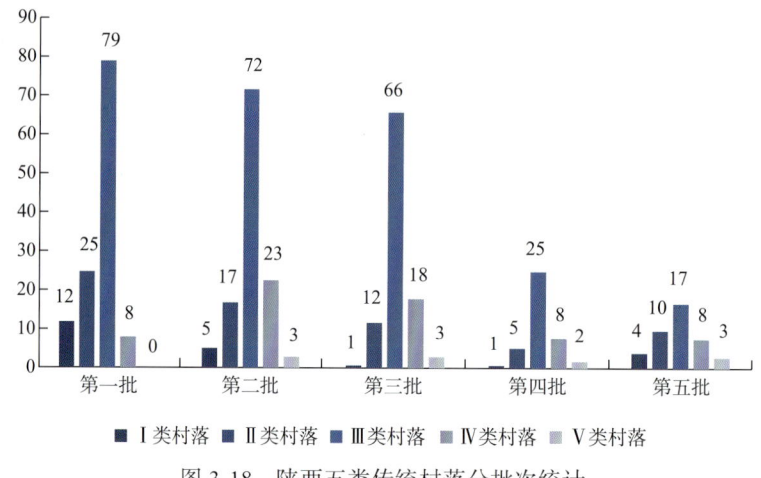

图 3-18　陕西五类传统村落分批次统计

2）不同地理空间单元村落得分比较分析

陕西省地势的总特点是南北高，中部低，北山和秦岭将陕西分为三大自然区域：北部是陕北高原，中部是关中平原，南部是秦巴山地；体现在空间格局上，即关中、陕北、陕南三大地理单元。分别统计不同地理空间单元传统村落匹配生态文明建设战略需求背景的类型分布如表 3-14 所示。

表 3-14　陕西省不同批次传统村落分类数量比较

村落分类	关中	陕北	陕南	总计
Ⅰ类村落	6	2	15	23
Ⅱ类村落	14	30	25	69
Ⅲ类村落	90	99	70	259
Ⅳ类村落	20	24	21	65
Ⅴ类村落	1	9	1	11

根据表格绘制柱状图（图 3-19）可以看出：陕西省传统村落的空间分布与其空间格局密切相关。从关中、陕南和陕北 3 个空间单元来看，呈现出不同的等级分布格局，准确表现出不同区域中生态文明建设战略需求背景的结构差异，陕北Ⅲ类村落最多；关中发展较为均衡，高分段村落和低分段村落均较少；陕南Ⅲ类村落占比最高，整体生态环境质量较好。

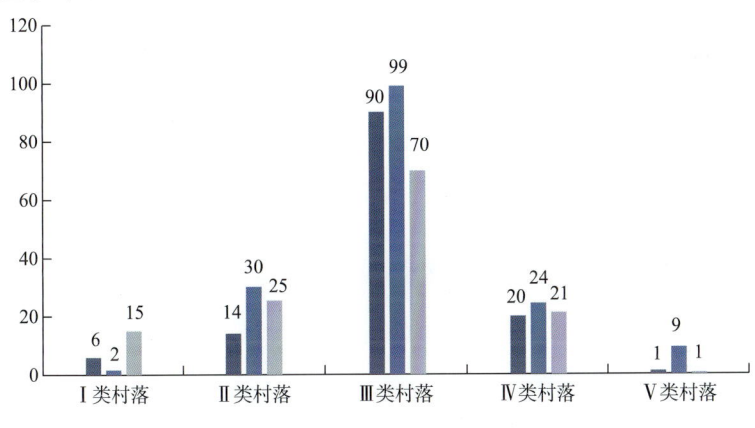

图 3-19　陕西三类地理单元传统村落分类统计

此外，由于陕南地区气候湿润，水网密布，气候条件和自然环境条件较关中和陕北优越，评估结果也显示出，关中、陕北、陕南三地的传统村落生态文明水平均值分别为 50.54、48.93 和 52.59，验证基本符合现实情况。由此可知，不同地理气候区域对传统村落的生态文明建设战略需求背景评估也具有较为显著的影响。

3）不同维度得分评析

结合指标体系所包括的自然环境、社会发展、生态分区和生态系统四个准则层面进行对比分析（图 3-20），根据得分结果可以看出，相对得分最高的维度是自然环境，得分最低的是生态分区，可以看出陕西省整体自然环境条件较好，但直接落位于陕西省生态安全战略格局上的村落相对较少，故传统村落与生态文明建设战略格局匹配度相对较低。对自然环境、社会发展、生态分区和生态系统四个层面各指标分别统计得分（图3-21），可以看出：生态系统层各指标得分相对均衡，其他三个层面得分不均，因此可以针对每一层面的得分较低的指标进行针对性的提升。

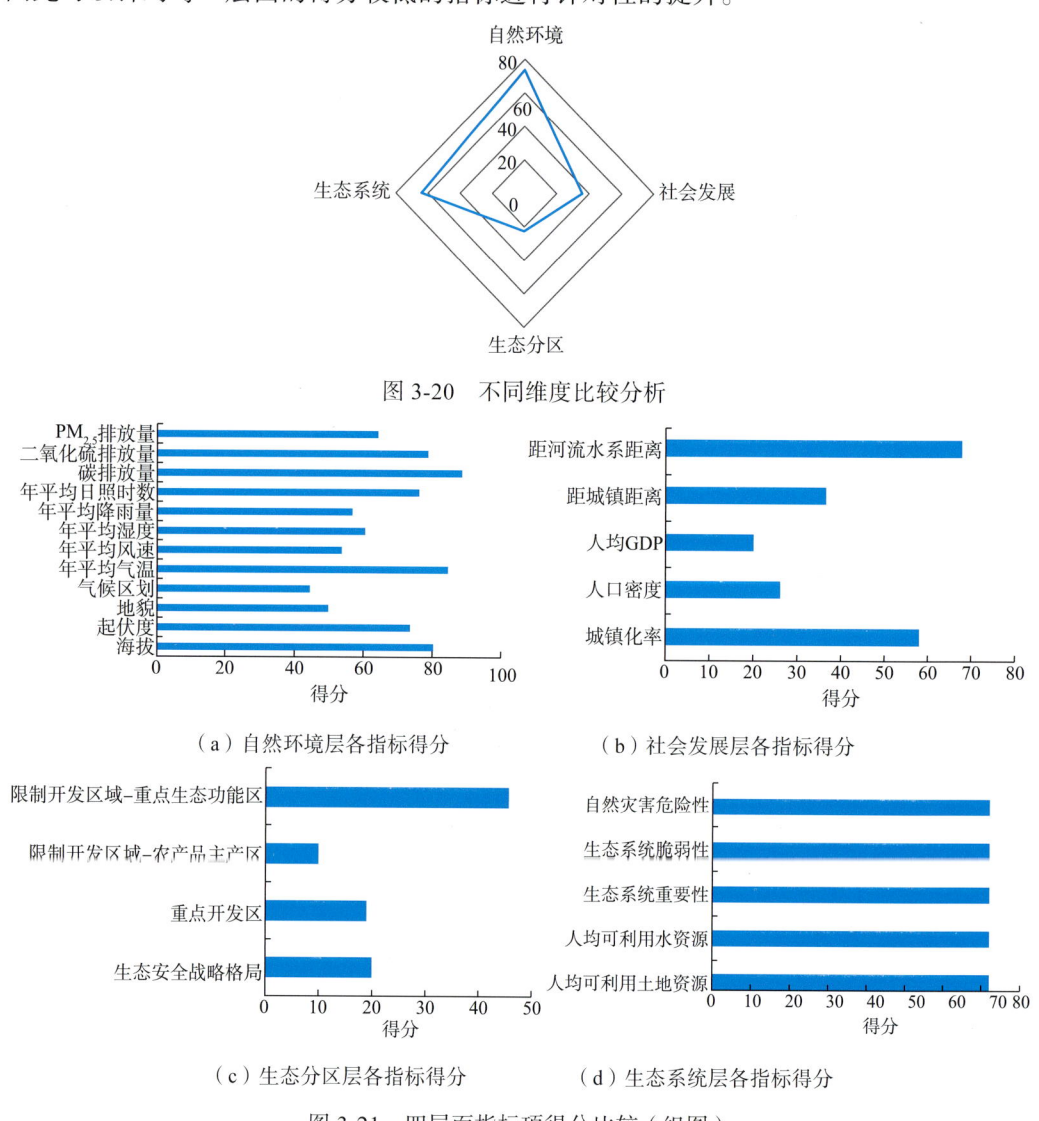

图 3-20　不同维度比较分析

(a) 自然环境层各指标得分　　(b) 社会发展层各指标得分

(c) 生态分区层各指标得分　　(d) 生态系统层各指标得分

图 3-21　四层面指标项得分比较（组图）

3.5.5　实例验证

依据村落打分结果，选取传统村落样本进行具体案例研究与分析，探究其实际生态状况与评估体系得分的符合程度。为进一步验证指标体系的合理性，研究选取传统村落样本进行实证分析。在已实地调研完成的村落样本的基础上，尽可能选取具有陕西省代表性地域特征的典型村落。最终选取陕北两个村落、关中两个村落、陕南两个村落，共六个样本，覆盖村落分类评估的Ⅰ至Ⅴ类（表3-15）。

表 3-15　村落案例选取得分及分级

村落名	营梁村	石船沟村	相里堡村	青木川村	立地坡村	碾畔村
所属地区	陕南	关中	陕北	陕南	关中	陕北
得分	65.762	76.556	54.578	51.872	44.268	34.804
村落分类	Ⅰ类村落	Ⅱ类村落	Ⅲ类村落	Ⅲ类村落	Ⅳ类村落	Ⅴ类村落

各分值段村落实例分析如下所示。

1. Ⅰ类村落——安康市紫阳县向阳镇营梁村

营梁村位于陕西省南部，距安康市区约 58 km；地理坐标东经 108.45°，北纬 32.52°；平均海拔高度约 550 m；在地质地貌上属"秦岭大巴山高中山"地貌区，大巴山大起伏中山亚区；在气候水文上属亚热带湿润季风气候；属"寒冷地区"建筑气候区；村落气候宜人，冬暖夏凉，夏季多暴雨，年平均降水量 1100 mm，年平均气温约 15.1℃。在生态安全格局中属"秦巴低山丘陵生态功能区"（图 3-22）。

图 3-22　营梁村村貌

资料来源：王超：《安康市传统村落文化基因的识别提取及规划调控研究》，长安大学 2020 年硕士学位论文

村落位于大巴山北侧的低山地带，临河而建，沟谷环绕。村内用地平坦，略呈北高南低之势，北侧为山顶，种植茶叶，村东、西、南三面均被河流环绕，水、林、田、草生态资源丰富，风景秀美。立足村中四望，东、西、南可观渚河如弧形玉带环绕村落；南可观层叠的低山坡地景观，以及任河自然优美的岸线，又可见航运码头船只往来，商贸繁荣；远眺可见河对岸呈"元宝状"的群山连绵起伏。村落山、河、塬远近景观环绕，山水共荣，天人合一（图 3-23 和图 3-24）。

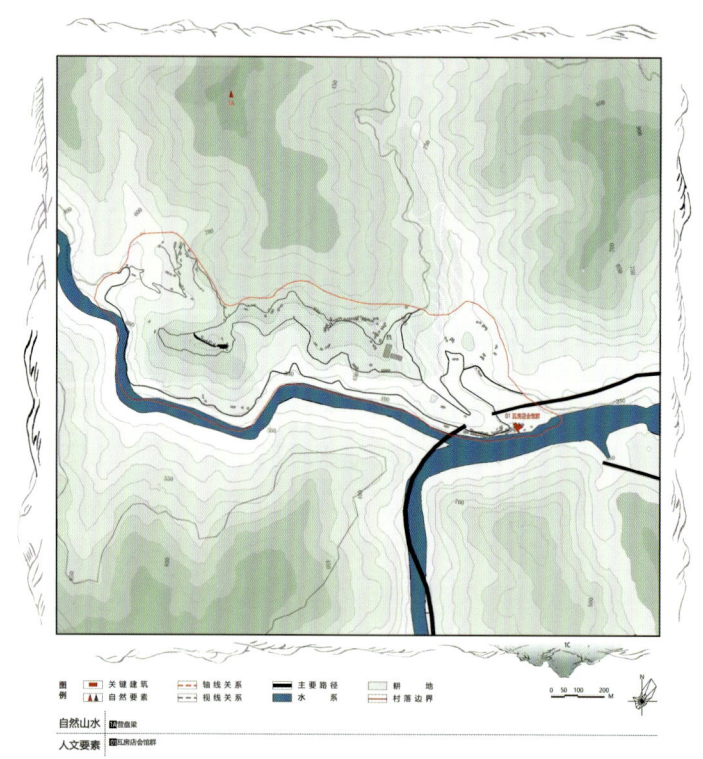

图 3-23　营梁村二维格局示意图

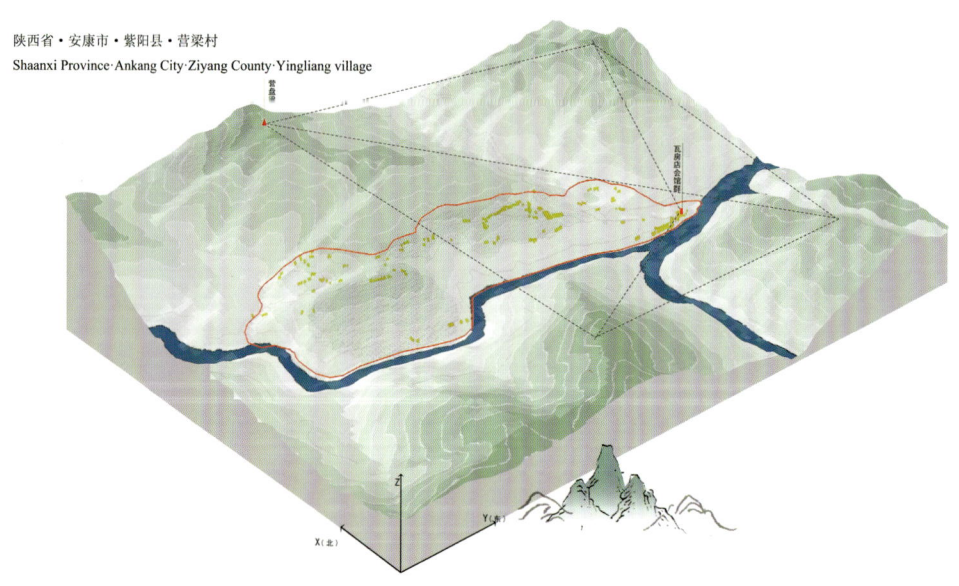

图 3-24　营梁村三维格局示意图

对营梁村分项指标得分进行统计和加权计算，分别计算每一准则层的得分，并与该层满分进行比较，得到村落在该维度上的相对得分，从而得出村落在生态发展中的优势与短板，以及发展是否均衡的结论（表 3-16 和表 3-17）。

表 3-16　营梁村各指标项得分

公布名：安康市紫阳县向阳镇营梁村

所在地	安康市	批次	第三批
县级市	紫阳县	批准时间	2014 年
镇村	向阳镇营梁村	经度	108.44113
类型	中国传统村落	纬度	32.517071

各项指标得分

指标项	得分	权重	加权得分
海拔	80	0.0113	0.904
起伏度	20	0.0264	0.528
地貌	40	0.0071	0.284
气候区划	60	0.0093	0.558
年平均气温	100	0.007	0.7
年平均风速	20	0.0052	0.104
年平均湿度	80	0.0051	0.408
年平均降雨量	80	0.0103	0.824
年平均日照时数	100	0.0079	0.79
碳排放量	100	0.0448	4.48
二氧化硫排放量	100	0.0224	2.24
$PM_{2.5}$ 排放量	80	0.0224	1.792
城镇化率	60	0.0239	1.434
人口密度	20	0.0478	0.956
人均 GDP	20	0.0478	0.956
距城镇距离	60	0.0399	2.394
距河流水系距离	60	0.0199	1.194
生态安全战略格局	100	0.122	12.2
重点开发区	0	0.0407	0
限制开发区域-农产品主产区	0	0.0407	0
限制开发区域-重点生态功能区	100	0.0407	4.07
人均可利用土地资源	40	0.0662	2.648
人均可利用水资源	100	0.0662	6.62
生态系统重要性	80	0.1135	9.08
生态系统脆弱性	80	0.0757	6.056
自然灾害危险性	60	0.0757	4.542

加权总分：65.762，划分为 I 类村落

表 3-17　营梁村各系统层得分情况

准则层	自然环境	社会发展	生态分区	生态系统
该层得分	13.612	6.934	16.27	28.95
该层满分	17.92	17.93	24.41	39.73
相对得分	75.96	38.67	66.65	72.86
与村落总分相较的评估	偏高	偏低	持平	偏高

根据评估指标体系评分测算与分类标准，营梁村总分为 65.762 分，划分为Ⅰ类村落。就其分项指标而言：村落自然环境、生态系统得分偏高，社会发展层面得分较低。结合村落实证论证分析可以看出，营梁村自然环境、气候条件良好，位于"秦巴低山丘陵生态功能区"，且靠近汉江支流任河，水源丰沛，位于低山地带，临河而建，沟谷环绕，生态资源基础良好，自然环境适宜，生态质量较高。

2. Ⅰ类村落——西安市蓝田县葛牌镇石船沟村

石船沟村位于陕西省中部，距西安市区约 50 km；地理坐标东经 109.52°，北纬 33.95°；平均海拔高度约 1200 m；在地质地貌上属"秦岭大起伏高中山"地貌区，汾渭盆地地质亚区；在气候水文上属北亚热带季风性气候；属"寒冷地区"建筑气候区；四季分明，气候适宜，夏季雨水较多且温度凉爽，7 月最热时期月平均气温 26.8℃，冬季异常寒冷。在生态安全格局中属"秦岭北麓生态保护带"（图 3-25）。

图 3-25　石船沟村整体格局

村落位于秦岭山脉北麓，依山而建，石船沟河穿村而过。村落沿河流南北轴向发展，呈南高北低之势，建筑多位于坡度平缓的山脚。村落择址于"三山夹水"之地，群山环抱，山、水、林、田、草生态资源丰富，景色优美宜人。立足村中四望，东、西可观黄龙山、青龙山地势起伏、草木葱郁，北可顺溪流而望白云山，远眺山峰交映，层峦叠翠；南可观石船沟河、弥陀河、蔡峪河清流纵横，立足村落最南端药王庙，可远眺弥陀河对岸笔架山，寄托文风昌盛的人文寓意。山、河、草木远近景观环绕，形势极佳（图3-26和图3-27）。对石船沟村分项指标得分进行统计和加权计算，分别计算每一准则层的得分，并与该层满分进行比较，得到村落在该维度上的相对得分，从而得出村落在生态发展中的优势与短板，以及发展是否均衡的结论（表3-18和表3-19）。

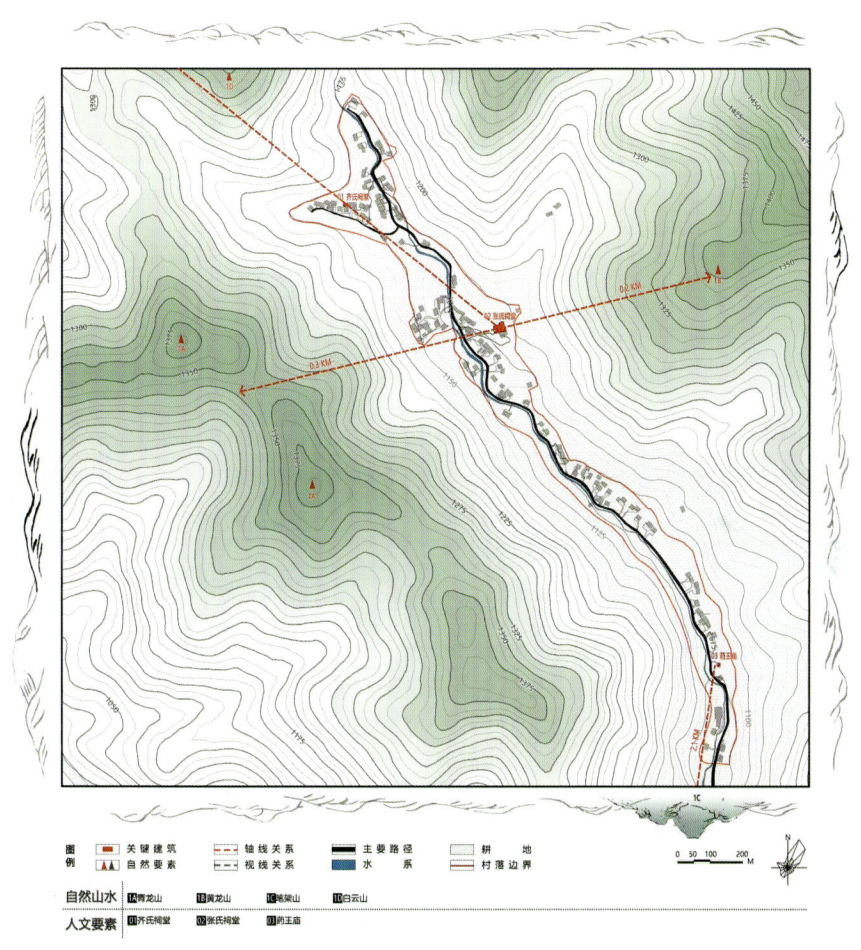

图 3-26　石船沟村二维格局示意图

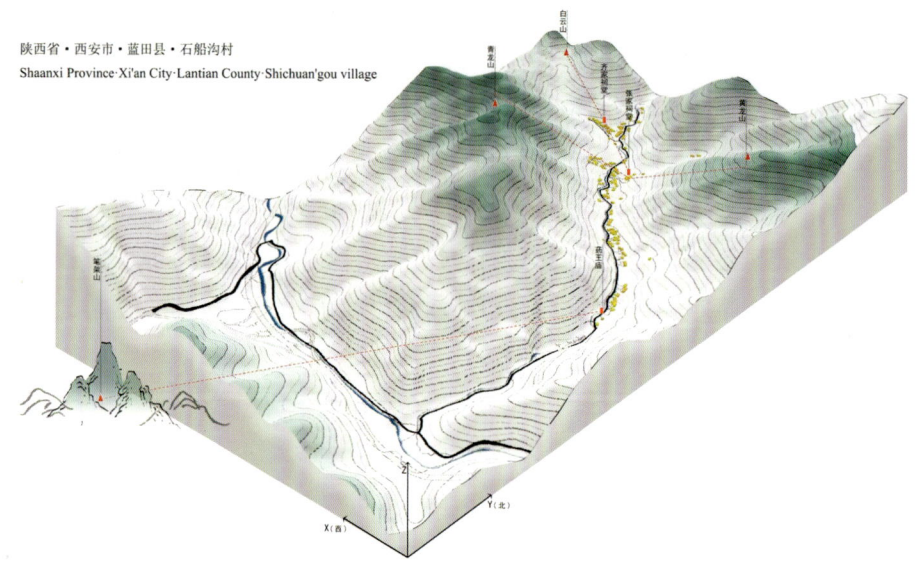

图 3-27　石船沟村三维格局示意图

表 3-18　石船沟村各指标项得分

公布名：西安市蓝田县葛牌镇石船沟村			
所在地	西安市	批次	第四批
县级市	蓝田县	批准时间	2016 年
镇村	葛牌镇石船沟村	经度	109.522167
类型	中国传统村落	纬度	33.947572
各项指标得分			
指标项	得分	权重	加权得分
海拔	20	0.0113	0.226
起伏度	40	0.0264	1.056
地貌区划	20	0.0071	0.142
气候区划	40	0.0093	0.372
市级温度	100	0.007	0.7
市级风速	60	0.0052	0.312
市级湿度	60	0.0051	0.306
市级降水	60	0.0103	0.618
累计日照	100	0.0079	0.79
二氧化碳	100	0.0448	4.48
二氧化硫	100	0.0224	2.24
$PM_{2.5}$	60	0.0224	1.344
城镇化率	80	0.0239	1.912
人口密度	40	0.0478	1.912
人均 GDP	20	0.0478	0.956
距城镇距离	20	0.0399	0.798

续表

公布名：西安市蓝田县葛牌镇石船沟村			
所在地	西安市	批次	第四批
县级市	蓝田县	批准时间	2016年
镇村	葛牌镇石船沟村	经度	109.522167
类型	中国传统村落	纬度	33.947572
各项指标得分			
指标项	得分	权重	加权得分
距水系距离	100	0.0199	1.99
生态安全战略格局	100	0.122	12.2
重点开发区	0	0.0407	0
农产品主产区	50	0.0407	2.035
重点生态功能区	0	0.0407	0
土地资源	80	0.0662	5.296
水资源	60	0.0662	3.972
生态重要性	80	0.1135	9.08
生态脆弱性	80	0.0757	6.056
自然灾害危险性	40	0.0757	3.028
加权总分：61.821，划分为Ⅱ类村落			

表 3-19　石船沟村各准则层得分情况

准则层	自然环境	社会发展	生态分区	生态系统
该层得分	12.586	5.578	14.235	27.432
该层满分	17.92	17.93	24.41	39.73
相对得分	70.23	31.11	58.32	69.05
与村落总分相较的评估	偏高	偏低	持平	偏高

根据评估指标体系评分测算与分类标准，石船沟村总分为61.821分，划分为Ⅱ类村落。就其分项指标而言：村落自然环境、生态系统得分偏高，社会发展层面得分较低。结合村落实证论证分析可以看出，石船沟村位于"秦岭北麓生态保护带"，自然环境、气候条件较为良好；村落临河而建，水源丰沛，生态资源基础良好，自然环境适宜，生态质量较高，社会发展水平较低。

3. Ⅲ类村落——韩城市新城街道办相里堡村

相里堡村位于陕西省东部，距韩城市区约7 km；地理坐标东经110.45°，北纬37.42°；平均海拔高度约400 m；在地质地貌上属"北部高中山平原盆地-黄土高原"地貌区，黄土高原沟壑区；在气候水文上属暖温带半干旱大陆性季风气候；属"寒冷地区"建筑气候区；四季分明，光照充足，年平均气温约13.5℃，平均年降水量约559 mm（图3-28）。

图 3-28　相里堡村航拍图

村落位于黄河小北干流西岸，踞塬而建，深沟环绕。村内用地平坦，略呈西北高、东南低之势，东侧分布有多处孤崖，地势险峻。村东塬下，为广袤的黄河滩地，水、林、田、草生态资源丰富，景色宜人。立足村中四望，东可俯瞰黄河出龙门流向潼关的壮丽景象，远眺黄河对岸山西万荣县孤山"一山独秀"之景；南可观层叠的黄土台塬地貌景观；西北可望梁山"龙脉西来，曲折向东"之势。山、河、塬远近景观环绕，形势极佳（图 3-29 和图 3-30）。

图 3-29　相里堡村二维格局示意图

陕西省·渭南市·韩城市·相里堡村
Shaanxi Province·Weinan City·Hancheng City·Xianglibao Village

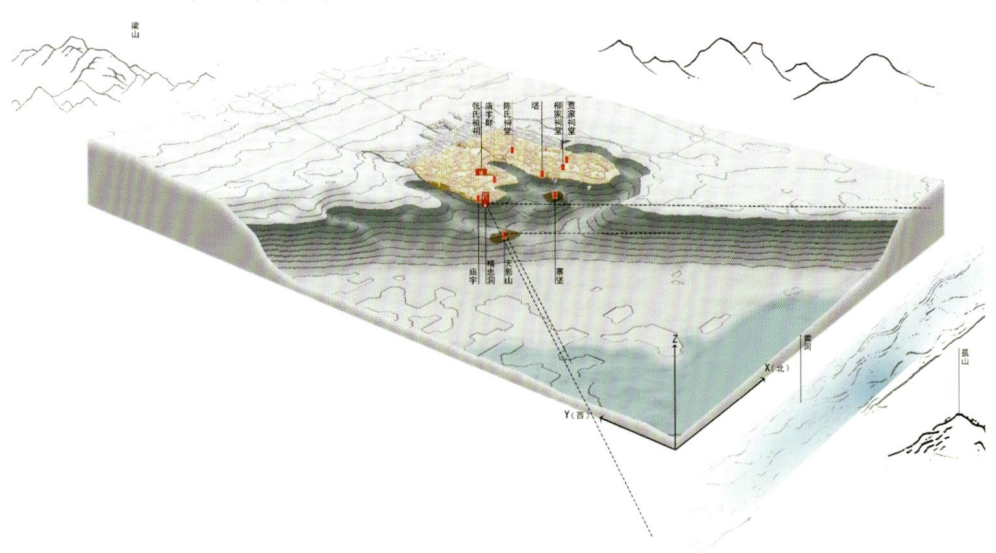

图 3-30　相里堡村三维格局示意图

对相里堡村分项指标得分进行统计和加权计算，分别计算每一准则层的得分，并与该层满分进行比较，得到村落在该维度上的相对得分，从而得出村落在生态发展中的优势与短板，以及发展是否均衡的结论（表 3-20 和表 3-21）。

表 3-20　相里堡村各指标项得分

公布名：韩城市新城街道办相里堡村			
所在地	韩城市	批次	第四批
县级市	/	批准时间	2016 年
镇村	新城街道办相里堡村	经度	110.462919
类型	中国传统村落	纬度	35.429183
各项指标得分			
指标项	得分	权重	加权得分
海拔	100	0.0113	1.13
起伏度	100	0.0264	2.64
地貌区划	100	0.0071	0.71
气候区划	40	0.0093	0.372
市级温度	80	0.007	0.56
市级风速	60	0.0052	0.312

续表

公布名：韩城市新城街道办相里堡村			
所在地	韩城市	批次	第四批
县级市	/	批准时间	2016 年
镇村	新城办相里堡村	经度	110.462919
类型	中国传统村落	纬度	35.429183
各项指标得分			
指标项	得分	权重	加权得分
市级湿度	60	0.0051	0.306
市级降水	60	0.0103	0.618
累计日照	80	0.0079	0.632
二氧化碳	80	0.0448	3.584
二氧化硫	20	0.0224	0.448
$PM_{2.5}$	60	0.0224	1.344
城镇化率	20	0.0239	0.478
人口密度	40	0.0478	1.912
人均 GDP	20	0.0478	0.956
距城镇距离	80	0.0399	3.192
距水系距离	100	0.0199	1.99
生态安全战略格局	0	0.122	0
重点开发区	100	0.0407	4.07
农产品主产区	0	0.0407	0
重点生态功能区	0	0.0407	0
土地资源	80	0.0662	5.296
水资源	100	0.0662	6.62
生态重要性	60	0.1135	6.81
生态脆弱性	80	0.0757	6.056
自然灾害危险性	60	0.0757	4.542
加权得分：54.578，划分为Ⅲ类村落			

表 3-21 相里堡村各准则层得分情况

准则层	自然环境	社会发展	生态分区	生态系统
该层得分	12.656	8.528	4.07	29.324
该层满分	17.92	17.93	24.41	39.73
相对得分	70.63	45.56	16.67	73.81
与村落总分相较的评估	偏高	偏低	持平	偏高

根据评估指标体系评分测算与分类标准，相里堡村总分为 54.578 分，划分为Ⅲ类村落。就其分项指标而言：该村落自然环境、气候条件中等，靠近黄河，水资源条件较好，生态资源基础一般，自然环境较为适宜，社会发展水平较低且没有落位于陕西省生态发展的生态带、生态区内。在对该传统村落保护利用中，需重点关注统筹城乡开发建设与生态环境保护的关系，并关注村落与黄河的关系，实现村落整体保护与黄河高质量协同发展。

4. Ⅲ类村落——汉中市宁强县青木川镇青木川村

青木川村位于川、陕、甘三省交界处，距宁强县城约 64 km；地理坐标东经 105.58°，北纬 32.83°；平均海拔高度约 670 m；在地质地貌上属"西南中高山地-秦岭大巴山中高山"地貌区；在气候水文上属暖温带向亚热带过渡的湿润性季风气候区；属"夏热冬冷地区"建筑气候区；冬无严寒，气候温和，雨量充沛，年平均气温约 13.5℃，平均年降水量约 980 mm（图 3-31）。

图 3-31 青木川村航拍图

村落选址于凤凰山与龙池山之间的平坝上。村内土地平坦，四周群山环绕，金溪河穿境而过，顺山势走向蜿蜒曲折（图 3-32 和图 3-33）。

图 3-32　青木川村二维格局示意图

陕西省·汉中市·宁强县·青木川村
Shaanxi Province·Hanzhong City·Ningqiang County·Qingmuchuan village

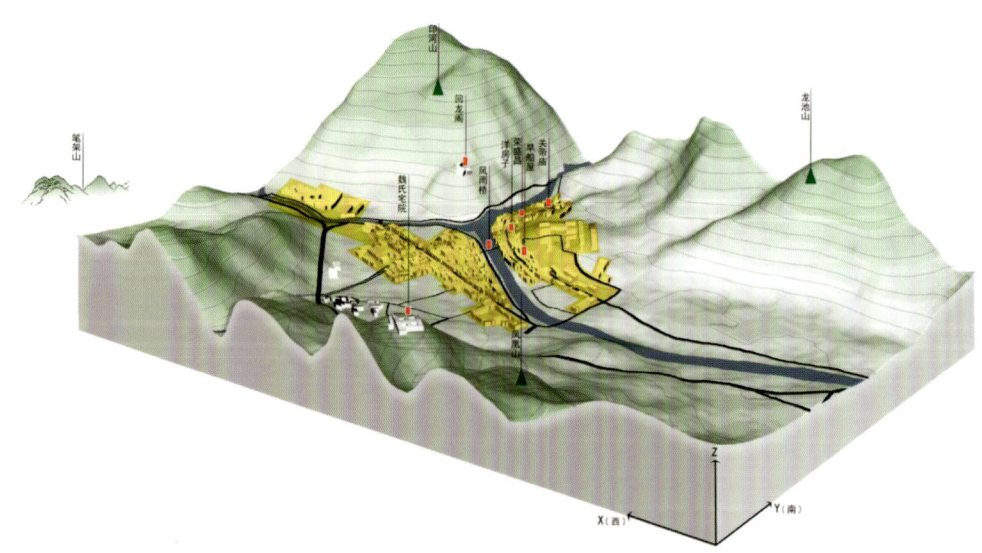

图 3-33　青木川村三维格局示意图

对青木川村分项指标得分进行统计和加权计算，分别计算每一准则层的得分，并与该层满分进行比较，得到村落在该维度上的相对得分，从而得出村落在生态发展中的优势与短板，以及发展是否均衡的结论（表3-22和表3-23）。

表3-22 青木川村各指标项得分

公布名：汉中市宁强县青木川镇青木川村

所在地	汉中市	批次	第三批
县级市	宁强县	批准时间	2014年
镇村	青木川镇青木川村	经度	105.588085
类型	中国传统村落	纬度	32.83462

各项指标得分

指标项	得分	权重	加权得分
海拔	60	0.0113	0.678
起伏度	60	0.0264	1.584
地貌区划	40	0.0071	0.284
气候区划	60	0.0093	0.558
市级温度	100	0.007	0.7
市级风速	20	0.0052	0.104
市级湿度	80	0.0051	0.408
市级降水	80	0.0103	0.824
累计日照	100	0.0079	0.79
二氧化碳	100	0.0448	4.48
二氧化硫	80	0.0224	1.792
$PM_{2.5}$	80	0.0224	1.792
城镇化率	40	0.0239	0.956
人口密度	20	0.0478	0.956
人均GDP	20	0.0478	0.956
距城镇距离	40	0.0399	1.596
距水系距离	100	0.0199	0.398
生态安全战略格局	0	0.122	0
重点开发区	0	0.0407	0
农产品主产区	0	0.0407	0
重点生态功能区	100	0.0407	4.07
土地资源	40	0.0662	2.648
水资源	100	0.0662	6.62
生态重要性	80	0.1135	9.08
生态脆弱性	60	0.0757	4.542
自然灾害危险性	80	0.0757	6.056

加权总分：51.872，划分为Ⅲ类村落

表 3-23 青木川村各系统层得分情况

准则层	自然环境	社会发展	生态分区	生态系统
该层得分	13.994	4.862	4.07	28.946
该层满分	17.92	17.93	24.41	39.73
相对得分	78.09	27.12	16.67	72.86
与村落总分相较的评估	偏高	偏低	偏低	偏高

根据评估指标体系评分测算与分类标准，青木川村总分为 51.872 分，划分为Ⅲ类村落。就其分项指标而言：该村落自然环境、气候条件较好，靠近汉江支流，水源丰沛，自然环境较为适宜，并位于重点生态功能区，村落社会发展水平相对较低。在对该传统村落保护利用中，需重点关注村落与水系的关系，加强生态环境保护、生态修复与村落协同保护发展。

5. Ⅳ类村落——铜川市印台区陈炉镇立地坡村

立地坡村位于陕西省中部，距铜川市区约 17 km；地理坐标：东经 109.15°，北纬 35.01°；平均海拔高度约 1330 m；在地质地貌上属"黄土高原-陕北黄土塬、梁、峁"地貌区，黄土高原沟壑区；属暖温带半干旱大陆性季风气候；属"寒冷地区"建筑气候区；四季分明，光照充足，年平均气温约 9.4℃，平均年降水量约 613 mm（图 3-34）。

图 3-34 立地坡村航拍图

村落位于一东西长约 0.7 km，南北宽约 0.3 km 的狭长山岭上，东靠石马山（铜川制高点），西临宝瓶堡，北眺莲花山，南望南山；村落建于呈"阶梯状"地貌的台塬坡地之上，其四周山塬环绕，形胜颇佳（图 3-35 和图 3-36）。

第3章 作为评价背景的国家生态文明建设战略需求研究

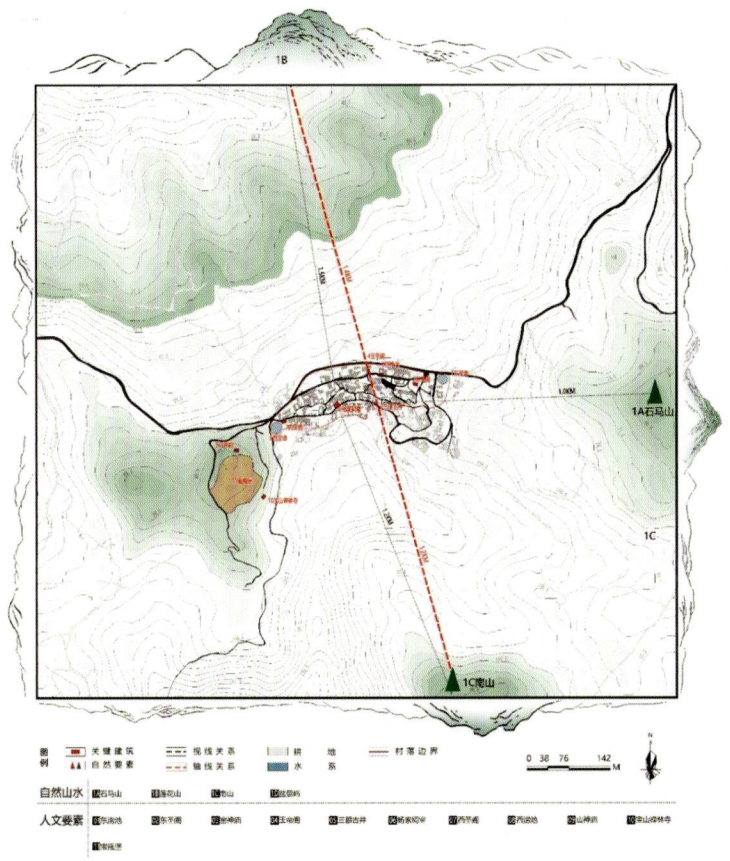

图 3-35 立地坡村二维格局示意图

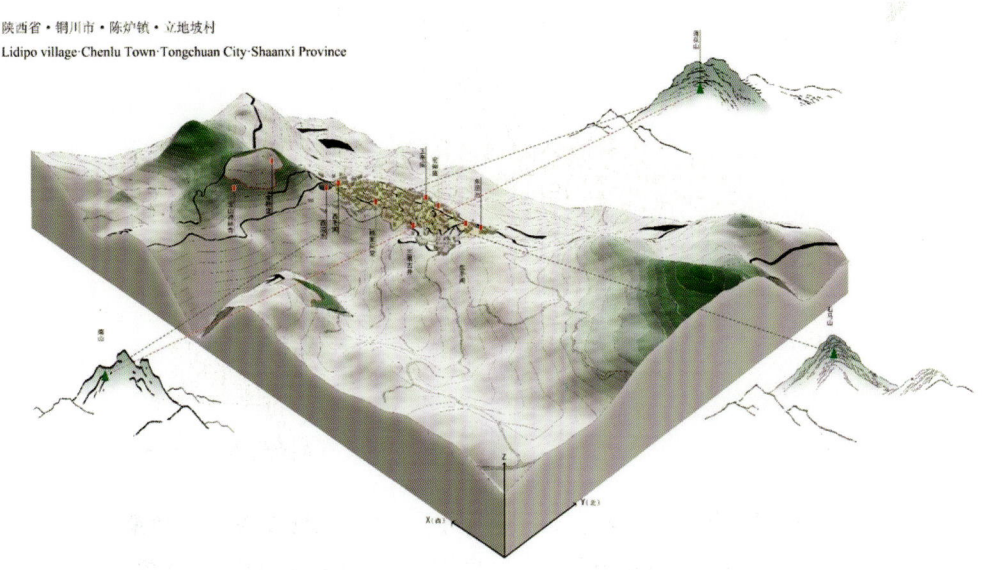

图 3-36 立地坡村三维格局示意图

对立地坡村分项指标得分进行统计和加权计算，分别计算每一系统层的得分，并与该层满分进行比较，得到村落在该维度上的相对得分，从而得出村落在生态发展中的优势与短板，以及发展是否均衡的结论（表 3-24 和表 3-25）。

表 3-24　立地坡村各指标项得分

公布名：铜川市印台区陈炉镇立地坡村			
所在地	铜川市	批次	第五批
县级市	印台区	批准时间	2019年6月（省级名村）、2019年（中国传统村落）
镇村	陈炉镇立地坡村	经度	109.153314
类型	省级历史文化名村、中国传统村落	纬度	35.006756
各项指标得分			
指标项	得分	权重	加权得分
海拔	20	0.0113	0.226
起伏度	60	0.0264	1.584
地貌区划	40	0.0071	0.284
气候区划	40	0.0093	0.372
市级温度	80	0.007	0.56
市级风速	80	0.0052	0.416
市级湿度	60	0.0051	0.306
市级降水	60	0.0103	0.618
累计日照	100	0.0079	0.79
二氧化碳	100	0.0448	4.48
二氧化硫	80	0.0224	1.792
$PM_{2.5}$	80	0.0224	1.792
城镇化率	20	0.0239	0.478
人口密度	20	0.0478	0.956
人均GDP	20	0.0478	0.956
距城镇距离	60	0.0399	2.394
距水系距离	60	0.0199	1.194
生态安全战略格局	0	0.122	0
重点开发区	100	0.0407	4.07
农产品主产区	0	0.0407	0
重点生态功能区	0	0.0407	0
土地资源	60	0.0662	3.972
水资源	40	0.0662	2.648
生态重要性	60	0.1135	6.81
生态脆弱性	80	0.0757	6.056
自然灾害危险性	20	0.0757	1.514
加权总分：44.268，划分为Ⅳ类村落			

表 3-25　立地坡村各系统层得分情况

准则层	自然环境	社会发展	生态分区	生态系统
该层得分	13.22	5.978	4.07	21
该层满分	17.92	17.93	24.41	39.73
相对得分	73.77	33.34	16.67	52.86
与村落总分相较的评估	偏高	偏低	偏低	偏高

根据评估指标体系评分测算与分类标准，立地坡村总分为 44.268 分，划分为Ⅳ类村落。就其分项指标而言：村落自然环境得分最高，生态系统层面得分中等，社会发展层面得分较低，生态分区层面得分最低。结合村落实证论证分析可以看出，该村落生态基底条件一般，气候条件中等，并在资源丰富度、生态重要性方面均不占优势。在对该传统村落保护利用中，需重点关注生态基底条件的提升、各类资源的保护，尤其需要关注其在自然灾害方面的问题，降低自然灾害的危险性。

6. Ⅴ类村落——延安市延川县乾坤湾镇碾畔村

碾畔村位于陕西省北部，距延安市区约 130 km；地理坐标东经 109.43°，北纬 36.70°；平均海拔高度约 720 m；在地质地貌上属"陕北黄土塬、壕、峁"地貌区；在气候水文上属温带大陆性气候；属"寒冷地区"建筑气候区；四季分明，干旱少雨，水土流失严重，7月最热时期最高气温可达 34℃，冬季异常寒冷（图 3-37）。

图 3-37　碾畔村航拍图

村落位于黄河秦晋峡谷西岸，踞山梁而建，沟壑环绕。村庄地形呈西高东低之势，东侧分布有黄河干流冲击而成的扇状沟谷坡地，坡度约 35°，地势险峻。村南、北分别为两个 S 形河流弯道，村东塬下为呈弓形的黄河水系，宽度约 200 m，河谷岩石裸露，景色壮阔恢弘。立足村中四望，东可瞰黄河水面宽阔、曲折蜿蜒，远眺黄河对岸山塬连绵起伏、无边无际；西可观层叠的黄土台塬地貌景观；南、北可望清水湾、乾坤湾大型河流蛇曲景观，犹如太极八卦，阴阳合抱、气势宏伟。山、河、塬远近景观环绕，形势极佳（图 3-38 和图 3-39）。

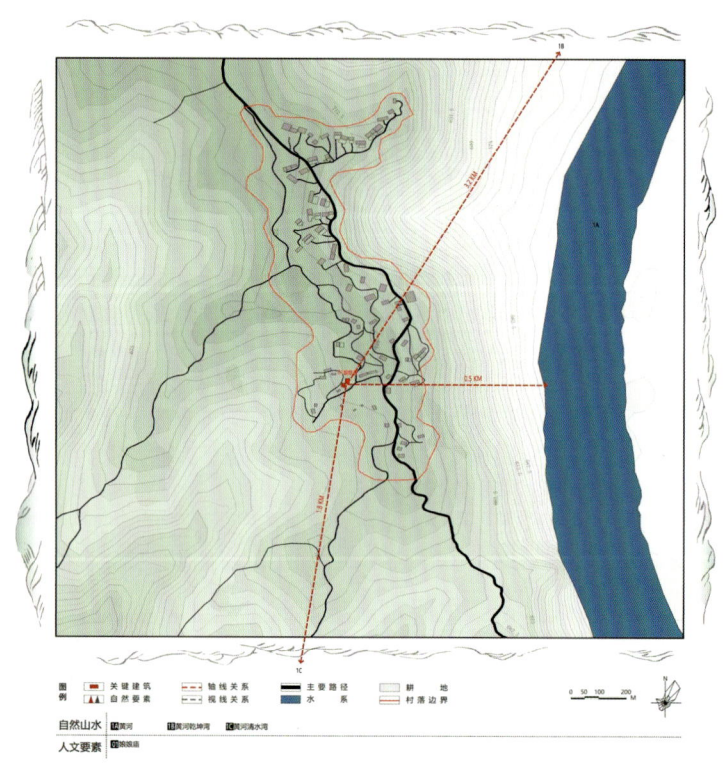

图 3-38　碾畔村二维示意图

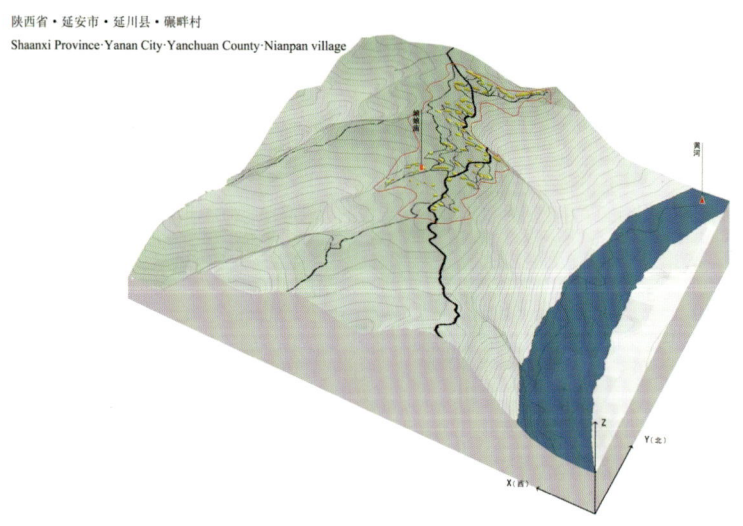

图 3-39　碾畔村三维示意图

对碾畔村分项指标得分进行统计和加权计算，分别计算每一系统层的得分，并与该层满分进行比较，得到村落在该维度上的相对得分，从而得出村落在生态发展中的优势与短板，以及发展是否均衡的结论（表 3-26 和表 3-27）。

表 3-26　碾畔村各指标项得分

公布名：延安市延川县乾坤湾镇碾畔村

所在地	延安市	批次	第五批
县级市	延川县	批准时间	2019 年
镇村	乾坤湾镇碾畔村	经度	110.433181
类型	中国传统村落	纬度	36.707325

各项指标得分

指标项	得分	权重	加权得分
海拔	100	0.0113	1.13
起伏度	100	0.0264	2.64
地貌区划	40	0.0071	0.284
气候区划	40	0.0093	0.372
市级温度	80	0.007	0.56
市级风速	80	0.0052	0.416
市级湿度	40	0.0051	0.204
市级降水	60	0.0103	0.618
累计日照	80	0.0079	0.632
二氧化碳	100	0.0448	4.48
二氧化硫	100	0.0224	2.24
$PM_{2.5}$	60	0.0224	1.344
城镇化率	60	0.0239	1.434
人口密度	20	0.0478	0.956
人均 GDP	20	0.0478	0.956
距城镇距离	20	0.0399	0.798
距水系距离	100	0.0199	1.99
生态安全战略	0	0.122	0
重点开发区	0	0.0407	0
农产品主产区	0	0.0407	0
重点生态功能区	0	0.0407	0
土地资源	40	0.0662	2.648
水资源	20	0.0662	1.324
生态重要性	60	0.1135	6.81
生态脆弱性	20	0.0757	1.514
自然灾害危险性	20	0.0757	1.514

加权总分：34.804，划分为 V 类村落

表 3-27　碾畔村各准则层得分情况

准则层	自然环境	社会发展	生态分区	生态系统
该层得分	14.92	6.134	0	13.81
该层满分	17.92	17.93	24.41	39.73
相对得分	83.26	34.21	0	34.76
与村落总分相较的评估	偏高	持平	偏低	持平

根据评估指标体系评分测算与分类标准，碾畔村总分为 34.804 分，划分为 V 类村落。就其分项指标而言：村落自然环境得分偏高，社会发展层面和生态系统层面得分中等，

生态分区层面得分偏低。结合村落实证论证分析可以看出,该村自然环境条件较好,有良好的生态基底条件,生态系统层面得分较其他村落而言偏低,其生态脆弱性和自然灾害危险性高。在对该传统村落保护利用中,需重点关注村落生态韧性的提升,植树造林、防风固沙,维护其生态稳定性、生物多样性,降低村落生态方面的风险。

本章研究运用多源数据及多重佐证方法,对陕西省427个传统村落价值评估进行交互论证,避免了单一研究方法带来的局限性,增强了研究结果的可信性和有效性。经过区域验证与村落样本个例互证,研究构建的传统村落评估体系基本符合事实,可以作为村落匹配国家生态文明建设战略需求的价值分类依据,以指导传统村落生态文明建设与生态保护发展。

3.6 结　　论

传统村落是中华文明的重要载体,数量多、分布广、影响大,且具有十分典型的尊重自然、顺应自然和巧妙利用自然的特征,并在人与自然互动过程中形成了独特的生态文化和生态理念。正确认知传统村落生态环境问题,科学评估传统村落生态价值,是践行生态文明理念、提高生态环境质量、实现生态文明建设战略目标的重要支撑。在当前新型城镇化进程中,传统村落所面临的形势较为严峻,面对保护与发展的巨大矛盾,传统的生活方式与生态环境在城镇化的冲击下也在逐渐被破坏。因而加强传统村落生态环境治理与保护,尤其是基于国家生态文明建设战略背景之下,准确认识传统村落保护与传承中的关键生态问题,合理分配建设资源,统筹传统村落的保护与传承,对于实现国家生态文明战略构想具有重要意义。

本章研究依托"十三五"国家重点研发计划研究"匹配生态文明建设战略需求的传统村落保护利用价值分类体系",以传统村落保护与国家生态文明建设战略的耦合关系为切入点,探索国家生态文明建设战略需求背景价值评估。从全国一盘棋的角度出发,收集和整合国家及地区生态文明建设规划、实施、评估方案,构建国土尺度上体现生态文明建设多维目标的战略需求,完成生态文明建设多维指标与传统村落的属性匹配,建立一套由"四项准则—九项指标—二十六项指标对象"构成的全国生态文明建设战略需求背景评估指标体系。为满足未来省域范围内传统村落保护传承与实施管理的具体需要,对每个省份的传统村落与国家生态文明建设战略需求各项指标进行差异化匹配,建立国家生态文明建设战略背景评估的传统村落格局地理信息叠合模型,以实现国家生态文明建设战略需求背景下传统村落价值评估的可视化匹配。通过科学化分类化的指标与可视化叠合模型的构建,以准确把握传统村落价值体系和层级结构,为针对性开展传统村落保护传承工作的提供抓手,为实现传统村落从注重个体特征向体现分类结构关系的保护利用转型提供重要支撑。

第 4 章　传统村落文化遗产本体价值评估研究

4.1　引　　言

本章中传统村落是指拥有物质形态和非物质形态的文化遗产，并具有较高的历史、文化、科学、艺术、社会、经济价值的村落。传统村落是世界文化遗产的重要组成部分，是传统中华农耕文明的结晶，更是中华优秀文化的鲜活载体，是推进乡村振兴和新型城镇化建设极为重要的资源和力量。党的十九大报告明确指出："深入挖掘中华优秀传统文化蕴含的思想观念、人文精神、道德规范，结合时代要求继承创新，让中华文化展现出永久魅力和时代风采。"[①]2020年5月，习近平总书记考察山西时指出："历史文化遗产是不可再生、不可替代的宝贵资源，要始终把保护放在第一位。"[②]

长期以来，我国高度重视传统村落的保护与传承。从2012年起，全国开展了5次传统村落摸底调查，共认定传统村落6819个。2017年，中央一号文件提出要保护传统村落，维护少数民族特色村寨的整体风貌，对有条件的地区进行连片保护和适度开发。2020年5月，住房和城乡建设部决定统一为传统村落设置保护标志，实施挂牌保护，推动传统村落保护传承与发展。我国各地区也针对传统村落保护做了许多探索性工作，如各级政府组织制定传统村落保护规划，投入资金技术对传统村落建筑进行修缮以维护传统村落整体风貌，借助乡村旅游发展传统村落旅游产业等。然而，在我国工业化、城镇化和农业现代化快速发展的背景下，传统村落出现了持续性衰败、建设性破坏、非物质文化景观衰落、生态环境恶化、新老区割裂、宜居性能低效等一系列问题。传

---

① 习近平：《决胜全面建成小康社会 夺取新时代中国特色社会主义伟大胜利——在中国共产党第十九次全国代表大会上的报告》，北京：人民出版社，2017年，第42页。

② 《习近平在山西考察》，《人民日报》（海外版）2020年5月13日，第2版。

统村落的保护和可持续利用，迫切需要相关研究的支撑。

价值评估是传统村落保护利用工作的起点和前提。当前，涉及传统村落价值评估的标准主要包括《中国历史文化名镇（村）评价指标体系（试行）》和《传统村落评价认定指标体系（试行）》。前者采用定量化评价方法，指导历史文化名镇名村的评选工作，具有重要的参考价值。后者主要以国家级传统村落评价认定指标体系为主，从传统建筑、村落选址及格局和非物质文化遗产三个层面进行综合评价认定。然而，以评选为目的的评价尚存在着内容不够全面且缺乏地域性，侧重建筑遗产的价值，部分指标量化不够科学、难以突出特色传统村落独有价值等问题。传统村落作为一个整体的、活态性的单元，拥有相对较多的物质形态和非物质形态的文化遗产。因此，传统村落的价值评估应当是一个多层次、多目标的综合评价过程。

基于此，本章研究整合形成"文化+生态"国家战略格局下传统村落文化遗产本体价值分级分类评估方法体系，为传统村落价值保护提供基础。"传统村落文化遗产本体价值"不是局限于对村落文化遗产局部或个体的评价，而是指对传统村落选址与格局、传统村落建筑、传统村落非物质文化遗产、历史环境要素及红色文化遗产等既有环境进行整体性评价。

4.2 相关研究述评

4.2.1 国外历史遗产价值评估研究

国外历史遗产价值的研究最早开始于15世纪早期，主要研究古罗马、古希腊时期遗存的古典建筑的历史价值，而对于历史遗产保护的科学认识是从1964年的《威尼斯宪章》开始的，研究内容主要包括建筑遗产和历史城镇（地区）的保护政策、保护方法、保护规划等。直到20世纪中后期才有学者开始关注历史遗产的价值评估。其中，Noonan采用条件价值评估法评价各种文化资源和项目的经济价值[1]；Navrud和Richard将在环境经济学中广泛使用的非市场估值技术应用到历史遗产价值评估中[2]；Purcell和Nasar从环境感知角度，提出了包括原型感知、熟悉程度、外在风貌和审美体验的评价模型[3]；Baas和Ligtendag认为典型性是遗产价值最重要的评价标准，其次是稀有性，另外还包

---

[1] Noonan D. S., Contingent Valuation and Cultural Resources: A Meta-Analytic Review of the Literature, *Journal of Cultural Economics*, Vol.27, No. 3-4, 2003, pp.159-176.

[2] Navrud S., Richard C. R., *Valuing Cultural Heritage: Applying Environmental Valuation Techniques to Historic Buildings, Monuments and Artifacts*, Edward Elgar Publishing, 2002.

[3] Purcell A. T., Nasar J. L., Experiencing other People's Houses: A Model of Similarities and Differences in Environmental Experience, *Journal of Environmental Psychology*, Vol.12, No.3, 1992, pp.199-211.

括年代久远度、环境与格调的一致性和多样性[①]。

与专家注重遗产的价值特征不同,遗产地居民更关注遗产的形态,对遗产的评判标准可以归纳为形态、技术知识、功能用途、情感因素等方面。其中形态又可细分为美观度、完整性、独特性、艺术性。还有的学者从保护与复兴角度对历史城镇的自然环境、人工环境和社会经济环境进行分析评价[②]。另外,许多相对发达的国家都有各自的历史遗产评价体系标准。例如,英国对历史遗产的评价主要集中在历史建筑方面,将历史建筑中有特殊建筑艺术价值或历史价值,其特征和面貌值得保存的建筑物进行登录保护并制定详细的评价标准,并分别从年代、类型、技术、历史及完整性等方面对建筑进行综合评价(表4-1)。

表 4-1 英国登录建筑评价标准

基本标准	要点
年代	a. 现存的1700年以前的所有建筑 b. 1700—1840年完成的大部分建筑 c. 1840—1914年有一定价值的建筑 d. 1914—1939年高质量的建筑,它们为此期间古典主义、现代主义和其他风格的代表作 e. 1939年以后的建筑精选少数杰出的作品,一般建成不到10年的建筑不予考虑
类型	在社会经济发展史方面有特殊价值的建筑,如工业建筑、火车站、学校、医院、剧场、市政厅、救济院、监狱等
技术	技术或工艺精湛的代表作,如铸铁、预制技术、混凝土技术的早期建筑
历史	与重大历史事件或重要历史人物有关的建筑
完整性	有完整的建筑群体,特别是城镇规划的范例,如广场、联排住宅、典型村落等

资料来源:张松:《20世纪遗产与晚近建筑的保护》,《建筑学报》2008年第12期;戴俭、宋怡宁:《英国登录建筑保护制度与中国建筑遗产保护制度比较分析》,《唐山学院学报》2021年第3期.

加拿大的历史遗产评价主要关注建筑遗产。在对建筑遗产的评价实践中,按照"勘测、评价、决策"的思路,通过制定评价表、评价程序、评价标准及选用相对稳定的评价人员来进行。评价表即一套完整的评价指标体系,评价指标体系的制定是由建筑师、历史学家、统计学家等专家共同完成,主要包括艺术价值、历史价值、环境价值、使用价值和完整性五方面内容(表4-2)。该评价指标体系将评价内容进行量化处理,提高了评价过程的可操作度,是一个相对完整的、系统的遗产评价体系,对我国相关评价指标体系的建立具有重要的借鉴意义。

---

① Baas H. G., Ligtendag W. A., *Een Methode Voor Selectie en Evaluatie van Historisch-Geografische Elementen en Patronen*, Bureau Landview, Nijmegen, The Netherlands, 1995.

② Doratli N., Hoskara S. O. and Fasli M., An Analytical Methodology for Revitalization Strategies in Historic Urban Quarters: A Case Study of the Walled City of Nicosia, North Cyprus, *Cities*, Vol.21, No.4, 2004, pp.329-348.

表 4-2 加拿大建筑遗产评价标准

分类	内容	评分标准	
		以保护历史建筑为目的时的分数	以保护商业区有意义的传统建筑为目的时的分数
艺术价值	a. 建筑风格 b. 建筑结构 c. 建筑年代 d. 建筑师 e. 设计 f. 室内	40	35
历史价值	a. 有关人物 b. 有关时间 c. 历史背景	45	25
环境价值	a. 连续性 b. 环境 c. 地域标志	5	10
使用价值	a. 相容性 b. 适应性 c. 公众性 d. 公共设施 e. 造价	0	15
完整性	a. 位置场所 b. 变动 c. 目前状况	10	15

资料来源：Peterson P. E., *The New Urban Reality*, Washington D. C., The Bookings Institution, 1985.

国外历史遗产价值评估研究由单学科转向多学科交叉互融，运用多学科研究技术进行比较，同时从遗产本体转向周边环境，并对其进行整体综合评价。对历史遗产评价体系的研究特点主要体现在指标制定的科学性、完整性和易操作性，对指标进行量化处理，对我国历史文化遗产及传统村落的研究具有一定的借鉴意义。

4.2.2 国内传统村落研究的主要阶段

国内学者对于传统村落的研究历程大致可分为三个阶段。

1. 起步阶段：1980—2004 年

改革开放带动我国城市化进程加快，城市人口规模扩大，经济总量提高，为了获取发展空间和储备资源，城市不断向外拓展建设用地，近郊的传统村落在城市扩张中被动消失。随着居民的生活水平稳步提升，老宅难以适应现代生活方式，近郊出租市场需求量日益增加，村民对传统民居进行改建、扩建，意图将单纯的居住功能转化为居住、出租、经商等复合功能以增加经济收入，导致部分传统村落格局变异甚至消失。这一时期，少数传统村落因获得政府、企业开发而得以主动式保留，而区位条件较差、旅游经济价值实现困难、居民相对贫困的传统村落则得以被动遗漏式存留。土地"增减挂钩"、撤村并点使得较为偏远的传统村落在这一过程中加速消失。基于这样的情形,从2003年起,建设部和国家文物局共同组织评选中国历史文化名镇名村,以开展保护工作。

通过该时期政府颁布的各项法规和条例,可以看出传统村落保护工作的重心尚处于遗产的静态保护,保护理念围绕"保护为主、抢救第一、合理利用、加强管理"的16字方针,研究多聚焦于对传统村落物质要素全方位的解析,如典型传统村落的民居形式、文化内涵、空间意象和格局,也有学者探讨以旅游开发为主要方向的传统村落活化利用和可持续发展策略。其中,刘沛林从宏观视角对中国古村落进行了系统的地理学研究[1],提出了历史文化村落的空间构成及其地域文化特点,并从"意象"角度分析了传统村落的选址和构成[2];卢松等从微观视角对古村落旅游开发相关指标进行研究[3],并总结了不同学科视角下传统村镇旅游的研究成果[4](图4-1)。

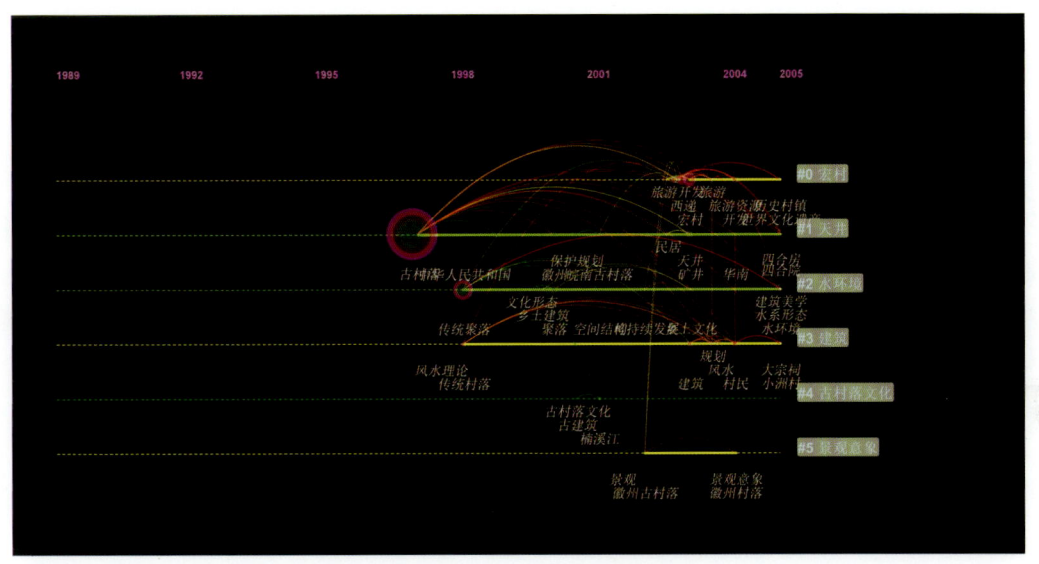

图4-1 我国传统村落议题发展阶段(1)

---

[1] 刘沛林:《古村落:亟待研究的乡土文化课题》,《衡阳师专学报》(社会科学)1997年第2期。

[2] 刘沛林:《中国历史文化村落的空间构成及其地域文化特点》,《衡阳师专学报》(社会科学)1996年第2期;刘沛林:《中国传统村落意象的构成标志》,《衡阳师专学报》(社会科学)1994年第4期;刘沛林:《古村落:和谐的人聚空间》,上海:上海三联书店,1997年;刘沛林:《传统村落选址的意象研究》,《中国历史地理论丛》1995年第1期。

[3] 卢松、杨钊、陆林等:《西递国内游客特征、旅游动机及旅游效果的初步研究》,《安徽师范大学学报》(自然科学版)2003年第1期;卢松、陆林、王莉等:《古村落旅游客流时间分布特征及其影响因素研究——以世界文化遗产西递、宏村为例》,《地理科学》2004年第2期;卢松、陆林、徐茗等:《古村落旅游地旅游环境容量初探——以世界文化遗产西递古村落为例》,《地理研究》2005年第4期。

[4] 卢松、陆林、徐茗:《我国传统村镇旅游研究进展》,《人文地理》2005年第5期。

2. 发展阶段：2005—2011 年

在城镇化和新农村建设背景下，行政村撤并、农村社区化、拆村并点、异地脱贫、下山移民等一系列措施使传统村落的保护利用面临巨大挑战。此阶段传统村落年发文量有了明显提升，2005 年发文量为 114 篇，至 2013 年已高达 296 篇。传统村落空间形态[1]、文化景观、文化遗产保护、文化旅游开发、保护与发展策略等成为该时期传统村落研究的热点[2]。

2007 年 12 月《中国景观村落保护公约》明确提出景观村落的定义、特征和划定标准，同时景观生态学领域将生态环境问题纳入传统村落研究范畴，并衍生出村落生态环境评价[3]、人居环境可持续发展[4]、村落景观意向[5]等多个研究方向。"文化景观"成为人文地理学的重要分支领域之一，刘沛林团队开展传统聚落文化景观基因及区系划分[6]，后续研究深化了"景观基因"的理论与实践[7]。2008 年，《历史文化名城名镇名村保护条例》颁布，标志着国家从行政法规上认可中国历史文化名镇名村的保护工作。2011 年，《中华人民共和国非物质文化遗产法》颁布，标志着我国遗产保护由注重实体保护转向兼具文化及非物质遗产的全面保护。传统村落的文化价值和经济价值获得社会的认可，保护理念由物质遗产凝冻式保护演变为物质与非物质遗产活态保护。

2009 年，住房和城乡建设部联合旅游局共同颁布《关于开展全国特色景观旅游名镇（村）示范工作的通知》，体现出国家政策层面对旅游导向下传统村落发展路径的认可。经济地理学、旅游经济学综合分析了乡村旅游对传统村落文化保护、财政收入的增加、就业机会的创造等方面的贡献，为下一步更好地促进传统村落发展提供了专业分析（图 4-2）。

---

[1] 李欣、单鹏飞：《传统村落空间形态的保护与延续》，《小城镇建设》2011 年第 3 期。
[2] 祁嘉华、郑晔梅：《新农村建设语境中的古村落保护与发展——以陕西为例》，《西安建筑科技大学学报》（社会科学版）2011 年第 6 期。
[3] 张成渝：《村落文化景观保护与可持续发展的两种实践——解读生态博物馆和乡村旅游》，《同济大学学报》（社会科学版）2011 年第 3 期；武启祥、朱连奇、韩林飞：《古村落生态系统的复杂性分析——以江西省婺源古村落为例》，《地域研究与开发》2010 年第 6 期。
[4] 王云才、郭焕成、杨丽：《北京市郊区传统村落价值评价及可持续利用模式探讨——以北京市门头沟区传统村落的调查研究为例》，《地理科学》2006 年第 6 期。
[5] 傅娟、许吉航、肖大威：《南方地区传统村落形态及景观对水环境的适应性研究》，《中国园林》2013 年第 8 期。
[6] 刘沛林、刘春腊、邓运员等：《中国传统聚落景观区划及景观基因识别要素研究》，《地理学报》2010 年第 12 期；胡最、刘沛林、申秀英等：《传统聚落景观基因信息单元表达机制》，《地理与地理信息科学》2010 年第 10 期。
[7] 申秀英、刘沛林、邓运员：《景观"基因图谱"视角的聚落文化景观区系研究》，《人文地理》2006 年第 4 期；翟文燕、张侃侃、常芳：《基于地域"景观基因"理念下的古城文化空间认知结构——以西安城市建筑风格为例》，《人文地理》2010 年第 2 期。

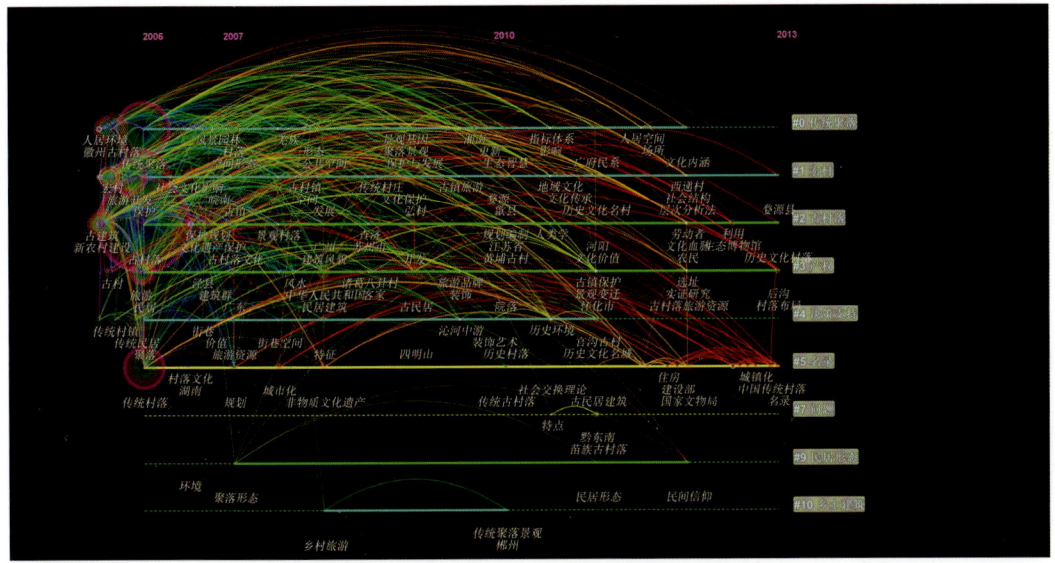

图 4-2　我国传统村落议题发展阶段（2）

3. 深化阶段：2012年至今

十八大以来，中国传统村落研究进入了新阶段。国务院先后发布了《关于开展传统村落调查的通知》《关于加快发展现代农业，进一步增强农村发展活力的若干意见》《关于实施中华优秀传统文化传承发展工程的意见》《乡村振兴战略规划（2018—2022）》等一系列文件，将传统村落的保护问题纳入国家行政部门管理，明确了"加大力度对传统村落进行专项保护、全面保护"的大政方针。住房和城乡建设部颁布了《关于印发传统村落保护发展规划编制基本要求（试行）的通知》对传统村落保护与发展规划的内容作出规范。2021 年出台的《中华人民共和国乡村振兴促进法》从国家法律层面规定"各级人民政府应当采取措施保护农业文化遗产和非物质文化遗产，挖掘优秀农业文化深厚内涵，弘扬红色文化，传承和发展优秀传统文化"。

自 2012 年以来，住房和城乡建设部等部门已经开展了 5 次全国性的传统村落摸底调查，并分五批将 6819 个有重要保护价值的村落列入了中国传统村落保护名录，建立了挂牌保护制度和中国传统村落数字博物馆。又通过建立传统村落集中连片保护区，在 10 个市州实施集中连片保护利用示范。2015 年，由住房和城乡建设部、文化部、国家文物局、财政部、国土资源部、农业部、国家旅游局共同印发了《住房城乡建设部等部门关于做好 2015 年中国传统村落保护工作的通知》，体现出传统村落保护已成为多部门、多学科关注的热点问题。

此阶段关于传统村落的研究快速增加，2019 年发文量高达 982 篇，且呈现不断增加的趋势。我国学者运用理论分析、目标分析和实证分析等方法，从不同的角度建立起传统村落的评价指标体系,并对于旅游开发及村落保护采用了新的数据源、新的评价视角、新的评价方法及新的旅游和保护方法,对传统村落人居环境的演化、转型与发展模式进行了深入探讨①。同时,计算机技术的兴起也为传统村落的发展提供了帮助,建立了传统村落景观保护管理的信息系统、古村落景观基因图谱的平台系统等,在很大程度上完善了传统村落的价值评估系统②。学者从"文化景观"视角,建立传统村落景观基因识别指标体系,并按照地域文化相对一致原则划分村落群系③;从"文化整体论"视角全面剖析文化现象的构成要素④;探索了人居环境构造原型及文化景观营造路径⑤(图4-3)。

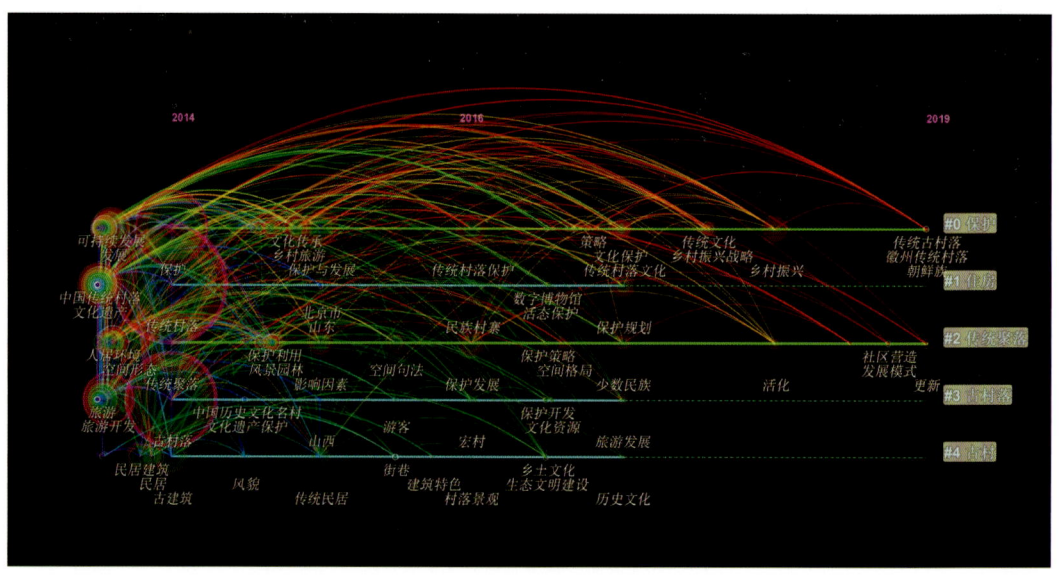

图 4-3　我国传统村落议题发展阶段(3)

4.2.3　国内传统村落研究的主要内容

综合来看,国内对于传统村落文化遗产价值的研究始于村落景观和建筑特征、传统特色的保护与利用、旅游开发价值等内容的探讨,随后扩展到针对不同地域传统村

---

① 张睿婕、高元、李佳奇:《近30年来中国传统村落的研究热点、进程及展望——基于CiteSpace的可视化解析》,《现代城市研究》2021年第11期。

② 陶伟、陈红叶、林杰勇:《句法视角下广州传统村落空间形态及认知研究》,《地理学报》2013年第2期。

③ 翟洲燕、李同昇、常芳等:《陕西传统村落文化遗产景观基因识别》,《地理科学进展》2017年第9期。

④ 李军环、李冬雪、夏勇:《文化整体论视角下的传统村落保护规划探析——以合然村为例》,《西安建筑科技大学学报》(自然科学版)2019年第4期。

⑤ 李慧敏、王树声:《古村落人居环境构建原型及文化景观环境营造——以国家历史文化名村夏门为例》,《西北大学学报》(自然科学版)2012年第5期。

落建立价值评估体系，再到结合各类计算机技术的评价和平台系统建设，以及对传统村落文化发展及未来开发路径的探讨。随着研究的不断深入，研究成果越来越多。

1.传统村落景观和建筑特征

村落景观是凸显传统村落文化遗产价值的直观表达。早期研究主要注重传统村落的整体物质空间形态和建筑景观特征的解析[1]。林琳等从文化景观基因视角对传统村落的格局、肌理和建筑元素进行了研究[2]。丁奇等对传统村落建筑特征进行分析，发现传统村落逐渐从独栋转向到院落空间，建筑结构逐渐多样化[3]。刘哲等对豫西南传统村落的建筑特征进行分析，发现伏牛山脉南簏和腹地的豫西南山地受湖北和陕南的影响较深，建筑木构架分为穿斗式、穿斗与抬梁结合式和抬梁式三种[4]。冉迪斯和陈岚发现湖北省恩施市的传统村落民居为适应当地的喀斯特地貌，建筑结构分为木质穿斗式和半干栏式[5]。张浩龙等对肇庆传统村落为研究对象，发现"宗族"观念对肇庆传统村落的建筑布局的影响呈现以宗祠为核心节点的多片区模式[6]。陈信、李王鸣总结了丽水市传统村落呈现出三种建筑特征，帝河宫式四合院、沟渠较多的水乡特色和三合院式[7]。赵红斌等对晋南地区的传统村落进行研究，发现民居建筑包括四合院、窑洞两种形式，窑洞民居采用土坯等形式对窑洞院四周的女儿墙进行装饰，四合院民居屋顶有单坡顶和双坡顶两种选择[8]。吴水田和陈平平对岭南传统村落进行研究发现，岭南村落的包括水上以及陆上的居住形式[9]。刘馨秋和王思明发现南京的传统村落建筑保存良好，建筑特征具有"背山背水""依塘而居"的特点[10]。

也有学者基于传统村落景观改造的视角，从强化村民参与、保护乡土特色、传承

---

[1] 彭一刚：《传统村镇聚落景观分析（第2版）》，北京：中国建筑工业出版社，2018年。
[2] 林琳、田嘉铄、钟志平等：《文化景观基因视角下传统村落保护与发展——以黔东北土家族村落为例》，《热带地理》2018年第3期。
[3] 丁奇、何林、朱方钰：《晋东南山地传统村落风貌特色研究——以山西省蟒岩村为例》，《艺术与设计》2022年第8期。
[4] 刘哲、常艳、华欣：《浅谈豫西南山地传统民居的营造技术特性》，《华中建筑》2015年第2期。
[5] 冉迪斯、陈岚：《文化基因视角下川盐古道湖北恩施段传统村落保护与发展研究》，《2020年工业建筑学术交流会论文集（下册）》，2020年。
[6] 张浩龙、金万富、周春山：《肇庆传统村落建筑文化景观特征及形成机制》，《热带地理》2017年第3期。
[7] 陈信、李王鸣：《区域视角下传统村落组群风貌的空间特征——以丽水市传统村落为例》，《经济地理》2016年第10期。
[8] 赵红斌、赵珍、崔文河：《乡土文脉视角下晋南传统村落街巷风貌解析与提升》，《西安建筑科技大学学报》（社会科学版）2021年第5期。
[9] 吴水田、陈平平：《岭南疍民"亲水"崇拜的空间特征及其演变》，《农业考古》2016年第1期。
[10] 刘馨秋、王思明：《农业遗产视角下传统村落的类型划分及发展思路探索——基于江苏28个传统村落的调查》，《中国农业大学学报》（社会科学版）2019年第2期。

传统文化等方面提出传统村落景观保护和开发的设计理念和路径框架。徐红罡等以我国世界遗产项目中唯一的村落型文化遗产安徽宏村为例，贯穿建构主义理念，提出对本土特色文化、民族文化"原真性"的建构和调适①。大量学者从传统村落景观意象的框架构建、景观格局优化、保护和利用传统村落景观的具体策略等方面进行了探讨②。

2. 传统特色的保护与利用

传统村落保护利用过程中，过度商业化、空心化问题较为突出。因此，大量学者强调需要保护利用好传统特色。高诗扬等以沈阳市石佛一村为例，从自然环境、社会经济和历史人文等方面对其进行深入分析，提出石佛一村传统村落文化村落节庆风俗、传统手工艺及生活习俗亟待保护③。陈铭和李汉川以徽州传统村落为例，提出传统村落的生活特色包括宗族仪式活动、民俗节庆活动、日常劳作活动、闲暇休憩活动等，提出将传统特色与旅游结合起来，实现传统村落的保护利用④。郭诗洁和陈锦富提出保持传统村落物质与非物质文化遗产的完整性与原真性⑤。常光宇和胡燕认为传统村落所体现出的特色不仅包括文化方面还应关注居民生产的特色产品⑥。黄杰等认为对传统村落的独特价值进行挖掘是实现传统村落活化的必要条件，传统村落独特价值包括历史文化价值、情感价值、科学艺术价值和经济价值⑦。张海平提出对传统村落的古建筑特色进行挖掘是南平市北岩井后村的开发战略之一⑧。朱一诺和郑志元提出在城市快速扩张的背景下，传统村落的特色元素受到了外来文化的冲击，提出对传统村落特色进行保护和发展是一项重要任务⑨。宋才发认为在传统村落更新过程中要避免出现"千城一面"的局面，要对传统村落的社会经济价值

---

① 徐红罡、万小娟、范晓君：《从"原真性"实践反思中国遗产保护——以宏村为例》，《人文地理》2012年第1期。

② 李明珍、李阳兵、冉彩虹：《土地利用转型背景下的乡村景观格局演变响应——基于草堂溪流域的样带分析》，《自然资源学报》2020年第9期；李霄鹤、兰思仁：《基于K-modes的福建传统村落景观类型及其保护策略》，《中国农业资源与区划》2016年第8期。

③ 高诗扬、肖彦、孙梓源：《生态博物馆视角下的传统村落保护策略——以沈阳石佛一村为例》，《面向高质量发展的空间治理——2021中国城市规划年会论文集（16乡村规划）》，2021年。

④ 陈铭、李汉川：《基于空间句法的南屏村失落空间探寻》，《中国园林》2018年第8期。

⑤ 郭诗洁、陈锦富：《市域层面传统村落整体保护初探——以山东省济宁市为例》，《规划60年：成就与挑战——2016中国城市规划年会论文集（08城市文化）》，2016年。

⑥ 常光宇、胡燕：《探索传统村落集群式保护发展》，《城市发展研究》2020年第12期。

⑦ 黄杰、李晓东、谢霞：《少数民族传统村落活化与旅游开发的互动性研究》，《广西民族研究》2018年第5期。

⑧ 张海平：《传统村落保护与旅游开发的协同发展策略研究——以南平市北岩井后村为例》，《江西建材》2022年第1期。

⑨ 朱一诺、郑志元：《城镇化背景下徽州传统村落发展特征及其应对策略研究综述》，《合肥工业大学学报》（社会科学版）2021年第5期。

和文化资源进行重新组合,促进其转变为具有核心竞争力的旅游产品[1]。闵英和曹维琼认为简单地将外来文化与传统文化进行移植和合并会造成传统文化的扭曲与淡化,提出打造具有传统特色印记的传统文化是旅游产品开发的重中之重[2]。张鸿雁和房冠辛认为具有独特的历史、建筑、居民是龟山村特有的文化资源,对文化特色进行保护和再生产是对传统村落"精准化保护"的必要手段[3]。

3. 传统村落旅游开发

传统村落的旅游开发是以传统文化遗产价值为基本的。在乡村振兴背景下,对传统文化和旅游开发进行有机融合,从而提升传统村落旅游资源价值是促进传统可持续发展的重要手段。现有研究主要从传统村落旅游规划和传统村落旅游开发路径两方面进行研究。

在传统村落旅游规划方面,学者主要从旅游环境容量、客流的时空分布等方面进行探讨。卢松等以世界文化遗产西递古村落为研究案例,对西递景区不同季节旅游环境容量进行深入分析,从时间和空间两个视角对客流的时空分布进行引导,以促进传统村落旅游的可持续发展[4]。冯晓华等以艾丁湖旅游区为研究案例,利用旅游环境容量静态模型等对艾丁湖北景区环境容量进行定量预测,发现艾丁湖北景区最终的旅游环境容量主要取决于旅游资源空间容量,提出应从长时间段景区监测数据中完善景区综合系统功能[5]。

在传统村落旅游开发路径方面。杨琬铮基于当前传统村落旅游开发现状问题,从"文化内生"与"活力外引"两种不同的途径探索了村落旅游发展的思路[6]。李军和胡盈从旅游共同体视角对传统村落居民旅游分配正义性进行分析,提出传统村落作为传统文化资源共同体、持续发展的共同体、成本分担共同体,应对不同群体应承担的保护和开发责任进行公平分配,为进一步促进共同富裕提出建设性意见[7]。王乃举从人地生态系统理论出发,从传统村落的自然生态、经济生态、文化生态、社会生态方面构

---

[1] 宋才发:《民族地区新型城镇化建设进程中传统村落保护的法治思考》,《湖北民族学院学报》(哲学社会科学版)2015年第5期。
[2] 闵英、曹维琼:《重构传统村落文化保护与发展的文本意识》,《贵州社会科学》2016年第11期。
[3] 张鸿雁、房冠辛:《传统村落"精准保护与开发一体化"模式创新研究——特色文化村落保护规划与建设成功案例解析》,《中国名城》2016年第1期。
[4] 卢松、张捷、苏勤:《旅游地居民对旅游影响感知与态度的历时性分析——以世界文化遗产西递景区为例》,《地理研究》2009年第2期。
[5] 冯晓华、阎顺、杨海英等:《艾丁湖北景区旅游环境容量预测研究》,《干旱区地理》2007年第6期。
[6] 杨琬铮:《文化景观语境下传统村落旅游发展策略探究——以楼上古寨为例》,《面向高质量发展的空间治理——2020中国城市规划年会论文集(16 乡村规划)》,2021年。
[7] 李军、胡盈:《旅游共同体:传统村落旅游利益分配正义的新视角》,《云南民族大学学报》(哲学社会科学版)2021年第6期。

建传统村落旅游的可持续发展模型[①]。吴必虎基于城市发展导致传统乡土陷入窘境的背景，从旅游视角提出旅游能够进一步促使当地产业与旅游实现有机融合，进而推动传统村落的可持续发展[②]。刘嘉毅等以龟山村为例，提出应开发传统村落的特色符号记忆，他们认为符号记忆代表了传统文化，从而形成文化凝聚力，而文化进一步在旅游开发中再创造[③]。邵秀英等以黄河流域传统村落为例，从传统村落的要素禀赋、遗产资源、经济资源和旅游发展支撑四方面出发，构建了黄河流域传统村落的旅游响应评价体系[④]。

近年来，学者们的研究则更加关注传统村落的活化利用。时少华和裴小雨提出将旅游作为传统村落活化和可持续发展的手段之一[⑤]。高璟等认为传统村落的旅游活化的过程是一个地方文化再现的过程，进而分别从精神层面、社会层面和物质层面构建传统村落旅游活化路径模型，对各层次在传统村落的保护方面存在问题进行分析，在对传统村落的保护与利用方面提供了理论支持[⑥]。曹国新认为以旅游资源为主的传统村落具有特殊性。应当将其作为人类生态旅游资源的代表，从而进行结构性保护，建立独立的开发理论和模式[⑦]。

4. 传统村落价值评估

近年来，在实践需求的推动下，传统村落的价值评估研究受到了建筑及规划等应用学科的普遍关注。传统村落价值评估也是传统村落保护与发展领域中需要深入探索及研究的基础性内容。构建价值评估体系主要是以传统村落的评选、旅游开发、保护和传承为目的，以定性描述评价、定量刻画评价及定性定量相结合评价为研究方法。定量评价的阶段性成果包括《传统村落评价认定指标体系（试行）》及《中国历史文化名镇（名村）评价指标体系（试行）》。

现有研究从不同角度构建了传统村落的价值评估体系。何艳冰等以河南省焦作市为例，从物质文化与非物质文化两个角度出发构建传统村落文化价值评估指标体系，

[①] 王乃举：《乡村振兴背景下传统村落微旅游发展路径研究》，《山东师范大学学报》（自然科学版）2019年第2期。

[②] 吴必虎：《基于乡村旅游的传统村落保护与活化》，《社会科学家》2016年第2期。

[③] 刘嘉毅、葛绪锋、陈玉萍：《传统村落遗产保护与旅游开发研究——来自江苏洪泽龟山村的样本》，《中南林业科技大学学报》（社会科学版）2017年第6期。

[④] 邵秀英、刘亚玲、王向东等：《黄河流域传统村落旅游响应度及影响因素研究》，《干旱区资源与环境》2021年第6期。

[⑤] 时少华、裴小雨：《传统村落活态保护利用与旅游融合发展研究》，《昆明理工大学学报》（社会科学版）2020年第5期。

[⑥] 高璟、吴必虎、赵之枫：《基于文化地理学视角的传统村落旅游活化可持续路径模型建构》，《地域研究与开发》2020年第4期。

[⑦] 曹国新：《文化古村落：一类重要而特殊的旅游资源》，《江西社会科学》2003年第9期。

在遵循的科学性和可操作性等原则的基础上,采用半结构化访谈、实地调研和模糊评价等方法对传统村落的文化价值进行评价①。杨立国等选择原真度、完整度、活态度和传承度四个准则层选用层次分析法确定指标权重,构建传统村落保护度,得出湖南省首批传统村落保护度总体上处于中等程度,四项准则层分别呈现不同的差异②。王勇等从定性和定量两方面出发选取相应指标构建价值评估体系,目标层选取传统村落乡村性,指标层选取土地利用、人口聚落、经济职业、城乡联系、物质环境保护、社会活动参与等③。窦银娣等对以湖南省9个国家级传统村落进行实地调研,从价值特色、保护管理、现状条件三个目标层,物质文化遗产、非物质文化遗产、保护措施、村镇概况和居民意向五个准则层出发,赋值采用因子分析法,研究结果表明传统村落多维价值可以从传统产业经营价值、人居环境风貌价值、资源开发潜力价值和历史遗产纪念价值四个维度进行评价,同时发现不同传统村落之间内部的发展现状存在很大差异,差异仍存在于不同传统村落不同维度的价值中④。黎洋佟等从经济价值、环境价值、使用价值、历史价值、艺术价值、社会情感价值对传统村落价值进行评价,采用K-modes算法对传统村落的价值要素进行归类,将传统村落划分为五大类,最后提出要采用与传统村落类型相符合的策略和方针,从而进一步推动传统村落的可持续发展⑤。汪清蓉和李凡从资源价值要素、现状条件评价、旅游开发条件等综合评价层构建古村镇综合价值评估模型,采用层次分析法确定权重,进而对传统村落进行评价,发现北京市大旗头村资源价值要素处于优势地位⑥。杨丽婷和曾祯从建筑遗存价值、环境景观价值、保护开发基础条件等二级指标出发构建古村落保护与开发综合价值评估指标,对筛选出的浙江省磐安县19个典型传统村落综合价值进行研究分析,发现构建的指标体系适用于大尺度传统村落的开发决策问题,建筑遗存价值是古村落旅游开发中的主要动力⑦。张红霞和苏勤将资源价值评估领域中的旅行费用法(travel cost method,TCM)应用到传统村落的旅游价值评估中,通过对安徽省宏村进行实地调研,发现宏村具有巨大的旅

---

① 何艳冰、张彤、熊冬梅:《传统村落文化价值评价及差异化振兴路径——以河南省焦作市为例》,《经济地理》2020年第10期。
② 杨立国、龙花楼、刘沛林等:《传统村落保护度评价体系及其实证研究——以湖南省首批中国传统村落为例》,《人文地理》2018年第3期。
③ 王勇、周雪、李广斌:《苏南不同类型传统村落乡村性评价及特征研究——基于苏州12个传统村落的调查》,《地理研究》2019年第6期。
④ 窦银娣、谢双喜、李伯华:《传统村落多维价值评价及实证研究》,《中南林业科技大学学报》(社会科学版)2020年第1期。
⑤ 黎洋佟、田靓、赵亮等:《基于K-modes的北京传统村落价值评估及其保护策略研究》,《小城镇建设》2019年第7期。
⑥ 汪清蓉、李凡:《古村落综合价值的定量评价方法及实证研究——以大旗头古村为例》,《旅游学刊》2006年第1期。
⑦ 杨丽婷、曾祯:《古村落保护与开发综合价值评价研究——以浙江省磐安县为例》,《地域研究与开发》2013年第4期。

游开发价值[1]。

5. 传统村落文化价值评估及发展路径

传统村落文化是传统村落的活化石，同时也是中国优秀传统文化的重要组成部分。大量学者强调了传统村落文化景观的重要性。孙华认为，文化与景观是不能分离的，特别是在村落文化景观当中，包含了自然基底、人工环境及乡村的环境观、道德观等，传统村落同时具备了物质文化遗产与非物质文化遗产的特质[2]。王兆峰等提出传统村落是开展地域文化遗产景观基因组图谱研究的重要抓手[3]。王云才等提出传统地域文化景观的保护管理应成为发展的中心，并积极探讨传统村落的文化景观的整体保护和可持续发展路径[4]。张晶认为在城镇化快速发展过程中，村民普遍缺乏传统村落文化的保护意识，对传统村落文化的重要性认识不足，在部分外来利益的诱导下，村民成为传统文化的破坏者。提出传统村落想要发展就必须积极开展传统村落文化保护工作，为传统村落文化多样化发展提供坚实基础[5]。

部分学者基于景观基因视角，从文化资源的旅游开发度、旅游活动的文化传承度、文旅发展的耦合协调度等不同维度构建指标体系[6]。陆林等对徽州古村落的文化景观进行研究分析，发现徽文化是中原文化和程朱理学的结合[7]。

在传统村落文化发展路径的探讨方面，研究成果丰富。高长征等以河南省浚县5个传统村落为例，借助灰色关联法分析法，发现共生环境下传统村落各具文化特色，提出在发展过程中通过文化与民宿、空间、自然的有机结合，促进产业文化融合重构，进而实现传统村落创造性转化、创新性发展[8]。陈晓华和黎想从传统村落的文化发展角度进行分析，在横向上将传统村落文化划分为社会文化层级、人文文化层级和物质文化层级，研究发现传统村落文化具有因地制宜的特点，提出传统村落文化需要进行文

---

[1] 张红霞、苏勤：《基于TCM的旅游资源游憩价值评估——以世界文化遗产宏村为例》，《资源开发与市场》2011年第1期。
[2] 孙华：《传统村落的性质与问题——我国乡村文化景观保护与利用刍议之一》，《中国文化遗产》2015年第4期。
[3] 王兆峰、李琴、吴卫：《武陵山区传统村落文化遗产景观基因组图谱构建及特征分析》，《经济地理》2021年第11期。
[4] 王云才、石忆邵、陈田：《传统地域文化景观研究进展与展望》，《同济大学学报》（社会科学版）2009年第1期。
[5] 张晶：《美丽乡村建设背景下传统村落保护与发展策略探析》，《城市发展研究》2020年第8期。
[6] 杨立国、彭梓洺：《传统村落文化景观基因传承与旅游发展融合度评价——以首批侗族传统村落为例》，《湖南师范大学自然科学学报》2022年第2期。
[7] 陆林、凌善金、焦华富等：《徽州古村落的演化过程及其机理》，《地理研究》2004年第5期。
[8] 高长征、付晗、龚健：《"文化驱动"视角下传统村落共生发展路径研究——以河南浚县5个传统村落为例》，《地域研究与开发》2021年第2期。

化创新才能够留存[1]。杨军认为传统村落在发展过程中，文化生态环境受到了严重破坏，在此基础上提出采用大数据档案登记和实地调研等方式获取相关数据，建立传统村落文化库，为传统村落的文化发展多样化提供数据支撑[2]。黄璜对传统文化面临的困境进行深入剖析，提出村民要加强对传统文化的认同感，同时要增强对传统文化的自信，才能够推动传统文化的延续和发扬[3]。

6. 传统村落未来发展趋势和可持续发展路径

新型城镇化背景下，传统村落未来的发展面临着诸多选择，对传统村落的未来发展路径进行综合分析显得尤为重要。对于传统村落未来发展趋势和可持续发展路径的探讨主要包括以下三个视角。

一是"三生"空间协同发展。李伯华等将传统村落物质空间无序发展归结为"三生"功能混杂交织，在此基础上提出针对性的传统村落"三生"空间协同发展路径[4]。顾大治等以安徽省历史文化名村为例，提出构建"人—村—遗"一体化的发展路径，加强以生态为核心的村落内涵建设和以特色产业为媒介的多方参与发展路径[5]。

二是强调针对不同类型的村落应有不同的发展路径。潘颖等根据传统村落评价指标对传统村落进行划分，针对不同类型的传统村落给出不同的发展路径。旅游发展型村落在发展过程中将文化景观与文脉同经济联系；传统技艺型应当更深入地挖掘传统技艺的文化价值和经济价值，制定完善的产业发展规划；综合开发型应充分明确地保护发展主体，调动政府、企业、村民等力量开发主导产业；生活服务型应以改善村落人居环境作为首要任务，同时要因地制宜培育地方传统产业提高村民经济收入[6]。李宁和周勇针对交通不便、旅游资源不突出但历史文化价值较高的传统村落发展过程中存在的问题，给出应注重发展多样化的第一产业，同时加大地方发展第一产业的资金扶持力度等建设性意见[7]。蔡向阳以河南传统村落为例，提出需要对传统村落的农耕特色进行保护，将文化旅游项目高效地融入传统村落发展的经济结构中，共同实现传统村落的可持

---

[1] 陈晓华、黎想：《基于 GIS 的历史文化名村空间形态影响因素研究——以黄山市 14 个国家级历史文化名村为例》，《安徽建筑大学学报》2018 年第 3 期。
[2] 杨军：《广西传统村落文化保护路径新探》，《广西民族大学学报》（哲学社会科学版）2017 年第 2 期。
[3] 黄璜：《乡村振兴背景下传统村落文化的传承与发展》，《文化学刊》2019 年第 6 期。
[4] 李伯华、杨馥端、窦银娣：《传统村落人居环境有机更新：理论认知与实践路径》，《地理研究》2022 年第 5 期。
[5] 顾大治、王彬、黄雨萌等：《基于非物质文化遗产活化的传统村落保护与更新研究——以安徽绩溪县湖村为例》，《西部人居环境学刊》2018 年第 2 期。
[6] 潘颖、邹君、刘雅倩等：《乡村振兴视角下传统村落活态性特征及作用机制研究》，《人文地理》2022 年第 2 期。
[7] 李宁、周勇：《精明增长视野下的传统村落发展路径》，《规划师》2015 年第 S2 期。

续发展。同时完善传统村落的公共服务设施，提高外来游客的旅游满意度[①]。张星和何依针对传统村落的保护发展的三种发展模式（建筑模式、地段模式、整体模式）进行分析，对处于不同发展模式的传统村落的发展路径进行深入挖掘。他们认为，建筑模式应以市场开发为主导，充分发挥区域内部的各种资源；地段模式应注重政府和市场的合作，在对传统村落进行保护和发展的过程中有序推进；整体模式强调对传统村落的物质环境和生活方式进行整体性保护，政府起主导作用带领居民的保护发展路径[②]。

三是公众参与决策。陈水映等以陕西省袁家村为例对传统村落的发展现状进行分析，提出以旅游开发为主要发展导向的传统村落应摆脱传统村落间互相仿照的建筑模式和发展路径，要更加注重传统村落本身具有的建筑特色和文化特色，同时减少政府干预，保障村民在传统村落发展过程中的主体地位，为乡村振兴背景下传统村落的发展提供更多可供借鉴的发展路径[③]。

7. 计算机技术在传统村落研究中的应用

计算机技术的快速发展为科学研究传统村落的文化遗产价值提供了便利。国内对于计算机模拟技术在传统民居中的应用随着数字技术的发展也逐渐增多，研究也较为深入，主要包括以下几个方面。

对村落空间形态和优化路径的讨论。陶伟等以广州市小洲村为例，利用空间句法以轴线图结合意象图分析广州小洲村的村落空间布局，进而探讨村落空间形态与不同使用者空间认知的关系[④]。范勇等以济南市方峪村为例，采用参数化手段对传统村落的发生机理和空间分布特征进行研究，发现方峪村内部空间均质、空间整合度较高[⑤]。刘沛林和李伯华从学科融合的视角提出传统村落数字化保护的基本理念[⑥]。胡超男等以中原腹地信阳丁李湾村传统村落为研究对象，引入"织补理论"对传统村落自然要素和人工

[①] 蔡向阳：《文化强省视域下河南文旅融合高质量发展对策研究——以传统村落振兴为视角》，《农村·农业·农民》（B版）2022年第3期。

[②] 张星、何依：《城边型传统村落保护与发展路径选择——以宁波市滨海地区为例》，《华中建筑》2020年第12期。

[③] 陈水映、梁学成、余东丰等：《传统村落向旅游特色小镇转型的驱动因素研究——以陕西袁家村为例》，《旅游学刊》2020年第7期。

[④] 陶伟、陈红叶、林杰勇：《句法视角下广州传统村落空间形态及认知研究》，《地理学报》2013年第2期。

[⑤] 范勇、刘爽、张誉华等：《鲁中山区传统村落空间营建特征的参数化解析研究——以济南市方峪村为例》，《山东林业科技》2021年第5期。

[⑥] 刘沛林、李伯华：《传统村落数字化保护的缘起、误区及应对》，《首都师范大学学报》（社会科学版）2018年第5期。

要素进行更新保护，对传统村落空间形态提出了切实可行的优化策略[1]。

为传统村落规划提供强大的数据基础和决策支持。杨婷提出借助网站、新媒体平台对传统村落文化价值进行挖掘[2]。李师龙和朱海燕认为借助3S和VR技术对传统村落资源进行数字化保护是大数据时代背景下的必要手段[3]。刘天墅等提出对传统村落应用计算机技术中的"嵌入式开发"，将传统村落的周边娱乐设施、旅游产品和新型产业作为旅游资源嵌入传统村落周围，并认为这是促进传统村落可持续发展的路径之一[4]。张成和龚慧敏提出将GIS（geographic information system，地理信息系统）、BIM（building information modeling，建筑模型信息）和ITO（internet of things，物联网）等信息化技术应用到传统村落的保护与发展中：GIS对传统村落的空间地理数据进行存储、分析和处理；BIM从中观尺度对传统村落的建筑信息进行收集处理；ITO从微观尺度对不同传统村落的内在需求进行多样化处理；三种技术之间可以相互补充，从而进一步实现传统村落的动态保护和发展[5]。陈晓东以西递村为例，借助GIS软件的网络分析模块中的UNA工具，从村落建筑角度对传统村落建筑的中心性特征进行分析研究[6]。覃巧华等采用深度学习中卷积神经网络技术识别全国传统村落的图像及场景，为后续传统村落的研究提供支撑[7]。

为传统村落管理和展示传播提供平台。李本建和谭阳提出在"互联网+"平台上建立古村落数字化服务平台和数字博物馆从而推动传统村落展示传播[8]。李旭威等认为借助现代媒体和互联网建立古村落数字博物馆，对古村落数据留存具有重要现实意义[9]。潘刚和马知遥认为借助街景技术对传统村落的景观信息进行记录保存，为传统村落的建档查验建立了良好的基础，同时也为旅游观光者身临其境感受传统村落提供了可行的路径[10]。

---

[1] 胡超男、李通、许丽君：《基于织补理论下传统村落空间更新保护研究》，《面向高质量发展的空间治理——2021中国城市规划年会论文集（16乡村规划）》，2021年。
[2] 杨婷：《江西古村落文化的旅游资源开发探究》，《区域治理》2019年第32期。
[3] 李师龙、朱海燕：《传统古村落资源数字化保存的实践与思考》，《赤峰学院学报》（自然科学版）2016年第3期。
[4] 刘天墅、乔花飞、彭惠军等：《传统村落嵌入式旅游开发研究——以湖南省永兴县板梁古村为例》，《衡阳师范学院学报》2021年第3期。
[5] 张成、龚慧敏：《GIS+BIM+IOT技术在传统村落中的参数化保护与发展初探》，《智能城市》2021年第21期。
[6] 陈晓东：《基于空间网络分析工具（UNA）的传统村落旅游商业选址预测方法初探——以西递村为例》，《建筑与文化》2013年第2期。
[7] 覃巧华、肖大威、骆明楠等：《基于卷积神经网络的传统村落图景分类研究》，《城市规划》2020年第7期。
[8] 李本建、谭阳：《古村落数字化保护与传承之探讨——以广西高山村为例》，《建筑与文化》2020年第7期。
[9] 李旭威、赵文超、熊永柱等：《梅州市古村落数字化保护探讨》，《科技创新导报》2016年第28期。
[10] 潘刚、马知遥：《街景技术在传统村落普查和保护中的应用》，《齐鲁艺苑》2014年第6期。

4.3 传统村落文化遗产本体价值评估框架

4.3.1 基本原则

1. 全面性

全面性原则是指将系统内的各部分要素纳入考虑，整体把握评价目标的内涵、指标体系、整体结构和评价全过程的准则。在进行传统村落评价时，需全面反映传统村落文化遗产的总体特征，并保持其系统性的平衡。

2. 可操作性

评价指标和方法的选择等不能仅从理论上的最优化出发，应充分考虑具体情况和地域特点。选取的指标应该考虑数据的可获得性及指标量化的可操作性，传统村落保护度评价指标体系的关键就是将各种指标集组合形成简单明了的综合指标。

3. 普适性

普适性是指某一事物（特别是观念、制度和规律等）比较普遍地适用于同类对象或事物的性质。在进行传统村落评价时，需综合考虑选取指标在传统村落文化遗产价值应用上的普适性，方便进行不同层级、不同类型传统村落的对比研究。

4. 综合性

综合性是指将系统的各部分、各方面和各种因素联系起来，考察其中的共同性和规律性。在进行传统村落评价时，需采取定性与定量相结合方法，对无法量化的指标采取主观评价方法，综合且科学地反映传统村落的文化遗产价值。

4.3.2 评价内容

1. 村落选址及格局

传统村落的选址能够反映出中国深厚的文化底蕴，是中华文明进步的结晶。传统村落的价值评估首先是针对村落选址及村落环境，评价其山形水系、地理特征，以及构成传统村落整体环境的其他自然植被、人工环境等。传统村落是一个有机的整体，村落格局是村落特征的具体表现，反映着村落的历史空间演变，传统风貌是村落形态的具体形式，反映着村落历史遗存的状态[①]。

2. 传统建筑

传统建筑是传统村落中重要的历史文化遗存，其风貌和构造方式集中反映着不同时代背景下的地域环境、社会历史、民俗文化。对于传统建筑的评价，必须遵循系统协调、分级分层、重点突出的评价原则[②]。通过对传统村落中各级文物保护单位、登记不可移动文物、历史建筑及其他有重要价值的建筑和遗址的详细调查，对其位置、规模、产权、保护现状及存在的问题等进行分析总结，并提出保护措施和建立保护档案。

3. 历史环境要素

历史环境要素是传统村落整体环境不可或缺的部分，它是传统村落历史生活环境及村落价值特征的一种体现[③]，它在空间环境上是一种点缀，是传统生活的延续。对于历史环境要素的评价首先要注重对其本体的评价，其次是对其周边环境的评价，不能使之脱离环境而独立存在。

4. 非物质文化遗产

非物质文化遗产是相对于村落选址及格局、传统建筑、历史环境要素等物质类文化遗产而言，依赖于人的观念和精神而存在的特殊遗产[④]，无形性是它的一种本质表现。因此，对非物质文化遗产的评价不仅要注重它的内容与形式，更应注重它活态性的保护与传承。

5. 红色文化遗产

红色文化遗产主要反映传统村落中红色建筑风貌及价值、红色遗址及景观、革命文化和纪念仪式等。传统村落中蕴藏着的丰富的红色文化景观是民族的宝贵遗产，具有较高的历史价值，是传统村落文化遗产价值评估的重要组成部分。

[①] 高磊：《历史文化遗产保护与传统村落人居环境提升》，《城乡建设》2021年第4期。
[②] 陈甲全、张义丰、陈美景：《古村落研究综述》，《安徽农业科学》2008年第23期。
[③] 闵忠荣、洪亮：《抚河流域传统村落人居环境特征及其保护途径探析——以金溪县东源曾家传统村落为例》，《中国民族建筑研究会第二十届学术年会论文特辑（2017）》，2017年。
[④] 周阳月：《文化生态学视阈下传统村落复兴动力与路径研究》，《规划60年：成就与挑战——2016中国城市规划年会论文集（15乡村规划）》，2016年。

4.3.3 评价策略

1. "点、线、面"结合的整体性评价

传统村落文化遗产价值评估应注重传统聚落空间和环境，也就是从整体格局出发，对传统村落的传统风貌进行整体评价。对于传统村落内部有特色的街巷，保护其空间尺度以及沿街界面的连续性与完整性以及传统的空间肌理。街巷、院落、建筑、绿化等物质环境要素和非物质环境要素共同构成了传统村落历史文化保护区，对其蕴含的历史文化内涵应完整的评价并展现，真正实现"点、线、面"的有机融合。

2. 实施分级评价

传统村落一般将保护区划定为以保护和修复为主的核心保护区、以局部改造和更新为主的建设控制区、以发展和建设为主的环境协调区三个区域层次。因此在进行评价的过程中要重点管理实施分级措施。在建立传统村落总体发展与保护框架的基础上制定各层面保护与发展策略，保存山水格局，塑造传统村落的特色空间。并对三个不同区域的保护区分别从宏观、中观、微观三个层面实现对传统村落的有效评价，根据评价层次的不同实施不同的评价措施。同时，在规划过程中应注重其所依赖的自然人文社会环境要素的真实性保护，对于已遭受到整体性破坏，整体架构已消失的传统建筑，原则上应采取重建的措施，对受损严重的优秀传统建筑物应"修旧如旧"，最大限度地保护历史传统和整体格局的原真性。

3. 有机与动态相结合

传统村落文化遗产价值评估要遵循"循序渐进、有机更新、居民参与、动态保护"的原则。对传统村落的保护、调整与改建都应与动态保护和静态保护相结合，强调以人为本、公众参与的保护目标，使得传统村落在保护中得到持续发展。

4. 可持续发展

传统村落是一个活的有机体，在进行价值评估与保护过程中要以可持续发展理论为核心，正确处理发展与保护之间的关系。一方面深入了解文化遗产中建筑与民俗文化之间的关系内涵，并挖掘其所带来的深层次文化影响；另一方面适当发展特色旅游业与特色农业，改善人居环境，在对传统建筑进行积极有效的评价与保护利用的基础上深入研究其所带来的社会经济价值，以此实现经济的可持续发展。

4.4 现行相关评价指标体系分析

4.4.1 评价体系概述

我国目前出台了两部具有代表性的价值评估体系：一是对历史文化名村的评选，基本形成"国（国家级）—省（省级）—市（市级）"三级的分级评价指标体系，如《中国历史文化名镇名村评价指标体系》，它是基于对国家级历史文化名镇名村的评选而产生的，量化评价和易操作性是其突出的特点，同时各指标的选取也都能体现历史文化村镇的价值和特征，是一个相对较为完善的评价指标体系；二是对传统村落的评选，主要以国家级传统村落评价认定指标体系为主，如《中国传统村落评价认定指标体系（试行）》，少部分省份出台的省级传统村落评价认定标准。《中国传统村落评价认定指标体系（试行）》通过对传统村落内涵和价值特色的深入挖掘，构建了一套较为完整的评价系统。该体系在评价结构上将传统村落作为一个整体考虑，能较为全面地反映传统村落价值特征；在评价因子的选取上将定性与定量评价相结合，更有助于对传统村落的价值判定。

综合现有相关研究，各领域学者也从不同视角、不同维度构建了传统村落的价值评估体系。综合来看，其相同之处均为多层次、多指标的评估体系，且以更好地保护传统村落价值为目标。不同之处有以下几点：①评价对象的范围存在差异，对应的侧重点不同，传统村落比普通村落所涉及的问题更多，评估体系更复杂；②评价因子的选择存在差异，评价对象不同，决定了评价因子选择的差异，而对于相同的评价对象，具有不同知识领域的评价者从不同的角度切入，其选择的评价因子也同样存在差异；③评价方法的差异，评价方法是决定评价结果是否符合客观事实的关键，对其选择在注重科学性的同时还要兼顾可操作性。

4.4.2 评价方法

传统村落的价值评估程序分为六个步骤，分别为构建评价指标体系、确定评价指标权重、选择评价方法、确定评分标准、评分与计算、结果分析。现有传统村落评价指标体系方法有德尔菲法、KMO检验法、因子分析法、层次分析法、语义差别法及模糊综合评价法等。具体评价方法如下。

1. 德尔菲法

传统村落的价值评估受到主观因素的影响较大，因此该方法普遍适用。德尔菲法是一种在专家集成成员互相不见面的情况下征询专家意见而获取预测信息的方法[①]。在确定评价指标权重环节，先采用德尔菲法确定权重咨询值，然后采用层次分析法确定权重的最终值。

2. KMO检验法

KMO检验法是通过比较各变量间普通相关系数和偏相关系数的大小来判断变量之间的相关性[②]。当KMO值无限接近于1时，偏相关系数远远小于简单相关系数，此时相关性最强。该方法可以用于检验评价的指标是否合适，从而提高评价指标体系的科学性和准确性。

3. 因子分析法

因子分析的基本原理就是选用少数几个因子去对许多指标或因素之间的联系进行描述[③]，即将关联性较大的几个变量定为同一类别，每一类别的变量就构成一个因子，通过较少的几个因子反映出被评判事物的大部分信息。

4. 层次分析法

层次分析法是指将一个复杂的多目标决策问题作为一个整体的系统，将问题分解成若干组成因素，进而分解为多指标的若干层次，在此基础上将定性与定量研究相结合，以此作为多方案优化决策的系统方法。层次分析法操作简易，具有适用性、简洁性和系统性等特点，在确保客观分析的同时也能够兼顾主观影响。

5. 语义差别法

语义差别法最初起源于心理学研究，是一种通过言语上的尺度描写来定量化人的心理感受[④]的方法，该方法能够较合理地解决定性指标不容易量化的问题。通过对各项指标进行既定尺度的分析，以打分的方法将"0—10分"与"差、很差、一般、良好、优秀"五个

[①] 张泳、张焱：《分类发展视角下的高校教师绩效评价体系构建——基于德尔菲法的调查研究》，《高教探索》2018年第8期。

[②] 片峰、栾维新、孙战秀等：《基于铁路距离的环渤海铁矿石中转港腹地划分》，《经济地理》2015年第4期。

[③] 李政大、袁晓玲、杨万平：《环境质量评价研究现状、困惑和展望》，《资源科学》2014年第1期。

[④] 张建：《国内传统村落价值评价研究综述》，《小城镇建设》2018年第3期。

等级相对应，并根据指标的特点以及相差的程度来确定评价指标的各项分值。

6. 模糊综合评价法

模糊综合评价法是根据模糊教学的隶属度理论把定性研究转化为定量研究[①]，即用模糊数学对受到多种因素制约的事物或对象做出一种综合评价的方法。

4.4.3 评价原理

评价体系的评价原理包括评价标准的建立以及对评分的处理方法两大部分。传统村落文化遗产评价标准的建立步骤一般是运用层次分析法，建立评价体系的层次，并用德尔菲法确定评价因子权重，并确定评价体系的评分标准，也称分数升降标准。

根据传统村落文化遗产价值评分的处理方法分类，可分成两个类别。

（1）由专家直接打分评价，根据其熟悉程度进行加权平均，一般方法是预先设置熟悉程度，熟悉 =1，较熟悉 =0.75，一般 =0.5，不熟悉 =0.25。将每个评估人的权重乘以每个人上一层的熟悉程度系数，进行累加，并除以每个人的熟悉程度系数之和，得出考虑熟悉程度的每一层的权重值，如朱光亚的苏州历史建筑遗产的评估等。

（2）运用模糊数学建立评价模型，结合层次分析法，进行模糊综合评价，如梁雪春的我国城乡历史地段综合价值的模糊综合评判、汪清蓉的古村落综合价值的定量评估体系等。

4.4.4 针对传统村落价值评估的解决思路

1. 转变现行体系实施的程序和方法

要解决对传统村落评价的根本性问题，需要从评价制度出发。目前对传统村落的评价是"自上而下"的，即先有国家级传统村落，再有其他各省市级传统村落，国家级传统村落的评选采用统一的评价标准势必会遗漏掉部分价值突出的传统村落。如果将评价制度转变为"自下而上"，即由低级转向高级、由省市级转向国家级，一方面扩大了评选范围，加强了对传统村落、传统文化的保护力度；另一方面也促进了国家级传统村落的保护与发展。因此亟需加强对省市级传统村落评价指标体系的研究，完善各级评价标准。

---

① 莫红、刘芬：《区间二型模糊综合评判下的语言动力学分析》，《模式识别与人工智能》2018 年第 6 期。

2. 完善现行评价体系内容

1）增加地域性指标

不同地域内的传统村落存在不同特色，需调整并增加相应具有特色及代表性的地域性指标，以建立更为完善的评价指标体系。

2）构建传统村落分级分类标准

识别特色传统村落，实现传统村落资源的合理化保护是构建价值评估体系的基础。现有对传统村落价值的分级研究趋向于使用定量或定性评价，通过建立评价指标体系，认定评价等级。对分类的研究则偏重行政意义上的界定，未形成系统的分类体系。

4.5 传统村落文化遗产本体价值评估体系

4.5.1 评价过程

评价过程需注重评价所依据信息的客观、全面、可靠，所选择和设置的指标权重科学、合理。传统村落文化遗产本体价值分级分类评价程序包括传统村落保护利用评估基础信息收集、评估指标体系构建、指标体系权重设置、文化遗产价值评估、分级分类评价等内容（图4-4）。

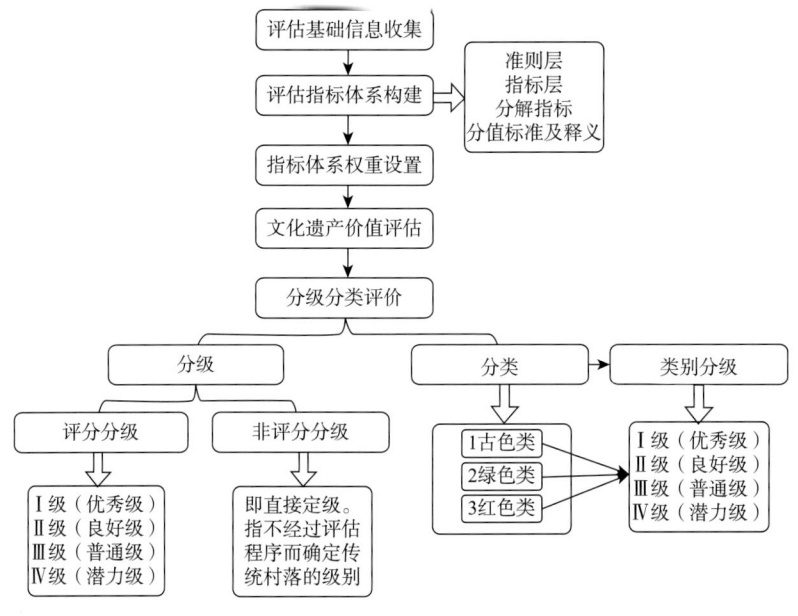

图 4-4 评价流程图

4.5.2 评价指标体系内容

根据评价指标框架构建的全面性原则、独立性原则及可操作性原则，按照各评价主因子及其包含的次因子的内容，参考现行指标体系的内容设置，并结合各领域专家学者的研究成果，综合考虑并确定传统村落价值保护评价总体系框架。同时，为了使评价体系更加完整，借鉴国家历史文化名镇（村）的评选标准，对部分评价指标进行补充及修改。传统村落由于其村落建筑的传统性，选址和格局的延续与传承性，村落承载的非物质文化遗产的继承性及历史环境要素的保存性方面存在的价值相较于普通自然村有所不同。本章分别从村落选址及格局、传统建筑、历史环境要素、非物质文化遗产、红色文化遗产五个类别建立传统村落的保护体系。

传统村落文化遗产价值反映被评价对象所拥有的文化遗产价值。基础评价指标体系由准则层、指标层、指标对象和分值标准及释义四部分组成，共包含 5 个准则层、31 个指标层、41 个指标对象（图 4-5）。具体评价指标体系及评分标准见附录 4。

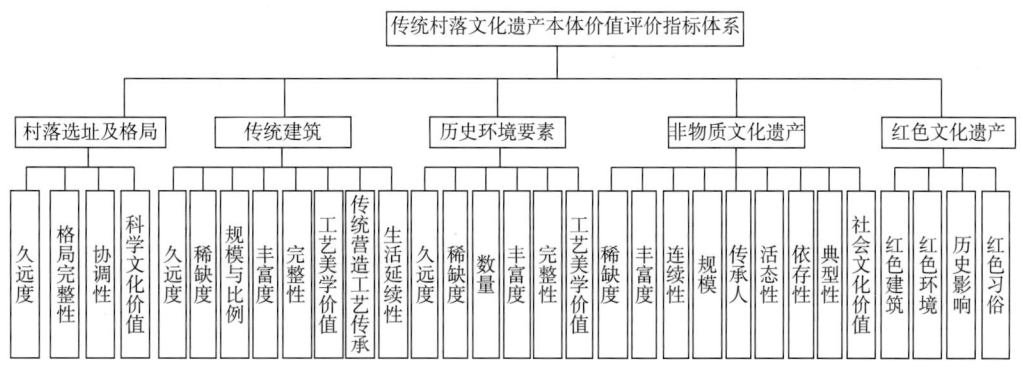

图 4-5 传统村落文化遗产本体价值评估体系框架

1. 村落选址及格局

村落选址及格局包含 4 个指标层和 9 个指标对象，其主要反映了村落现有选址形成年代、村落核心区整体风貌、传统街巷体系及传统公共空间和村落地域或民族特色以及周边自然环境资源等。传统村落的选址和格局大都注重依托自然山水环境，导致传统村落之间的地域特色和居民传统生活方式存在较大差异，且具有较高社会文化价值，对传统村落文化遗产价值评估产生影响。

本体系中包括对久远度、格局完整性、协调性及科学文化价值四个指标层的评价（表 4-3）。久远度（村落现有选址形成年代）和格局完整性（村落核心区整体风貌、传统街巷体系及传统公共空间）评分标准遵循已有指标体系。同时，以往指标体系中的协调性指标对象为村落周边环境保持的良好程度及与村落的和谐共生程度，其判定内容较为模糊，本体系将其调整为对周边自然环境的保护程度和周边建设项目情况评价，突出村落与周边环境的协调性特征。另外，现有体系对科学文化价值的指标对象为村落选址、规划及营造特色，其未能有效突出传统村落选址的价值特征，本体系在此基础上增加村落地域或民族特色以及周边自然环境资源影响指标对象，突出传统村落选址的地域价值。

表 4-3　传统村落选址及格局评分标准

准则层	指标层	指标对象层	分值标准
村落选址及格局	久远度	村落现有选址形成年代	明清及明清以前，5分；民国，3分；中华人民共和国成立后，1分。满分5分
	格局完整性	核心区整体风貌	核心区整体建筑风貌整体完好，7—10分；一般，4—6分；较差，0—3分。满分10分
		传统街巷体系	街巷空间非常丰富且尺度宜人，7—10分；一般丰富，4—6分；较差，0—3分。满分10分
		传统公共空间	传统公共空间保存原有功能且非常好，7—10分；一般，4—6分；较差，0—3分。满分10分
	协调性	周边自然环境保护程度	村落周边环境保存良好，清晰体现原有选址观念，10—15分；一般，5—9分；较差，0—4分。满分10分
		周边建设项目情况	周边无建设项目或对环境无影响，10—15分；一般影响，5—9分；较大影响，0—4分。满分10分
	科学文化价值	村落选址、规划及营造特色	村落的选址、规划、营造具有很高的科学研究价值，7—10分；一般，4—6分；较差，0—4分。满分10分
		村落地域或民族特色	村落极具地域或民族特色，7—10分；一般，4—6分；较差，0—3分。满分10分
		周边自然环境资源影响	村落的建设与发展与周边自然环境资源有极大关系，7—10分；一般，4—6分；较差，0—3分。满分10分

2. 传统建筑

传统建筑包含8个指标层和9个指标对象，其主要反映了传统建筑栋数占村庄整体建筑栋数比例、传统建筑中原住民的生活状态和传统建筑质量及环境等。每个传统村落具有独特的建筑风貌和较高的艺术价值，会对传统村落文化遗产价值评估的产生影响。

本体系包括对久远度、稀缺度、规模与比例、丰富度、完整性、工艺美学价值、传统营造工艺传承及生活延续性8个指标层进行评价（表4-4）。在指标层，本体系增加了生活延续性指标，通过评价现存传统建筑中原住民的生活状态，来表征其生活延续情况，从而凸显传统村落的社会价值。在指标对象层，考虑到现有指标体系中规模与比例指标对象的量化较为复杂，本体系调整为传统建筑规模占比，计算传统村落中传统建筑栋数占村庄整体建筑栋数比例。同时，完整性指标对象为衡量村落传统建筑质量及环境的保护情况，其评价内容不够单一，本体系调整为只对现存传统建筑（群）

及其建筑细部乃至周边环境的保存情况进行评价,排除非建筑本身问题的干扰。此外,在工艺美学价值指标对象中,仅对传统建筑的建造工艺进行系统性的概括,未突出传统村落中部分具有特殊建造工艺的建筑。因此,本体系将调整为分析传统村落中的建筑特色,以呈现传统村落的艺术价值特色。

表 4-4 传统建筑评分标准

准则层	指标层	指标对象层	分值标准
传统建筑	久远度	现存最早建筑修建年代	明代及以前,4 分;清代,3 分;民国,2 分;中华人民共和国成立至 1980 年,1 分。满分 4 分
		传统建筑群集中修建年代	清代及以前,6 分;民国,4 分;中华人民共和国成立至 1980 年,3 分。满分 6 分
	稀缺度	文物保护单位等级	国家级文物保护单位,5 分;省级文物保护单位,3 分;市县级文物保护单位,2 分。满分 10 分
	规模与比例	传统村落中传统建筑栋数占村庄整体建筑栋数比例	≥60%,16—20 分;40%—60%,11—15 分;20%—40%,6—10 分;0—20%,0—5 分。满分 20 分
	丰富度	传统村落建筑所具有的功能类型	传统村落建筑的功能类型有居住、传统商业、防御、驿站、祠堂、庙宇、书院、楼塔及其他种类。每一种得 2 分,满分 10 分
	完整性	现存传统建筑(群)及其建筑细部乃至周边环境保存情况	保存完好,12—15 分;保存较好,8—11 分;保存一般,4—7 分;保存较差,0—3 分。满分 15 分
	工艺美学价值	现有传统建筑具有特殊建造工艺的特色建筑	具有典型地域或民族特色,且工艺精湛,7—10 分;具有典型地域、民族特色但工艺一般,或不具备地域典型性但工艺精湛,4—6 分;地域性典型性或工艺均较为一般,0—3 分。总分 12 分
	传统营造工艺传承	传统的营造工艺在建筑中的应用	至今仍大量应用传统技艺营造日常生活建筑,8—10 分;较多遗存,5—7 分;较少遗存,0—4 分。满分 8 分
	生活延续性	现存传统建筑中原住民的生活延续情况	原住民人口占村落总人口 60% 以上,12—15 分;40%—60%,8—11 分;20%—40%,4—7 分;0—20%,0—3 分。满分 15 分

3. 历史环境要素

历史环境要素包含 6 个指标层和 6 个指标对象,其主要反映了传统村落中历史环境要素的久远度、数量、种类及完整性。历史环境要素是否能得到全面保护和传承则是传统村落整体保护与协调发展的关键因素,同时也是传统村落文化遗产价值评估的重要组成部分。

本体系增加了历史环境要素准则层。通过对久远度、稀缺度、数量、丰富度、完整性及工艺美学价值 6 个指标层进行评价,以更好地对传统村落历史环境要素价值进行评价(表 4-5)。

表 4-5 传统村落历史环境要素评分标准

准则层	指标层	指标对象层	分值标准
历史环境要素	久远度	现存最早历史环境要素年代	明代及以前,10 分;清代,8 分;民国,6 分;中华人民共和国成立至 1980 年,3 分。满分 15 分

续表

准则层	指标层	指标对象层	分值标准
历史环境要素	稀缺度	文物保护单位等级	环境要素被列入国家级、省级、市县级、第三次文物普查范围分别得5分、3分、2分、1分,每超过一处分别得2分、1.5分、1分、0.5分。满分10分
	数量	历史环境要素总数	环境要素总数量超过35个,15—20分;总数量超过25—35个,10—14分;总数量超过15—25个,5—9分;总数量超过0—15个,0—4分。满分20分
	丰富度	历史环境要素种类	传统村落具有史建祭台、古石板、碑刻、遗留水井及水渠、古墓群、名木古树及其他种类。每一种得2分,满分16分
	完整性	存在于各类要素周边的环境、要素本身的细节部位保存状况	1. 存在于各类要素周边的环境、要素本身的细节部位保存完好,与村落整体风貌协调统一,15—20分; 2. 现存历史环境要素、细部、周边环境基本上原貌保存,当地居民就在使用部分要素,10—14分; 3. 现存历史环境要素遭受到部分人为或自然破坏,但还能分辨其结构,周边环境虽遭受到了一定破坏,但能从其看出村落一定时期的风貌特色,5—9分; 4. 历史环境要素大部分破损较严重,存留部分结构构件及细部装饰,具有一定历史与地域特色风貌,周边环境破坏较为严重,0—4分。满分15分
	工艺美学价值	传统村落现存环境要素所采用的结构及材料,整体上的造型,要素的装饰等美学艺术价值	1. 现存历史环境要素所具有的外观、形体等,建筑所采用的结构及使用材料的配置对比,材料的加工方式,是否采用本地材料,能够从这些要素中体验到一定地域的特点和区域民族特色,工艺美学价值高,16—24分; 2. 现存历史环境要素所具有的外观、形体等,建筑整体结构,所使用的材料的配置对比,材料的加工方式,是否采用本地材料,要素具有地域性特点或民族性特色,工艺美学价值较高,8—15分; 3. 历史环境要素外观、装饰、使用材料等不具备典型民族或地域代表性,建造与装饰仅体现当地乡土特色,美学价值一般,0—7分。满分24分

4. 非物质文化遗产

非物质文化遗产包含了包含9个指标层和10个指标对象,其主要反映了传统村落中非物质文化遗产的级别、种类、依存程度以及传统习俗数量和传承情况。传统村落是物质和非物质文化遗产的综合体,是在自然及社会历史环境交互作用过程中产生与成长的,具有延续性、本土性、变迁性特点的活态文化体。因此将非物质文化遗产纳入传统村落文化遗产价值评估是必须的。

本体系包括稀缺度、丰富度、连续性、规模、传承人、活态性、依存性、典型性及社会文化价值9个指标层。在指标层,增加典型性评价指标,通过非物质文化遗产的地域性、民族性特色评价,凸显传统村落非物质文化遗产的价值特色。同时,增加社会文化价值评估指标,通过统计传统村落非遗的传统习俗数量及本土文化认同感来评价非物质文化遗产的社会文化价值(表4-6)。

表 4-6 传统村落非物质文化遗产评分标准

准则层	指标层	指标对象层	分值标准
非物质文化遗产	稀缺度	非物质文化遗产级别	世界级非物质文化遗产,10分;国家级非物质文化遗产,8分;省级非物质文化遗产,5分。满分10分
	丰富度	非物质文化遗产种类	国家级非物质文化遗产,2分;省级非物质文化遗产,1分。满分5分
	连续性	至今连续传承时间	非物质文化遗产至今已连续传承时间在100年以上,10分;连续传承时间在50年以上,8分。满分10分
	规模	传承活动规模	全村参加非物质文化遗产活动,5分;参加人数大于30人,4分;参加人数大于等于10人,小于30人,3分;参加人数小于10人,2分。满分5分
	传承人	是否有明确代表性传承人	有,且为省级以上,5分;有,且为市级以上,3分;无,0分。满分5分
	活态性	传承情况	传承良好,具有传承活力,15分;传承一般,无专门管理,10分;传承濒危无活力,5分。满分15分
	依存性	非物质文化遗产相关的仪式、传承人、材料、工艺以及其他实践活动等与村落及其周边环境的依存程度	非物质文化遗产举行活动的空间及组织管理、工具的加工工艺及材料等内容与村落物质环境密切联系,15—20分;遗产举行活动的空间、工具的加工工艺的传承对村落具有一定依赖性,当地村民与非物质文化活动的举行有联系密切,具有民间管理组织,10—14分;遗产举行活动的空间、工具的加工工艺的传承与村落联系较为密切,为本地域共有特色遗产,具有代表性,5—9分;遗产可不依赖村落保持独立传承,0—4分。满分20分
	典型性	非物质文化遗产的地域性、民族性特色评价	传统村落极具地域或民族特色,5—10分;一般,5分;较差,0—4分。满分10分
社会文化价值		本地传统习俗	传统习俗总数量超过10个,7—10分;总数量为5—10个,4—6分;总数量为0—5个,0—3分。满分10分
		本土文化认同感	文化认同感强,7—10分;一般,4—6分;较差,0—3分。满分10分

5. 红色文化遗产

红色文化遗产包含4个指标层和7个指标对象,其主要反映了传统村落中红色建筑风貌及价值、红色遗址及景观、革命文化和纪念仪式等。传统村落中蕴藏着丰富的红色文化景观,是民族的宝贵遗产,具有较高的历史价值,是传统村落文化遗产价值评估的重要组成部分。

本体系包括对红色建筑(建筑风貌、建筑价值)、红色环境(红色遗址规模、红色景观特色)、历史影响(英雄事迹、革命文化)及红色习俗(纪念仪式)进行评价,以突出传统村落红色文化遗产的历史价值(表4-7)。

表 4-7 传统村落红色文化遗产评分标准

准则层	指标层	指标对象层	分值标准
红色文化遗产	红色建筑	建筑风貌	红色建筑风貌保存良好,7—10分;一般,4—6分;较差,0—3分
		建筑价值	红色建筑价值较高,7—10分;一般,4—6分;较低,0—3分
		红色遗址规模	传统村落红色遗址规模,突出,7—10分;一般,4—6分;较差,0—3分
		红色景观特色	传统村落极具红色景观特色,突出,7—10分;一般,4—6分;不突出,0—3分
	历史影响	英雄事迹	各个革命时期传统村落所流传的具有重要历史价值、承载一定革命精神的英雄事迹。每存在一种得5分
		革命文化	各个革命时期传统村落所流传的具有重要历史价值、承载一定革命精神的革命文艺、革命歌曲、革命口号、称颂诗词。每存在一种得5分
	红色习俗	纪念仪式	各个革命时期传统村落所流传的具有重要历史价值、承载一定革命精神的纪念仪式。每存在一种得5分

4.5.3 评价指标权重确定

本指标体系采用德尔菲法及层次分析法对传统村落文化遗产本体价值进行评价,以客观、全面地评价传统村落文化遗产本体价值,并科学地反映影响各构成因素之间的结构性关系及其重要性程度。

德尔菲法。德尔菲法是一种利用专家的专长和经验,进行直观预测的研究方法,是通过一系列集中的专家调查问卷,并辅以有控制的观点反馈,从而得到一组专家最大程度的共识的过程。本体系使用德尔菲法确定权重咨询值。

层级分析法。以传统村落文化遗产本体价值作为总体目标(Z),确定村落选址及格局、传统建筑、历史环境要素、非物质文化遗产及红色(革命)文化遗产五个评价准则$A_i(i=1,2,\cdots,5)$。A_i之间的相对重要性按照1—5标度法,通过专家评判得到的评判矩阵表示。通过计算特征向量得到评价准则的最终权重值$W_i(i=1,2,\cdots,5)$。A—F判断矩阵如表4-8所示。其中,矩阵最大特征根λ=5.28,判断矩阵的一致性CI=0.07,平均随机一致性指标RI=1.12,CR=CI/RI=0.0625<0.10,表明以上五阶矩阵的一致性通过检验。

表 4-8　A—F 判断矩阵

Z	A_1	A_2	A_3	A_4	A_5	W_i(权重值)
A_1(村落选址及格局)	1	2	3/4	2/3	3/2	0.2140
A_2(传统建筑)	1/2	1	3/2	1/2	3/2	0.1754
A_3(历史环境要素)	4/3	2/3	1	2/3	1/2	0.1584
A_4(非物质文化遗产)	3/2	2	3/2	1	4/3	0.2691
A_5(红色文化遗产)	2/3	2/3	2	3/4	1	0.1831

4.5.4 评价模型

传统村落文化遗产本体价值评估的数学模型为

$$Z = W_1A_1 + W_2A_2 + \ldots + W_nA_n = \sum_{i=1}^{n} W_iA_i, \quad W_i > 0 \quad (4-1)$$

其中,Z为传统村落文化遗产本体价值综合得分;A_i为某单项准则i的评分值;W_i为评价准则中第i个准则的权重。

4.5.5 评价分级与分类标准

1. 评分分级

评分分级是基于准则层、最终权重,采用多目标线性加权函数方法,根据评价传统村落文化遗产本体价值的综合得分分值确定级别,将传统村落划分为Ⅰ级(优秀级)、Ⅱ级(良好级)、Ⅲ级(普通级)、Ⅳ级(潜力级)和Ⅴ级(较差级)五个等级。

优秀级:指文化遗产本体价值较高的传统村落。

良好级:指文化遗产本体价值良好的传统村落。

普通级:指文化遗产本体价值一般的传统村落。

潜力级:指文化遗产本体价值尚未得到科学有效的开发和利用,具有较大发展潜力的传统村落。

较差级:指文化遗产本体价值较低的村落。

具体分级标准如表4-9所示。

表4-9 传统村落文化遗产本体价值分级标准

级别	级名	分值区间(满分100分)
Ⅰ级	优秀级	≥85分
Ⅱ级	良好级	70—85分
Ⅲ级	普通级	60—70分
Ⅳ级	潜力级	50—60分
Ⅴ级	较差级	<50分

2. 评分分类及类别分级

1)评分分类

根据传统村落自身文化遗产的资源特色,将传统村落分为古色类、绿色类、红色类三大类。

古色类传统村落:物质性文化遗产保存较多,历史上存在的古街、宗祠、码头、河道、街巷等传统建筑色彩较为浓厚的传统村落。具体标准为村落选址及格局、传统建筑以及历史环境要素三类总得分≥180分,满分300分。

绿色类传统村落:非物质文化遗产传承、延续较好,传统的生产、生活习俗较为丰富的传统村落。具体标准为非物质文化遗产得分≥60分,满分100分。

红色类传统村落:红色(革命)文化遗产较多的传统村落。村落红色文化遗产一般是指从1921年中国共产党成立至中华人民共和国成立的各个革命时期(中央革命根据地、红军长征、抗日战争、解放战争),村落所留存的具有重要历史价值的名人旧居、会议旧址、历史陵园、纪念碑、红军遗物、文献资料、人造工程(如战壕),以及流传的承载一定革命精神的相关口头资料(如革命文艺、革命歌曲、革命口号)等。具体标准为红色文化遗产得分≥60分,满分100分。

特定传统村落的本体资源类型,依据数据平台的"传统村落文化遗产价值评估指标体系"子系统的对应指标项得分情况确定。具体类别标准如表4-10所示。

表 4-10 传统村落文化遗产资源分类标准

序号	类别	准则层	分值占各类总分比例
1	古色类	物质文化遗产（总分 300 分） （村落选址及格局、传统建筑、历史环境要素）	≥60% （≥180 分）
2	绿色类	非物质文化遗产（总分 100 分）	≥60% （≥60 分）
3	红色类	红色文化遗产（总分 100 分）	≥60% （≥60 分）

2）类别分级

类别分级是指在传统村落文化遗产资源分类的基础上对不同类别再进行不同等级的划分。根据评价传统村落文化遗产本体价值的分级分类得分结果确定级别。具体分级标准如表 4-11 所示。

表 4-11 传统村落文化遗产本体价值各类别分级标准

级别	级名	古色类 （总分 300 分）	绿色类 （总分 100 分）	红色类 （总分 100 分）
Ⅰ级	优秀级	≥240 分	≥80 分	≥80 分
Ⅱ级	良好级	210—240 分	70—80 分	70—80 分
Ⅲ级	普通级	180—210 分	60—70 分	60—70 分

优秀级：指物质文化遗产古色类评分≥240 分；非物质文化遗产绿色类评分≥80 分；红色文化遗产红色类评分≥80 分，即古色类、绿色类和红色类价值表现突出的传统村落。

良好级：指物质文化遗产古色类评分在 210—240 分；非物质文化遗产绿色类评分在 70—80 分；红色文化遗产红色类评分在 70—80 分，即古色类、绿色类和红色类价值较为显著的传统村落。

普通级：指物质文化遗产古色类评分在 180—210 分；非物质文化遗产绿色类评分在 60—70 分；红色文化遗产红色类评分在 60—70 分，即古色类、绿色类和红色类价值较不显著，但具有较大发展潜力的传统村落。

4.6 陕西省传统村落文化遗产本体价值评估

4.6.1 传统村落现状概述

1. 自然地理特征

陕西省是中国西北部的关口要塞，地处我国东西衔接、南北过渡地带，东西窄，南北长，东西跨度 160—490 km，南北跨度约 880 km，全省地域面积 205800 km^2，主要地貌类型有大巴山中山区、安康-汉中低山丘陵盆地区、秦岭山地区、关中平原、黄土高原及风沙高原区。陕西省由北向南按照地理和气候的差异可分为陕北高原、关中平原和陕南山地三大自然地理区域。本节研究以陕南、关中、陕北三大自然经济区为传统村落案例研究地，包含10个市级行政区划（杨凌区作为省直辖管理的行政区划，在分析时将其整合到咸阳市作为一个行政单元进行研究）。历史上，关中地区作为封建王朝都城的所在地，是拥有众多历史事件的典型代表区域；陕北地区是中国窑洞聚落的主要分布区，聚落分布特征明显；陕南地区素有"西北小江南"之称，山水景观资源丰富，自然环境优美。三大自然经济区地跨南北，自然环境迥异，人文环境有别，孕育出截然不同的传统村落。从陕南的天井院，到关中的四合院，再到陕北的窑洞聚落，不同的自然景观孕育了不同的传统村落，它们具有明显的分异特征。由此可见，陕西省是我国非常典型的传统村落分布区。

2. 社会人文特征

在人口特征方面，陕西省人口分布数量在全国处于中等水平，省内人口分布不均衡，呈现"南北少，中间多"的格局。在经济方面，陕西省是通往西北五省的重要关口，经济发展水平居西部第一。关中地区中的西安市是全省重要的经济、政治、文化及交通枢纽中心，作为省会城市，区位优势明显，基础设施配套到位，产业经济集聚明显，吸引了大量的人才进入。在此基础下，关中地区形成以西安为中心，宝鸡为副中心的关中经济区。在交通方面，陕西省位于全国的中心位置，是西部地区连接中东部和南北的枢纽。虽然陕西交通基础设施起步较晚，但发展迅速，交通规模结构不断优化，增进了地区之间的文化交流和经济发展，对于区域之间的互通有无提供了保障，同时增强了传统村落发展的联通性。

4.6.2 文化遗产本体价值评估

1. 评价实例选取

目前，陕西省目前共有113个传统村落列入《中国传统村落名录》，323个村落列入《陕西传统村落名录》。为了更好地体现本价值评估体系的可用性，选取了陕西省113个国家级传统村落进行验证（图4-6）。传统村落数据资料主要来源于实地调查以及《陕西古村落（一）——记忆与乡愁》、《陕西古村落（二）——记忆与乡愁》等文献资料[①]。

[①] 陕西省城乡规划设计研究院：《陕西古村落（一）——记忆与乡愁》，北京：中国建筑工业出版社，2015年。

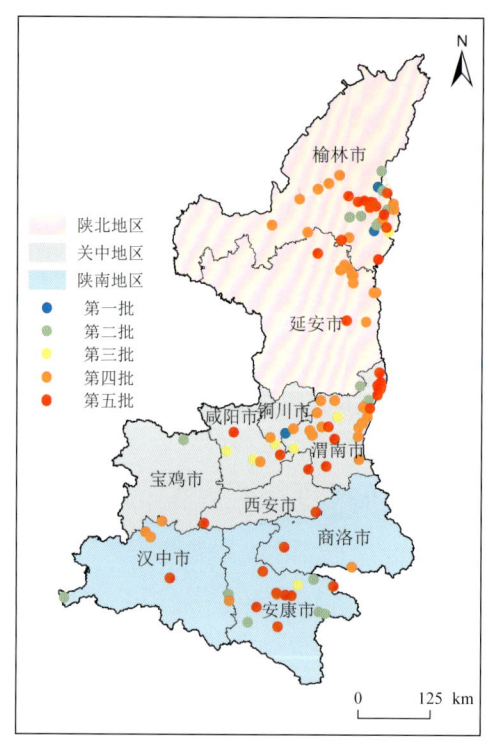

图 4-6 陕西省传统村落空间格局分布图

陕西省省级传统村落分布相对均衡，国家级传统村落主要分布在榆林市、安康市和渭南市。从区域分布特征来看，陕北地区传统村落主要集中在榆林市东南部的绥德县、佳县一带；关中地区传统村落主要集中分布在渭南市，其次为咸阳市和宝鸡市；陕南地区安康市拥有的传统村落数量最多，集中分布在旬阳县、石泉县和汉阴县，其次为商洛市，汉中市最少。陕北及关中地区的传统村落数量明显多于陕南地区，这是由于陕北及关中地区位于中华民族的主要发祥地——黄土高原地区，人类活动历史悠久，且水运交通、历史条件及历史人文等条件较为优越，具备形成具有独特地域文化的传统村落的基础①。陕南地区由于地处秦巴山地区，自然环境比较封闭，对外交通不便，导致经济发展水平相对较低，受城镇化影响相对较小②，因此所保留的特色传统村落数量较少。

2. 评价指标分值计算

在陕西省传统村落评价指标的运用方面，对以上 113 个村落进行评价，根据构建

---

① 向远林、曹明明、秦进等：《基于精准修复的陕西传统乡村聚落景观基因变异性研究》，《地理科学进展》2020 年第 9 期。
② 翟洲燕、李同昇、常芳等：《陕西传统村落文化遗产景观基因识别》，《地理科学进展》2017 年第 9 期。

的陕西省省级传统村落评价指标体系的指标权重及评分标准计算各传统村落的综合价值得分。

陕西省级传统村落评价指标体系的评价最终得分计算步骤如下,先通过评分标准打分,再将得分与该项指标的权重相乘来获得该项评价因子的最终得分,再将各指标得分进行求和,获得该村的综合得分。以评价人员对孙塬村的评价情况为例,根据评价标准所得出的评分表(表4-12)。

表4-12 陕西省孙塬村评价得分情况

类别	权重值	指标	分值
村落选址及格局	0.2140	久远度	8
		格局完整性	24
		协调性	27
		科学文化价值	25
传统建筑	0.1754	久远度	7
		稀缺度	5
		规模与比例	18
		丰富度	10
		完整性	14
		工艺美学价值	9
		传统营造工艺传承	10
		生活延续性	13
历史环境要素	0.1584	久远度	10
		稀缺度	10
		数量	18
		丰富度	15
		完整性	17
		工艺美学价值	18
非物质文化遗产	0.2691	稀缺度	10
		丰富度	4
		连续性	10
		规模	4
		传承人	4
		活态性	13
		依存性	17
		典型性	10
		社会文化价值	18
红色文化遗产	0.1831	红色建筑	15
		红色环境	18
		历史影响	29
		红色习俗	18

最终得分：(8+24+27+25)×0.2140+(7+5+18+10+14+9+10+13)×0.1754+(10+10+18+15+17+18)×0.1584+(10+4+10+4+4+13+17+10+18)×0.2691+(15+18+29+18)×0.1831=86，得出孙塬村的最终评价得分为86分。

3. 评价分级结果

运用上文所构建的传统村落文化遗产本体价值评估指标体系，结合所选取的陕西省传统村落的样本地图、统计及资料数据得出传统村落文化遗产本体价值评估综合得分及各准则层得分（图4-7）。

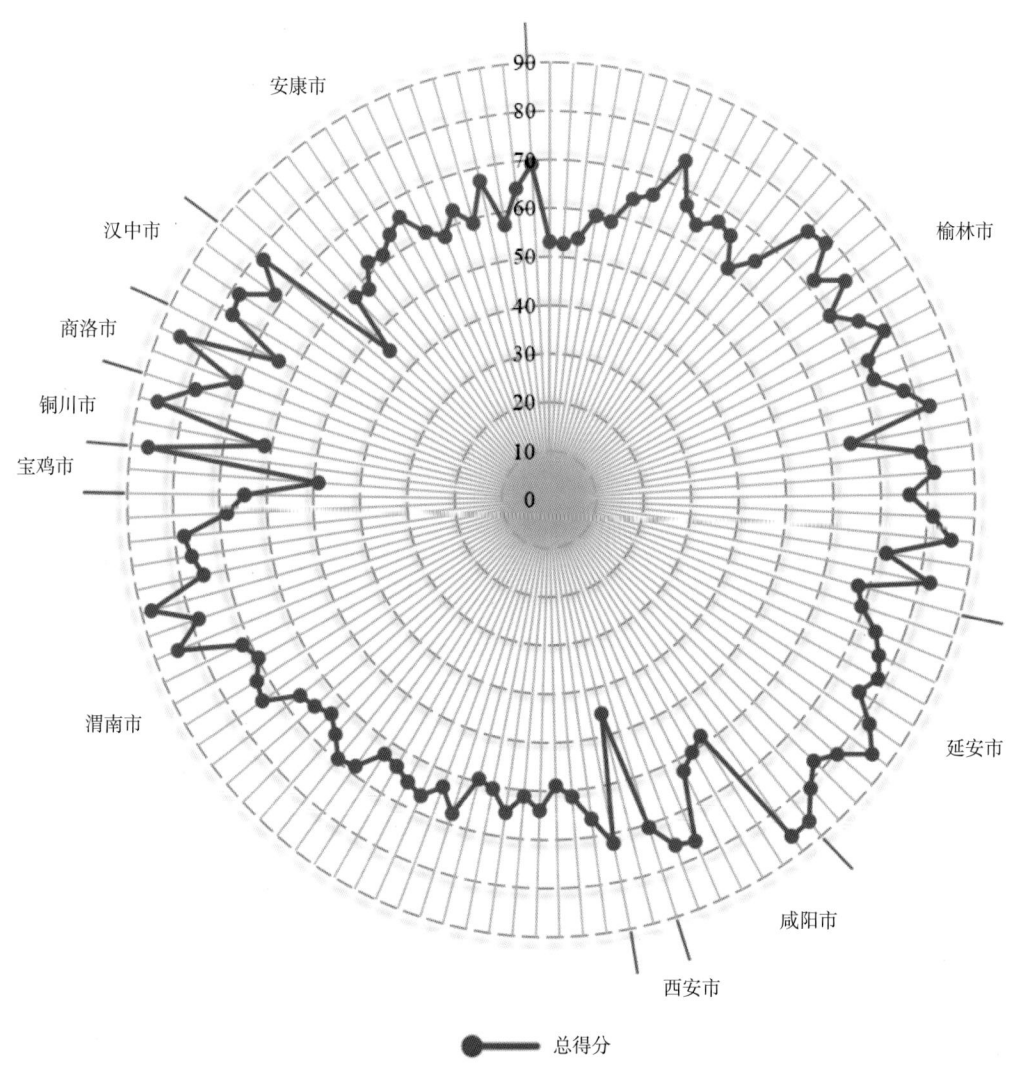

图4-7 陕西省传统村落评价得分图

1）总体特征分析

总体来看，陕西省传统村落文化遗产本体价值综合得分值在45.4—87.8分，平均得分为69.9分。其中，得分最高的为韩城市党家村（87.8分），对应为Ⅰ级传统村落。得分最低的为西安市老县城村（45.4分），对应为Ⅴ级传统村落。陕西省113个传统村落中，Ⅴ级传统村落数量最少，所占比例为2.6%；数量最多的为Ⅲ级传统村落，占40.7%。

从传统村落文化遗产本体价值评分的空间分布特征来看，评分的高值区与低值区在陕北、关中及陕南地区均有涉及，且分布较为均衡。陕北地区传统村落的平均分值最高（72.9分），说明陕北地区传统村落的整体文化遗产价值较高。陕南地区传统村落的平均分值最低（65.5分）。三个区位的平均得分差别并不大。从传统村落分级的空间特征来看，Ⅰ级、Ⅱ级传统村落在陕北地区分布比例较大，Ⅲ级传统村落在关中地区分布比例较大，而Ⅳ级、Ⅴ级传统村落则在陕南地区的分布比例最大（表4-13）。

表4-13 陕西省传统村落各区域分级数量及比例

分级	Ⅰ级	Ⅱ级	Ⅲ级	Ⅳ级	Ⅴ级
陕北地区	4（8.7%）	25（54.3%）	12（26.1%）	5（10.9%）	0
关中地区	3（6.7%）	13（28.9%）	24（53.3%）	3（6.7%）	2（4.4%）
陕南地区	1（4.5%）	5（22.7%）	10（45.6%）	5（22.7%）	1（4.5%）
总体	8（7.1%）	43（38.1%）	46（40.7%）	13（11.5%）	3（2.6%）

2）准则层特征分析

从陕西省传统村落准则层的得分情况来看（图4-8），整体上村落选址及格局层的平均分值最高（78.3分），共63个高于平均值，50个低于平均值，相比于其他准则层具有更高的文化遗产价值。其中村落选址及格局价值最高的村落为云镇村（96.0分），价值最低的村落为天宝村（55.0分）。从评分的空间分异特征来看，陕北、关中及陕南地区的村落选址及格局平均分差别并不大，最高为关中地区（79.0分），最低的为陕南地区（77.6分）。同时，村落选址及格局得分大于等于85分的村落在关中地区比例同样最大，占43.3%。这可能是由于关中地区地处独特的地理环境——秦岭以北黄土高原区，在自然条件方面具备优势；同时关中作为陕西的政治、经济和文化中心，是陕西经济发展水平最高的地区，因此其具有突出的传统村落选址及格局价值。

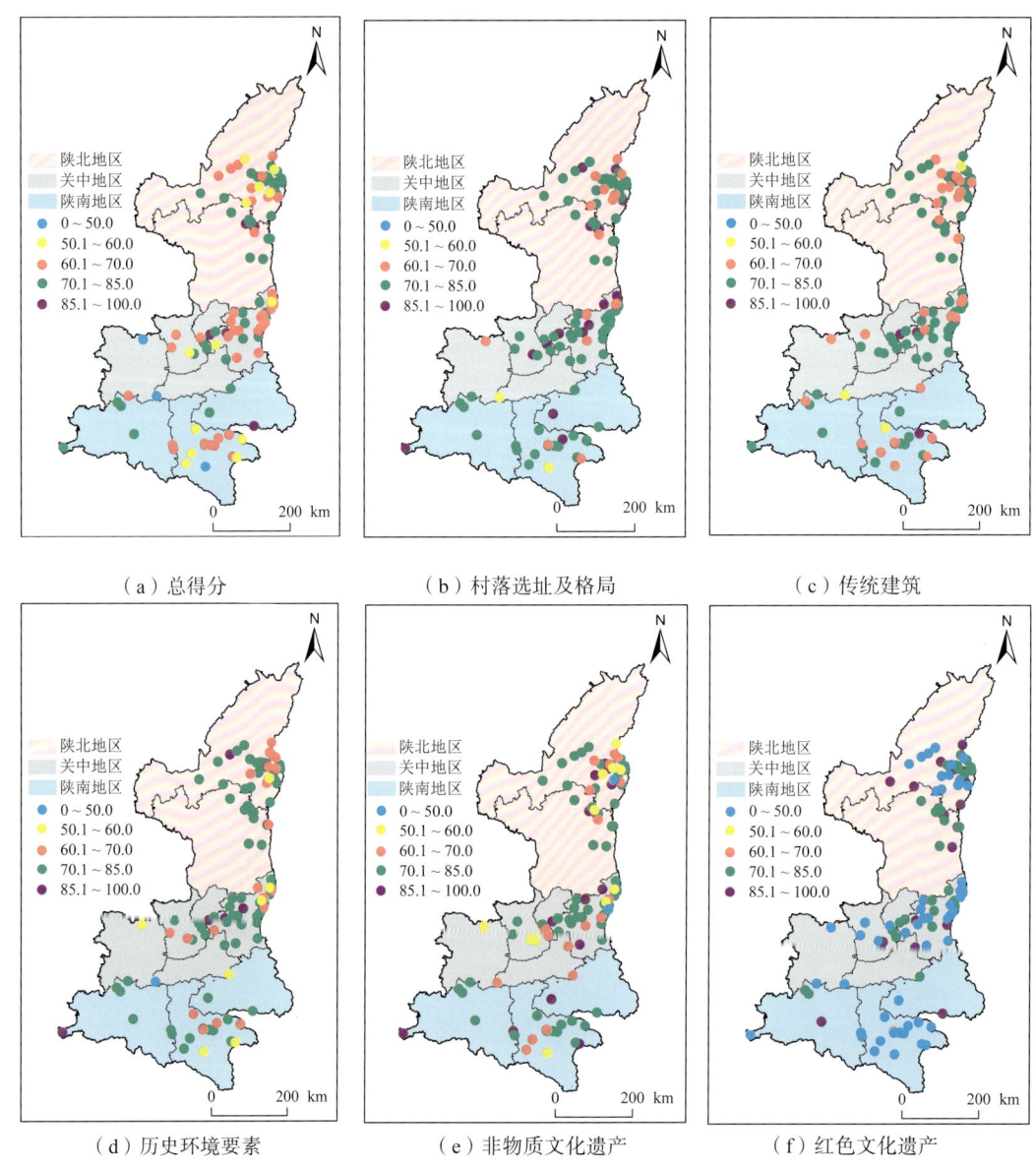

图 4-8　陕西省传统村落评价得分图

传统建筑层面得分平均值为 73.7 分，共 56 个高于平均值，57 个低于平均值，其中传统建筑价值最高的村落为庙湾村（88.0 分），其建筑遗产的久远度以及特色建筑的美学价值均保存的相对完善，与周边自然环境的协调度较高。价值最低的村落为老县城村（54.0 分）。从评分的空间分异特征来看，关中地区传统建筑的平均分值最高（74.4 分），具有突出的传统建筑价值，陕北地区最低（73.0）。传统建筑得分大于等于 85 分的村落仅有 5 个，在三个区域均有分布。

历史环境要素层面得分平均值为 75.0 分，共 69 个高于平均值，44 个低于平均值。其中历史环境要素价值最高的村落为青木川村（90.0 分），价值最低的村落为老县城村（49.0分）。从评分的空间分异特征来看，陕北地区历史环境要素平均分最高（75.4分），具有突出的历史环境要素价值，陕南地区最低（73.3分）。关中地区村落历史环境要素得分高低值差异较大，大于等于85分和小于60分的村落占比均为最大，分别为62.5%和57.1%。

非物质文化遗产层面得分平均值为75.1分，共63个高于平均值，50个低于平均值。其中非物质文化遗产价值最高的村落为张寨村（95.0分）和赵家河村（95.0分），价值最低的村落为灵泉村（48.0分）。从评分的空间分异特征来看，陕南地区非物质文化遗产平均分最高（77.5分），其非物质文化遗产的平均价值较高。陕北地区得分大于等于85分的村落占比最大（52.1%），具有突出的非物质文化遗产价值。关中地区非物质文化遗产平均分最低（66.6分），得分小于60分的村落占比也为最大，达到54.5%。

陕西省113个传统村落中，具有红色类文化遗产的村落共有57个，占总村落数的一半以上（50.5%）。其中，红色文化遗产价值得分大于等于85分的村落有36个，占比为63.2%。这表明陕西省具有红色文化遗产价值的村落数量一般，但其红色价值较高，具有充分的保护与利用价值。从评分的空间分异特征来看，具有红色类文化遗产的村落大多分布在陕北（57.9%）及关中（33.3%）地区，且平均分值同样较高。

4. 评价分类结果

依据陕西省传统村落文化遗产本体价值的评价结果，将样本村落进行特色分类（图4-9）。结果表明，陕西省传统村落以古色类+绿色类村落为主，其中陕北地区传统村落整体的文化遗产价值较高，同时为古色、绿色与红色类的传统村落占比最大（65.2%）。关中地区及陕南地区均以古色类+绿色类传统村落为主。

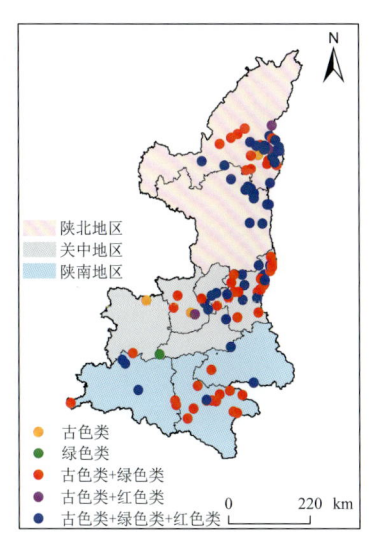

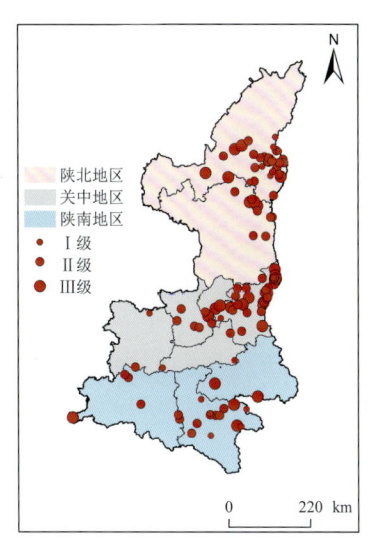

（a）分类特征　　　　　　　（b）古色类

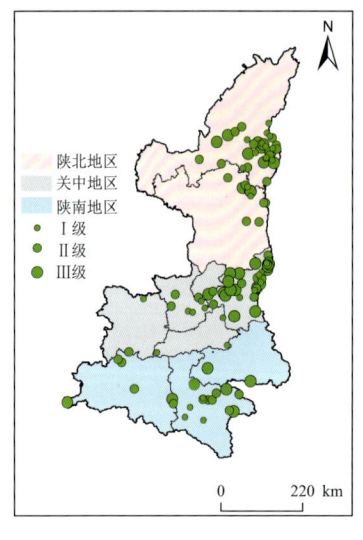
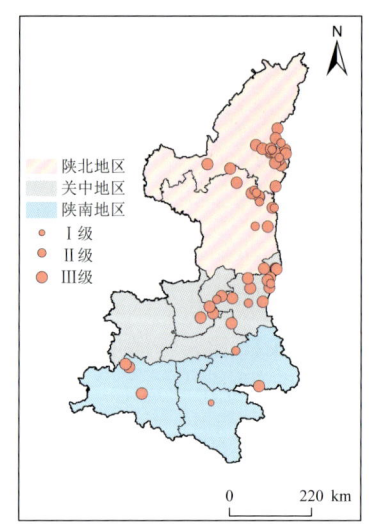

（c）绿色类　　　　　　　　　　　（d）红色类

图 4-9　陕西省传统村落类别分级的空间分布

从表 4-14 传统村落的类别分级结果来看，总体上古色类的Ⅱ级传统村落数量最多，绿色类与红色类的Ⅰ级传统村落数量最多。从空间分异特征来看，与总体上的空间分异特征一致，陕北、关中及陕南三个地区的古色类传统村落均以Ⅱ级村落为主，而绿色与红色类传统村落以Ⅰ级村落为主。这表明陕西省国家级传统村落中古色类价值一般，绿色类与红色类价值较高。

表 4-14　陕西省传统村落的类别分级数量及比例

分类	古色类			绿色类			红色类		
分级	Ⅰ级	Ⅱ级	Ⅲ级	Ⅰ级	Ⅱ级	Ⅲ级	Ⅰ级	Ⅱ级	Ⅲ级
陕北地区	11（23.9%）	27（58.7%）	8（17.4%）	19（41.3%）	16（34.8%）	7（15.2%）	28（60.9%）	5（10.9%）	0
关中地区	13（28.9%）	28（62.2%）	3（6.7%）	17（37.8%）	15（33.3%）	7（15.6%）	18（40.0%）	1（2.2%）	0
陕南地区	5（22.7%）	12（54.5%）	4（18.2%）	11（50.0%）	7（31.8%）	3（13.6%）	4（18.2%）	1（4.5%）	0
总体	29（25.7%）	67（59.3%）	15（13.3%）	47（41.6%）	38（33.6%）	17（15.0%）	50（44.2%）	7（6.2%）	0

4.6.3　价值保护模式与建议

1. 价值保护模式

（1）对于缺失古色类的传统村落，应具有针对性地改善村落建筑、历史环境要素等物质类文化遗产。例如，新老建筑杂糅及村落的基础设施不足等问题导致传统村落的整体风貌被破坏。对于存在这一类问题的村落应实行原真保护与分级保护策略。对建筑细部进行修复时应保持与建筑整体风格相一致，并且与村落周边环境相协调，以达到原真保护。同时遵循分类分级保护的原则，针对不同级别的建筑采取修缮、维修、改造、拆除和复建等保护与整治措施，以达到"修旧如旧"的保护目的。

（2）对于绿色类的传统村落，应特别加强对具有一定地域性及民族性的特色非物质文化遗产的保护。例如，具有代表性的民间艺术和手工艺品等加大保护力度，不但要保护好传承人还要保护好遗产传承的氛围和环境，从而凸显非物质文化遗产的价值特色。另外，对于当地村民来说，还应继续加强其对本土的文化认同感，提高人民群众的保护意识，加大对非物质文化遗产的宣传投入，提高公众参与的积极性。

（3）对于红色类传统村落，应确定红色文化遗产保护利用的目标与定位，推进红色文化资源的保护利用与地区功能与产业的发展[1]。同时，加大红色文化遗产的宣传力度。利用红色文化遗产开设形式多样的爱国主义与革命教育活动，打造红色文化多元传播平台，设计红色文化旅游区，推进红色文化与旅游融合发展，并鼓励社会各界加强对遗产的红色文化内涵和革命历史价值的发掘和研究。

2. 价值保护建议

1）构建点、线、面、体多维度保护框架

在传统村落的整体保护方面，构建点——诸如古树、古井等共同构成传统村落的"点"要素；线——传统村落中的街巷格局及村中水系形成的线性格局；面——村中的老宅院连片组成的传统民居建筑群，以及分布在村中的开敞空间；体——周边的山体、台塬、水系等自然环境以及村落空间格局的四方面整体多维度保护框架，从多方面构建传统村落的保护体系。

2）进一步加强对传统建筑及整体风貌的保护

对传统建筑进行保护与修复时，需要遵循原真保存的原则。对建筑细部进行修复时应保证与建筑整体风格相一致，并且与村落周边环境相协调。同时需遵循分类分级保护的原则，针对不同级别的建筑采取修缮、维修、改造、拆除和复建等保护与整治措施。

3）进一步加强对传统村落非物质文化遗产及红色文化遗产的保护

对传统村落内具有代表性的民间艺术和手工艺品等加大保护力度，不但要保护好传承人还要保护好遗产传承的氛围和环境。同时加大非遗申报力度，积极申报国家和省级的非物质文化遗产。对于具有红色类文化遗产的传统村落要特别重视对其红色文化资源的保护。

---

[1] 胡奕爽、童本勤：《红色文化资源保护利用规划策略探讨》，《共享与品质——2018中国城市规划年会论文集（09 城市文化遗产保护）》，2018年。

4)提高政府领导和人民群众的保护意识

在国家层面,明确对历史建筑进行保护的政策、原则、措施及实施的细则,并控制新建筑建造的细则,规定新建筑的形态和风格,避免破坏村镇的历史风貌;在省际层面,健全历史文化建筑的保护管理机制平台,并建立专门的机构,配备专业人员,同时,与历史文化建筑有关的部门应相互协调,共同做好传统村落的保护工作;在群众层面,加大对历史文化遗产的社会保护意识,同时利用村镇中居民的同宗性,建立民间组织,制定乡规民约,提高人民群众对于传统村落的保护意识。

4.7 河南省传统村落文化遗产本体价值评估

4.7.1 传统村落现状概述

1. 自然地理特征

河南省地处中原腹地,位于中国中东部,黄河中下游,东接安徽省、山东省,北临河北省、山西省,西连陕西省,南接湖北省,呈望北向南、承东启西之势。河南省处于我国第二阶梯与第三阶梯的过渡地带,地形地貌特征明显。太行山、伏牛山、桐柏山、大别山等沿北、西、南三面在河南省边界呈半环形分布,中东部有平原,西南有盆地,地貌类型较为丰富。河南的气候过渡性明显,属于暖温带-亚热带、湿润 半湿润季风气候,冬季寒冷,夏季炎热,雨水丰沛,四季分明。河南省地域辽阔,地形地貌丰富,多元文化交融,导致乡村村落衍生出丰富且多样的地域文化和村落形态,如豫西的窑洞式村落,豫北山地的石板房村落,豫南山地的徽派村落,豫中、豫东平原地区的堡寨式村落等,河南省的传统村落在空间分布上也呈现显著性差异。

2. 社会人文特征

从夏朝至宋朝,河南省一直都是中国的政治、经济、文化和交通中心。现如今,河南省位于沿海发达开放区域和中西部经济落后区域的接合部,是我国实现经济发展水平由东向西逐步梯次推进的中间过渡地带。河南省省域总面积约为167000 km^2,在全国各省区市排名居第17位,占全国总面积的1.73%。据统计,2015年全省总人口为10722万人,常住人口9480万人,全国排名第三,仅次于广东省和山东省,城镇居民4441万人,占比46.85%,乡村人口5039万人,占比53.15%,人口密度大,每平方千米642人。2017年,常住人口城镇化率为48.5%,比上年提高1.65%,2016年底,全省共包含17个地级市、21个县级市、52个市辖区、85个县。河南省古时为驿道、漕运必经之地，商贾云集之所，河南省居于全国铁路网中心，据不完全统计，截至2015年底，河南省的公路通车里程大约为267000 km，其中高速公路通车里程6305 km，居全国第三位。

4.7.2 文化遗产本体价值评估

1. 评价实例选取

自2012年12月起，住房和城乡建设部、文化部、财政部等部门分五批公布了6823个国家级传统村落，其中河南205个，约占总数的3%，略高于全国平均水平。在绝对数量上，河南省传统村落远低于贵州省、云南省、山西省、福建省等地。河南省住房和城乡建设厅、文化厅、文物局、财政厅等部门也分三批公布了省级传统村落名录，共计510个，平均每个省辖市28.3个（图4-10）。

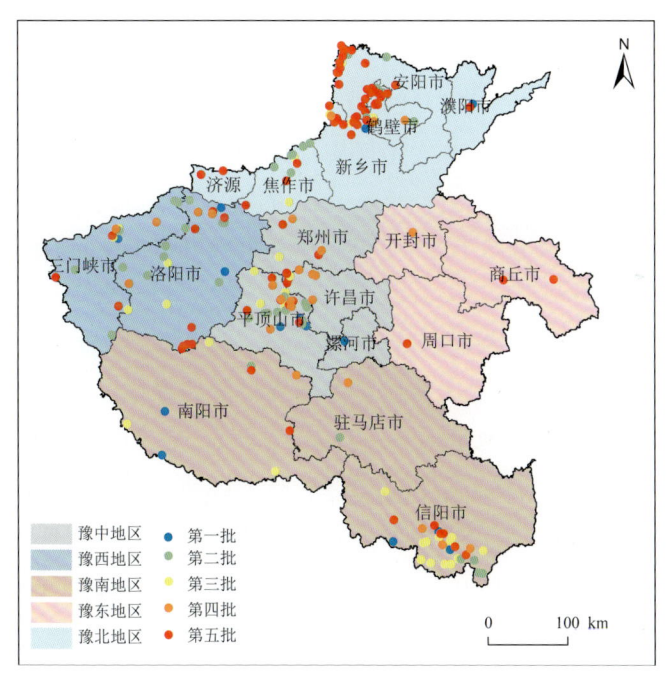

图4-10 河南省各批次国家级传统村落空间格局分布图

选取河南省205个国家级传统村落作为研究案例。河南省国家级传统村落数量分布状况见表4-15。

表 4-15 河南省传统村落数量分布状况

批次	国家级传统村落	河南省传统村落	
		国家级	占比
第一批	646 个	16	2.48%
第二批	915 个	46	5.03%
第三批	994 个	37	3.72%
第四批	1602 个	25	1.56%
第五批	2666 个	81	3.04%
总数	6823 个	205	3%

综合历史与地理因素，以行政区划作为区域划分的边界将河南省划分为豫中、豫东、豫西、豫北和豫南五个地区。与今日的行政区划对应：郑州市、许昌市、平顶山市和漯河市称为豫中；商丘市、开封市和周口市称为豫东；洛阳市和三门峡市为豫西地区；焦作市、济源市、新乡市、鹤壁市、安阳市和濮阳市称为豫北；南阳市、信阳市和驻马店市为豫南地区。本节也借鉴这种划分方法，将河南省被收录在中国传统村落中的 205 个传统村落进行区域划分。从区域特征分布来看，豫中地区和豫北地区传统村落数量较多，是传统村落的聚集区。其次是豫南地区。豫东地区传统村落数量不多，分布较为分散。同时，从批次分布来看，第一、二批次村落分布较为分散，第三批次多分布在豫南地区，第四批次多分布于豫中地区，第五批次分布于豫北地区，整体分布分散，局部聚集。

从整体的空间格局来看，河南传统村落空间分布呈现"大范围分散、小区域聚集"的格局。豫西地区传统村落数量居首位，是传统村落的聚集区，其次是豫南地区，而豫东地区与豫中地区传统村落数量不多，分布较为分散。城市间传统村落数量差异较大，且规模与分布不均衡。传统村落分布密集的区域有 4 个，即豫西的洛阳市，豫北的安阳市、鹤壁市，紧邻豫中的平顶山市及豫南的信阳市；分布稀疏的区域有 3 个，即豫北的安阳市、濮阳市、新乡市，豫东的开封市、商丘市、周口市，豫南的漯河市、驻马店市。国家级传统村落及历史文化名村主要分布在豫中及豫西地区。

2. 评价分级结果

运用上文所构建的传统村落文化遗产本体价值评估指标体系，结合所选取的河南省传统村落的样本地图、统计及资料数据得出传统村落文化遗产本体价值评估综合得分及各准则层得分。

1）总体特征分析

总体来看，河南省传统村落文化遗产本体价值综合得分值在55.5—90.4分，平均得分为72.7分。其中，得分最高的为禹州市山寨卜昌村（90.4分），对应为Ⅰ级传统村落。得分最低的为许昌市白北村（55.5分），对应为Ⅴ级传统村落。河南省205个传统村落中，无Ⅴ级传统村落，Ⅰ级传统村落数量最少，所占比例为5.4%；数量最多的为Ⅱ级传统村落，占57.6%。

从传统村落文化遗产本体价值评分的空间分布特征来看，五个地区的传统村落平均分值差距不大，豫南地区传统村落的平均分值最高（74.1分），说明豫南地区传统村落的整体文化遗产价值较高。豫西地区传统村落的平均分值最低（71.8分）。就五个地区而言，Ⅱ级、Ⅲ级传统村落的分布比例均为最大（表4-16）。

表4-16 河南省传统村落各区域分级数量及比例

分级	Ⅰ级	Ⅱ级	Ⅲ级	Ⅳ级	Ⅴ级
豫北地区	5（6.7%）	42（56.0%）	19（25.3%）	9（12.0%）	0
豫中地区	5（10.4%）	21（43.8%）	17（35.4%）	5（10.4%）	0
豫西地区	0	24（61.5%）	10（25.6%）	5（12.8%）	0
豫南地区	1（2.6%）	28（71.8）	9（23.1%）	1（2.6%）	0
豫东地区	0	3（75%）	1（25%）	0	0
总体	11（5.4%）	118（57.6%）	56（27.3%）	20（9.7%）	0

2）准则层特征分析

从河南省传统村落准则层的得分情况来看（图4-11），整体上传统建筑层的平均分值最高（78.1分），共90个高于平均值，115个低于平均值，相比于其他准则层具有更高的文化遗产价值。其中传统建筑价值最高的村落为下寺村（93.0分），其建筑遗产的久远度及特色建筑的美学价值均保存得相对完善，与周边自然环境的协调度较高。价值最低的村落为梨元坪村（63.0分）。从分值的空间特征来看，传统建筑价值最高的为豫中地区，达到78.7分，最低的为豫东地区（76.5分）。

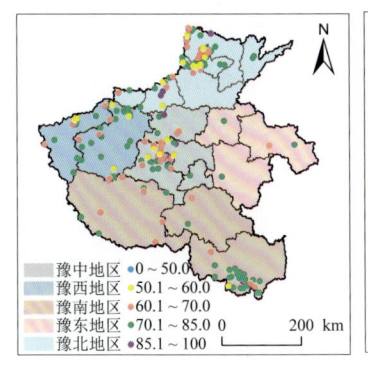 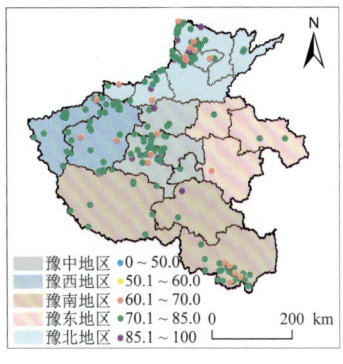 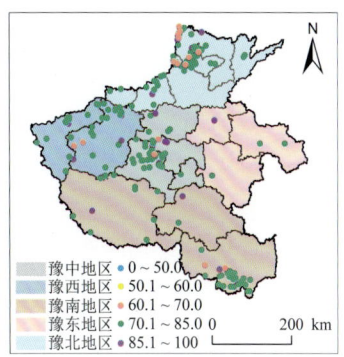

（a）总得分　　　　　　　（b）村落选址及格局　　　　　　　（c）传统建筑

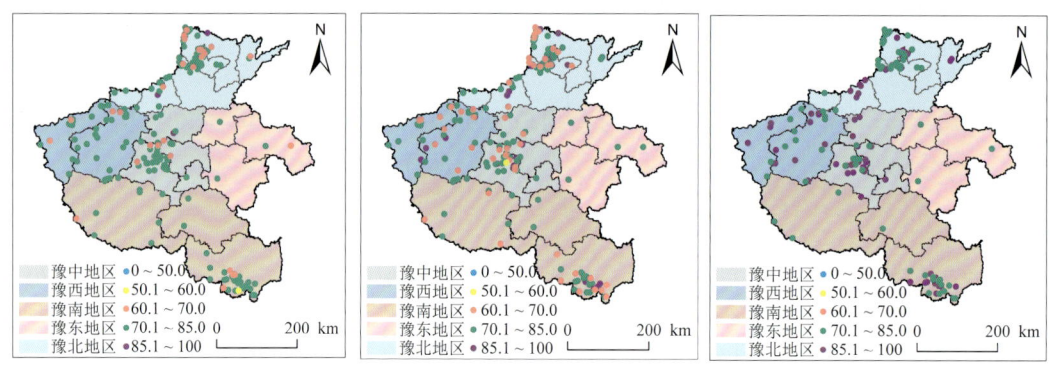

（d）历史环境要素　　　　　　（e）非物质文化遗产　　　　　　（f）红色类文化遗产

图 4-11　河南省传统村落准则层得分空间分布图

村落选址及格局层平均分值为 77.4 分，共 105 个高于平均值，100 个低于平均值，其中村落选址及格局价值最高的村落为寨卜昌村（92.0 分），价值最低的村落为蒋家顶村（62.0 分）。从评分的空间分异特征来看，豫中地区传统建筑的平均分值最高（78.6 分），具有突出的地域与选址价值，豫西地区最低（76.3 分）。传统建筑得分大于等于 85 分的村落有 23 个，在三个区域均有分布。

历史环境要素层面得分平均值为 76.4 分，共 115 个高于平均值，85 个低于平均值。其中历史环境要素价值最高的村落为寨卜昌村（90.0 分），价值最低的村落为彭大湾村（60.0 分）。从评分的空间分异特征来看，豫南地区历史环境要素平均分最高（76.0 分），具有突出的历史环境要素价值，豫南地区最低（74.2 分）。

非物质文化遗产层面得分平均值为 75.9 分，共 105 个高于平均值，100 个低于平均值。其中非物质文化遗产价值最高的村落为柏尖山村（94.0 分），价值最低的村落为高皇庙村（60.0 分）。从评分的空间分异特征来看，豫南地区非物质文化遗产平均分最高（77.8 分），豫西地区非物质文化遗产平均分最低（74.9 分）。

河南省 205 个传统村落中，具有红色类文化遗产的村落共有 131 个，占总村落数的一半以上（63.9%）。其中，红色文化遗产价值得分大于等于 85 分的村落有 72 个，占比为 55%。这表明河南省具有红色文化遗产价值的村落红色价值较高，且具有充分的保护与利用价值。从评分的空间分异特征来看，具有红色类文化遗产的村落在五个地区均有分布，且分值差距不大（83.3—86.7 分）。

3. 评价分类结果

依据河南省传统村落文化遗产本体价值的评价结果（图 4-12），本节研究将样本村落进行特色分类。结果表明，河南省传统村落以古色类+绿色类村落为主，其中豫北地区传统村落整体的文化遗产价值较高，同时为古色、绿色与红色类的传统村落占比最大（36.6%）。从传统村落的类别分级结果来看，古色类（67.8%）与绿色类（51.2%）的Ⅱ级传统村落数量最多，而红色类（54.6%）的Ⅰ级传统村落数量最多。从空间分异特征来看，五个地区的古色类与绿色类传统村落均以Ⅱ级村落为主，而红色类传统村落以Ⅰ级村落为主（表4-17）。这表明河南省国家级传统村落中古色类与绿色类传统村落价值一般，红色类传统村落价值较高。

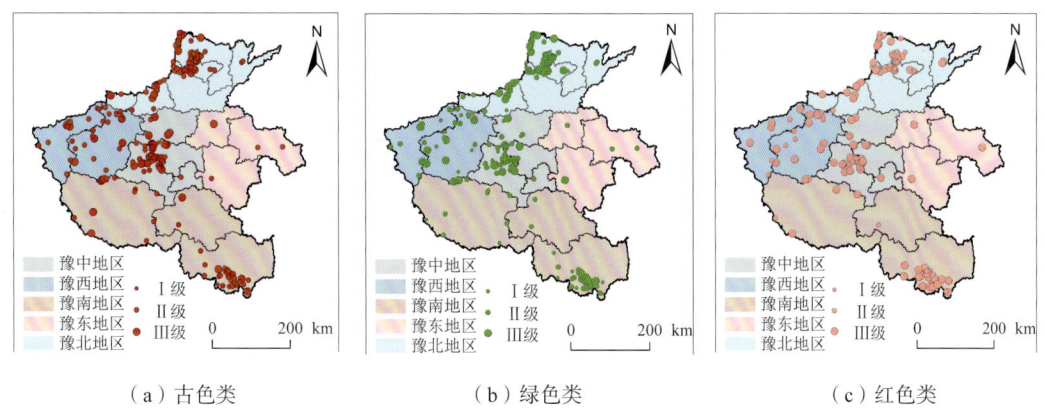

（a）古色类　　　　　　（b）绿色类　　　　　　（c）红色类

图4-12　河南省传统村落类别分级的空间分布图

表4-17　河南省传统村落的类别分级数量及比例

分类	古色类			绿色类			红色类		
分级	Ⅰ级	Ⅱ级	Ⅲ级	Ⅰ级	Ⅱ级	Ⅲ级	Ⅰ级	Ⅱ级	Ⅲ级
豫北地区	18（24.0%）	53（72.0%）	4（5.3%）	23（41.3%）	38（50.7%）	14（18.7%）	39（52.0%）	9（12.0%）	0
豫中地区	19（39.6%）	27（56.3%）	2（4.2%）	15（31.3%）	26（54.2%）	7（14.6%）	25（52.1%）	2（4.2%）	0
豫西地区	9（23.1%）	30（76.9%）	0	9（23.1%）	20（51.3%）	10（25.6%）	18（46.2%）	6（15.4%）	0
豫南地区	11（28.2%）	27（69.2%）	2（5.1%）	11（28.2%）	19（48.7%）	9（23.1%）	27（69.2%）	2（5.1%）	0
豫东地区	1（25.0%）	3（75.0%）	0	2（50.0%）	2（50.0%）	0	3（75.0%）	0	0
总体	58（28.3%）	139（67.8%）	8（3.9%）	60（29.3%）	105（51.2%）	40（19.5%）	112（54.6%）	19（9.3%）	0

4.7.3　价值保护模式与建议

1. 价值保护模式

（1）依托乡村振兴，激活传统村落。国家实施乡村振兴战略具有重大意义，将有力地助推乡村产业、文化、生态、人才、组织等方面的发展振兴。传统村落是广大农村文化资源相对丰富的一部分，在乡村振兴中应优先发展。因此，传统村落要抓住乡村振兴机遇，充分发掘自身资源优势，激活村落潜能，制定长远发展规划。

（2）强化规划引导，分类保护利用。河南省传统村落以古色类+绿色类村落为主，应重点保护其物质与非物质类文化遗产。对宗教、祭祀等相关文化遗产，应禁止开发，重点保护；对文物、遗迹遗址、传统民居、古建筑物等物质文化遗产，应依法保护，对其修缮并保持原有风貌，做到"修旧如旧"；对民俗、工艺等非物质文化遗产，要加大宣传，广而告之，防止被时代浪潮吞没。

（3）挖掘特色资源，探寻"品牌"发展。对于部分红色类及绿色类传统村落，重点挖掘其特有的红色遗产资源与非遗文化资源。发掘传统村落祭祀礼仪、乡贤文化、民俗节庆、手工技艺等资源中蕴藏的智慧与科学价值，寻找亮点，打造建筑文化、红色旅游、乡愁记忆、民俗礼仪、工艺技能等独特品牌，展现村落魅力。

2. 价值保护建议

1）加强传统村落的系统性保护

传统村落是村落物质文化遗产、非物质文化遗产及自然环境三者有机结合的文化生态系统。系统论指出的系统相关因素（要素、系统和环境）的显著变化将导致原系统失衡、衰退、甚至消亡，传统村落的大量消亡便是这样，因此需全面加强传统村落的系统性保护，主要涉及整合传统村落环境、人口、经济、文化等要素，明确其系统性结构关系及运行机制，整合传统村落物质与非物质文化遗产，复原系统活性；整合传统村落与名城系列，构建传统聚落体系；突破现行区划，基于民族、语系、文化脉络等的空间范围构筑文化圈或文化线路等。系统性保护有助于恢复系统活力，重建聚落体系，将孤立的村落纳入国家传统文化遗产网络之中，对我国传统文化的保护和研究具有决定性意义。

2）维护传统村落系统平衡

传统村落是复杂的自组织系统，保护的关键是维护系统平衡。基于村落的系统性认知，借鉴现代社会学、非线性科学、统计学等学科的研究模型，如社会网络模型、非线性动力学模型、logistic 回归分析等，建构传统村落多因素系统模型，定量分析和研究传统村落环境、人口、经济、文化等因素的系统关系和作用机制；同时，基于宏观 GIS 和微观 BIM 相结合的信息管理平台，动态监测单项或多项因素变动对系统的影响，分析、评价和预测村落演化方向，预防性干预以及修复其自组织能力，维护村落稳定、适中的动态平衡，进而提高其抗风险和适应能力。

3）重视传统村落传承与发展

传承和发展是传统村落作为活态遗产的显著特点，而传统文化传承则是其核心。传统文化是古人适应地理环境和组织社会的系统生存策略，进而衍生出村落物质实体。深入研究村落传统文化内涵、系统演化及其与物质实体的衍生机制，还原村落文化以农业为主体的人地关系本质，基于此构建村落文化层次等级体系。结合社会学研究方法，评价各层次与主体的亲疏关系和作用强度，确立村落文化的核心属性和弹性属性，并制定相应保护原则。在发展过程中，只要严格保持和维护传统村落核心属性，适度拓宽弹性属性接受范围，在保护和发展之间取得平衡，既使传统文化核心价值得以传承，又可满足村民对现代物质和文化的发展要求。

4）多部门共同参与、协同创新

传统村落的系统性保护，要求政府、高校、研究机构、企业及村落等多部门，在村落文化遗产记录、认知、保护、管理和传承工作各方面，打破行业壁垒，共同参与、协同创新。建立直接面向传统村落保护需求和可持续发展，以物质和文化遗产保护及传承工作流程为轴心的系统工作模型，贯通保护传承完整工作链路，衔接传统的片段化工作模式，同时建立基础数据、评价、管理、技术和人才培养共享平台，以提高工作系统性和科学性，进而更好地保护和传承传统村落珍贵的文化遗产。

4.8 结　语

随着我国建筑界专家学者引进不同的科学方法对传统村落进行量化研究，极大地丰富了我国传统村落空间格局层面的相关数据。物质与非物质文化遗产的传承作为传统村落价值评估的必备因素，与我国的经济发展密切相关。传统村落文化遗产本体价值评估既是基于创造价值的深化，又是实现价值保护的前提，更是对传统村落价值的延续。

传统村落中的原住民是创造传统村落价值的实践者，也是延续传统村落价值的继承者。因此，基于传统村落的价值评估应该结合原住民的特点和需求，构建适宜多元主体的价值评估内容与方法，如传统村落的社区价值研究、传统村落价值的多元主体评价等。在评价体系中，专家是价值评估的主导者及实现传统村落价值的辅助者。原住民因专业水平的欠缺而难以全面、深入地评价传统村落价值，但这不能就此认为他们与传统村落的保护并无联系，要从整体发展的视角全面分析传统村落的民俗、生态、功能利用等价值，特别关注那些非遗产但对原住民非常有意义的人居环境。

在传统村落不同的发展阶段，价值保护的侧重点均有所差异。"抢救性保护"作为我国文化遗产价值保护的一项紧迫任务，为筛选出价值较高的传统村落是其保护与发展初期阶段所必须要解决的问题。随着价值保护的深入推进，传统村落必定会进入内涵提升的发展阶段，其根本在于寻找一条立足于传统村落保护的可持续发展之路。按照评价系统构成要素的内在逻辑，评价是为了更好地保护传统村落的价值，意味着传统村落的价值需要被全面挖掘、梳理。因此，除了加强价值评估的基础性研究之外，还需对评价主体的多元性、价值的整体性和地域性等方面进行深入研究。可以加强以下几方面的研究工作。

（1）精细化研究传统村落的空间形态。

（2）发展新技术，使传统聚落研究更具科学性、实证性。

（3）从系统论和整体论的角度进一步探讨村落形态演变机制。

（4）关注经济发展较快地区的传统村落的保护研究，以为经济较发达、发展较快地区提供传承、弘扬传统文化的场所。

第 5 章 传统村落活态化保护利用价值认知与评估研究

5.1 引　　言

随着城镇化的不断推进，传统社会形成的乡村不断萎缩和衰落，其蕴含的丰富文化及社会价值也逐渐式微。在以巨量化、标准化、快速化为特征的现代城市发展进程中，乡村社会处于极为弱势的地位。与之相关，传统村落的空间格局变化、文化遗产流失、景观生态恶化、人口空心化等情形均呈现出扩大趋势。如何保持、活化和再生传统村落，已经成为乡村发展的重要议题。在乡村振兴和美丽乡村建设的大背景下，寻找村镇可持续发展的活力之源，激活传统村落文化要素的活态化保护利用价值是解决问题和矛盾的关键。

乡村是具有自然、社会、经济特征的地域综合体，兼具生产、生活、生态、文化等多重功能，与城镇互促互进、共生共存，共同构成人类活动的主要空间。其中，乡村文化是活的物质和非物质的交融，在人类的交流和活动中得到活态化传承，因此，活态化是传统村落文化最突出的特征，一个村落是由丰富的流动性和关联性所形成的复杂有机整体。在我国处于民族文化复兴和传统文化自信的新时代，对于传统村落所蕴含的活态化价值的认识，亟需从新视角出发予以解读。研究聚焦于传统村落活态化保护利用价值评估的普适性指标体系构建，进一步丰富和完善现有传统村落活态化保护利用价值的评估思路与技术方法，创新性地注入活态化发展适应性和潜力评价维度，为全面系统地评估传统村落发展的活态化价值及其保护和利用等建设实践提供更为科学的依据。

传统村落活态化保护利用价值，本质上是从产业经济、社会文化和空间环境，对应生产、生活、生态"三生"发展理念的三个方面，探索其内生动力，揭示其蕴涵的当代社会价值及未来发展潜力：①明确拓展性要素。立足生产、生活、生态"三生"融合发展思想，针对传统村落生产方式、生活方式、生态系统及其空间设施的活态化要求，围绕"整体格局—单体建筑—室内环境"不同空间层次及其交互关系，提出传统村落遗产保护利用的拓展性要素，诠释全域普遍性与地域特殊性要素的构成及内涵。②构建普适性指标体系。集成传统村落遗产活态化保护利用评价的原理和方法，凝炼具有普适性意义的传统村落活态化保护利用价值评估拓展性指标。③反馈与完善评价模型。选择典型传统村落进行拓展性指标的应用、验证、反馈、修正，完善和优化既有指标，形成传统村落活态化保护利用价值评估的普适性指标。

5.2 活态化保护利用价值认知

人类学学者博厄斯认为，文化发展的动力，一方面是各种文化形式之间的相互关系；另一方面是个人与社会之间的相互关系，即一切事物的发展演化都是随社会环境的变迁而嬗变的，是否消亡、延续或迭代，都取决于传统文化构成元素中的活性成分[1]。乡村文明作为人类聚落文明的重要组成部分，自身就具有丰富而独特的存在价值和生命力，并能为未来社会发展提供特殊的价值贡献。虽然在城市化快速发展时期，乡土文化影响力持续衰弱，传统村落所特有的文化价值与社会发展具有一定程度的不适应性，但仍旧遗存有蕴涵着国家和民族最本原文化基因的活态化发展要素。在我国大力实施乡村振兴战略的当下，深刻理解传统村落的活态化价值，并保持其鲜活的生命力，是实现乡村适应性发展和可持续发展的关键。

5.2.1 价值概念内涵

传统村落发展的活态化概念来源于活态遗产保护理念，具体指在文化遗产生成和发展的环境过程中进行保护和传承，逐渐扩展至在日常生产生活过程中进行有机延续。显而易见，注入活态化的观念对于传统村落这种动态延续型的文化聚集区的保护传承更为适用，并获得了良好的效果和公众的认同。目前，对于传统村落活态化的概念内涵，学界也存在多种理解和阐释。例如，冯骥才认为传统村落是物质文化遗产和非物质文化遗产的总和，是需要保持活态的，并指出"活态保护"应注重恢复文化和生活，传承村落精神价值，而不仅仅是村落建筑表面的修缮[2]；丁志华认为传统村落活态保护是指在充分认识文化的独特价值，尊重文化内涵，保护传统的要素、空间和形式的基

---

[1] 威廉·A.哈维兰：《文化人类学》，上海：上海社会科学院出版社，2006年。
[2] 冯骥才：《冯骥才传统村落保护话语》，天津：天津大学出版社，2021年。

础上，构建新的生产关系，并利用该地区文化资源禀赋和特色优势增加产业附加值，使村落可持续发展[①]；邹君等认为传统村落的活态化包括传统农耕的生产、族聚而居的生活、天人合一的生态和乡村农耕文化传承等功能[②]。云翃和林浩文则明确指出：基于动态性的遗产村落保护再生与传统保护的逻辑差异表现在遗产村落核心价值的时空属性被转化，从维护时间维度的"历史价值（特定时期）"转变为维护空间维度的"乡土价值（特定地域）"，即当代人与土地的日常关系；学界的认识逐渐从基于传统村落物质的原真性和完整性保护原则转化到动态活性和连续性的利用原则上，进而传统村落保护和利用的目标也从保护历史遗存转变为延续人地关系，以适应当代和未来的发展需要[③]。

表 5-1 传统村落文化价值保护理念与方法

途径	价值来源	保护理念	可变性	应用对象	决策方式	代表性章程	实例
基于物质的保护	物质要素和空间肌理	原真性、完整性	物质要素不可变	化石遗产	专家主导	《威尼斯宪章》《世界遗产公约》	《世界遗产名录》的遗产项目
基于价值的保护	物质要素、空间肌理和多元社会价值	原真性、完整性、地域性	物质要素不可变；功能可变	化石遗产、点状活态遗产	专家主导，多方利益相关者参与	《布拉宪章》《布达佩斯宣言》	盖蒂保护研究所（Getty Conservation Institute）的一系列项目
活态遗产方法	核心社区与遗产地的人地关系	连续性：功能连续、主体连续、文化连续	物质要素可变：功能、文化连续变化	活态遗产地	当地社区主导，专家与行政辅助	日本《景观法》《文化财产法》下的"重要传统建筑群保存地区"与"文化景观"保护制度	ICCROM 活态遗产地项目：日本的"历史保全型社区营造"实践

注：ICCROM：International Centre for the Study of the Preservation and Restoration of Cualtural Property，国际文化财产保护与修复研究中心

资料来源：云翃、林浩文：《文化景观动态变化视角下的遗产村落保护再生途径》，《国际城市规划》2021年第4期

基于以上研究，我们认为，对于传统村落活态化的内涵认知，必须从"传统"和"活态"两个关键点出发，即评估的对象不是一般性的乡村社会经济发展，而是传统村落所赋存的传统文化要素的传承状态和未来的生命力延续。简而言之，活态化是指事物或要素的传承和演替过程，评估关注与重视的是其未来的发展潜力与趋势。因此，传统村落活态化保护利用价值，是指传统村落在保持传统生产活动、社会生活文化和空间生态环境的过程中，一段时期内所呈现的动态变化和未来潜力。通过准确评估传统村落活态化保护利用价值，可以为全面掌握区域传统村落发展基础，认识不同时空

[①] 丁志华：《传统村落活态保护评价体系构建及实证研究——以阳泉市传统村落为例》，中国矿业大学2019年硕士学位论文.
[②] 邹君、陈菌、黄文容等：《传统村落活态性定量评价研究》，《地理科学》2020年第6期。
[③] 云翃、林浩文：《文化景观动态变化视角下的遗产村落保护再生途径》，《国际城市规划》2021年第4期。

环境下传统村落动态演化和可持续发展提供客观依据①。

5.2.2 价值构成与特性

学术界对于传统村落活态化保护利用价值的解析，通常为静态分解式的认识方法，村落建筑、街巷空间、非物质文化等都作为分散并置的构成部分，更关注固有历史价值的认识，而缺乏对其活态属性的理解。当代社会发展实践表明，发展资源与资产的价值往往在于其流动性与可交换性，即一个事物的价值并不完全取决于其自身，更体现在交易和兑现的过程中。因此，清晰认知活态化保护利用价值特征为全面系统理解要素价值之间的相互协同提供了新的视角，同时也为构建价值评估模型提供了新的思路。

1. 构成

将传统村落置于当代社会发展的时空背景中，研究认为传统村落作为延续发展的动态有机系统，所蕴含的活态化要素与价值必然是多样且复杂的。从价值基本属性上分，其主要由乡村景观价值、社会情感价值和人文精神价值构成。

1）乡村景观价值

传统村落作为人类与自然相互作用的物质空间场所，其呈现出的乡村景观风貌最为典型，充分体现出文化景观综合性、动态性、交互性和可持续性等特点，原真且完整地反映出乡土文化价值的全部内涵。国际古迹遗址理事会与国际风景园林师联合会《关于乡村景观遗产的准则》倡导将乡村景观作为一种值得珍视的遗产予以保护。明确将乡村景观遗产定义为乡村地区的物质及非物质遗产，包括土地、水、基础设施、植被、聚落、乡村建筑、交通和贸易网络、相关的文化知识、传统、习俗等②。国际学界近年来持续不断地强调传统村落的文化遗产的价值及其当代的创新利用，其核心观点就是只有重新赋予传统村落新的文化意义或创新其使用场景，并置于现代发展语境下，才能更好地实现传统村落的文化传承和可持续发展。

2）社会情感价值

相关统计显示，近年来国内村落数量锐减90多万个，平均每天消失80到100个，这些传统村落的消失意味着更深层次的乡土情感逐渐消散。乡村社会环境中人与人、人与自然、人与乡村所交织而成的邻里与宗族关系，以及生产生活等社会组织秩序，构成的"乡愁"情感依恋，是我国传统文化谱系中不可缺少的重要组成部分。因此，

---

① 林碧霞、魏峰群、赵晶雪：《国内遗产活化的研究进展与评述》，《湖北农业科学》2021年第22期。

② 国际古迹遗址理事会、国际风景园林师联合会：《关于乡村景观遗产的准则》，2017年。

从体验层面上讲,传承传统村落中所蕴含的情感价值是社会共同的文化印记,情感的淡去意味着文化传承失去意义。这些非物质化的情感价值,作为活态化价值的深层次核心要素,在现代社会中必须被珍惜、理解和尊重。

3)人文精神价值

从国际文化发展视野看,中国的传统村落中处处体现着人类与自然和谐相处的智慧,如"天人合一""耕读传家、精文尚武""一方水土养一方人"等,无不蕴含着深刻的人文精神价值。人类虽已步入新的历史发展阶段,但这些独特的文化精粹仍具有跨越时代的文化价值,傲立于世界文化之林,熠熠发光。从某种意义上讲,越加重视传统村落的可持续发展,其本质就是在活化和复兴其所蕴含的情感与智慧。

在现实中,传统村落价值要素的活态化发展水平不但取决于传统村落空间的自身价值与环境条件,也受到发展要素之间组合关系的影响,关系的匹配适宜度甚至直接决定了要素活化的方式与效果。因此,研究采用关系图谱的方式去阐释交织复杂的价值链逻辑关联。其对象元素包涵传统村落的区域环境、整体格局、单体建筑、室内环境、设施物品,以及非物质态的生产和生活文化元素,涉及人-人关系、人-地关系、资源-环境-发展关系,清晰地展现了一个复杂有机的传统聚落活态化价值关联系统[①]。

2. 特征

按照空间功能—景观意象—精神情感的认识逻辑,揭示出传统村落活态化保护利用价值系统的5个基本特征:①多元性,物质/显性与非物质/隐形等诸多要素类型丰富、数量繁杂;②交融性,不同要素价值相互链接、映射与交织,构成复杂的网络体系;③动态性,新时代发展条件的剧烈变化对价值的扬弃影响巨大;④脆弱性,受现代文化观念冲击与影响极为严重;⑤适应性,仍在努力与当代社会需求进行耦合匹配,以保证其持续的生命力存在(表5-2)。

表5-2 传统村落活态化价值关联系统

解析方法	类型识别	关联结构	构成要素	价值属性	价值链图示
空间功能价值	生活 生产 生态	"面—面"组合与套嵌关系	农田、林地、草地、住宅、祠堂等不同功能要素	物质层面	

---

① 刘沛林:《家园的景观与基因——传统聚落景观基因图谱的深层次解读》,北京:商务印书馆,2014年。

续表

解析方法	类型识别	关联结构	构成要素	价值属性	价值链图示
景观意象价值	道路 边界 地区 节点 地标	"点—线—面"树枝状链接关系	街巷、水系、民居、围墙、农田、公共建筑、绿植、广场绿地、池塘水井等意象要素	体验层面	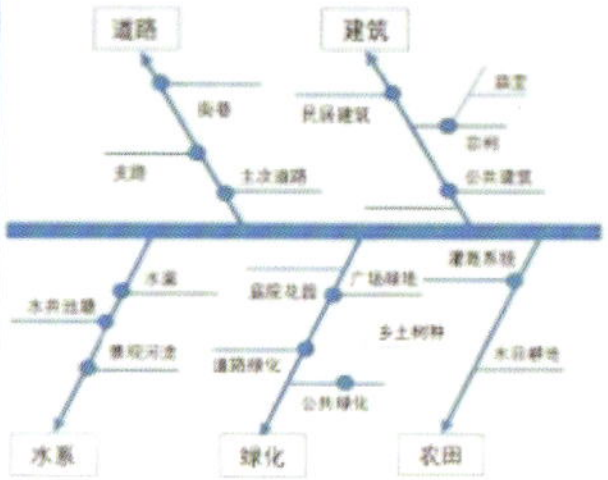
精神情感价值	生理需求 安全需求 社交需求 尊重需求 自我实现需求	金字塔形等级关系	衣食住行、宗祠社庙、村规民约、乡土依赖等情感要素	精神层面	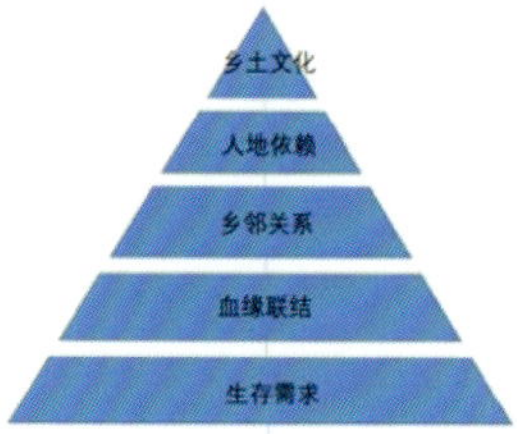
传统村落价值关联系统	多元性 交融性 动态性 脆弱性 适应性	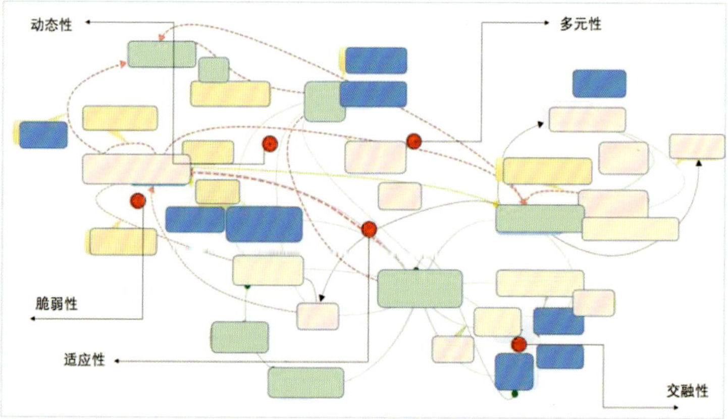			

5.2.3 价值评估研究进展

当前，国内外传统村落活态化保护利用价值评估研究，主要呈现出以下几个特点：①在评价目标方面，以保护传承和开发利用为主的学术探索成为该领域的研究热点；②在评价主体方面，国外研究显示出对公众参与日益重视的特点，专家主导的价值评估模式始终是国内外研究最直接有效的方法；③在评价客体方面，历史、艺术、文化、社会等价值及其与周围环境、社会发展的联系构成了一系列相互关联的关键评价客体，物质文化遗产和非物质文化遗产得到同等关注；④在评价指标体系方面，所选指标具有实践性、操作性和对比性的特点；⑤在评价方法方面，由开始的定性描述评价逐渐发展到层次分析法和德尔菲法等定性评价和定量评价相结合的阶段，国外更是开拓了

3D、VR 等新技术的应用模式；⑥在评价流程方面，层次性、完整性和科学性等特点逐渐突出。

然而，传统村落活态化保护利用价值评估的研究还有必要进一步完善。首先，国内外在传统村落活态化保护利用价值评估中存在两个共同的不足之处：①价值评估指标过于固定化、非特征化。确定价值评估指标是做好价值评估的有利工具。传统村落和历史建筑遗产等有不同的类型和特点，评价指标固定导致评价结果完整性缺失，不同村落的独特优势体现不明显，既不能对保护规划和开发利用做到针对性指导，评价指标又不能根据村落类型的实际情况提出指标优化方案。②在研究方法上，国内外都没有突破局限做到定性描述与定量评价的深度融合，研究方法得不到创新，研究内容并未向更深层次挖掘。多种研究方法的创新应用是传统村落进行科学有效的价值评估的阶梯。其次，国内在主体选择上忽略了公众参与的重要性，把经常求助于专家作为衡量公众态度和关注度的方法，得出的评价结果有失偏颇。

总体来说，传统村落活态化保护利用价值评估研究已形成相对成熟的体系，国外在数据挖掘和数字化体验等方面的进展为国内研究打通了一条潜力巨大的发展路径（图5-1—图5-6）。不过，作为价值评估过程中的重要技术手段，还需在目标的多元综合性、价值观的多样性及研究领域的广泛性基础上，选取适合某一传统村落活态化保护利用价值评估的研究方法，充分体现出当地的优势和价值观感知，使评价结果尽可能具有层次性、精确性及科学性[①]。

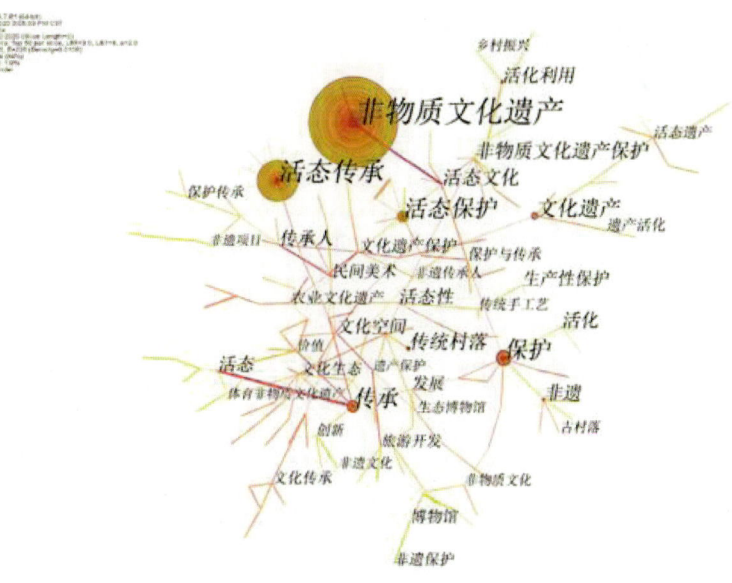

图 5-1　2002—2020 年遗产活化研究关键词网络图谱

[①] 赵晶雪、魏峰群、林碧霞：《传统村落价值评价研究现状及方向探索》，《湖北农业科学》2021 年第 15 期。

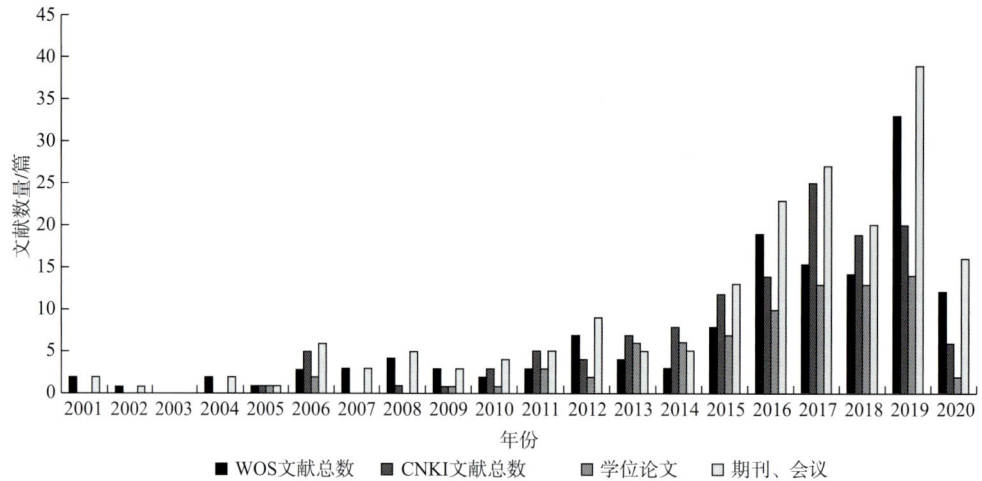

图 5-2　2001—2020 年传统村落价值评估文献数量年度分布

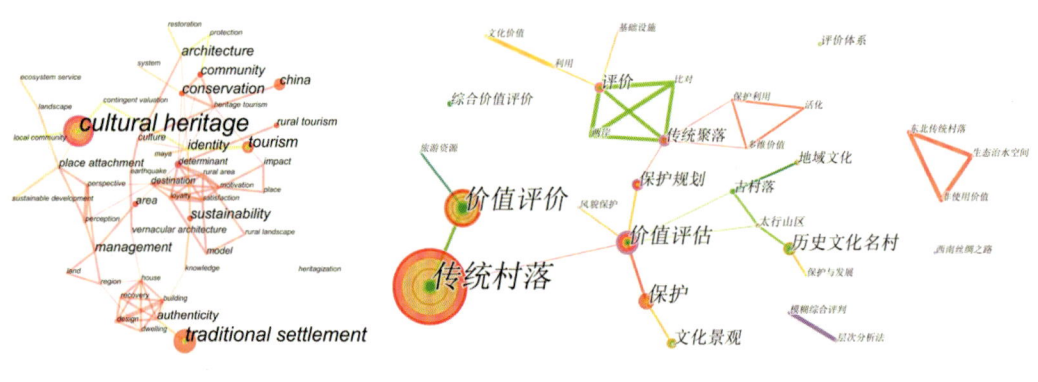

（a）国外　　　　　　　　　　　　（b）国内

图 5-3　2001—2020 年传统村落价值评估关键词共现

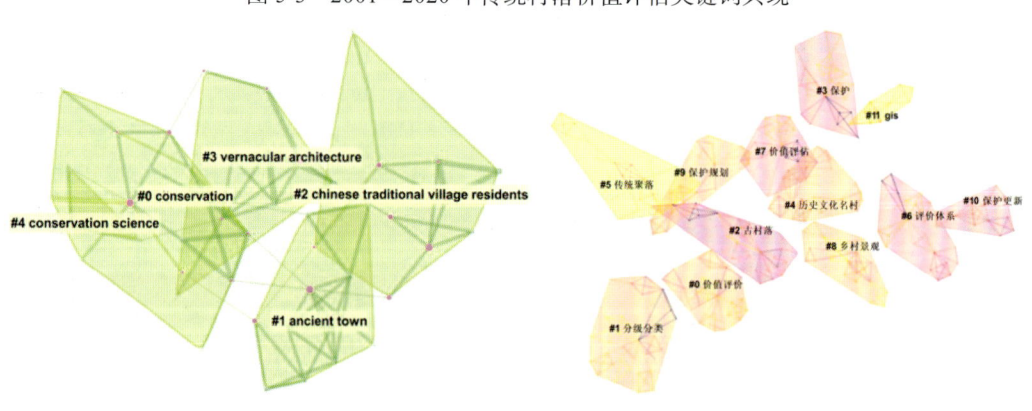

（a）国外　　　　　　　　　　　　（b）国内

图 5-4　2001—2020 年传统村落价值评估关键词聚类分析

第5章 传统村落活态化保护利用价值认知与评估研究

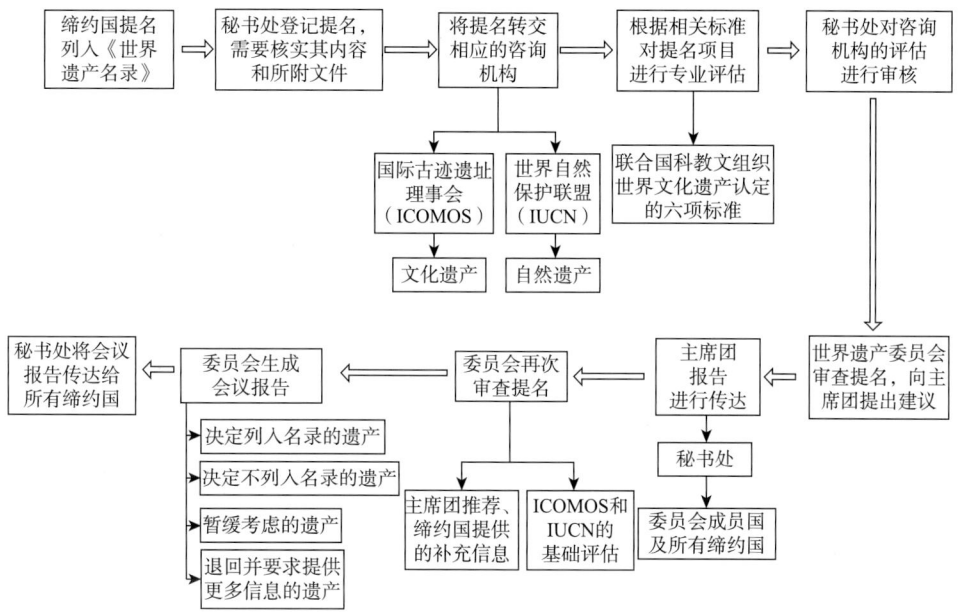

图 5-5 联合国教科文组织世界遗产价值评估流程①

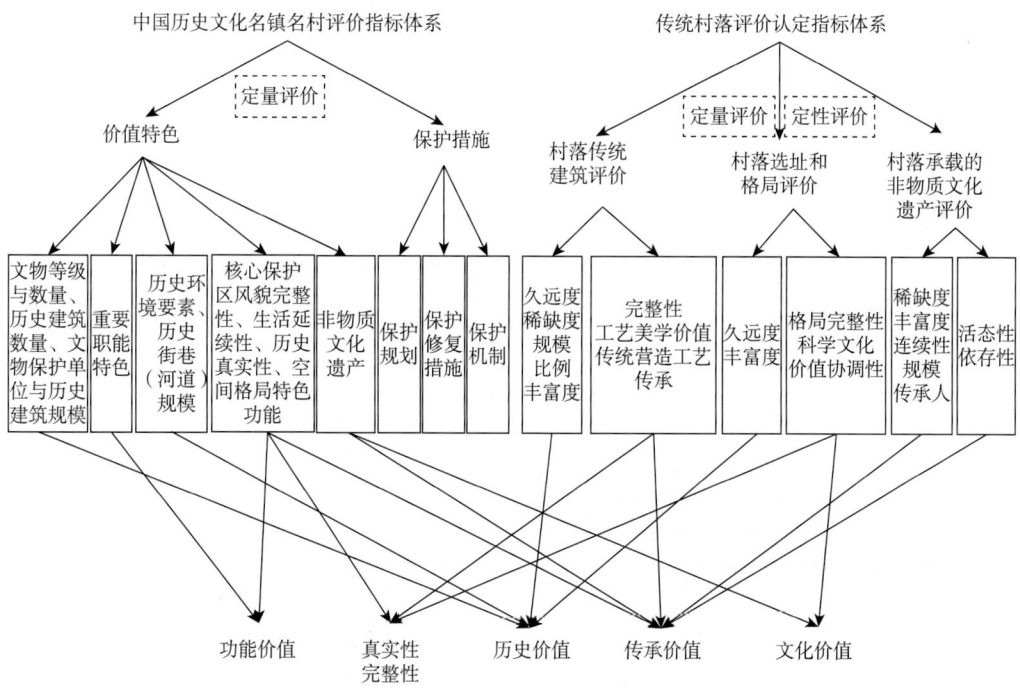

图 5-6 国内传统村落价值评估认定标准②

---

① The Revised Operational Guidelines for the Implementation of the World Heritage Convention，https://whc.unesco.org/en/guidelines。

② 程明翔：《江西省级传统村落评价指标体系研究》，江西师范大学 2016 年硕士学位论文。

5.3 价值评估基本思路

"任何评价都是需要建立在一定的价值观基础上进行"[①]。在我国社会经济发展的转型阶段,新发展理念、新发展格局,正成为人们理解中国当下与未来的关键词,对传统文化和传统村落的认识同样需要建立新的发展观和价值观。评价应遵循传统文化传承、文化利益共享、社会公平正义、可持续发展等内容,一切从活态化角度出发,对应构建目标层、指标层和数据层,形成系统化的价值评估理论框架、技术方法和指标体系。

5.3.1 评估思路

国内外保护利用实践经验为活态化保护利用价值评估提供了新的视角与启示,对于文化遗产传承的普遍共识是"全域化保护,活态化传承",因此从适应性、多样性、生命力等向度审视要素价值,理应更关注物质要素和非物质要素的灵活利用,即注重要素的活态化水平和潜力评估,更强调要素价值恢复或新功能的衍生。

(1)适应性。评价应更强化传统文化内涵更新的程度和水平,即理解费孝通所提出的"加强对文化转型的自主能力,取得决定适应新环境、新时代文化选择的自主位"的文化自觉观念。评价的关注点应聚焦于遗产要素的文化适应性层次与深度。

(2)多样性。在全球化和标准化语境下,传统村落的乡土文化多样性随时处于降低和湮灭的风险中,失去特性就意味着失去价值。因此,评估传统村落活态化保护利用价值的独特性和多样性水平,必须考虑外部发展条件的变化对两者的影响。

(3)生命力。在城镇化发展背景下,只有最大程度保存传统文化的原真性,屏蔽异化影响,保持文化活性,未来的可持续发展潜力和影响才有可能得到保证。因而,评价需要重点关注可持续发展潜力。

活态化保护利用价值评估模型与以往价值评估模型的不同之处在于,指标选取尤其注重表征其构成价值要素在当代的文化适应性和生命力。遵循上述价值评估理念,充分渗入活态化概念,设置目标层、准则层、标准层和指标层,并全面考虑不同地区、不同类型等传统村落发展的实际情况,保持各级指标的开放性和适度弹性,兼顾评价体系的全面性、系统性、规范性和特殊性。评估思路如图5-7所示。

[①] 李王鸣、沈颖溢:《关于提高城乡规划实施评价有效性与可操作性的探讨》,《规划师》2010年第3期。

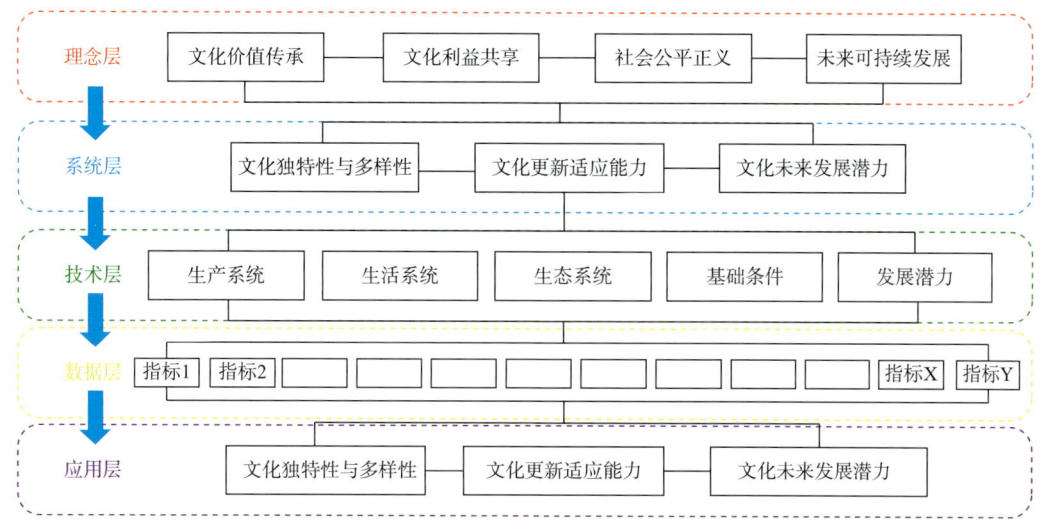

图 5-7　传统村落活态化保护利用价值评估思路

5.3.2　技术框架

活态化保护利用价值作为传统村落物质文化遗产和非物质文化遗产的重要表征，对其评价应遵循传统文化传承、文化利益共享、社会公平正义、可持续发展等新时代价值观，一切从活态发展角度出发，沿着"活态化要素识别—普适性指标提炼—内涵释义界定—数据化表征—明确评分标准—整体性嵌入方案"的流程对活态化保护利用价值进行精准评价，形成系统化的价值评估理论框架、技术方法和指标体系。活态化保护利用价值评估的技术框架如图 5-8 所示。

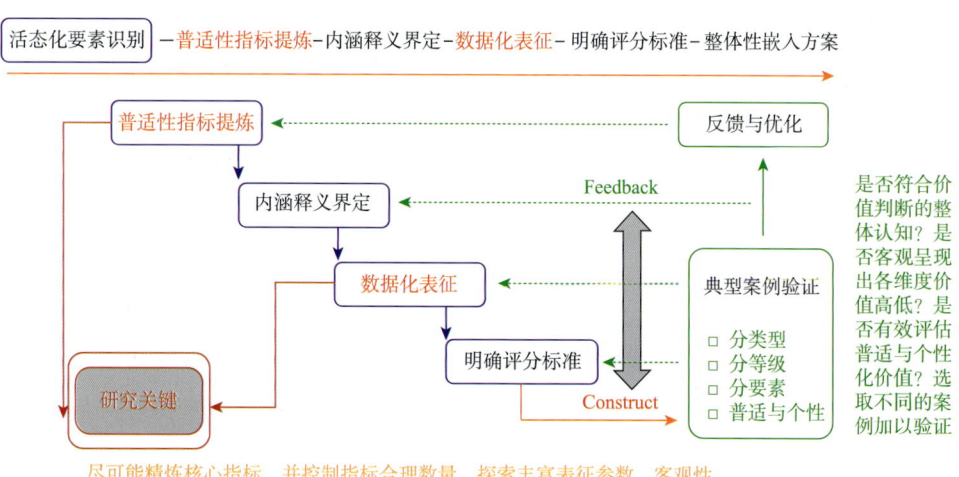

图 5-8　传统村落活态化保护利用价值评估技术框架

（1）解析基于系统演化观念下的传统村落产业业态、生活状态、空间形态等相互交织发展中的活态要素。

（2）探索基于客观性和有效性要求下的科学表征要素活态价值程度指标的内涵界定与参数设定。

（3）建立基于适应性发展目标下的活态化发展现状评价、活态化利用适宜性评价与活态化发展潜力评价的多维度价值评估体系。

（4）构建基于可操作实施目标下的完整的传统村落活态化价值评估模型与技术方法。

5.3.3 目标与创新

研究的目标与创新点主要包括以下三点。

（1）提出活态化理念，是客观和全面评估传统村落可持续发展的核心要义，评价应更多地关注传统村落要素的活态化属性，强调传统村落要素的传承状态和生命力的延续潜力。

（2）基于活态化概念内涵，构建了包含生产系统、生活系统、生态系统、基础条件、发展潜力5个维度的价值评估模型，系统评估传统村落活态化保护利用价值水平，为传统村落可持续发展制定针对性策略提供基础依据。

（3）对陕西省113座国家级传统村落进行实证分析，其评估结论基本符合陕西省国家级传统村落活态化保护利用的现实情况，充分验证了评价模型的有效性和可用性，其普适性将为我国其他地区传统村落发展评价提供借鉴与启示。

5.4 价值评估方法

5.4.1 现有评价方法评述

系统认识传统村落活态化保护利用价值及关联特征，有助于对复杂价值体系的全面理解，同时为进一步准确评价传统村落活态化保护利用价值奠定基础。目前，传统村落活态化保护利用价值评估的研究方法涉及多学科领域，但是传统村落与环境之间的动态性决定了研究方法需适度优化与调整。国外学者采用拟议、支付意愿法、半结构化访谈及科学附加价值等定量评价和定性评价相结合的方法，在3D、GIS及VR等技术的支持下，对传统村落活态化保护利用价值进行正确的审视和记录。国内研究传统村落之初，以描述性评价为导向的研究方法占据主导地位，后来传统村落深入多学科领域，定量评价和定性与定量相结合的方法逐渐应用到传统村落活态化保护利用价值评估当中，以德尔菲法、层次分析法、模糊综合评价法、语义差别法和聚类分析法等为代表（表5-3）[1][2]，并运用 SPSS 统计软件、Yaahp 层次分析软件等进行数据统计分析和量化分析。

表 5-3　价值评估研究方法优缺点对比

研究方法	优点	缺点
德尔菲法	准确度高，评价结果可参考价值较大	主观性强，易忽视少数且有意义的观点
层次分析法	层次性、科学性较强，定性与定量相结合	向量矩阵计算复杂，计算量大
模糊综合评价法	量化程度高，结果清晰直观	权重确定较为主观，计算量大
语义差别法	定量化指标，容易打分，较为灵活	指标夸大，中性指标容易被忽视
聚类分析法	系统分类，便于比较，结果直观	受数据量限制，结果有时会有误差

此外，关于价值评估多采用层次分析法、条件价值评估法、资本资产定价模型与复合期权混合法、旅行成本法、历史脉络评估法等，构成了较为丰富多样的方式方法。其中，对于以复杂系统为对象的价值评估多采用层次分析法，层次分析法简洁明了，操作性较强。但对于传统村落活态化保护利用价值评估而言，以往的评价模型仍有几点缺陷需要克服：①评价目标缺乏对文化发展潜力与社会适应性等方面的评估；②评价指标相对固化，缺乏一定的弹性与开放性；③评价过程中缺失对价值认同群体的态度测评；④评价方法标准化导致特殊价值或典型性价值被低估。因此，需要进行多维度价值认知和精细化评价指标体系研究，尽可能规避传统评价方法的局限性，进一步贴近传统村落的现实发展需求。

5.4.2　评价维度研究

基于上文对于传统村落活态化价值的分类与特征分析，我们认为传统村落发展评价模型应不断完善和优化，进一步强化和突出评价指标属性中的适应性、多样性和生命力等活态价值表征。一是适应性。深刻理解社会学家费孝通提出的文化自觉观念，即加强对文化转型的自主能力，取得决定适应新环境、新时代文化选择的自主地位。

---

[1] 杨锋梅：《基于保护与利用视角的山西传统村落空间结构及价值评价研究》，西北大学 2014 年博士学位论文。

[2] 张建：《国内传统村落价值评估研究综述》，《小城镇建设》2018 年第 3 期。

传统村落的文化价值是不同时代元素的积累，适应性强的元素最大可能被保护、传承和发展。二是多样性。文化多样性是人类社会的重要特征之一。适应性是价值活态化生存的必要条件，而多样性则是价值活化程度的外化表现。三是生命力。生命力是指可持续发展能力及文化影响力，是关于传统村落所蕴含的认同、情感、精神等文化要素的扩散效应与影响效应。传统村落活态化保护利用价值评估维度生成如图5-9所示。

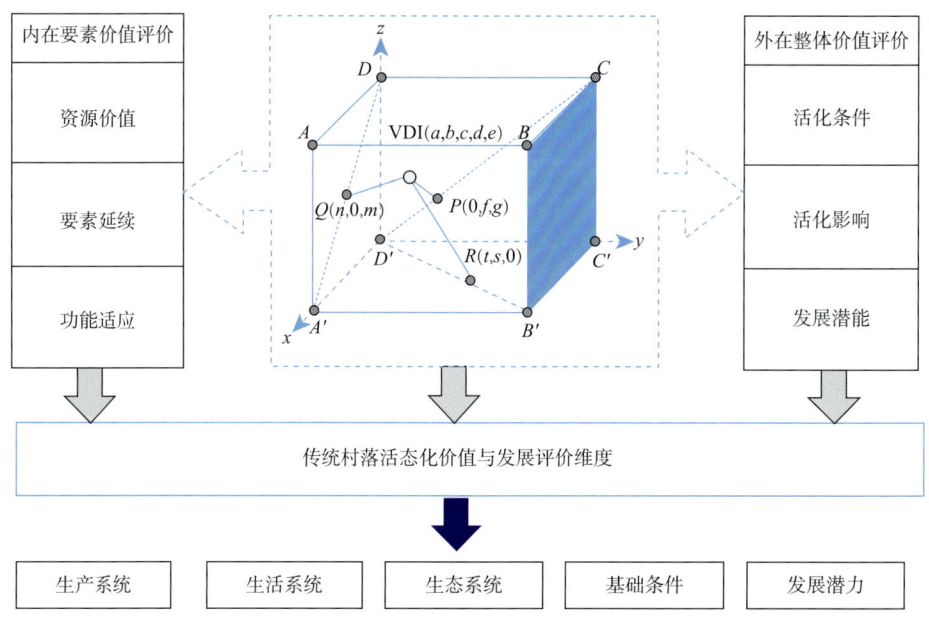

图 5-9　传统村落活态化保护利用价值评估维度生成

从系统全面的角度对传统村落所有发展要素进行适应性、多样性和生命力三大属性的分析研判，可以细化为资源价值、要素延续、功能适应、活化条件、活化影响和发展潜能6个方面。但是考虑到活态价值评估与传统的价值评估的差异，在维度设定和指标选取时应尽可能减少重复和交叉，突出各自评价，因而，对衍生出的6个方面结合实际情况进行了归并整合，形成资源价值和生产系统、生活系统、生态系统（将资源价值＋要素延续＋功能适应融入"三生"发展要素分类系统）、基础条件（活化条件）、发展潜力（活化影响＋发展潜能）三方面属性，以保持评价思路和过程的一致性。最终，将反映以上三个属性的指标进一步集成为生产系统、生活系统、生态系统、基础条件、发展潜力5个评价维度（图5-9），全面、系统地衡量传统村落活态化保护利用价值。

5.4.3　评价技术流程

（1）基于相关文献和理论，结合调研地的现状和特点，选择恰当的评价指标和评价因子，构建传统村落活态化保护利用价值评估模型。

（2）运用层次分析法来决定指标的权重，建立层次分析评价模型；在层次模型合法的前提下，基于九度标度法构建判断矩阵，采用专家评价法或德尔菲法对重要程度进行两两对比，最终确定各评价指标的权重。

（3）根据构建的传统村落活态化保护利用价值评估体系制作问卷量表，分别邀请村民代表、政府机构人员、专业人员和非专业人员（旅游者）进行回答，收集相应数据。由于收集到的各类数据存在量纲不一的情况，为了进行量化评价，需要对数据进行无量纲化处理，以得到各评价指标值。

（4）采用加权平均法得到案例的最终得分，并运用因子分析法进行结果分析。

技术流程如图5-10所示。

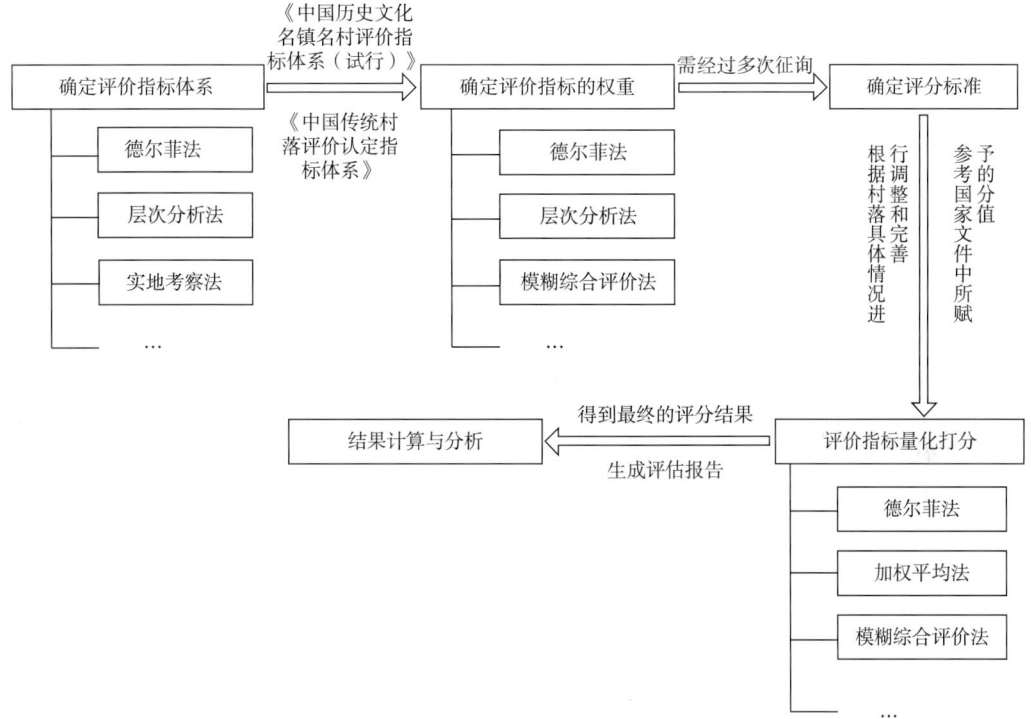

图 5-10　传统村落活态化保护利用价值评估技术流程①

---

① 赵勇、张捷、李娜等：《历史文化村镇保护评价体系及方法研究——以中国首批历史文化名镇（村）为例》，《地理科学》2006年第4期；赵勇、张捷、卢松等：《历史文化村镇评价指标体系的再研究——以第二批中国历史文化名镇（名村）为例》，《建筑学报》2008年第3期；程凡：《古村落旅游价值评估初探及实证研究》，《中华建设》2012年第5期；桂涛：《乡土建筑价值及其评价方法研究》，昆明理工大学2013年硕士学位论文。

5.5 指标体系构建

5.5.1 遴选原则

价值评估体系的构建直接关乎评价结果的质量。传统村落活态化保护利用价值评估指标必须直接或间接反映客观情况。指标的选取遵循以下基本原则。

（1）系统性原则。选取指标应全面系统反映传统村落的总体特征，涵盖经济、社会、文化、生态等主要构成要素。传统村落是一个有机的整体，内部系统复杂，由多个系统要素组成，各个系统和要素之间相互关联，相互制约。因此，指标体系应当能够综合反映传统村落活态化保护利用价值的状况。

（2）可行性原则。选取指标须充分考虑现实情况，提升数据采集与数据处理精度，确保指标数据的可获取性，增强评价的可操作性。因此，需减少数据缺失或者无效所造成的失真度，提高评价结果的科学性和可靠性。这不仅有利于后期的数据处理，而且对所选择的研究案例进行后续分析有一定的帮助。

（3）可比性原则。选取指标在传统村落之间应具有最大的普遍适用性，便于后期进行横向对比研究。同时在研究中，尽量选取可以突出显示地域特征的重要指标，考虑不同传统村落所表现出来的不同的活态化保护利用价值，使得评价结果能够充分反映出不同传统村落活态化保护利用价值之间的差距，有利于后续的差异化分析。

（4）参数化原则。选取的主观和客观指标须全部进行量化，将参数数据输入评价平台，全面客观反映价值。某些定量指标本身具有可计量的特征，为了便于在实地调研时数据的获取，直接将某些指标进行量化，通过指标的数量来确定该指标的评分值；某些定性指标难以用数值进行计量，因此在指标处理时将此类指标进行等级划分并评级，再根据评价等级，对相应的等级赋予不同的数值，达到参数化的目的，以间接显示其活态化保护利用价值。

（5）适应性原则。考虑普适性与特殊性，预留拓展性附加指标，保持系统的开放性和弹性，以适应实际情况。不同地区的传统村落由于自然环境、地域特色、历史积淀等千差万别，呈现出不同的特征与属性，因此，根据传统村落的实际情况添加拓展性指标，有利于更加全面地评估传统村落的活态化保护利用价值，使具有独特价值的传统村落能够脱颖而出。

5.5.2 指标体系

传统村落活态化保护利用价值评估指标体系是反映传统村落活态化保护利用水平的一套多层次、多要素的评估系统。对复杂价值评估系统而言，构建一套科学客观、合理有效的价值评估指标体系非常关键，因此，需要从遴选的指标群中进一步提炼出普适性指标体系。

传统村落活态化保护利用价值评估体系的构建及指标的选取是一个复杂的过程，需要遵循一定的方法和步骤，如图 5-11 所示。以传统村落活态化保护利用价值为切入点，结合传统村落的实际情况进行综合思考，并始终贯彻评价体系的构建原则，采用文件研读、文献分析、理论分析、实地调研和权重分析等方法进行评价体系构建。首先，根据文件研读和文献分析形成初步的指标体系；其次，依据指标体系设置调查问卷进行预调研，结合实际情况对初步构建的指标体系进行修改、删减或补充等；再次，邀请传统村落相关研究人员对指标体系进行研读与商讨，形成完整的指标体系；最后，运用层次分析法确定各指标的权重，形成最终的评价体系（表 5-4）。

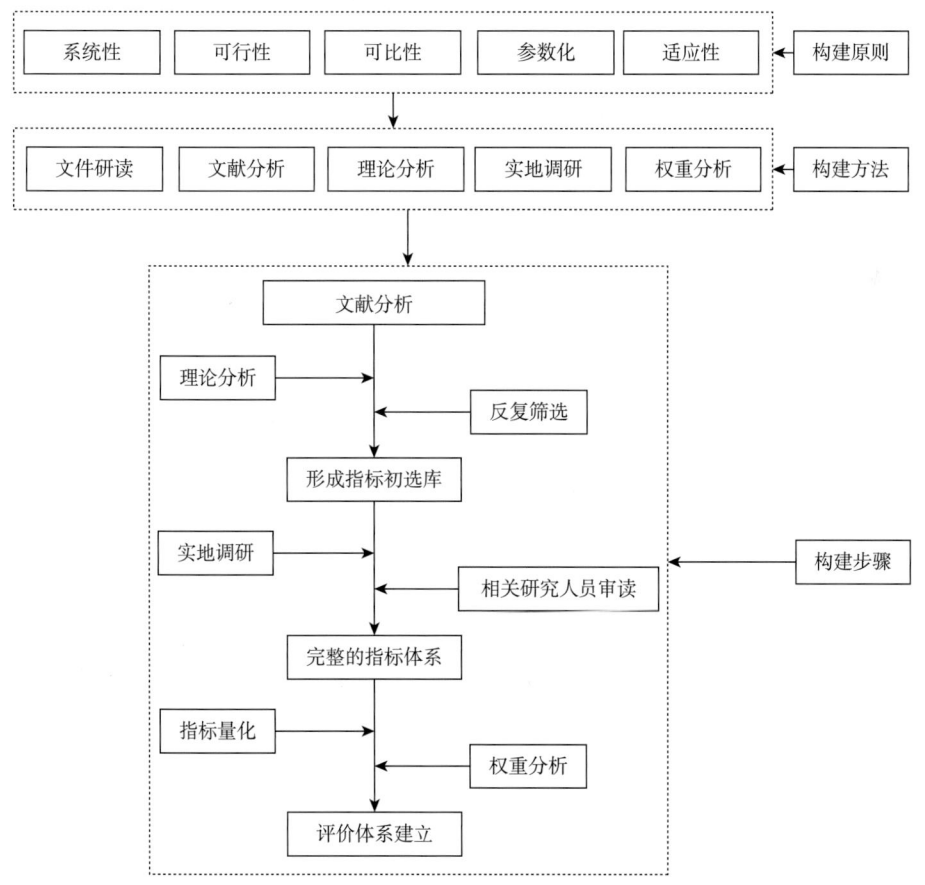

图 5-11　评价模型构建过程

表 5-4 传统村落活态化保护利用价值评估指标体系

目标层	准则层	编号	指标层	数据层	权重
传统村落活态化保护利用价值	生产系统	A1	农业生产	传统农业从业人数比例（%）	0.0475
		A2	传统技艺	传统生产技艺人数比例（%）	0.0825
	生活系统	A3	公共空间与建筑	公共空间与建筑利用频次（次/年）	0.0349
		A4	民居建筑	传统民居建筑利用率（数量比%）	0.0623
		A5	民俗节庆	传统节庆活动举行频次（次/年）	0.1112
		A6	地区方言	使用地区方言人数比例（%）	0.0705
	生态系统	A7	自然生态变化	自然生态变化对活态化发展的影响	0.0060
		A8	文化生态变化	文化生态变化对活态化发展的影响	0.0314
		A9	社会生态变化	社会生态变化对活态化发展的影响	0.0137
	基础条件	A10	人口规模	居住总人数（人）	0.0302
		A11	人口结构	老龄化程度（≥60岁）（%）	0.0407
		A12	经济发展	人均年收入（万元）	0.0919
		A13	区位条件	距城镇或景区距离（km）	0.0342
		A14	交通联系	距区域交通线距离（km）	0.0412
		A15	设施配套	基础设施完善程度（%）	0.0590
	发展潜力	A16	影响力	区域知名度与文化影响力	0.0777
		A17	传承力	活态化传承人数比例（%）	0.1105
		A18	保障力	活态化发展制度完善程度（%）	0.0546

各项普适性指标分项释义如下。

1. 生产系统

生产系统维度包括 2 项指标表征。

A1 农业生产。传统村落的农业生产体系是在自然经济条件下，以人力、畜力、手工工具、铁器等为主的手工劳动方式，以自给自足为特征，运用历史沿袭下来的耕作方法或世代积累下来的传统经验和农业技术发展出来的生产体系。我国不同地域的许多村落中，仍不同程度地延续了传统特色农业作业方式，如旱作农业、水稻梯田、中草药种植、桑基鱼塘等，以及不同地域的地理标志产品生产种植。

A2 传统技艺。传统技艺是村落在长期的农业生产和生活中逐步形成的农业技术措施、农业耕作方法、手工业生产经验。传统特色手工艺从中衍生而来，其发展历史悠久、行业门类繁多、地域分布广泛，在早期的乡村经济中占有较为重要的地位，包括小规模生产的家庭作坊式传统特色手工艺，如稻鱼共生技艺、育苗技艺、农具加工、酿酒造纸、金银器制作、工艺品制作等。

2. 生活系统

生活系统维度包括 4 项指标表征。

A3 公共建筑与空间。传统村落公共建筑与空间是指村落中现在仍然在生产、生活中使用的公共活动场所和公共建筑，能够反映传统聚落中人居环境特点、生活生产特征和乡土社会发展状态，如祠堂、庙宇、广场、戏台、街巷、湖池等。

A4 民居建筑。传统民居建筑是独特的地域风貌和乡村聚居社会关系的反映，主要表现为传统民居建筑的平面形态、建造方法和建筑材料等。由于历史传统、生活习惯、人文自然条件、地理环境等的不同，民居的造型特征、平面布局等各不相同，呈现出独特的地域风貌。作为传统村落中最基本的建筑类型，数量多且风格多样，且包含住宅以及由其延伸的居住环境，如窑洞民居、四合院民居、碉楼民居、干栏式民居等。

A5 民俗节庆。民俗节庆活动是指传统村落中个人或集体的传统风尚、礼节、习性，特定社会文化区域内历代人们共同遵守的行为模式或规范，是千百年来村民乡土生活的历史积淀，是具有地域特色的活动习俗，是乡村公共活动的平台资源，具有协调村民行为、深化家乡认同感的功能，蕴涵着中华民族的传统文化精髓和内涵；部分传统村落是聚族而居的宗族村落，这种宗族文化是在宗族村落发展中创造出来的一切物质文明和精神文明的总和，它传承于族人之间，记载于文字，渗透在人们的日常生活中，是中国传统文化的重要组成部分，表现为民间传统的节日和专门活动，具有明显的地域性，代表地方民俗特色，具有较强的参与性。例如，传统庙会、社火、集市、祭祀活动、婚丧嫁娶等。

A6 地区方言。地区方言是文化的活化石，是地区文化的一种，是民族文化的有机组成部分，有着丰厚的文化底蕴。传统村落因地域方面的差别而形成的语言变体，也是地域文化的具体表现方式之一。

3. 生态系统

生态系统维度包括 3 项指标表征。

A7 自然生态变化。自然生态是指村落发展与自然环境之间的相互关系与存在状态，空气、土壤、河流水系等要素的发展变化，直接或间接地影响了传统村落人居环境、生产活动、生活状态、发展潜力，对传统村落可持续发展有着正面或负面的影响。

A8 文化生态变化。传统村落文化生态是乡土文化生态赖以生存和发展的环境，是文化生态历史的动态积淀，其变化对于传统村落文明传承具有重要影响。应在保护传承的基础上，创造性转化、创新性发展，不断赋予时代内涵和丰富表现形式，加强乡村文明建设，助力乡村振兴。

A9 社会生态变化。社会生态指人、社会和环境的统一整体，传统村落社会生态变化是指传统村落中村民与社会系统各要素在环境中相互作用，由社会经济、政治、伦理道德的延习而形成的人们趋同一致的价值取向、行为方式、思维模式及生活习惯。和谐的社会生态环境有利于传统村落的良性发展。

4. 基础条件

基础条件维度包括 6 项指标表征。

A10 人口规模。人口规模是一定个人数量的综合，人口规模是社会物质生活的必要条件，是全部社会生产行为的基础和主体，是村落可持续发展的前提。在城镇化快速发展的时期，乡村人口流失较为严重，但一定规模的人口是传承传统村落文化，维持延续发展的基础，由于社会条件不同，经济发展水平不同，传统村落人口规模存在较大差异。也可以考虑人口增长率指标，人口增长率是指在一定时期内（通常为 1 年内）由人口自然变动和迁移变动而引起的人口增长的比率。

A11 人口结构。人口结构是指把人口总体区分为各个组成部分，将人口以不同的标准划分而得到的一种结果，其反映一定地区、一定时间人口的不同数量比例关系。传统村落的人口结构，主要包括年龄结构、教育结构及民族构成。年龄结构是村落人口再生产的基础和起点，教育结构是指传统村落村民群体中具有不同教育层次人员的比例构成状况，民族构成是指传统村落村民中不同民族的人口数量在总人口中的比例关系。

A12 经济发展。经济发展是指经济发展的规模、速度和所达到的水准，经济发展反映社会经济现象在不同时期的规模或水平，是计算各种动态分析指标的基础。经济发展用人均年收入进行衡量，人均年收入是指传统村落村民在一年中所创造的新价值的占有量。村落间由于地理位置、发展方式等的不同，发展水平和收入增长率有所不同，收入增长率是指在一定时期内收入的增长量与基期数据的比值。

A13 区位条件。区位条件是指传统村落本身具有的资源特点、发展条件、属性资质等，是一个综合性概念，对传统村落而言，交通区位、经济区位、文化区位、旅游区位等需要综合分析，尤其对于传统村落距城镇的距离和距景点的距离是区位条件较为重要的衡量指标。

A14 交通联系。交通联系是指传统村落所在地同外界交通往来的通畅和便利程度，即可进入性评价指标。大多数传统村落自然地形复杂，距离主要区域交通线偏远，对外联系的交通条件较差，对传统村落社会经济可持续发展有一定程度的制约。

A15 设施配套。为发展农业生产和提升生活质量而提供的公共服务设施的总称，包括交通邮电、农田水利、供水供电、商业服务、园林绿化、文教卫生等，以及物流、信息化等现代化综合服务设施。对于传统村落的人居环境、公共服务和乡村治理具有基础性支撑作用。

5. 发展潜力

发展潜力维度，包括 3 项指标表征。

A16 影响力。传统村落的知名度能够反映其在一定区域范围内的竞争力与独特性，传统村落影响力包括村落不同级别的知名度和文化影响力。

A17 传承力。传统村落的传承力是指传承村落文化、历史底蕴、地域特色的能力，参与村落活态化发展传承的人越多，其传承力越强。尤其是传统村落非遗传承人的数量和梯队建设极为重要。

A18 保障力。保障力是指能促进传统村落活态化保护利用价值传承的制度建设，包括相关的政策法规、发展规划、保障措施、资金和人才投入、教育培训等。通过制度建设来实施传统村落活态化发展，有助于发展要素和资源对传统村落保护利用进行倾斜，并能够对相关行为进行约束和引导，加强传统村落发展的规范有序进行。

5.5.3 权重确定

针对最终确定的评估指标体系，运用 Yaahp 软件进行权重计算，计算步骤如下。

（1）首先将需要评价的指标体系分解为不同的层次结构，并检验模型的合法程度，如果当前层次结构模型图不合法，则需根据提示进行层次结构的调整和修改。如果当前层次结构模型图合法，则可进行下一步判断矩阵的计算。

（2）专家组根据 1—9 标度法对指标的重要程度进行两两打分，构建评价的判断矩阵，重要程度打分表如表 5-5 所示。

表 5-5　评估指标重要程度打分表

标度	重要性等级说明
1	指标 i 对指标 j 来说同样重要
3	指标 i 对指标 j 来说稍微重要，反之为 1/3
5	指标 i 对指标 j 来说比较重要，反之为 1/5
7	指标 i 对指标 j 来说十分重要，反之为 1/7
9	指标 i 对指标 j 来说绝对重要，反之为 1/9

续表

标度	重要性等级说明
2、4、6、8	指标 i 对指标 j 来说，重要程度在上述区间之内

（3）计算所构建判断矩阵的特征向量值（W_i）和最大特征根（λ_{max}），计算公式如下：

$$W_i = U_i / \sum_{i=1}^{n} U_i, \quad i=1,2,\cdots,n \tag{5-1}$$

$$\lambda_{max} = \frac{1}{n}\sum_{i=1}^{n}\frac{(AW)_i}{W_i}, \quad i=1,2,\cdots,n \tag{5-2}$$

其中，W_i 为特征向量值；U_i 为判断矩阵中各行的向量和；$(AW)_i$ 为 AW 的第 i 个分量的值；λ_{max} 为最大特征根。

（4）最后计算判断矩阵是否可以被接受，即是否通过一致性检验（CI）和一致性比例（CR），计算公式如下。若 CI < 0.1，则判断矩阵正确有效，可进行后续操作；若 CI ≥ 0.1，则判断矩阵无效，需通过专家修改，直到判断矩阵通过一致性检验，最终确定权重。

$$CI = (\lambda_{max} - n)(n-1) \tag{5-3}$$

$$CR = CI/RI \tag{5-4}$$

其中，RI 为随机一致性指标，计算时可根据构造的判断矩阵所对应的阶数 n 对照表 5-6 所示的内容进行查询，即可获得所对应的 RI 值。

表 5-6 随机一致性指标数值的获取

n	1	2	3	4	5	6	7
RI	0	0	0.06	0.90	1.12	1.24	1.32
n	8	9	10	11	12	13	14
RI	1.41	1.46	1.49	1.52	1.54	1.56	1.58

5.5.4 赋分标准

传统村落评价数据来源于政府统计公报、统计年鉴等，包括省地市县级的农业农村、自然资源、住房与建设、文化旅游、统计等部门提供的数据资料，以及实地调研数据。需要注意的是，传统村落是不断发展的有机整体，相关数据和标准是随着社会经济发展而动态变化的，因此其赋值标准也需要根据实际情况进行必要的弹性调整和修正，以保证基础数据和评价结果的可靠性。传统村落活态化保护利用价值评估指标赋值标准见表 5-7。

表 5-7 传统村落活态化保护利用价值评估指标赋值标准

目标层	指标层	编号	指标名称	指标表征	赋值标准
传统村落活态化保护利用价值	生产系统	A1	农业生产	传统农业从业人数比例（%）	80% 及以上 =100 分；[70%, 80%) =80 分；[50%, 70%) =60 分；[20%, 50%) =40 分；少于 20%=20 分
		A2	传统技艺	传统生产技艺人数比例（%）	80% 及以上 =100 分；[70%, 80%) =80 分；[50%, 70%) =60 分；[20%, 50%) =40 分；少于 20%=20 分
	生活系统	A3	公共空间与建筑	公共建筑与空间利用频次（次/年）	100 次及以上 =100 分；[70, 100) 次 =80 分；[40, 70) 次 =60 分；[10, 40) 次 =40 分；少于 10 次 =20 分
		A4	民居建筑	传统民居建筑利用率（数量比%）	85% 及以上 =100 分；[75%, 85%) =80 分；[55%, 75%) =60 分；[25%, 55%) =40 分；25% 以下 =20 分
		A5	民俗节庆	传统节庆活动举行频次（次/年）	10 次及以上 =100 分；[8, 10) 次 =80 分；[5, 8) 次 =60 分；[2, 5) 次 =40 分；少于 2 次 =20 分
		A6	地区方言	使用地区方言人数比例（%）	90% 及以上 =100 分；[80%, 90%) =80 分；[60%, 80%) =60 分；[20%, 60%) =40 分；少于 20% =20 分
	生态系统	A7	自然生态变化	自然生态变化对活态化发展的影响	强化活态化发展 =100 分；利于活态化发展 =70 分；基本利于活态化发展 =50 分；不影响活态化发展 =30 分；抑制活态化发展 =0 分
		A8	文化生态变化	文化生态变化对活态化发展的影响	强化活态化发展 =100 分；利于活态化发展 =70 分；基本利于活态化发展 =50 分；不影响活态化发展 =30 分；抑制活态化发展 =0 分
		A9	社会生态变化	社会生态变化对活态化发展的影响	强化活态化发展 =100 分；利于活态化发展 =70 分；基本利于活态化发展 =50 分；不影响活态化发展 =30 分；抑制活态化发展 =0 分
	基础条件	A10	人口规模	居住总人数（人）	2500 人及以上 =100 分；[2000, 2500) 人 =80 分；[1000, 2000) 人 =60 分；[500, 1000) 人 =40 分；少于 500 人 =20 分

续表

目标层	指标层	编号	指标名称	指标表征	赋值标准
传统村落活态化保护利用价值	基础条件	A11	人口结构	老龄化程度（≥60岁）（%）	小于5% =100分；[5%, 10%) =80分；[10%, 20%) =60分；[20%, 30%) =40分；30%及以上 =20分
		A12	经济发展	人均年收入（万元）	2.5万元及以上 =100分；[1.5, 2.5)万元 =80分；[1, 1.5)万元 =60分；[0.5, 1)万元 =40分；低于0.5万元 =20分
		A13	区位条件	距城镇或景区距离（km）	小于3 km =100分；[3, 5) km =80分；[5, 10) km =60分；[10, 15) km =40分；15km及以上 =20分
		A14	交通联系	距区域交通线距离（km）	小于5 km =100分；[5, 15) km =80分；[15, 20) km =60分；[20, 25) km =40分；25km及以上 =20分
		A15	设施配套	基础设施完善程度（%）	80%及以上 =100分；[70%, 80%) =80分；[50%, 70%) =60分；[20%, 50%) =40分；低于20% =20分
	发展潜力	A16	影响力	区域知名度与文化影响力	世界级 =100分；国家级 =80分；省域级 =60分；市域级 =40分；县域级 =20分
		A17	传承力	活态化传承人数比例（%）	90%及以上 =100分；[80%, 90%) =80分；[60%, 80%) =60分；[20%, 60%) =40分；少于20% =20分
		A18	保障力	活态化发展制度完善程度（%）	80%及以上 =100分；[70%, 80%) =80分；[50%, 70%) =60分；[20%, 50%) =40分；低于20% =20分

5.5.5 计算方法

研究数据来源于课题组实地调研收集和访谈，部分数据来自政府统计公报和统计年鉴。采取加权求和法计算传统村落活态化保护利用价值的综合分值，综合分值 X_i 的计算公式如下：

$$X_i = w_1 A_1 + w_2 A_2 + \cdots + w_n A_n = \sum_{i=1}^{n} w_i A_i, \ w_i > 0 \qquad (5\text{-}5)$$

其中，X_i 表示传统村落活态化保护利用价值；A_i 表示某单项指标 i 的赋值；w_i 表示某单项指标 i 的权重。X_i 数值越大，表示传统村落活态化保护利用价值越大，反之则越小。数值应始终保持在（0，100）的值域范围内。

5.5.6 等级划定

根据评价对象数量和类型等具体情况，对区域内传统村落活态化保护利用价值进行等级划分（表 5-8）。

表 5-8 传统村落活态化保护利用价值等级划分

级别	等级名称	活态化保护利用价值得分值域
一类 V1	优秀类	$80 \leqslant X_i$
二类 V2	优良类	$65 \leqslant X_i < 80$
三类 V3	良好类	$60 \leqslant X_i < 65$
四类 V4	中等类	$50 \leqslant X_i < 60$
五类 V5	一般类	$X_i < 50$

5.6 案例验证

陕西省地处中国大陆腹地，承载着悠久的华夏文明，而传统村落是最能体现中华民族文化基因的重要存在。因此，以陕西省列入中国传统村落名录的 113 座传统村落为实证对象（表 5-9 和图 5-12），客观评估其活态化保护利用价值及空间特征，是具有典型意义的。依据陕西省内不同的地理气候和人文特征，研究区域细分为 3 个亚区，即陕北黄土高原区、关中平原区和陕南秦巴山地区。陕北黄土高原区大部分属暖温带气候，地域广阔，地形复杂，传统村落分散置落于梁峁沟壑之间，黄土窑洞民居高低错落，地域特征极为明显；关中平原区属暖温带气候，地势平坦，传统村落大多集中分布，蕴含丰富的历史文化资源；陕南秦巴山地区多为北亚热带气候，气候宜人，依山傍水，民居建筑以石板房和竹木楼阁为主，生态景观资源赋存丰富。陕西省关中、陕南、陕北三地传统村落民居建筑形态迥异，发展环境和条件各不相同，为研究提供了典型的分析案例。

表 5-9 陕西省 113 座国家级传统村落数量分布

地区	地级市	数量	占比	地区	地级市	数量	占比
关中	西安市	2	1.77%	陕北	延安市	12	10.62%
	渭南市	33	29.20%		榆林市	34	30.09%
	咸阳市	6	5.31%	陕南	汉中市	5	4.42%
	铜川市	3	2.65%		安康市	15	13.27%
	宝鸡市	1	0.88%		商洛市	2	1.77%

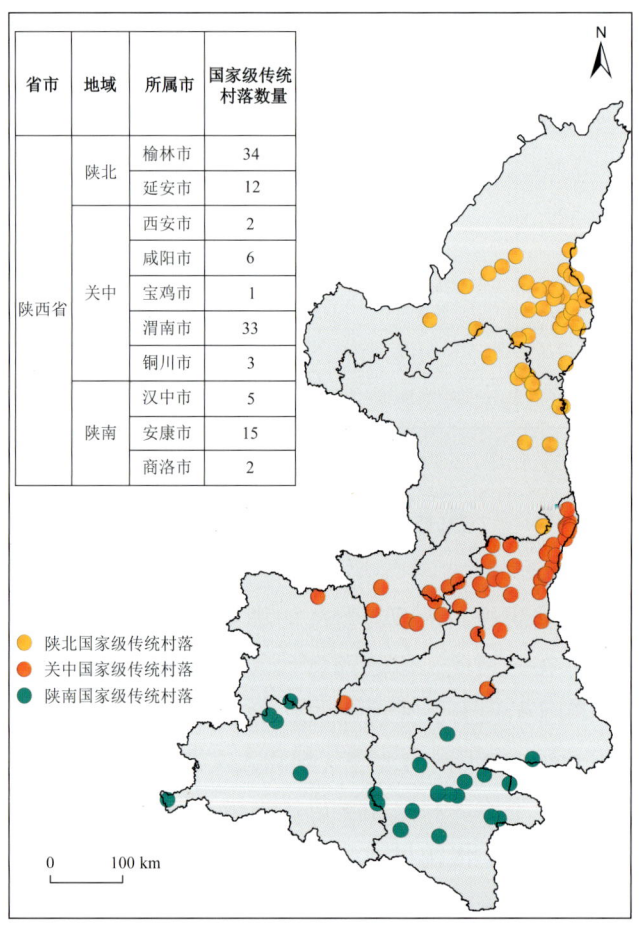

图 5-12 陕西省 113 座国家级传统村落分布图

5.6.1 验证结果

根据中国传统村落名录以及研究课题资料获取 113 座国家级传统村落经纬度，并从全国地理信息资源目录服务系统下载陕西省行政区划图等空间数据；采用抽样调研方式收集传统村落建筑、农业、人口、文化等数据；参考《陕西统计年鉴》《陕西年鉴》，以及各地级市社会经济数据、政策文件，补充相关指标数据；同时采取半结构化访谈方式，深入了解传统村落日常的生产、生活状态，进一步丰富主观性分析数据。

总体而言，陕西省113座国家级传统村落活态化保护利用价值，基本符合正态分布规律，其中活态化保护利用价值优秀型（V1）的传统村落占比1.77%；活态化保护利用价值优良型（V2）的传统村落占比16.81%；活态化保护利用价值良好型（V3）的传统村落占比17.70%；活态化保护利用价值中等型（V4）的传统村落占比48.67%；活态化保护利用价值一般型（V5）的传统村落占比15.04%（表5-10）。因此，陕西省113座国家级传统村落中活态化保护利用价值中等型的村落占比最高。从关中、陕南和陕北三个亚空间单元来看，呈现出不同的等级分布格局，准确表现出不同区域传统村落活态化保护利用价值的结构差异。陕北：V4（54.35%）>V3（23.91%）>V5（13.04%）>V2（8.70%）>V1（0.00%）；关中：V4（42.22%）>V5（20.00%）>V2（17.78%）>V3（15.56%）>V1（4.44%）；陕南：V4（50.00%）>V2（31.82%）>V3（9.09%）=V5（9.09%）>V1（0.00%）（图5-13）。此外，评估结果也显示出，陕北、关中和陕南三地的传统村落活态化保护利用价值的差异明显，其验证也基本符合现实情况。由于关中地区社会经济发展程度较陕南和陕北优越，为传统村落活态化保护利用提供了物质基础，活态化保护利用价值较高的村落较其他两区域多；但村落发展前期传承保护意识薄弱，在社会经济发展水平不断提升的影响下，承载传统村落历史文化的建筑、产业等也在不断消逝，因此在关中也同样具有一定数量活态化保护利用价值不高的传统村落。由此可知，不同地理气候和社会经济发展情况对传统村落的活态化保护利用价值具有极为显著的影响。陕西省国家级传统村落活态化价值评估数据见表5-11。

表5-10　陕西省113座国家级传统村落活态化保护利用价值分级

等级	陕北	关中	陕南	总计	占比
V1（活态化保护利用价值优秀型）	0	2	0	2	1.77%
V2（活态化保护利用价值优良型）	4	8	7	19	16.81%
V3（活态化保护利用价值良好型）	11	7	2	20	17.70%
V4（活态化保护利用价值中等型）	25	19	11	55	48.67%
V5（活态化保护利用价值一般型）	6	9	2	17	15.04%

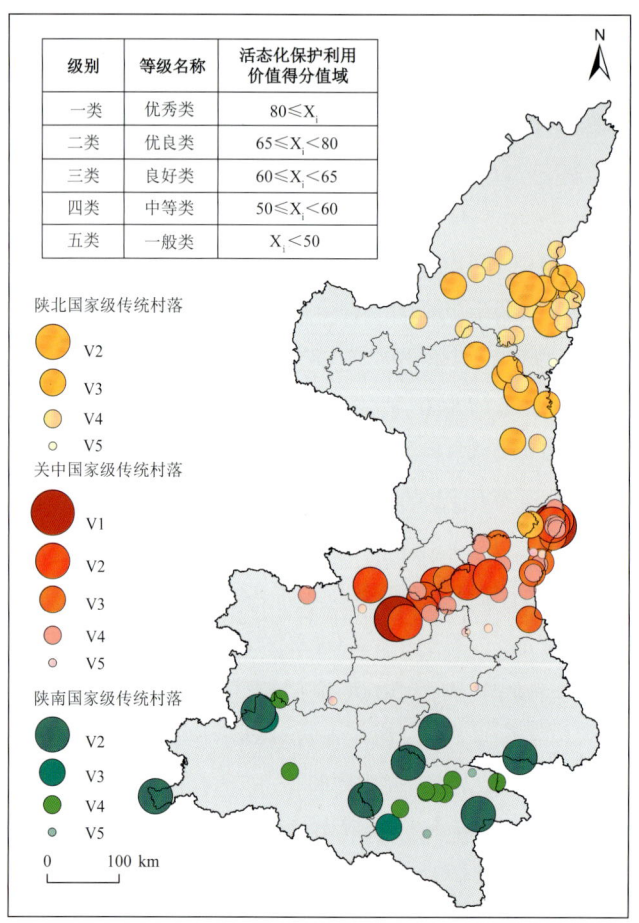

图 5-13 陕西省 113 座国家级传统村落活态化保护利用价值分级图

表 5-11 陕西省国家级传统村落活态化价值评估数据

排名	村落	分值	排名	村落	分值	排名	村落	分值	排名	村落	分值
1	袁家村	88.993	30	赵家河村	62.608	59	神泉堡村	58.001	88	康家卫村	52.057
2	党家村	83.193	31	荷叶坪村	62.203	60	碾畔村	57.847	89	贺一村	51.869
3	郭家沟村	79.323	32	常家沟村	61.913	61	桃镇村	57.813	90	响水村	51.859
4	青木川村	78.731	33	木头峪村	61.863	62	柳村	57.811	91	眠虎沟村	51.617
5	柏社村	74.817	34	营梁村	61.662	63	罗硷村	57.442	92	郭庄碻村	51.601
6	笃祜村	74.377	35	刘家峁村	61.236	64	五龙山村	57.431	93	东里村	51.569
7	云镇村	73.49	36	上田家川村	61.203	65	莲湖村	57.355	94	艾家沟村	51.105
8	古镇社区	72.096	37	张峰村	61.176	66	贾大峁村	57.044	95	园则坪村	50.607
9	程家川村	70.193	38	石村	60.818	67	结草村	57.039	96	长兴村	50.606
10	梁家河村	69.505	39	安定村	60.717	68	高山村	56.773	97	陶池村	49.989
11	长岭村	68.951	40	南社村	60.579	69	梁甲村	56.649	98	高庙山村	49.706
12	庙台子村	68.369	41	刘家山村	60.307	70	南长益村	56.537	99	张庄村	49.635

续表

排名	村落	分值	排名	村落	分值	排名	村落	分值	排名	村落	分值
13	西原村	67.877	42	刘家坪村	59.915	71	镇靖村	56.203	100	等驾坡村	49.435
14	孙塬村	67.503	43	峪口村	59.727	72	中角村	55.263	101	东白池村	49.135
15	山西村	67.455	44	双柏村	59.56	73	白兴庄村	55.242	102	东宫城村	48.905
16	柳枝村	67.443	45	岳家岔村	59.553	74	张寨村	55.215	103	高杰村	48.811
17	双桥村	67.379	46	太相寺村	59.535	75	尧头村	55.046	104	老县城村	48.739
18	烽火村	66.489	47	万福村	59.275	76	张代村	54.217	105	天宝村	48.721
19	湛家湾村	66.095	48	凉水岸村	59.235	77	马家湾村	53.689	106	石船沟村	48.361
20	镇子湾村	65.575	49	王庄村	58.721	78	黑东村	53.475	107	甄家湾村	47.387
21	杨家沟村	65.041	50	杨武村	58.663	79	曹家村	53.461	108	黑圪塔村	47.285
22	灵泉村	64.851	51	移村	58.631	80	虎焉村	53.149	109	庙湾村	47.176
23	立地坡村	64.294	52	马河村	58.497	81	磨坪村	53.067	110	大寨村	46.449
24	城关村	63.891	53	薛村	58.407	82	前河村	53.048	111	辛村	45.69
25	清水村	63.787	54	周原村	58.397	83	泥河沟村	52.985	112	寺沟村	43.763
26	吉安城村	63.766	55	东高垣村	58.359	84	郭家老院村	52.985	113	杨家坡村	43.604
27	双泉村	63.446	56	沙坪上村	58.159	85	行家庄村	52.917	平均值 58.656		
28	王皮庄村	63.037	57	王峰村	58.149	86	牛家阴坡	52.515	中位数 58.149		
29	相里堡村	62.72	58	乐丰村	58.063	87	万家城村	52.46			

5.6.2 分析研讨

1. 维度分析

研究从 5 个维度分析传统村落的活态化发展水平（图 5-14）。

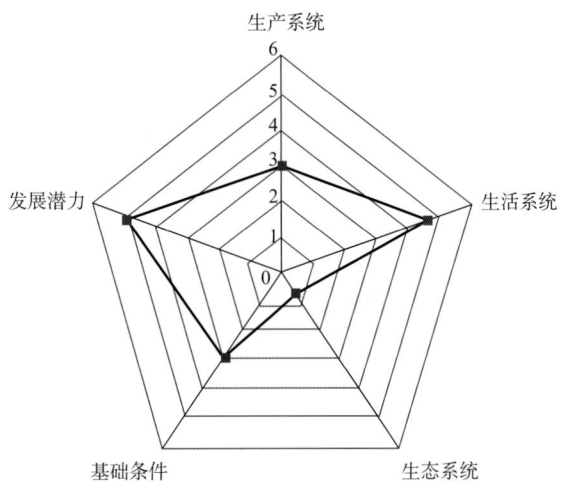

图 5-14 陕西省国家级传统村落 5 个评价维度平均得分

（1）发展潜力维度得分第一。发展潜力能够侧面衬托出未来村落的发展方向和动力。例如，程家川村、党家村利用其自然风景、历史文化等高潜力资源品牌，与周围旅游景区联合，形成旅游黄金线路。这些潜力资源也受到经济、交通、宣传等多因素的影响，在这些因素影响下，村落巨大的发展潜力得以充分发挥和兑现。

（2）生活系统维度得分第二。生活系统蕴含着传统村落古老的文化记忆和风俗习惯等，村落本身的意义、记忆、身份和价值均与之密切相关。现存传统村落的生活气息越浓重，越能够体现其活态化价值。其中，约89%的村民一定程度保持着传统的生活习俗，宗族体系、饮食文化、民间习俗等都以其独特的方式传承留存延续。

（3）生产系统维度得分第三。生产系统可以为当地带来巨大收益。在经济基础的支持下，传统村落可以形成多产业交叉融合的发展模式，为提高活态化价值奠定良好基础。例如，袁家村依托传统餐饮大力发展旅游业，东高垣村依靠柿子加工推动村落经济发展。

（4）基础条件维度得分第四。基础条件反映传统村落需要具有与其匹配的发展条件优势来提升活态化发展水平，而且也正是由于这些条件的存在，传统村落有了传承延续的机会。在调研中，问到村民"您觉得村子发生的最大变化是什么"，约有80%的村民认为"收入高了，玩的地方多了""健身设施很好"。这表明国家在传统村落保护过程中对人口发展、产业发展和建设基础采取了一定措施，并且获得了村民的广泛认可，但仍普遍存在基础设施建设不足的情况。

（5）生态系统维度得分第五。近些年来，虽然国家在大力倡导生态文明，但是由于人们的生态意识不足，约74%的村民认为"绿化不好""树不是很多"，反映出传统村落的生态环境问题并没有得到很好解决。

2. 策略分析

基于以上数据基础和分析结果，研究运用IPA图可视化表达传统村落现状和潜力进行交叉综合分析。其中，横轴代表生产系统、生活系统和生态系统3个维度的"现状资源评价"值，纵轴代表基础条件和发展潜力2个维度的"潜力价值评价"值。将去掉最高值和最低值之后的平均值作为交叉点（2.95，3.56），整个坐标系被分为4个象限，分别对应优势区、机会区、脆弱区和改善区（图5-15）。各象限基本特征见表5-12。

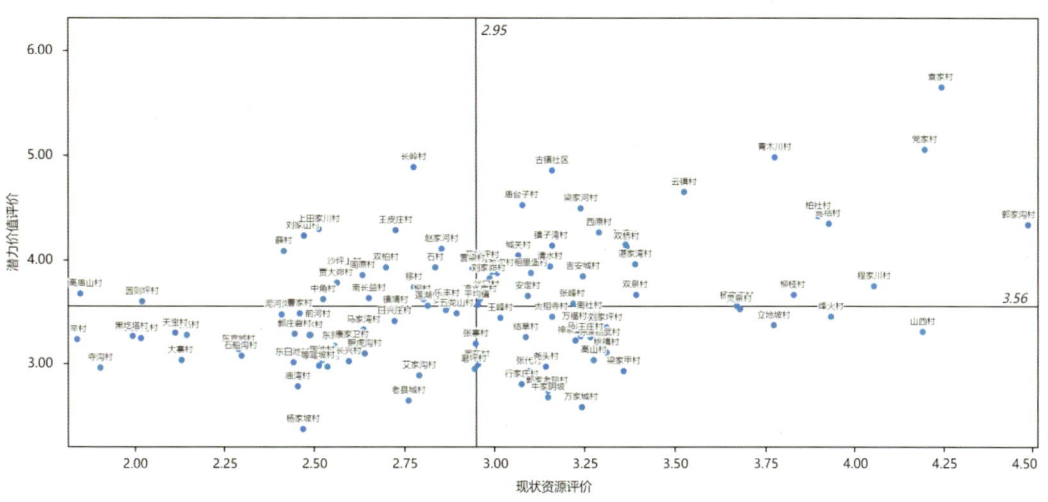

图 5-15 现状资源评价与潜力价值评价 IPA 分析

表 5-12 陕西省 113 座国家级传统村落的 IPA 象限特征分析

象限	区域	数量	占比	特征	典型村落
Ⅰ	优势区	31	27.4%	现状资源评价和潜力价值评价均较高,具有较高的历史价值、文化价值等	党家村、柏社村
Ⅱ	机会区	19	16.8%	现状资源评价低但潜力价值评价高,辅助开发寻求村落多维度价值的突破点	周原村、南长益村
Ⅲ	脆弱区	38	33.6%	现状资源评价和潜力价值评价都很低,对传统村落的文化技艺、历史价值、景观风貌等进行优先保护	寺沟村、艾家沟村
Ⅳ	改善区	25	22.1%	现有资源评价高但潜力价值评价低,需要在现状资源的加成下重点改进从而扩大潜力价值的影响	尧头村、行家庄村

通过 IPA 分析得到的实践应用启示:①优势区内的传统村落与活态化发展优秀型的传统村落有部分重叠,其中起主导作用的是当地旅游业的发展。村落充分挖掘自身优势并结合现代需求形成特有的村落景观,以旅游促进特色传统文化的传承,实现了传统村落经济效益、社会效益和生态效益的协调发展。由此可见,以旅游开发促进传统村落文化遗产、建筑风貌和环境生态的有效传承是目前传统村落活态化发展的一种重要途径。②机会区中传统村落的现状资源受到了一定程度的毁损,究其原因,与重视程度不够、外界投资不足有重要关系。未来发展可以强化吸引外界投资优惠政策,创新性开发利用地域传统文化资源,将根植于口头叙事、民间故事、宗族谱系的历史记忆集合重构,形成具有当地文化特色的发展平台。③脆弱区表面上情况稳定,但是忽略了村落可持续发展的必要因素和条件,进一步加强保护该类村落原有的风貌,提升资源价值,改善发展环境对于传统村落发展来说是一个巨大的挑战。建议在保护优先的基础上,尝试对自然景观和文化景观进行改造提升,进一步推动产业发展。④改

善区资源丰富而潜力价值低的状态与人口流失有很大关系，村民是维护传统村落活态化发展水平的持久内生动力，应重视村落发展和利益共享，鼓励拥有生产技艺的村民积极投入创业，并以此来吸引更多的年轻人留在村内，在资源价值得到最大化兑现和溢出的同时，使传统的生产技艺、礼仪习俗和农耕文化也得以有效传承[①]。

5.6.3 结论与问题

依据新的评估模型，对陕西省113座国家级传统村落进行实证研究，其评估结论完全符合陕西省国家级传统村落发展的现实情况，进一步验证了传统村落活态化保护利用价值评估指标体系的有效性和可用性，原则上该评估体系适用于我国大部分传统村落活态化保护利用价值的测度与评估。同时，需要指出的是，首先，对于全国评估普适化的要求而言，模型仍需要针对少数特殊传统村落进行指标微调和方法选择，尽可能全面捕捉特殊指标和参数的具体化，进一步完善评估模型，使其更具普适性。其次，在后续研究中，还应继续深入思考传统村落活态化保护利用价值的影响机制问题，积极探索不同的活态化保护利用路径，提出有针对性的实施策略。最后，未来相关研究还应关注传统村落活态化保护利用价值在时间序列上的动态变化，其演化过程和特征挖掘等方向都是值得进一步探索的领域。

5.7 探索与展望

5.7.1 自适应评价方法探索

众所周知，处于不同地域的村落之间有着不同的经济、政治、社会和文化背景，其孕育着不同文化形式之间的相互关系，以及人与社会之间的相互关系，并呈现出千差万别的特点。因此，传统标准化的评价体系在一定程度上无法兼顾活态化保护利用价值的多样性和复杂性，其灵活性的不足必然影响到对传统村落活态化保护利用价值的当代阐释及针对性策略的实施。弹性通常被理解为某一系统适应环境变化的能力。面对类型多样化且动态发展的传统村落，研究基于对传统村落活态化保护利用价值的重新认知，在标准化评价体系的基础上，创新性地提出兼顾规范性和灵活性的弹性评估模型，探索从单维静态评价向多维动态评估的提升，不断丰富和完善传统村落活态

---

① 魏峰群、赵晶雪、杨蕾洁等：《传统村落活态化发展水平评估研究——以陕西省为例》，http://kns.cnki.net/kcms/detail/11.3513.S.20220129.1132.olo.html，2022-11-15。

化保护利用价值评估的技术思路与方法。

1. 弹性指标

遵从活态化的逻辑基础，首先，参考相关研究成果，包括游憩系统质量评价指标、中国历史文化名镇名村评价指标体系、传统村落活态性定量评价指标，以及《文物建筑开放导则》等，建立全面指标体系；其次，充分考虑不同地区、不同类型、不同发展阶段等复杂的实际情况，创新性地设置动态指标项，增加体系的开放性和适度弹性；最后，通过对典型案例的调研，将初选的62项指标按照重要性、获取率、有效度等进行叠加研判，最终形成由A、B、C三种类型指标构成的弹性指标体系，构建出兼顾普适性和特殊性的动态适应性评价模型（图5-16）。

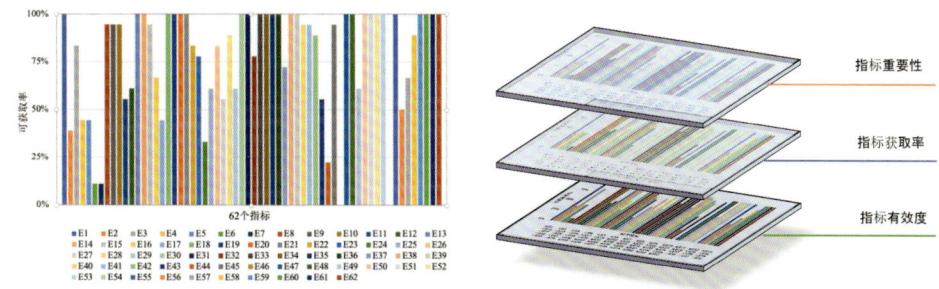

图5-16 初始评价指标获取率及叠合处理示意

2. 自适应方案

面对不同类型和特征的传统村落，其所蕴含的活态化保护利用价值具有复杂性和多样性等特征。研究依据弹性评价模型，针对现实情况形成4种具体的技术方案（图5-17）：①基础方案（A）：18项指标；②拓展方案（A+B）：18+8=26项指标；③典型方案（A+C）：18+9=27项指标；④全谱方案（A+B+C）：18+8+9=35项指标。自适应方案（表5-13）能够对丰富多样的传统村落活态化保护利用价值进行全面且针对性的评价。

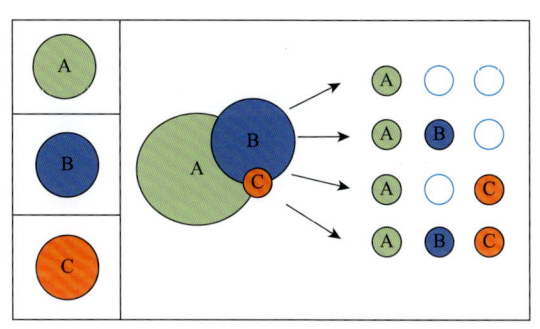

图5-17 弹性评估模型下的不同技术方案

表 5-13 传统村落活态化保护利用价值评估的自适应方案

目标层	系统层	指标名称	指标编号	指标表征	权重	拓展指标编号	指标名称	表征数据	赋分标准	特殊指标编号	指标名称	表征数据	赋分标准
传统村落活态化价值	生产系统	农业生产体系	A1	传统农业从业人数比例(%)	0.0475	A1-1	传统耕种面积	传统农业耕种面积占比（%）	0—15%，加1分；15%—30%，加2分；30%—45%，加3分；45%—60%，加4分；60%以上，加5分	A1-11	传统特色产业景观	传统特色产业景观面积占比（%）	0—4%，加2分；4%—8%，加4分；8%—12%，加6分；12%—16%，加8分；16%以上，加10分
						A1-2	传统特色产业	传统特色产业从业人数比例（%）	0—4%，加1分；4%—8%，加2分；8%—12%，加3分；12%—16%，加4分；16%以上，加5分				
		农业技术知识	A2	沿用传统生产技艺人数比例（%）	0.0825	A2-1	传统生产工具	沿用传统生产工具种类（种）	1种，加1分；2种，加2分；3种，加3分；4种，加4分；4种以上，加5分	A2-11	传统特色手工艺品	传统特色手工艺品种类	1种，加2分；2种，加4分；3种，加6分；4种，加8分；4种以上，加10分
		公共空间场所	A3	公共建筑与空间利用频次（次/年）	0.0349	A3-1	古街巷与遗址	古街巷与遗址面积占比（%）	0—20%，加1分；20%—40%，加2分；40%—60%，加3分；60%—75%，加4分；75%以上，加5分	A3-11	特色空间环境	特色空间环境利用程度	利用程度低，加2分；利用程度较低，加4分；利用程度一般，加6分；利用程度较高，加8分；利用程度高，加10分
	生活系统	传统民居建筑	A4	传统民居建筑利用率（%）	0.0623	A4-1	传统建筑风格	沿用当地传统建筑风格的居民建筑比例（%）	0—15%，加1分；15%—30%，加2分；30%—45%，加3分；45%—60%，加4分；60%以上，加5分				
						A4-2	传统建筑材料	沿用当地传统建筑材料的民居建筑比例（%）	0—20%，加1分；20%—40%，加2分；40%—60%，加3分；60%—80%，加4分；80%以上，加5分				
		传统生活习俗	A5	传统节庆活动举办频次（次/年）	0.1112	A5-1	宗族信仰	参与宗族信仰传承人数比例（%）	0—3%，加1分；3%—5%，加2分；5%—7%，加3分；7%—10%，加4分；10%以上，加5分				
			A6	使用地区方言人数比例(%)	0.0705								

续表

目标层	系统层	指标名称	指标编号	指标表征	权重	拓展指标编号	指标名称	表征数据	赋分标准	特殊指标编号	指标名称	表征数据	赋分标准
传统村落活态化价值	生态系统	生态环境	A7	强化活态化发展=100分；利于活态化发展=70分；不影响活态化发展=50分；抑制活态化发展=0分	0.006					A7-11	特色生态系统	建设特色生态系统（如桑基鱼塘）	加10分
		文化生态	A8	强化活态化发展=100分；利于活态化发展=70分；不影响活态化发展=50分；抑制活态化发展=0分	0.0314	A8-1	文化融合度	乡土文化与外来文化的融合程度	基本不排斥，加1分；积极接纳，加3分；融合创新，加5分				
		社会生态	A9	强化活态化发展=100分；利于活态化发展=70分；不影响活态化发展=50分；抑制活态化发展=0分	0.0137								
	基础条件	人口规模	A10	居住总人数（人）	0.0302	A10-1	人口增长率	(村民年末人口数－村民年初人口数)/村民年平均人口	0—1.5%，加1分；1.5%—3%，加2分；3%—4.5%，加3分；4.5%—6%，加4分；6%以上，加5分				
		人口结构	A11	老龄化程度（≥60岁）(%)	0.0407	A11-1	受教育程度	初中及以上学历人数比例(%)	30%以下，加1分；30%—50%，加2分；50%—70%，加3分；70%—90%，加4分；90%以上，加5分	A11-11	民族构成	少数民族村落	村落为少数民族村落，加10分

续表

目标层	系统层	指标名称	指标编号	指标表征	权重	拓展指标编号	指标名称	表征数据	赋分标准	特殊指标编号	指标名称	表征数据	赋分标准
传统村落活态化价值	基础条件	经济发展	A12	人均年收入（万元）	0.0919	A12-1	收入增长率	收入增长额占去年村落总收入额的比例（%）	低于1%，加1分；1%—3%，加2分；3%—5%，加3分；5%—7%，加4分；高于7%，加5分	A12-11	特色产业年收入	特色产业年收入（万元/年）	50万元及以下，加2分；50万—100万元，加4分；100万—200万元，加6分；200万—300万元，加8分；300万元以上，加10分
		区位条件	A13	距城镇空间距离(km)	0.0342					A13-11	景点距离	距景点空间距离（km）	40 km以上，加2分；30—40km，加4分；20—30 km，加6分；10—20 km，加8分；10 km以下，加10分
		交通联系	A14	距交通线空间距离（km）	0.0412	A14-1	交通枢纽	距交通枢纽空间（km）	15 km以上，加1分；12—15 km，加2分；8—12 km，加3分；4—8 km，加4分；0—4 km，加5分				
		设施条件	A15	基础设施完善程度(%)	0.059	A15-1	公共服务设施	公共服务设施种类	0—2种，加1分；3—4种，加2分；5—6种，加3分；7—8种，加4分；8种以上，加5分	A15-11	旅游服务设施	旅游服务设施种类	0—2种，加2分；3—4种，加4分；5—6种，加6分；7—8种，加8分；8种以上，加10分
	发展潜力	影响力	A16	知名度（县城40分，市城60分，省城80分，全国100分）	0.0777	A16-1	专业认定荣誉	其他专业认定荣誉级别	县级每增加一个加1分；市级每增加一个加2分；省级每增加一个加3分；国家级每增加一个加4分；世界级每增加一个加5分				
		传承力	A17	参与村落活态化发展传承人数比例（%）	0.1105	A17-1	人才引进	引进专业人才数量（人）	0—2人，加1分；3—5人，加2分；6—8人，加3分；9—10人，加4分；10人以上，加5分	A17-11	非遗传承人数量	非遗传承人数量（人）	0—10人，加2分；11—20人，加4分；21—30人，加6分；31—40人，加8分；40人以上，加10分
										A17-12	非遗传承人等级	非遗传承人等级	县级，加2分；市级，加4分；省级，加6分；国家级，加8分；世界级，加10分

续表

目标层	系统层	指标名称	指标编号	指标表征	权重	拓展指标编号	指标名称	表征数据	赋分标准	特殊指标编号	指标名称	表征数据	赋分标准
传统村落活态化价值	发展潜力	传承力	A17	参与村落活态化发展传承人数比例（%）	0.1105	A17-1	人才引进	引进专业人才数量（人）	0—2人，加1分；3—5人，加2分；6—8人，加3分；9—10人，加4分；10人以上，加5分	A17-13	非遗传承人梯度	建立有梯队的非遗传承人队伍，且有较为完善的制度和培养模式	加10分
		保障力	A18	村落活态化发展制度完善程度（%）	0.0546	A18-1	年度投资总额	5年内政府、企业等投资总额（万元）	0—10万元，加1分；10万—20万元，加2分；20万—50万元，加3分；50万—100万元，加4分；100万元以上，加5分	A18-11	旅游环境承载总量	年接待游客数量（万人/年）	0—5万人，加2分；5万—10万人，加4分；10万—15万人，加6分；15万—20万人，加8分；20万人以上，加10分

不同的技术方案对应不同的适用范围和对象（表5-14）。

表5-14 自适应技术方案的适用范围及特点

技术方案	指标构成	适用范围	数据特征	案例示意
基础方案	A	满足传统村落成立的基本条件的普通型传统村落	具备基础统计数据	寺沟村、响水村
拓展方案	A+B	满足传统村落成立的基本条件，基础设施完善且"三生"产业有所发展的拓展型传统村落	统计数据类型为多样且丰富	贺一村、张峰村
典型方案	A+C	满足传统村落成立基本条件，且某项要素活态化极为显著的典型传统村落	特殊性或典型性发展方面的统计数据较为丰富和突出	泥河沟村、甄家湾村
全谱方案	A+B+C	满足传统村落成立的基本条件，且各项要素活态化发展水平均衡和全面	相关统计数据较为全面、系统且连续完整	沙坪上村、郭家沟村

（1）基础方案（A）：18项评价指标强调普适性，对于每个传统村落皆适用，可以形成传统村落活态化保护利用价值评估大数据库，进行面板数据对比分析。

（2）拓展方案（A+B）：扩充相关评价指标至26项，数据量的增加将更为客观和细致地评估村落活态化保护利用价值，强化部分传统村落的价值表现。

（3）典型方案（A+C）：针对部分传统村落中极为特殊或典型的活态化保护利用价值及其发展优势，进一步强化和突显其个性化价值指标，扩充特征指标至27项。

（4）全谱方案（A+B+C）：全部指标数量为35项，适用于具备所有指标特性的传统村落，且数据来源丰富可靠，进一步提升其活态化保护利用价值评估，充分彰显其完备的价值属性。

3. 权重与赋值探索

确定指标权重的方法有很多，如层次分析法、熵权法、德尔菲法、模糊综合评价法、主成分分析法等。其中，层次分析法可以把要研究的问题中涉及的不同元素进行分层，并以此为基础进行定量和定性分析。层次分析法能够深入探究决策问题的本质特性，以及了解其内部的联系，还能通过少量的定量信息对决策思路进行数学化，从而为复杂问题提供便利。熵权法根据来源于客观环境的原始信息，通过分析各指标之间的关联程度及各指标所提供的信息量来决定指标的权重。因此，针对不同指标属性特点，可采用组合赋权法确定指标权重，即以层次分析法确定主观权重，运用熵权法确定客观权重。其计算框架如图5-18所示。

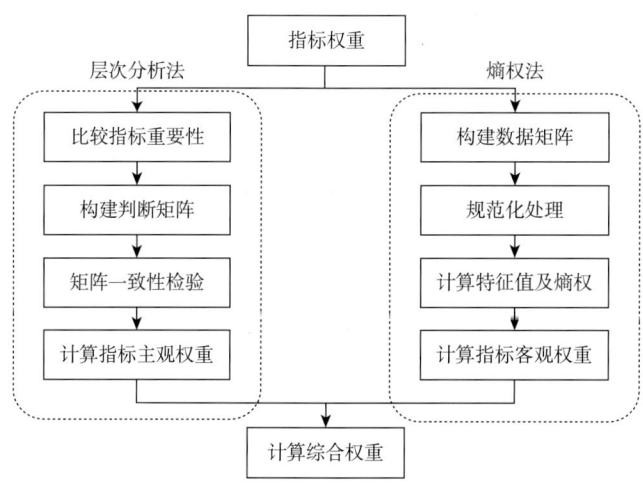

图 5-18　基于组合赋权法的权重确定框架

对于层次分析法，构建指标层级结构模型，经过专家多轮打分确定判断矩阵；将层级结构模型和判断矩阵输入Yaahp软件进行一致性检验（CI）和权重计算，如果结果显示各计算结果均通过一致性检验，那么权重就具有较高的准确性和科学性。

对于熵权法，其计算步骤如下。

（1）采取极值标准化的方法对原始数据进行处理，消除原始数据之间数量级和方向的差异。极值标准化公式如下：

$$X_{ij} = \frac{x_{ij} - \min\{x_{ij}\}}{\max\{x_{ij}\} - \min\{x_{ij}\}}, \quad x_{ij} \text{为正向指标} \quad (5\text{-}6)$$

$$X_{ij} = \frac{\max\{x_{ij}\} - x_{ij}}{\max\{x_{ij}\} - \min\{x_{ij}\}}, \quad x_{ij} \text{为负向指标} \quad (5\text{-}7)$$

其中，x_{ij}为该项指标的原始数据；$\max\{x_{ij}\}$为该项指标中的最大值；$\min\{x_{ij}\}$为该项指标中的最小值；X_{ij}为极值标准化后的数据，取值区间为$[0,1]$。

（2）计算各个指标的熵值：

$$H_{ij} = -\lambda \sum_{i=1}^{n} y_{ij} \ln y_{ij} \quad (5\text{-}8)$$

（3）计算各个指标的熵权，即权重：

$$w(s) = \frac{1 - H_{ij}}{\sum_{j=1}^{m}(1 - H_{ij})} \quad (5\text{-}9)$$

最后，运用式（5-9）将主观权重和客观权重进行组合赋权，从而得到每项指标的综合权重w_i。其中，$w(A)$为通过层次分析法获得的主观权重，$w(S)$为通过熵权法获得的客观权重，w_i的取值在 0—1。

$$w_i = w(A)w(S) / \sum_{i=1}^{n} w(A)w(S) \quad (5\text{-}10)$$

4. 启示与讨论

总体上，采用自适应评价方法所获得的评价结果与实际调研情况相符合，并与相关专家的定性判断一致性较高，充分说明该思路可行，技术方法基本达到了全面、客观和可靠的评价目的，能够综合地反映出区域内的传统村落活态化保护利用价值水平。弹性评估模型包括的 4 种技术方案，都具有普适性的 A 系列指标，以保证模型适用的广谱特点，并通过权重倾斜使评价标准保持基本一致，以保障不同方案的评价结果具有可比性。

若采用以往的标准化评价体系，受到指标、权重、赋分的固化影响，大约 45% 的特色传统村落的综合评价分值在一定程度上被低估，将被埋没在大规模标准化的面状数据中，而无法凸显其典型性和特殊性。但若将极为典型的特征指标纳入标准化模型中，又会使大部分传统村落产生较为不合理的评价结果。显而易见，采用不同的自适应评价技术方案，将进一步提升活态化保护利用价值特征丰富的传统村落价值评分，又充分考虑到特殊传统村落部分指标的重要影响而适当进行权重侧重，以进一步凸显其典型活态化保护利用价值,由此获得的评价结果将更为合理和公平。这种方法有效地解决了普适性与特殊性相结合的难题,更易识别共性与个性的存在差异,较好地呈现不同特点传统村落的活态化保护利用价值。因此,运用弹性评估模型对传统村落活态化保护利用价值进行评价,根据村落发展的实际情况选择相应的评价方案,可以兼顾传统村落由于地域和文化差异产生的普适性和特殊性结合问题,不仅可以呈现精确有效的评价结果,而且在掌握宏观总体价值水平、中观价值特征和微观价值细节的基础上,可以根据实际情况提出更具针对性的发展策略和实施建议。总而言之,传统村落活态化保护利用价值弹性评估模型具有较强的系统性、科学性和可操作性。

5.7.2 实证分析

1. 案例区：陕北46座国家级传统村落

陕北地区,一般是指乔山以北,长城以南,子午岭以东,黄河以西的黄土高原中北部地区,主要包括陕西省的榆林市和延安市。陕北地区发展历史悠久,自古就是农耕文明和游牧文明文化的交融区域。目前拥有国家级传统村落46座。由于受到复杂地形地貌和气候的影响,其村落呈现出黄土窑洞聚居的散点分布格局,地域特征鲜明。近年来,随着陕北地区经济社会的快速发展,区域内的传统村落受到地区南北发展水平差异的影响,不同的传统村落活态化发展也呈现出明显的差异,具有较为典型的研究价值。

首先根据实地调研数据,定性研判46座村落的适宜采用的技术方案：基础方案占41.3%；拓展方案占32.6%；典型方案占15.2%；全谱方案占10.9%。

2. 结果分析

过整体验证弹性评价模型的科学性。本节将46座传统村落活态化价值综合分值进行排序分类,采用ArcGIS自然间断点分级法,按照活态化价值分为5级,并进行回溯定性判断,验证定量评价与专家认知的一致性。

总体评价结果显示,陕北地区国家级传统村落活态化价值水平分值处于42.42—83.6区间内,平均为62.58分。其中,活态化保护利用价值优秀型和良好型的传统村落14座,占比为30%左右,最高分为神泉堡村；活态化保护利用价值一般型的传统村落有8座,占比为17%左右；而活态化价值较低型和缺失型的传统村落24座,占比约为50%。由此可见,陕北地区仍存在大片传统村落活态化保护利用价值发展水平不足的问题,有近一半以上的传统村落亟需加大对传统村落文化元素的保护及开发力度,应积极发展地域特色产业,增加村落发展活力,进一步提升其活态化保护利用价值的当代适应性水平,推动传统村落可持续发展。陕北地区46座国家级传统村落具体情况见图5-19—图5-22。

第5章 传统村落活态化保护利用价值认知与评估研究

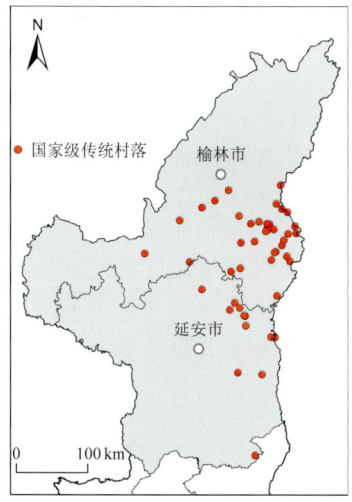

图 5-19 国家级传统村落空间分布　　图 5-20 传统村落评价技术方案分布

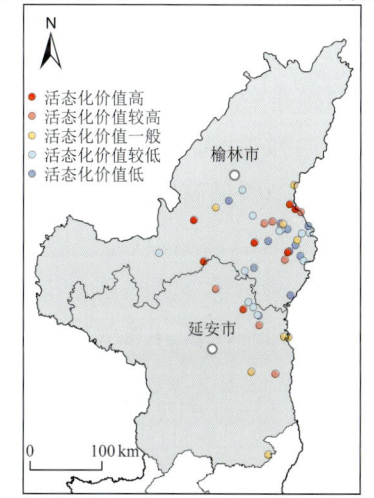

图 5-21 传统村落活态化价值等级分布

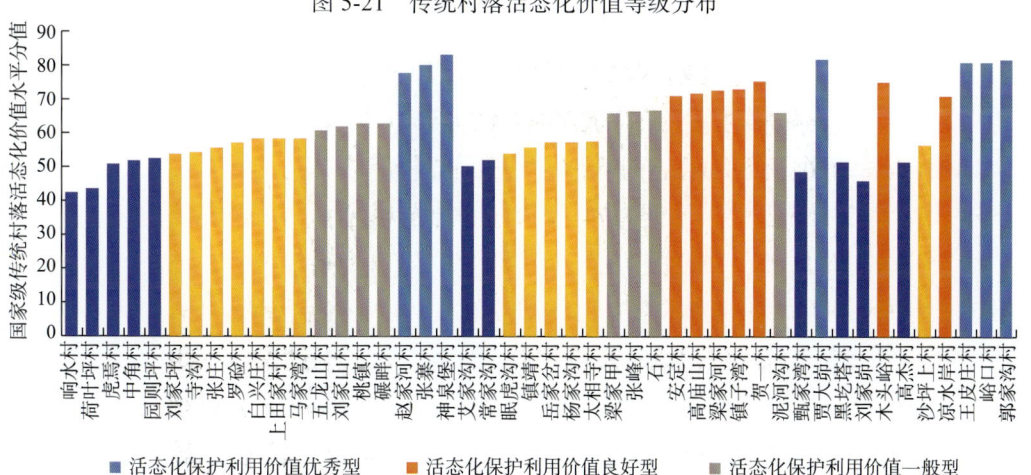

图 5-22 陕北地区 46 座国家级传统村落活态化水平评价分级图

5.7.3 研究展望

本章研究将传统村落的活态化保护利用价值置于现代发展背景中予以全面客观地认知，并创新性地提出由不同数据指标集成的一个具有基准体系的、系统化的多维弹性评估模型，面对千差万别的传统村落，尽最大可能兼顾普适性和特殊性进行活态化保护利用价值评估与研究。通过实践验证，我们认为仍有一些问题值得进一步探讨：首先，鉴于传统村落活态化保护利用价值构成的复杂性，需要对活态化保护利用价值评估指标与数据来源进一步优化和调整。考虑到目前我国大多数传统村落相关统计数据缺乏的现实情况，需要不断探寻更为丰富的表征指标与参数，使其达到全面性、客观性、多样化和替代性，即"1个目标对应 X 个可替代指标"，"1个指标也可以对应 Y 个参考数据"，以不断提升弹性评估的开放性和可操作性。其次，由于多方面的受限情况，本章研究仅对陕北地区46个国家级传统村落进行了模型检验。若想进一步验证弹性评估模型的普适性和实效性，需要对更多特殊情况和具有不同发展特点的传统村落进行实证研究。最后，传统村落中各类组成元素会随着时空变化不断改变，下一步的研究应更为关注时空变化因素对弹性评估模型的影响。为了适应国家发展战略的不同阶段，弹性评估模型应与时俱进、因地制宜地进行动态调整，为传统村落文化传承和产业振兴提供有效的技术工具。

总之，应从当代传统乡土文明的传承、复兴国家文化意义的高度出发，对中国传统村落活态化保护利用价值进行认知和评价，并不断探索创新性的认识角度，提升评价技术方法的科学性和可行性，为下一步决策制定提供符合发展需要的准确依据。

第6章 传统村落保护利用价值综合评估与分级分类研究

6.1 引 言

科学、合理地评估传统村落价值是开展传统村落保护利用工作的基础和不可或缺的一环。采用第2、3、4、5章的4种评估方法,无疑可以从宏观和微观的不同视角定量认识传统村落所具有的多方面价值。同时,人们通过传统村落价值评估所获分值也可以简单、直观地比较、判断、衡量传统村落保护利用价值所存在的差异。但是,传统村落保护利用价值的具体内涵是复杂多样的,要使传统村落的价值得到更好的保护、传承、呈现、弘扬,有必要依据传统村落的价值评估结果进一步对传统村落进行分级分类。分级分类是依据事物属性对事物进行深入、精细认识的良好方法。科学、合理地对传统村落进行分级分类,有利于准确认识传统村落的历史、艺术、科学价值,合理利用开发传统村落的社会文化、经济、生态价值,扬长避短、因势利导,提高传统村落遗产的保护利用水平和管理效率。这样,既让传统村落本身得到可持续发展,更让传统村落能够作为地域传统文化活态保护传承的样板,产生长期的社会效益。

6.2 传统村落保护利用价值综合评估

6.2.1 评价模型

传统村落保护利用价值由作为宏观背景的历史文化价值、生态价值和作为微观个体的传统村落文化遗产本体价值、活态化保护利用价值4方面组成。相应地，构建了由国家历史文化空间格局背景价值（H）、国家生态文明建设战略需求背景价值（E）、传统村落文化遗产本体价值（S）、传统村落活态化保护利用价值（A）4个子评估指标体系组成的传统村落保护利用价值综合评估指标体系（图6-1）。

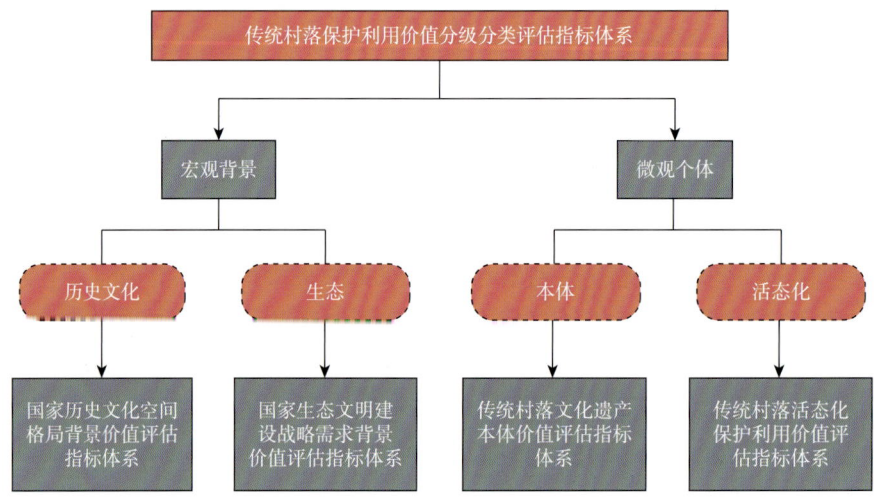

图6-1 传统村落保护利用价值综合评估指标体系

传统村落保护利用价值综合评估指标体系中每个子评估指标体系，仅仅反映传统村落保护利用价值的某个方面。要想了解传统村落保护利用价值的整体状况，无疑就需要进行综合性评估。尝试采用多目标线性加权函数法对传统村落的保护利用价值进行综合评估，其公式为

$$\mathrm{CVTV} = \sum_{i=1}^{n}(V_i \times W_i) \tag{6-1}$$

其中，CVTV为传统村落保护利用综合价值；V_i为第i个子评估指标体系的分值；W_i为第i个子评估指标体系的权重；n为子评估指标体系的数量。

6.2.2 指标权重

考虑到通过4个子评估指标体系获得的4个价值评估结果在传统村落的价值构成中的重要性不同，尝试采用层次分析方法确定子评估指标体系的权重。准则层之间的相对重要性通过专家评判得到的判断矩阵表示。通过计算特征向量得到评价准则的权重值（表6-1）。判断矩阵最大特征根 λ_{max}=4.072，判断矩阵的一致性 CI=0.024，平均随机一致指标 RI=0.890，CR=CI/RI≈0.027<0.10，说明上述矩阵具有满意的一致性。

表6-1 传统村落保护利用价值综合评估准则层判断矩阵

指标	H	E	S	A	W_i
H	1	2	1/3	1/2	0.1707
E	1/2	1	1/3	1/2	0.1202
S	3	3	1	2	0.4495
A	2	2	1/2	1	0.2596

6.3 传统村落保护利用价值分级方法

传统村落保护利用价值的分级方法包括评分定级和非评分定级两种。评分定级是指对传统村落的保护利用价值进行综合评估，根据综合评估的结果进行定级。非评分定级是指因某些特殊情况的存在而不通过综合评估来确定传统村落的等级。

6.3.1 评分定级

参照自然间断点分级法和数据的分布情况，将传统村落的保护利用价值分为5个等级（表6-2）。

表6-2 传统村落保护利用价值分级标准

等级	分值	价值
Ⅰ级	≥80分	价值高
Ⅱ级	70—80分	价值较高
Ⅲ级	60—70分	价值一般
Ⅳ级	50—60分	价值较低
Ⅴ级	<50分	价值低

6.3.2 非评分定级

如果传统村落的综合评估价值不高，但物质文化遗产或非物质文化遗产某方面的价值十分突出，可以采取非评分定级方式。当传统村落或其某部分被纳入世界文化和自然遗产的范围，或被列为全国重点文物保护单位，可以直接定为Ⅰ级。当传统村落的历史久远度和保存完整度其中一项特别突出，可破格定为Ⅰ级；当传统村落的历史久远度和保存完整度其中一项比较突出，可破格定为Ⅱ级（表6-3）。

表6-3 传统村落破格定级标准

指标	Ⅰ级	Ⅱ级	备注
历史久远度	>1000年	>500年	有可信的文献记载或考古发现支持，并得到全国性权威学术团体的确认
保存完整度	>90%	>70%	全国性权威学术团体通过卫星照片或实地测量确认
其他情形	国内少见	省内少见	其重要价值得到全国性或省级权威专业机构、学术团体的确认

6.4 传统村落保护利用价值分类方法

6.4.1 单一评估分类方法

根据传统村落保护利用价值各了评估指标体系的分值分别将传统村落划分为5种类型，具体分类标准见表6-4。

表6-4 传统村落保护利用价值单一评估分类标准

类型	含义	国家历史文化空间格局背景价值	国家生态文明建设战略需求背景价值	传统村落文化遗产本体价值	传统村落活态化保护利用价值
Ⅰ类	价值高	≥70分	≥65分	≥85分	≥80分
Ⅱ类	价值较高	60—70分	55—65分	70—85分	65—80分
Ⅲ类	价值一般	50—60分	45—55分	60—70分	60—65分
Ⅳ类	价值较低	40—50分	35—45分	50—60分	50—60分
Ⅴ类	价值低	<40分	<35分	<0分	<50分

6.4.2 综合评估分类方法

根据传统村落保护利用价值4个单一评估类型的不同组合方式，可将传统村落综合评估划分为3大类、4小类（表6-5）。如果传统村落4个评价类型中含有价值高的

Ⅰ类、价值较高的Ⅱ类，则说明传统村落在4个维度中某一方面或某几方面具有优势，这样的传统村落可视为优势类。优势类传统村落中含有的Ⅰ、Ⅱ类数量存在差异，即有些传统村落在4个维度中只有某一方面具有优势，有些传统村落在4个维度中多个方面具有优势，因而，根据传统村落4个评价类型中Ⅰ、Ⅱ类数量的不同，可将优势类传统村落再划分为综合价值类和突出价值类。如果传统村落4个评价类型中最高类型为Ⅲ类，说明传统村落4个维度的价值均不具有优势。因此，将最高类型为Ⅲ类且含有2个及2个以上Ⅲ类的传统村落综合评估为普通类，而最高类型为Ⅲ类且只含有1个Ⅲ类的传统村落以及最高类型低于Ⅲ类的传统村落4个维度的价值均较低，意味着在未来发展中提升的空间较大，这样的传统村落可视为潜力类。

表6-5 传统村落保护利用价值综合评估分类标准

类型		分类标准
优势类	综合价值类	单一评估类型含Ⅰ、Ⅱ类，且Ⅰ、Ⅱ类数量大于等于2
	突出价值类	单一评估类型只含一个Ⅰ类或Ⅱ类
普通类		单一评估类型中最高类型为Ⅲ类，且Ⅲ类数量大于等于2
潜力类		单一评估类型中最高类型Ⅲ类，且Ⅲ类数量为1；单一评估类型中最高类型低于Ⅲ类

6.5 实证研究

6.5.1 案例村落选取

在长期的历史发展过程中，不同的自然和人文环境往往塑造出不同的传统村落内外形态，形成独具时代特色、地域特色的传统村落文化遗产，它们深刻地影响着传统村落的保护利用与可持续发展。陕西省依据地理环境和人文特征的不同，可以分为陕北黄土高原区、关中平原区和陕南秦巴山地区三个部分。关中、陕北和陕南自然地理环境和社会文化差异显著，在这三个地区分别选取一些传统村落作为案例，应能较好地反映传统村落在历史文化、生态、本体、活态化及综合价值方面的差异。陕西省共有113个村落被列入中国传统村落名录。基于典型性、地域分布的均衡性及资料获取的完整性，从已公布的113个传统村落中选取47个具有代表性的传统村落作为案例村落，对传统村落保护利用价值进行综合评估和分级分类。选取的47个传统村落在10个地市级中均有分布，其中关中18个，陕北16个，陕南13个（图6-2）。

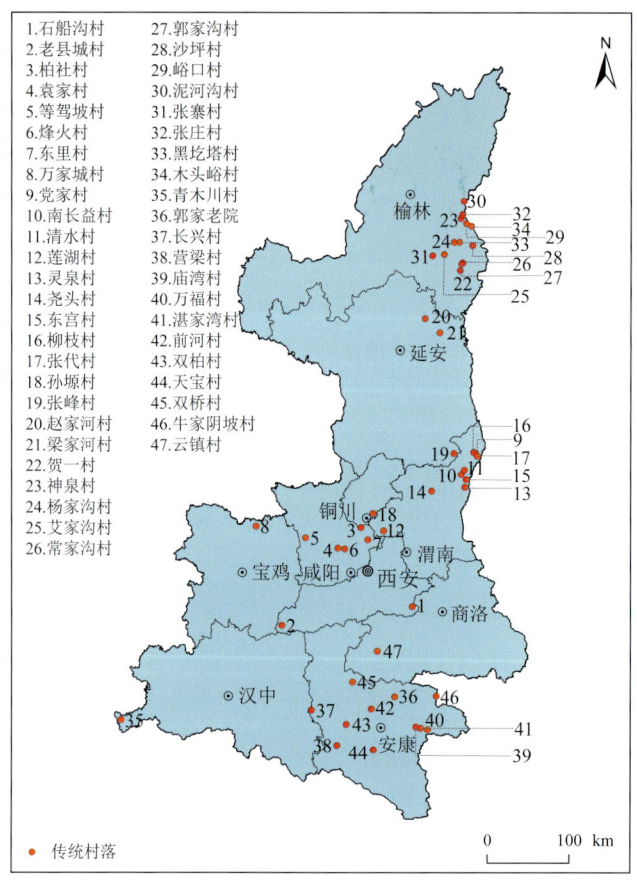

图 6-2 案例村落空间分布

基于陕西测绘地理信息局标准地图服务网站陕 S（2021）023 号标准地图制作，底图边界无修改

6.5.2 数据来源

历史文化、生态价值数据来源于第 2 章、第 3 章构建的国家历史文化空间格局背景价值和国家生态文明建设战略需求背景价值数据库。本体、活态化价值数据来源于陕西省住房和城乡建设厅编《陕西省传统村落图册》、陕西省城乡规划设计研究院编《陕西古村落（一）——记忆与乡愁》和《陕西古村落（二）——记忆与乡愁》等既有文献资料，以及课题组对相关传统村落实地调研获得的材料。

6.5.3 评价结果

根据上述传统村落保护利用价值综合评估方法对陕西省 47 个传统村落的保护利用价值进行综合评估，得到陕西省 47 个传统村落保护利用价值综合评估的分值（表 6-6）。

表6-6 陕西省47个国家级传统村落保护利用价值综合评估结果

序号	地区	村落名称	历史文化价值	生态价值	本体价值	活态化价值	综合价值	序号	地区	村落名称	历史文化价值	生态价值	本体价值	活态化价值	综合价值
1	西安	石船沟村	68.47	61.82	72.00	48.36	64.04	25	榆林	艾家沟村	56.74	45.42	53.09	51.11	52.28
2	西安	老县城村	64.52	65.02	45.42	48.74	51.90	26	榆林	常家沟村	57.95	43.87	64.63	61.91	60.29
3	咸阳	柏社村	66.32	43.35	76.79	74.82	70.47	27	榆林	郭家沟村	57.95	44.39	52.77	79.32	59.54
4	咸阳	袁家村	70.12	44.92	58.25	88.99	66.66	28	榆林	沙坪村	57.60	50.49	71.98	58.16	63.35
5	咸阳	等驾坡村	66.85	52.60	60.15	49.44	57.61	29	榆林	峪口村	55.55	22.35	59.22	59.73	54.29
6	咸阳	烽火村	70.68	44.52	70.67	66.49	66.44	30	榆林	泥河沟村	57.05	20.30	67.63	52.99	56.33
7	咸阳	东里村	70.12	45.82	75.93	51.57	65.00	31	榆林	张寨村	56.74	62.14	65.48	55.22	60.92
8	宝鸡	万家城村	57.24	51.65	48.95	52.46	51.60	32	榆林	张庄村	57.95	53.55	67.09	49.64	59.37
9	渭南	党家村	74.92	56.70	87.78	83.19	80.66	33	榆林	黑圪塔村	58.85	49.32	69.87	47.29	59.66
10	渭南	南长益村	70.03	49.81	69.77	56.54	63.98	34	榆林	木头峪村	62.65	20.75	71.79	61.86	61.52
11	渭南	清水村	71.65	51.01	71.65	63.79	67.13	35	汉中	青木川村	70.33	51.87	71.92	78.73	71.01
12	渭南	莲湖村	72.73	46.60	59.31	57.36	59.56	36	安康	郭家老院	48.52	50.20	62.11	52.99	55.99
13	渭南	灵泉村	67.66	48.31	68.44	64.85	64.96	37	安康	长兴村	65.07	64.10	64.38	50.61	60.89
14	渭南	尧头村	71.83	45.54	84.39	55.05	69.96	38	安康	营梁村	49.42	65.76	58.52	61.66	58.65
15	渭南	东宫城村	70.03	49.67	73.62	48.91	63.71	39	安康	庙湾村	64.52	49.46	67.21	47.18	59.42
16	渭南	柳枝村	74.92	52.60	64.76	67.44	65.73	40	安康	万福村	48.52	48.39	57.32	59.28	55.26
17	渭南	张代村	82.92	54.58	61.22	54.22	62.31	41	安康	湛家湾村	48.52	48.98	66.12	66.10	61.05
18	铜川	孙塬村	67.78	41.68	85.87	67.50	72.70	42	安康	前河村	48.52	42.42	60.88	53.05	54.52
19	延安	张峰村	60.17	51.36	81.91	61.18	69.15	43	安康	双柏村	56.52	52.97	57.69	59.56	57.41
20	延安	赵家河村	50.42	60.32	85.66	62.61	70.61	44	安康	天宝村	72.52	41.22	45.54	48.72	50.45
21	延安	梁家河村	50.42	61.79	69.52	69.51	65.33	45	安康	双桥村	64.52	41.47	59.11	67.38	60.06
22	榆林	贺一村	60.65	46.81	60.69	51.87	56.72	46	安康	牛家阴坡村	49.07	18.51	58.45	52.52	50.51
23	榆林	神泉村	57.95	50.26	72.74	58.00	63.69	47	商洛	云镇村	48.52	48.61	70.71	73.49	64.99
24	榆林	杨家沟村	60.65	51.05	82.61	65.04	70.51								

6.5.4 结果分析

1. 特征分析

1）总体特征

从陕西省47个传统村落的综合评估结果来看（表6-6和图6-3），综合价值最高的是渭南市党家村，分值为80.66，处于Ⅱ级，最低的是安康市天宝村，分值为50.45，处于Ⅴ级，两者相差30.21。47个传统村落保护利用综合价值的平均值为61.88，处于第Ⅲ级，表明47个传统村落的保护利用综合价值总体上处于中等水平。从分布上看（图6-4），陕西省47个传统村落的保护利用综合价值基本符合正态分布规律，Ⅰ级传统村落1个，占2.13%；Ⅱ级传统村落5个，占10.64%；Ⅲ级传统村落22个，占46.81%；Ⅳ级传统村落19个，占40.43%；没有Ⅴ级传统村落。关中、陕北、陕南3个地区等级分布差异明显，关中共有4个等级，所占比重从高到低依次为：Ⅲ级（61.11%）> Ⅳ级（22.22%）> Ⅱ级（11.11%）> Ⅰ级（5.56%）；陕北只有Ⅱ、Ⅲ、Ⅳ共3个等级，所占比重从高到低依次为：Ⅳ级（43.75%）= Ⅲ级（43.75%）> Ⅱ级（12.50%）；陕南也只有Ⅱ、Ⅲ、Ⅳ级传统村落，所占比重依次为：Ⅳ级（61.54%）> Ⅲ级（30.77%）> Ⅴ级（7.69%）。关中Ⅲ级传统村落所占比重最大，陕北Ⅲ、Ⅳ级传统村落所占比重并列最大，陕南Ⅳ级传统村落所占比重最大，同时关中传统村落的保护利用综合价值高于陕北和陕南（分别为64.69、61.47、58.48）。由此可见不同地理环境及社会经济发展情况对传统村落保护利用综合价值的影响差异。

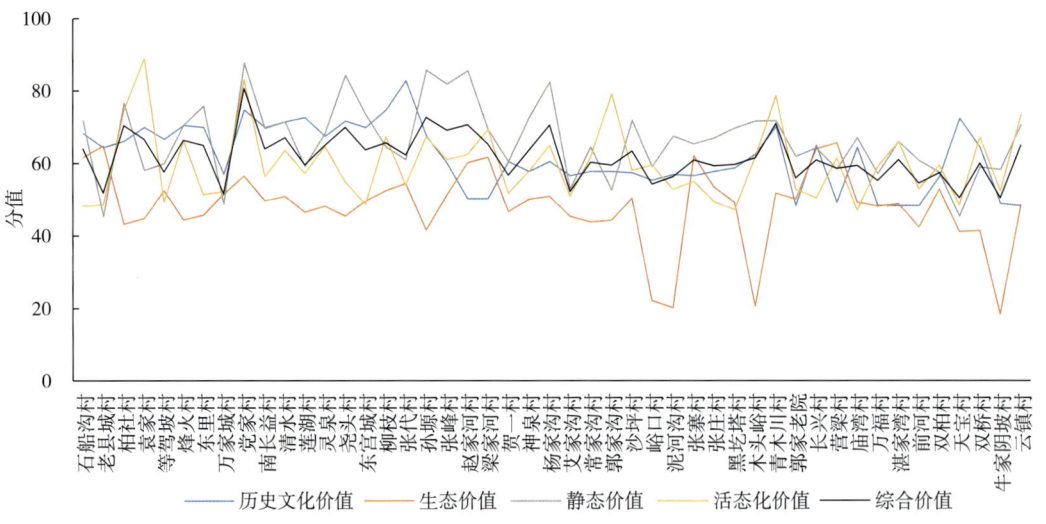

图6-3 陕西省47个国家级传统村落单一评估和综合评估分值

第6章 传统村落保护利用价值综合评估与分级分类研究

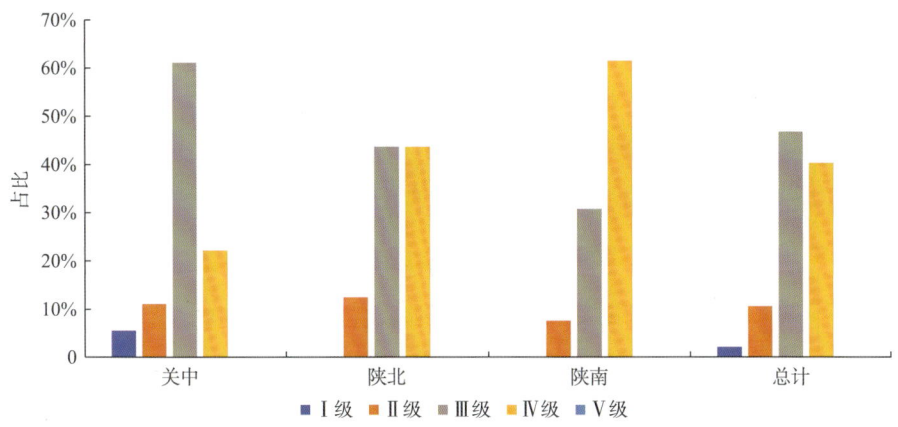

图 6-4 关中、陕北和陕南不同等级的传统村落所占比重

2) 维度特征

从历史文化、生态、本体和活态化价值 4 个维度分析陕西省 47 个传统村落的保护利用价值：①传统村落的历史文化价值的平均值为 61.97，共 23 个高于平均值，24 个低于平均值。其中，历史文化价值最高的村落为渭南市张代村（82.92），最低为安康市郭家老院（48.52）。4 个维度的变异系数分别为 0.14、0.22、0.15、0.17。传统村落的历史文化价值之间的差异较小，特别是陕北，由于传统村落分布比较集中，历史文化价值相似。②传统村落的生态价值总体较低，平均值只有 41.24，而且不同村落之间的差异较大。其中，仅 29 个传统村落的生态价值高于平均值，有 18 个传统村落的生态价值低于平均水平。生态价值最高的村落为安康市营梁村（65.76），最低为安康市牛家阴坡村（18.51），相差 47.25。榆林市泥河沟村（20.30）、木头峪村（20.75）和峁口村（22.35）的生态价值也较低。③传统村落的本体价值的平均值为 66.63。其中，本体价值最高的村落为渭南市党家村（87.78），最低为西安市老县城村（45.42）。④传统村落的活态化价值平均值为 59.92。其中，活态化价值最高的村落为咸阳市袁家村（88.99），最低为安康市庙湾村（47.18）。从整体上看，传统村落历史文化价值、本体价值和活态化价值较高且村落之间的差异较小，而生态价值较低且村落之间差异较大，体现了传统村落保护利用价值各维度之间的不协调性。

同时，4 个维度的平均值在关中、陕北和陕南存在区域差异（图 6-5）。关中传统村落的历史文化价值明显高于陕北和陕南，而陕北又略高于陕南。3 个地区传统村落的生态价值平均值接近，关中略高于陕南、陕北。关中和陕北传统村落的本体价值十分相近并明显高于陕南。3 个地区传统村落的活态化价值平均值相近，由高到低分别为关中、陕南和陕北。3 个地区传统村落的保护利用综合价值平均值呈阶梯状分布，由高到低依次为关中、陕北和陕南。仅从 4 个维度平均值的分布来看，历史文化价值、本体价值与综合价值的分布一致，均是关中＞陕北＞陕南，而生态价值和活态化价值的分布一致，均是关中＞陕南＞陕北。陕南秦巴山区作为重要的水源地和生态屏障，生态文明建设战略地位十分重要，但地处山区，限制其发展的因素较多，发展缓慢，传统村落文化遗产保存状况欠佳，但发展潜力较大。陕北地处黄土高原，生态环境相对较差。因此陕南的生态价值、活态化价值高于陕北而历史文化背景价值、本体价值低于陕北。4个维度的平均值在地域结构上的差异充分体现了4个维度在区域间发展的不平衡性。

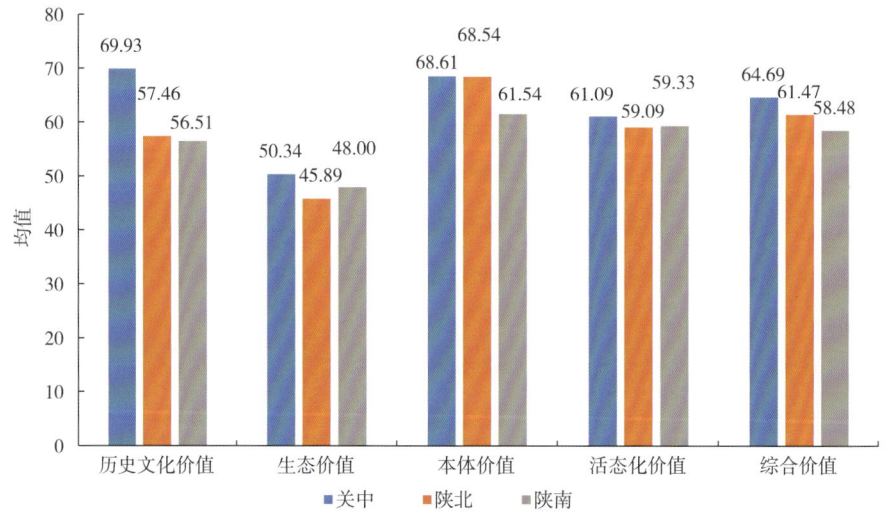

图6-5 传统村落保护利用价值4个维度的平均值

3）耦合特征

传统村落保护利用价值评估作为一个综合的评价系统，其内部不同子评价系统特别是宏观层面的历史文化价值和生态价值之间、微观层面的本体价值和活态化价值之间存在多元耦合关系。耦合协调度模型是借助物理学系统科学知识，基于耦合度阐释若干子系统间相互关系，使用协调发展度对整个系统进行综合评估与研究建立的[①]。王淑佳等对传统耦合协调度模型进行了修正[②]，提高了模型的科学性和合理性。可以运用修正后的耦合协调度模型来判断历史文化价值与生态价值的耦合关系、本体价值与活态化价值的耦合关系。

传统村落历史文化—生态子系统间的耦合协调度 C_{HE} 和协调发展度 D_{HE} 计算公式为

$$C_{HE} = \sqrt{[1-(U_2-U_1)] \times U_1/U_2} \qquad (6\text{-}2)$$

$$T_{HE} = \alpha_H U_H + \alpha_E U_E \qquad (6\text{-}3)$$

$$D_{HE} = \sqrt{C_{HE} \times T_{HE}} \qquad (6\text{-}4)$$

---

① 王淑佳、孙九霞：《中国传统村落可持续发展评价体系构建与实证》，《地理学报》2021年4期。
② 王淑佳、孔伟、任亮等：《国内耦合协调度模型的误区及修正》，《自然资源学报》2021年第3期。

其中，C_{HE} 为传统村落历史文化—生态子系统间的耦合协调度；U_1、U_2 为传统村落历史文化价值和生态价值的分值，并假定 $\max(U_i)$ 为 U_2；U_H 和 U_E 分别为传统村落历史文化价值和生态价值的分值；T_{HE} 为传统村落历史文化—生态子系统综合评估的分值；α_H 和 α_E 分别为传统村落历史文化价值和生态价值的权重，此处根据传统村落保护利用价值综合评估指标体系中历史文化价值和生态价值权重的比例关系（表6-1）换算得到，α_H 为 0.5862，α_E 为 0.4138；C_{HE} 为传统村落历史文化—生态子系统间的协调发展度。传统村落本体—活态化子系统间的耦合协调度 C_{SA} 和协调发展度 D_{SA} 计算公式为

$$C_{SA} = \sqrt{\left[1-(U_4-U_3)\right] \times U_3 / U_4} \tag{6-5}$$

$$T_{SA} = \alpha_S U_S + \alpha_A U_A \tag{6-6}$$

$$D_{SA} = \sqrt{C_{SA} \times T_{SA}} \tag{6-7}$$

其中，C_{SA} 为传统村落本体—活态化子系统间的耦合协调度；U_3、U_4 分别为传统村落本体价值和活态化价值的分值，并假定 $\max(U_i)$ 为 U_4；T_{SA} 为传统村落本体—活态化子系统综合评估的分值；α_S 和 α_A 分别为传统村落本体价值和活态化价值的权重，此处根据传统村落保护利用综合评估指标体系中本体价值和活态化价值权重的比例关系（表6-1）换算得到，α_S 为 0.6338，α_A 为 0.3662；C_{SA} 为传统村落本体—活态化子系统间的协调发展度。根据廖重斌界定的协调等级划分标准[①]，分别将耦合协调度和协调发展度划分为 10 个等级（表6-7）。

表 6-7 耦合协调类型、协调发展类型的划分标准

区间	耦合协调度（C）	协调发展度（D）	大类
[0.0,0.1)	极度失调	极度失调衰退	失调衰退类
[0.1,0.2)	严重失调	严重失调衰退	
[0.2,0.3)	中度失调	中度失调衰退	
[0.3,0.4)	轻度失调	轻度失调衰退	
[0.4,0.5)	濒临失调	濒临失调衰退	过渡发展类
[0.5,0.6)	勉强协调	勉强协调发展	
[0.6,0.7)	初级协调	初级协调发展	协调发展类
[0.7,0.8)	中级协调	中级协调发展	
[0.8,0.9)	良好协调	良好协调发展	

---

① 廖重斌：《环境与经济协调发展的定量评判及其分类体系——以珠江三角洲城市群为例》，《热带地理》1999年第2期。

续表

区间	耦合协调度（C）	协调发展度（D）	大类
[0.9,1.0]	优质协调	优质协调发展	协调发展类

陕西省47个传统村落历史文化—生态子系统间的耦合协调度在0.44—1，共涉及濒临失调、勉强协调、初级协调、中级协调、良好协调和优质协调6种类型，其中，优质协调、良好协调分别为13个和12个，总占比53.19%；中级协调、初级协调分别为10个和8个，总占比38.30%。榆林市峪口村和安康市牛家阴坡村为勉强协调；榆林市泥河沟村和木头峪村为濒临失调。传统村落历史文化—生态子系统间的协调发展度在0.43—0.80，共包含4种类型，其中，初级协调发展和中级协调发展分别为24个和17个，总占比65.96%。其余村落中，西安市老县城村、安康市长兴村为良好协调发展，历史文化—生态耦合协调度的级别最高，榆林市峪口村、泥河沟村、木头峪村和安康市牛家阴坡村为濒临失调衰退。峪口村、泥河沟村、牛家阴坡村的历史文化价值均低于平均值61.97，木头峪村也仅为62.65，同时4个村落的生态价值在18.51—22.35，远远低于平均值48.18。这些村落的历史文化—生态子系统间的耦合协调性较差，而且历史文化—生态子系统综合评估也较低，从而导致历史文化—生态子系统为濒临失调衰退类型。

通过分析耦合协调度和协调发展度的等级变化可以发现，历史文化—生态子系统综合评估是两者耦合关系中影响协调发展度的限制性因素（图6-6）。如果协调发展度比耦合协调度等级低，说明综合评估分值较低，限制了协调发展度的等级；如果协调发展度比耦合协调度等级高，说明综合评估分值较高，提升了协调发展度的等级，而耦合协调度则成为限制协调发展度的因素。例如，渭南市党家村和安康市营梁村的耦合协调度相同，均为0.79，但党家村历史文化—生态综合价值高于营梁村（分别为67.38、56.18），所以党家村的协调发展度优于营梁村。渭南市尧头村和咸阳市等驾坡村的历史文化—生态综合价值相同，均为60.95，但尧头村为初级协调，而等驾坡村为优质协调，最终导致两村在协调发展度上的差异，尧头村为初级协调发展，而等驾坡村为优质协调发展。在47个传统村落中，12个传统村落的协调发展度和耦合协调度等级一致，15个传统村落的协调发展度比耦合协调度低1个等级，17个传统村落的协调发展度比耦合协调度低2个等级，安康市郭家老院和前河村的协调发展度比耦合协调度低3个等级，渭南市张代村的协调发展度比耦合协调度高1个等级。从整体来看，相比历史文化—生态之间的耦合协调性，生态价值对传统村落历史文化—生态子系统协调发展度影响更大。

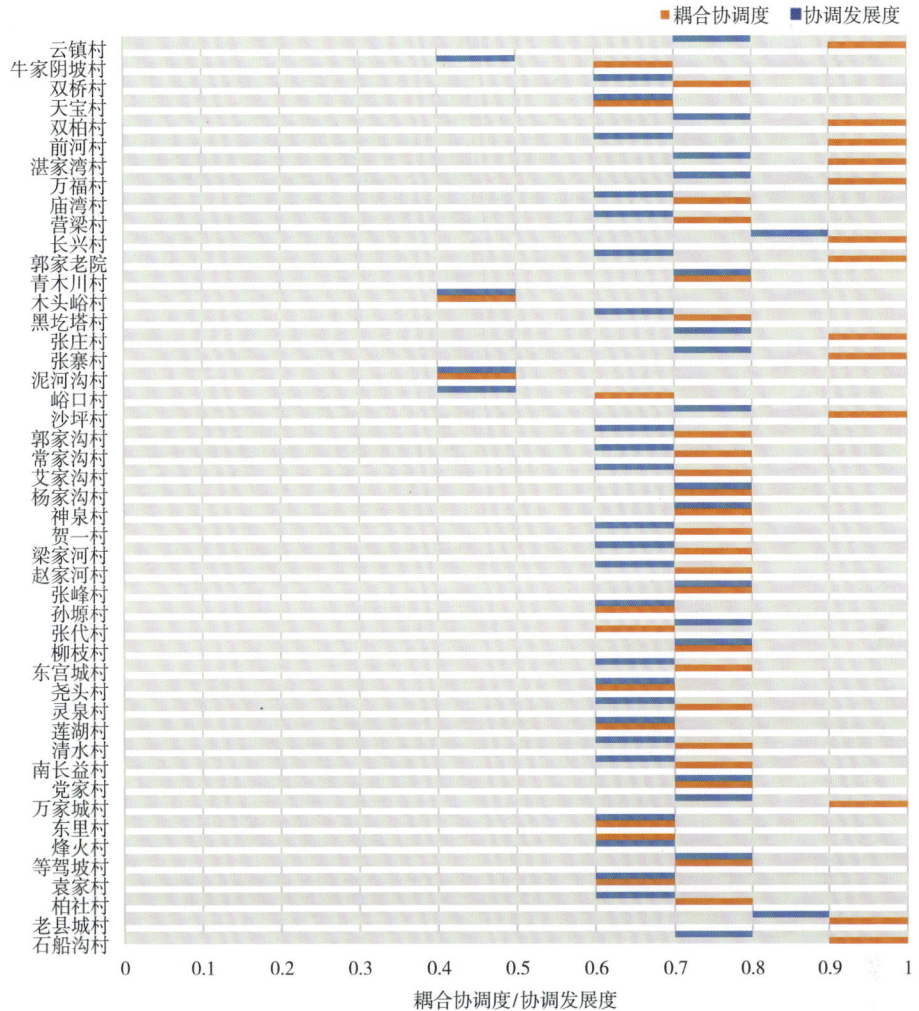

图 6-6 陕西省 47 个中国传统村落历史文化—生态背景价值耦合关系

传统村落本体—活态化子系统间的耦合协调度在 0.68—1，其中优质协调数量最多，为 22 个，咸阳市袁家村、渭南市尧头村为初级协调，其余 23 个为中级协调和良好协调。传统村落本体—活态化子系统间协调发展度在 0.66—0.90，呈金字塔形分布，中级协调发展数量最多，为 26 个，初级协调发展和良好协调发展分别为 12 个和 8 个，优质协调发展只有 1 个，为渭南市党家村。从耦合协调度和协调发展度的等级变化来看，6 个传统村落的协调发展度和耦合协调度等级一致，25 个传统村落的协调发展度比耦合协调度低 1 个等级，12 个传统村落的协调发展度比耦合协调度低 2 个等级，安康市天宝村、宝鸡市万家城村、西安市老县城村的协调发展度比耦合协调度低 3 个等级，渭南市尧头村的协调发展度比耦合协调度高 1 个等级。从整体来看，传统村落本体—活态化价值之间的耦合协调性较好，本体价值和活态化价值是传统村落本体—活态化子系统协调发展度的限制性因素（图 6-7）。

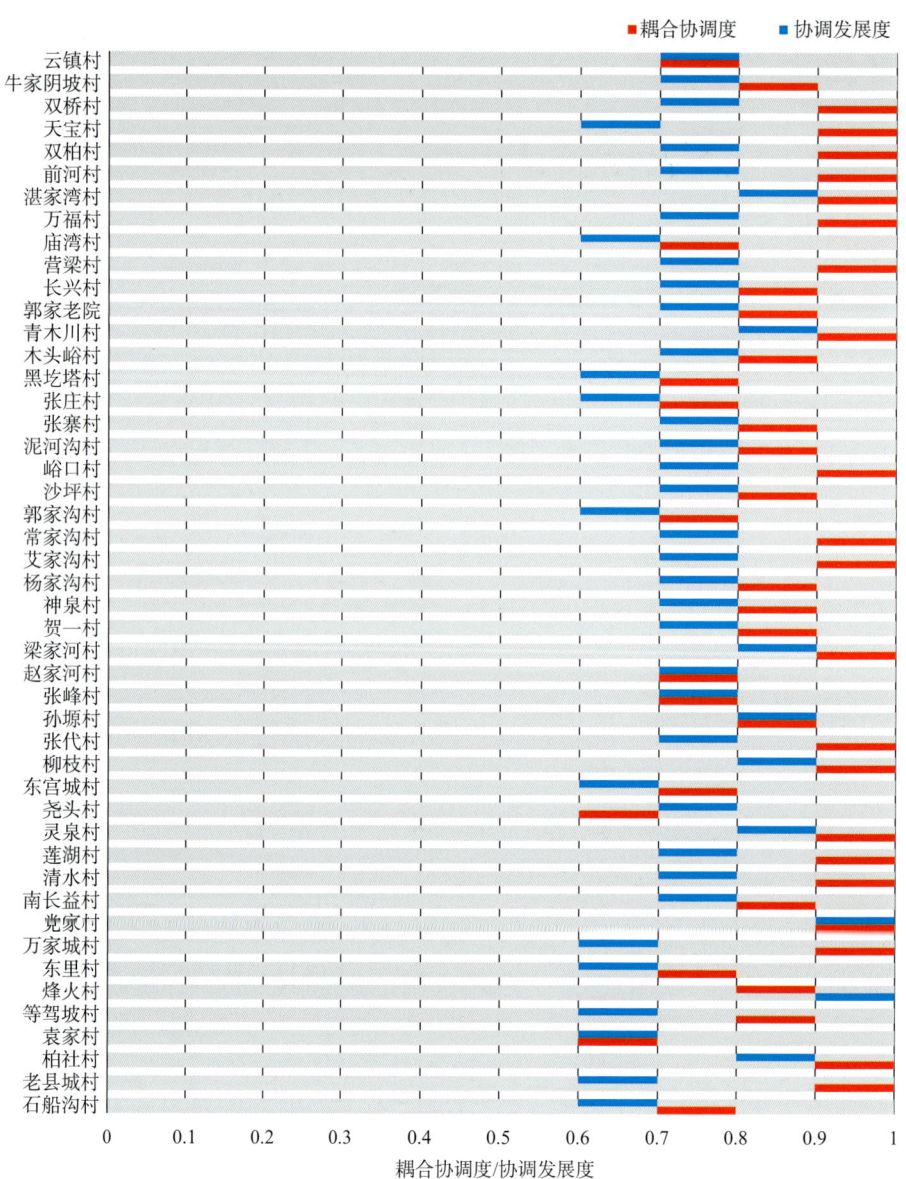

图 6-7　陕西省 47 个国家级传统村落本体—活态化价值耦合关系

从表 6-8 可知，陕西省 47 个传统村落的历史文化—生态子系统间的耦合协调度以优质协调、良好协调为主，而本体—活态化子系统间的耦合协调度以优质协调为主。历史文化—生态子系统的协调发展度以初级协调发展为主，而本体—活态化子系统间的协调发展度以中级协调发展为主，并且 47 个传统村落全部属于协调发展类型。总体来看，相比历史文化—生态子系统组成的宏观背景价值系统，由本体—活态化子系统组成的微观个体价值系统的耦合协调性更好。

表6-8 陕西省47个国家级传统村落耦合协调度和协调发展度的等级

耦合协调度	历史文化—生态	本体—活态化	协调发展度	历史文化—生态	本体—活态化
濒临失调	2	0	濒临失调衰退	4	0
勉强协调	2	0	勉强协调发展	0	0
初级协调	8	2	初级协调发展	24	12
中级协调	10	10	中级协调发展	17	26
良好协调	12	13	良好协调发展	2	8
优质协调	13	22	优质协调发展	0	1

2. 类型划分

1）单一评估分类

根据传统村落保护利用价值单一评估分类方法和各子评估指标体系的分值，可将陕西省47个国家级传统村落划分为不同的类型（表6-9）。从图6-8可知，历史文化价值、本体价值和活态化价值中，Ⅲ类传统村落所占比重最大，而生态价值中Ⅳ类传统村落所占比重最大。同时，4个维度的价值在类型结构上存在差异，历史文化价值中，Ⅰ类、Ⅱ类和Ⅲ类所占比重相差不大，本体价值中Ⅱ类和Ⅲ类所占比重较大，而生态价值和活态化价值中，Ⅳ类和Ⅲ类分别占有绝对优势。

表6-9 陕西省47个国家级传统村落保护利用价值单一评估类型

序号	地区	村落名称	历史文化价值	生态价值	本体价值	活态化价值	序号	地区	村落名称	历史文化价值	生态价值	本体价值	活态化价值
1	西安	石船沟村	Ⅱ类	Ⅱ类	Ⅱ类	Ⅳ类	7	咸阳	东里村	Ⅰ类	Ⅲ类	Ⅱ类	Ⅲ类
2	西安	老县城村	Ⅱ类	Ⅰ类	Ⅴ类	Ⅳ类	8	宝鸡	万家城村	Ⅲ类	Ⅲ类	Ⅴ类	Ⅲ类
3	咸阳	柏社村	Ⅱ类	Ⅳ类	Ⅱ类	Ⅱ类	9	渭南	党家村	Ⅰ类	Ⅱ类	Ⅰ类	Ⅰ类
4	咸阳	袁家村	Ⅰ类	Ⅳ类	Ⅳ类	Ⅰ类	10	渭南	南长益村	Ⅰ类	Ⅲ类	Ⅲ类	Ⅲ类
5	咸阳	等驾坡村	Ⅱ类	Ⅲ类	Ⅲ类	Ⅳ类	11	渭南	清水村	Ⅰ类	Ⅲ类	Ⅱ类	Ⅲ类
6	咸阳	烽火村	Ⅰ类	Ⅳ类	Ⅱ类	Ⅲ类	12	渭南	莲湖村	Ⅰ类	Ⅲ类	Ⅳ类	Ⅲ类

续表

序号	地区	村落名称	历史文化价值	生态价值	本体价值	活态化价值	序号	地区	村落名称	历史文化价值	生态价值	本体价值	活态化价值
13	渭南	灵泉村	Ⅱ类	Ⅲ类	Ⅲ类	Ⅲ类	31	榆林	张寨村	Ⅲ类	Ⅱ类	Ⅲ类	Ⅲ类
14	渭南	尧头村	Ⅰ类	Ⅲ类	Ⅱ类	Ⅲ类	32	榆林	张庄村	Ⅲ类	Ⅲ类	Ⅲ类	Ⅳ类
15	渭南	东宫城村	Ⅰ类	Ⅲ类	Ⅱ类	Ⅳ类	33	榆林	黑圪塔村	Ⅲ类	Ⅲ类	Ⅲ类	Ⅳ类
16	渭南	柳枝村	Ⅰ类	Ⅲ类	Ⅲ类	Ⅲ类	34	榆林	木头峪村	Ⅱ类	Ⅴ类	Ⅱ类	Ⅲ类
17	渭南	张代村	Ⅰ类	Ⅲ类	Ⅲ类	Ⅲ类	35	汉中	青木川村	Ⅰ类	Ⅲ类	Ⅱ类	Ⅱ类
18	铜川	孙源村	Ⅱ类	Ⅳ类	Ⅰ类	Ⅲ类	36	安康	郭家老院	Ⅳ类	Ⅲ类	Ⅲ类	Ⅲ类
19	延安	张峰村	Ⅱ类	Ⅲ类	Ⅱ类	Ⅲ类	37	安康	长兴村	Ⅱ类	Ⅱ类	Ⅲ类	Ⅲ类
20	延安	赵家河村	Ⅲ类	Ⅱ类	Ⅱ类	Ⅲ类	38	安康	营梁村	Ⅳ类	Ⅰ类	Ⅳ类	Ⅲ类
21	延安	梁家河村	Ⅲ类	Ⅱ类	Ⅲ类	Ⅲ类	39	安康	庙湾村	Ⅱ类	Ⅲ类	Ⅲ类	Ⅳ类
22	榆林	贺一村	Ⅱ类	Ⅲ类	Ⅲ类	Ⅲ类	40	安康	万福村	Ⅳ类	Ⅲ类	Ⅳ类	Ⅲ类
23	榆林	神泉村	Ⅲ类	Ⅲ类	Ⅲ类	Ⅲ类	41	安康	湛家湾村	Ⅳ类	Ⅲ类	Ⅲ类	Ⅲ类
24	榆林	杨家沟村	Ⅱ类	Ⅲ类	Ⅲ类	Ⅲ类	42	安康	前河村	Ⅳ类	Ⅳ类	Ⅳ类	Ⅲ类
25	榆林	艾家沟村	Ⅲ类	Ⅲ类	Ⅳ类	Ⅲ类	43	安康	双柏村	Ⅲ类	Ⅲ类	Ⅳ类	Ⅲ类
26	榆林	常家沟村	Ⅲ类	Ⅳ类	Ⅲ类	Ⅲ类	44	安康	天宝村	Ⅰ类	Ⅳ类	Ⅴ类	Ⅳ类
27	榆林	郭家沟村	Ⅲ类	Ⅳ类	Ⅲ类	Ⅱ类	45	安康	双桥村	Ⅱ类	Ⅳ类	Ⅳ类	Ⅲ类
28	榆林	沙坪村	Ⅲ类	Ⅲ类	Ⅱ类	Ⅲ类	46	安康	牛家阴坡村	Ⅳ类	Ⅳ类	Ⅳ类	Ⅲ类
29	榆林	峪口村	Ⅲ类	Ⅴ类	Ⅳ类	Ⅲ类	47	商洛	云镇村	Ⅳ类	Ⅲ类	Ⅱ类	Ⅱ类
30	榆林	泥河沟村	Ⅲ类	Ⅴ类	Ⅲ类	Ⅲ类							

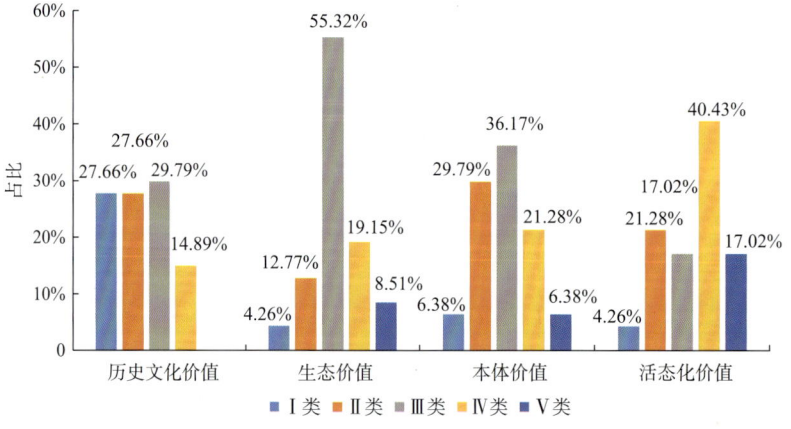

图 6-8 陕西省 47 个国家级传统村落单一评估各类型所占比重

2）综合评估分类

根据传统村落保护利用价值综合评估分类方法，可将陕西省47个国家级传统村落划分为4种类型（表6-10）。其中，综合价值类数量最多，为21个，突出价值类14个，普通类8个（宝鸡1个，榆林5个，安康2个），潜力类4个，为安康市牛家阴坡村、前河村、万福村和榆林市峪口村。从3个分区来看，关中地区只有宝鸡万家城村为普通类，其余均为综合价值类和突出价值类；陕北地区综合价值类、突出价值类和普通类各5个，潜力类仅1个；陕南地区综合价值类、突出价值类各4个，普通类2个，潜力类3个。相比关中地区，陕北和陕南地区普通类、潜力类的数量明显增加，部分国家级传统村落的保护利用价值不够突出。

表6-10 陕西省47个国家级传统村落综合评估类型

类型	村落
综合价值类	石船沟村、老县城村、东宫城村、长兴村、东里村、尧头村、张峰村、木头峪村、赵家河村、清水村、杨家沟村、烽火村、双桥村、柳枝村、孙塬村、梁家河村、云镇村、柏社村、青木川村、党家村、袁家村
突出价值类	庙湾村、天宝村、等驾坡村、贺一村、张代村、张寨村、南长益村、莲湖村、神泉村、沙坪村、营梁村、灵泉村、湛家湾村、郭家沟村
普通类	黑圪塔村、张庄村、艾家沟村、万家城村、泥河沟村、郭家老院、双柏村、常家沟村
潜力类	牛家阴坡村、前河村、万福村、峪口村

在对这些传统村落进行保护利用时，需针对不同的类型因地制宜，采取不同的保护利用方式。综合价值类传统村落在充分发挥历史文化价值和生态价值的基础上，需加强传统村落本体价值的保护，积极探索传统村落遗产利用的多元路径。突出价值类传统村落需充分发挥传统村落的突出价值，同时尽力弥补限制其发展的因素，努力实现4个价值协调发展。对于普通类和潜力类传统村落，需要明确传统村落的自身特色，对某些方面价值特别突出的村落有选择地进行保护利用。

综上可知，陕西省47个传统村落的保护利用价值不论在总体特征、维度特征及耦合特征上还是在类型划分上都具有明显的区分度和信度，说明所构建的传统村落保护利用价值综合评估指标体系具有较强的合理性和可行性，能为传统村落的保护利用与可持续发展提供参考。但该评估指标体系未来仍需要进一步完善。首先，受研究时间和资料可获得性等限制，仅对陕西省部分传统村落进行了案例分析，在一定程度上影响了评估指标体系的验证效果。接下来，可考虑选取不同地区、不同发展情形的传统村落进行验证，以进一步优化和完善评价指标、赋分标准等内容。其次，研究只对传统村落保护利用价值进行了横向对比，而缺少纵向的比较，未来可以选择典型村落进行长期跟踪，从长时段的角度来研究传统村落保护利用价值的演变过程和演变规律。

第7章 传统村落保护利用基础数据共享平台设计

7.1 引　　言

以"大智移云"为代表的新一代信息技术的发展,为我国传统村落保护利用工作带来了海量的数据,以及全新的方法和工具。但目前我国传统村落保护利用工作仍然处于模糊和经验决策的阶段,发展大数据和信息技术平台是传统村落保护利用工作走向精细化、定量化和科学化的必然选择。同时,目前传统村落保护利用规划、管理还是以 CAD 和 GIS 等传统信息管理平台为主,难以有效支撑以大数据挖掘、空间模型运算等为主要技术手段的定量分析工作,传统村落技术平台需要突破和创新。

近年来,以中国城市规划设计研究院领衔设计和研发的"中国传统村落数字博物馆"为代表的各种传统村落信息平台纷纷建立起来,如贵州传统村落数字博物馆、湘西州传统村落数字博物馆、黔东南传统村落数字博物馆等。以"中国传统村落数字博物馆"为例,其采集了 6819 个传统村落基础信息、100 万字文字介绍、56 万张传统村落图片、16000 分钟音视频素材、278 个村落全景漫游、33 个村落实景模型、43612 栋传统建筑和 7500 项非物质文化遗产,形成了世界最大规模的乡村遗产数据库。

如图 7-1 所示,目前传统村落信息平台的建设主要以数字化呈现我国各个传统村落的人居环境及其承载的传统文化遗产为主,难以支撑精细化、定量化和科学化的传统村落保护利用工作,特别是难以从数据、方法和工具上支撑定量化和科学化传统村落保护利用的基础性工作——传统村落保护利用价值评估工作。针对这一问题,课题组设计和实现了基于价值分级分类评估体系的"传统村落保护利用基础数据共享平台",为以"文化+生态"为特征的国家战略空间格局下传统村落保护利用价值的分级分类评估提供数据、工具和技术支撑。

图 7-1 "中国传统村落数字博物馆"界面展示

如图 7-2 所示,传统村落保护利用基础数据共享平台探索了多源多模态数据采集、处理、存储和调用的规范化集成技术,构建了与保护利用价值分级分类评估相匹配的数据库系统,支撑了传统村落保护利用评估从注重村落个体特征向体现分级分类结构关系转型。

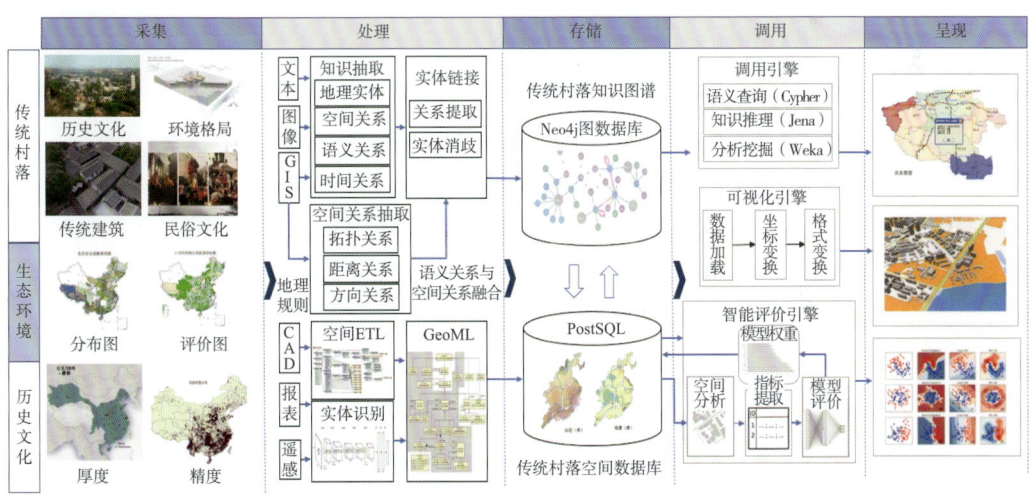

图 7-2 传统村落保护利用基础数据共享平台技术路线

7.2 平台结构设计

如图 7-3（a）所示，传统村落保护利用基础数据共享平台由基础数据库、软件共享平台和数据共享平台三部分组成。其中，基础数据库存储从多种数据源收集的传统村落多模态数据，以及从中抽取和融合的知识图谱；软件共享平台是基于容器云搭建的微服务平台和模型库，将传统村落保护利用相关模型封装为微服务，实现传统村落软件共享；数据共享平台是通过 3D WebGIS 提供基于分级分类评估体系的传统村落评估和保护利用价值评估的决策支持。

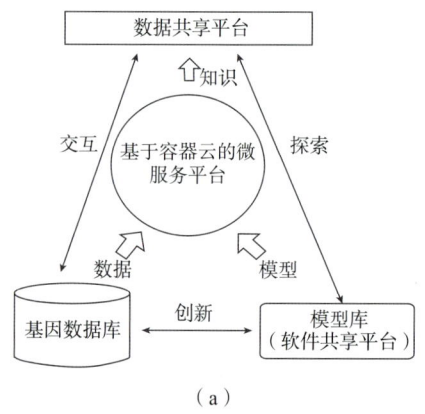

（a）

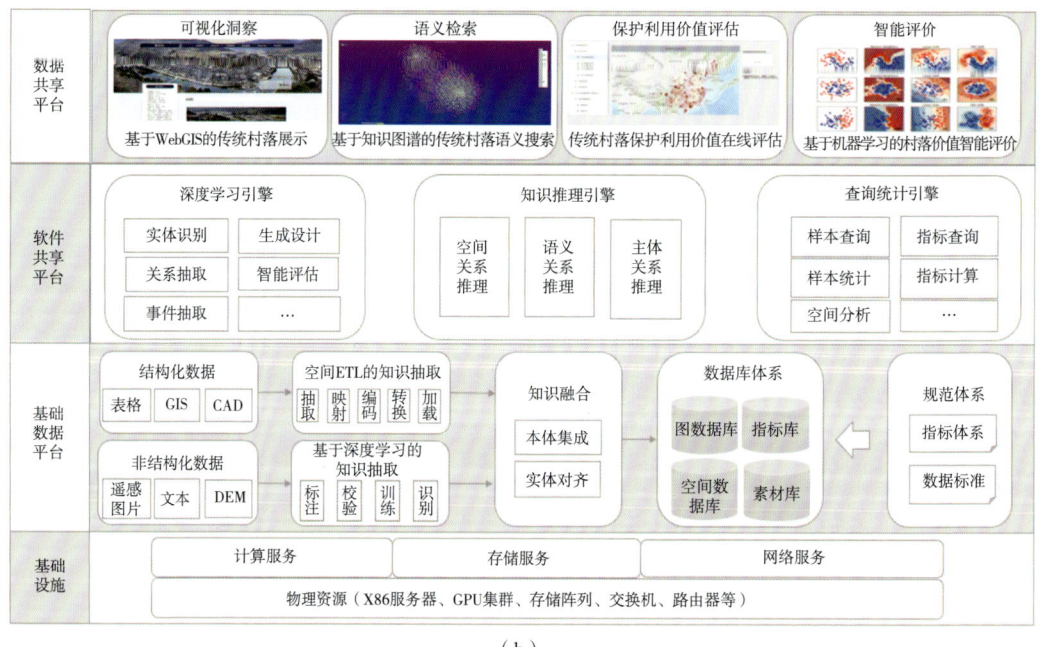

（b）

图 7-3 传统村落基础数据共享平台概念模型和系统结构

$$l(c, c_v^+, c_v^-) = l^+(c, c_v^+) + l^-(c, c_v^-) \tag{7-3}$$

为了得到给定上下文的预测值,根据余弦相似度 g,用最接近上下文嵌入 c 的嵌入 c_v 来识别值。通过多模态知识抽取工作,利用图片中的视觉内容来对文本中缺失的信息进行补充,同时也在非结构化的数据中抽取出关键信息,尽可能地转化为结构化的数据。

3. 传统村落多源多模态数据融合方法

信息融合是将从不同数据源抽取的信息在同一框架规范下进行异构数据整合、消歧、加工、验证和更新;将结构化数据和非结构化数据抽取的信息进行关联和整合;实现跨模态、跨资源的知识对齐,建立统一的知识库。

对于多源多模态的传统村落数据,使用所有不同的信息对知识图谱进行建模,并且预测缺失的链接并推断缺失的属性。具体来说,使用左边的结构,对于多模态数据进行嵌入,然后使用学习到的嵌入式知识作为特定于属性的解码器的上下文来生成缺失的值。同时,使用多模态融合结合 GAN 的方式来进一步结构化知识,具体来说,将实体的每一个信息表示为独立的嵌入向量,将它们的 one-hot 编码通过 dense 层。此外,对于对象实体是分类的情况,将其嵌入一个最近引入的 SELU 激活函数的 dense 层(图 7-6)。

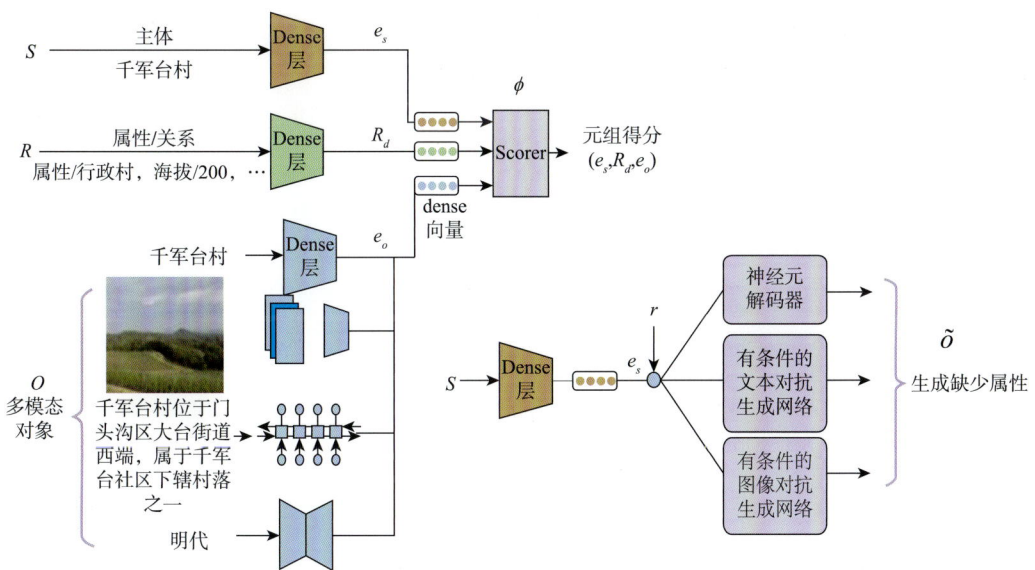

图 7-6 多模态数据嵌入及生成缺失值

用特定的属性注意机制一个密集的向量;训练和结构化模块,基于相似性的值解码器产生最终的预测值。

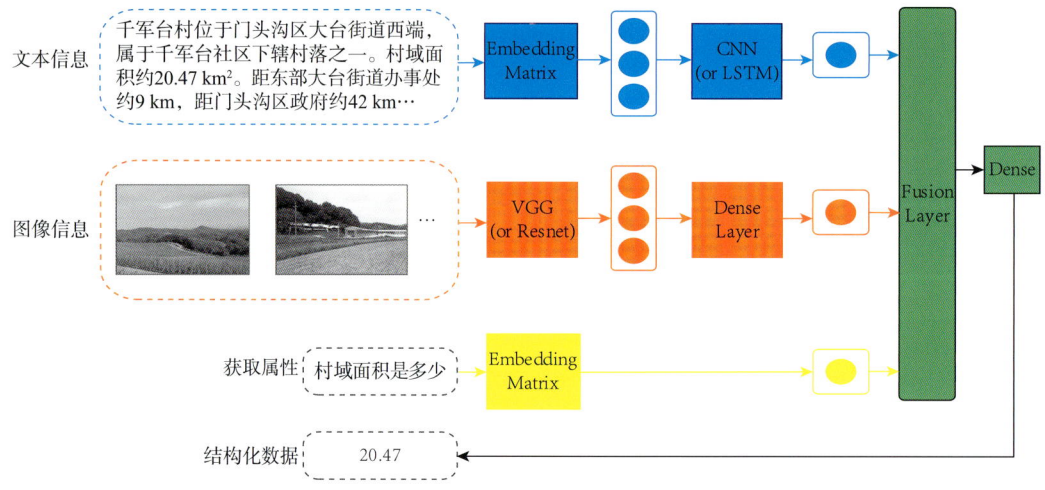

图 7-5　多模态属性提取架构

(1)编码模块:为每个属性和值进行向量嵌入,即用一个 k 维向量表示属性,其中向量是在训练过程中学习的。对于文本描述,首先,使用斯坦福标记化器对文本进行标记,然后使用 Glove 将所有单词嵌入训练数据中。其次,使用 Text-CNN 架构,包括 CNN 层、最大池化和一个全连接层,将这些预先训练过的嵌入组合到一个单一的密集向量来描述。与此同时也使用卷积神经网络提取图像的深层信息,具体来说,使用预训练的 VGG-16 模块,将第 7 层的输出作为中间图像表示。最后,通过一个全连接的层提供输出,以获得每个图像的 k 维嵌入。

(2)融合模块:为了文本嵌入和图像嵌入相融合,实验了 Concat 方法,即将它们连接起来,然后通过一个全连接层产生融合特征。

(3)训练和结构化模块:使用对比损失函数的一个变体。具体来说,设 c 表示融合层产生的嵌入效果。目标是生成一个接近值嵌入 c_v^+(如训练示例中的嵌入),而远离其他值嵌入 c_v^-,使用余弦相似度来测量相似度,squared-hinge-loss 计算如下:

$$l^+\left(c,c_v^+\right)=\left(1-g\left(c,c_v^+\right)\right)^2 \quad (7\text{-}1)$$

$$l^-\left(c,c_v^-\right)=\begin{cases}g\left(c,c_v^-\right)^2, & \text{if } g\left(c,c_v^-\right)\geqslant 0\\ 0, & \text{else}\end{cases} \quad (7\text{-}2)$$

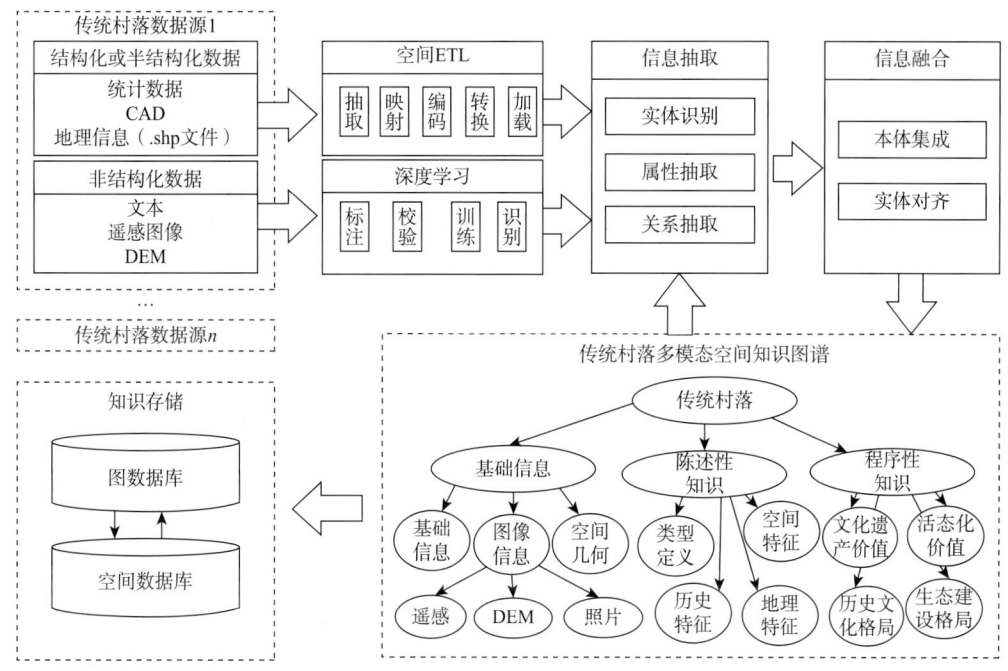

图 7-4　传统村落多源多模态数据集成和融合方法

1. 传统村落多源多模态数据

新时代传统村落保护利用需要集成不同部门和行业的多源多模态数据，总体上分为地理空间数据、遥感数据和社会经济数据三类：①地理空间数据。地理空间数据通过将地物及其特征投影到点、线、面等几何形状，并以空间关系抽象地表达地物的位置、权属信息等。主要数据来源是国土调查数据、基础地理数据和自然资源管理数据。②遥感数据。遥感技术是快速获取传统村落现状数据的重要手段，采用1m 分辨率遥感影像资料。③社会经济数据。随着各种传感器和智能手机渗透到社会生活的方方面面，产生了人口流动、生产生活、生态环境等社会经济活动的大数据源，利用大数据可以提高传统村落保护利用的效率和弹性。主要数据来源是移动位置服务数据（LBS）、兴趣点（POI）数据、个体行为数据、社交媒体数据、物联网数据和街景数据。

2. 传统村落多源多模态数据提取方法

对于多源多模态的传统村落数据，需要能够从出现的图像和文本中提取属性值，因此给出了一种新的知识提取模型，即，先对于不同模态数据进行单模态提取，再进行多模态处理的方法。如图 7-5 所示，模型由三个独立模块构成：编码模块，使用神经网络共同嵌入文本和图像到一个共同的潜在空间；融合模块，结合这些嵌入式向量使如图 7-3（b）所示，传统村落保护利用基础数据共享平台包括基础设施、基础数据平台、软件共享平台和数据共享平台四个层次。基础设施层的各种物理资源提供计算、存储和网络服务；基础数据平台在传统村落分级分类指标体系和数据标准的指导下，从结构化数据和非结构化数据中抽取知识，并集成和融合形成传统村落知识图谱；软件共享平台通过容器云集成深度学习引擎、知识推理引擎和查询统计引擎，并将传统村落保护利用相关模型封装为微服务；数据共享平台则基于 3D WebGIS 平台提供了可视化洞察、语义检索、保护利用价值评估和智能评价等应用。

7.3 基础数据平台

基础数据平台依据传统村落保护利用价值分级分类评估的研究需求，围绕"文化 + 生态"的国家战略空间格局，构建了覆盖不同地域、层级和类型的传统村落，囊括传统村落历史、现状、规划信息，形成了在空间上完整覆盖传统村落，在内容上包含传统村落相关地理信息、生态信息、历史信息的基础数据库。

技术上，依据传统村落保护利用价值的分级分类体系，确定了基础数据共享平台的数据指标体系；以平台的数据指标体系为核心，明确了传统村落保护利用的数据要素，构建了平台的数据模型；以空间数据库（PostGIS + PostgreSQL）为基础平台，实现传统村落基础数据库框架，并加载了部分传统村落数据，验证了数据库设计的正确性。

7.3.1 传统村落多源多模态数据集成和融合方法

如图 7-4 所示，传统村落多源多模态数据集成和融合方法包括：①从多种数据源，包括传统村落相关管理部门（如自然资源部、住房和城乡建设部、文化和旅游部等）、互联网众包（如天地图、OSM 等）和传统村落调研收集多种模态数据，包括结构化数据（如申报表、统计表和汇总表等）、半结构化数据（如 .shp 文件、CAD 等）、非结构化数据（如村志文献、遥感图片、地形图等）。②通过空间 ETL 和深度学习技术，从采集的多源多模态数据中自动识别知识片段，并表示为机器可读可解释的格式，再映射到概念体系。③将从不同数据源中抽取的知识进行异构数据整合、消歧、加工、验证和更新，达到数据、信息、方法、经验及思想融合，形成知识库。④将抽取和融合的知识以多模态知识图谱的形式存储到图数据库。

（1）数字信息：显然，以数字形式存在的对象可以提供有用的信息，而且通常很容易获得，在第一个模块中使用问答引擎初步获取该信息。首先，将数字信息标准化输入，使用前馈层以嵌入数字（$R \rightarrow R_d$）。

（2）文本信息：文本可以用于存储各种不同类型的信息，如名称和段落长的描述，因此根据所涉及的字符串的长度创建不同的编码器。对于相当短的属性，如名称和标题，使用基于特征的堆叠双向 GRUs 对它们进行编码。对于较长的字符串，如由多个句子组成的实体，可将它们视为一个单词序列，并在单词嵌入上使用 CNN 学习嵌入。

（3）图像信息：图像信息建模实体提供有用的信息。例如，可以从传统村落的图像中提取环境等细节，或者从地图图像中提取位置信息，如近似坐标、邻近位置和大小。具体来说，在图像上同样使用 VGG-16 预训练网络，并在其最后一层使用双线性池化获得图像的嵌入。通过训练模型，使用了不同的方法来从实体的嵌入信息中生成多模态值的解码器。

最后，将打分函数通过 sigmoid 运算之后，可以生成一个三元组的合理性概率 $p_o^{s,r}$，并用一个二元标签 $t_o^{s,r}$ 来表示这个三元组是否在训练集中出现过，最后的目标函数是

$$\sum_{(s,r)}\sum_{o} t_o^{s,r} \log\left(p_o^{s,r}\right) + \left(1 - t_o^{s,r}\right)\log\left(1 - p_o^{s,r}\right) \tag{7-4}$$

（4）数值和分类数据补全：为了恢复传统村落中缺失的数值和分类数据，如人口、占地面积等信息，使用上述实体嵌入的一个简单的前馈网络来预测缺失的属性。具体来说，如果某个实体的相关数值或者分类信息不在知识库中，考虑到其余的关系信息，使用 RMSE 计算交叉熵来补全信息。文本、图像信息补全：为了补全缺失的文本或者图像信息，如传统村落数据中缺失的村落简介和代表图片，使用 pix2pix-GAN 结构来生成这部分的多模态信息。

4. 时空多模态数据库构建

时空多模态数据库可分为多模态数据抽取模型、多模态融合结构化数据模型、地理本体模型三部分。其中，利用本体对时空知识相关概念、实体、关系进行语义表达是领域知识建模的核心，在地理本体模型的基础上，为时空多模态数据知识库添加位置本体和时间本体，可以更好地反映地理实体所涉及的时间属性和空间属性。按照应用需求从时空数据中提取、挖掘有特定意义的信息，而后通过结构化、关联化处理形成领域知识体系。

图 7-7 为时空多模态数据知识库的构建流程。首先，在专家指导下基于多源知识建立地理本体模型，确定实体及其属性、关系等，形成拓展时间和空间维度的地理空间知识图谱的框架；其次，对非空间数据和知识进行空间化处理，与相应的空间数据进行关联；最后，面向应用需求，基于空间化的数据和知识，进行时空知识抽取与融合，形成时空知识图谱。传统村落知识图谱是传统村落保护利用的知识库，该知识图谱提供了传统村落结构化及详细相关主题的信息，目标是提高数据库搜索和查询效率及提升用户体验。知识图谱表示为 $G=\{E,R,F\}$，其中 E、R、F 分别为实体、关系和事实的集合。知识图谱本质上是语义网络，是一种基于图的数据结构，以符号形式描述概念及其之间的关系，其基本组成单位是"实体—关系—实体"三元组，以及实体及相关"属性—值"对，实体间通过关系相互连接，构成网状的知识结构。

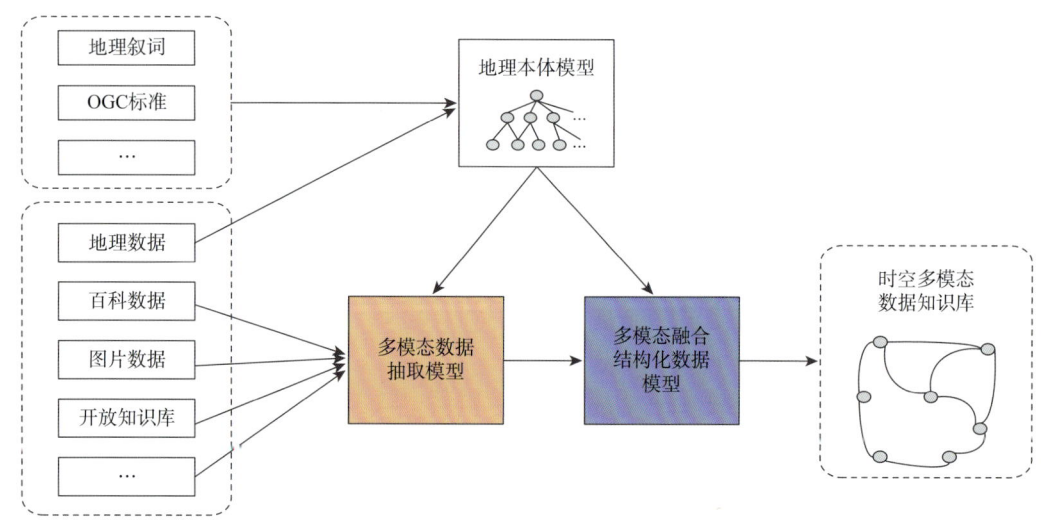

图 7-7　时空多模态数据知识库的构建

5. 跨模态知识推理引擎

通过多模态数据抽取模型、多模态融合结构化数据模型获取到的结构化多模态数据是一对一的，以文本和图片为例，即一张图片对应一段文本。这一类数据的模态间关联性是最强的，不存在任何其他的干扰。但是除开可视化知识图谱方面，现实生活中，这类数据往往较少，在推理时容易产生错误。因此，提出了一种跨模态检索的方法，即通过一个模态的数据检索另一个模态的数据，如以文搜图或者以图搜文。显然，跨模态检索所涉及的数据来自不同的模态（多模态数据），而不同模态的数据的获取难度又不一样，如人们在社交网站上分享的照片可能是 10 张，但配的文字可能只有一句，因此不同模态的数据量存在很大的差异。

跨模态知识推理引擎框架如图 7-8 所示。具体来说，采用一个共享权重的三重网络组来同时处理成对数据和不成对数据，为它们学习特征表达 h。网络后端紧接着一个标签分类器和两个数据分类器。标签分类器用来预测数据的标签。数据分类器用来判断学习到的特征表达 h 是来自成对数据还是不成对数据，这个数据分类器和前面的三重网络共同构成了一个类似 GAN 的结构，三重网络希望使所有数据学习到的特征尽可能同分布，而数据分类器则希望尽可能分辨出两者，目的是分辨不同性质的数据。最后引入流形学习，用来构建不成对数据与成对数据之间的关系，加强整个网络处理不成对数据的能力。

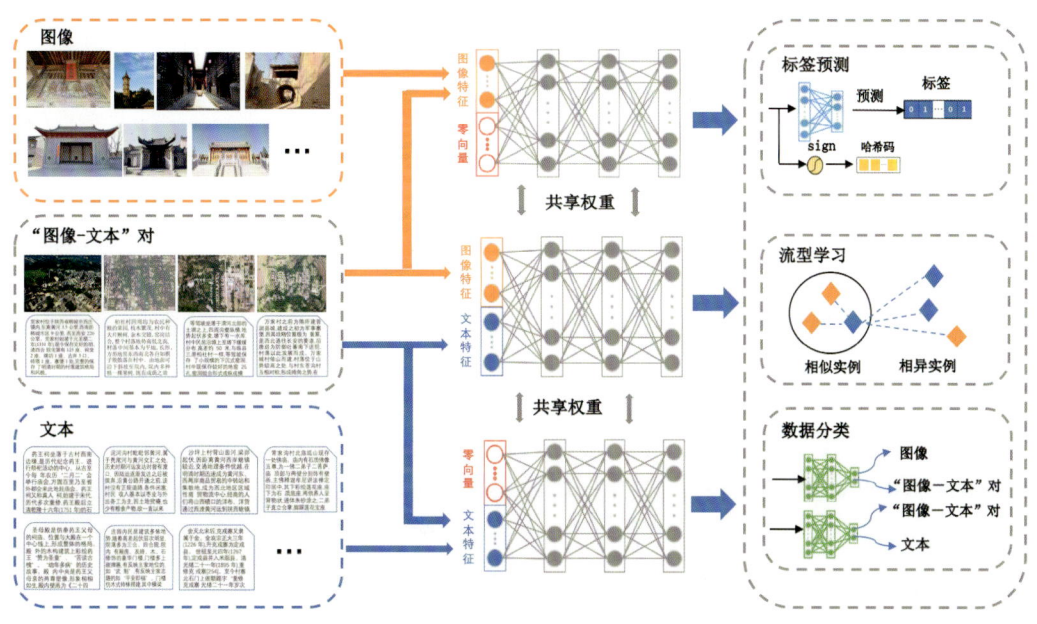

图 7-8　跨模态知识推理引擎框架

1）跨模态融合网络

使用同多模态数据抽取模型、多模态融合结构化数据模型中相同的预训练 VGG-19，text-CNN 进行特征提取。对于成对数据，直接拼接起来得到：

$$F_{xy}^{(k)} = \left[X_P^{(k)}, Y_P^{(k)} \right] \tag{7-5}$$

对于不成对数据，使用零补全操作来处理：

$$F_{ox}^{(i)} = \left[X^{(i)}, 0^{(1*d2)} \right] \tag{7-6}$$

$$F_{oy}^{(j)} = \left[0^{(1*d2)}, Y^{(j)} \right] \tag{7-7}$$

将处理网络定义为 $G(\cdot\,;\,\theta_g)$，可以得到特征表达：

$$H_{xy,ox,oy} = G(F_{xy,ox,oy};\ \theta_g) \tag{7-8}$$

然后,使用数据分类器、标签分类器及流行学习来实现网络训练。

2)数据分类器

两个数据分类器 $D_1(\cdot;\ \theta_{d_1})$ 和 $D_2(\cdot;\ \theta_{d_2})$ 分别用来接收(成对数据,不成对图片)和作为输入(成对数据,不成对文本)。将前者视为 true,后者视为 false,希望能尽可能分辨出两者,于是定义损失:

$$L_{adv}^{(1)} = \sum_{h_1 \in H_{xy}} \sum_{h_2 \in H_{ox}} \left(\log D1(h_1;\ \theta_{d1}) + \log(1 - D1(h_1;\ \theta_{d1})) \right) \tag{7-9}$$

$$L_{adv}^{(2)} = \sum_{h_1 \in H_{xy}} \sum_{h_2 \in H_{oy}} \left(\log D2(h_1;\ \theta_{d2}) + \log(1 - D1(h_1;\ \theta_{d2})) \right) \tag{7-10}$$

$$L_{adv} = L_{adv}^{(1)} + L_{adv}^{(2)} \tag{7-11}$$

3)标签分类器

标签分类器 $C(\cdot;\ \theta_c)$ 用来预测每个样本的标签,其损失为

$$L_{class} = \sum_{h \in H_{xy} \cup H_{ox} \cup H_{oy}} \left| C(h;\ \theta_c) - \text{lab} \right|_2^2 \tag{7-12}$$

4)流形学习

为了利用不成对数据,设想通过标签构建成对数据中图片和文本的关联,然后通过流型结构构建各个模态中成对数据和不成对数据的关联,这样就能关联起不同模态的不成对数据。

对于成对数据,利用标签构建关联矩阵:

$$S_{xy}^{(ij)} = \begin{cases} 1, & \text{if } X_P^{(i)} \text{ and } Y_P^{(i)} \text{ have the same category} \\ 0, & \text{otherwise} \end{cases} \tag{7-13}$$

对于不成对数据,利用流型结构构建关联矩阵:

$$S_{ox}^{(ij)} = \begin{cases} 1, & \text{if } \text{dist}(X^i, X^j) \leq \text{threshold} \\ 0, & \text{otherwise} \end{cases} \tag{7-14}$$

$$S_{oy}^{(ij)} = \begin{cases} 1, & \text{if } \text{dist}(Y^i, Y^j) \leq \text{threshold} \\ 0, & \text{otherwise} \end{cases} \tag{7-15}$$

为了保留成对数据模态间的关联性,定义损失:

$$L_{inter} = \sum_{i=1}^{n} \sum_{j=1}^{n} S_{xy}^{(ij)} \left| H_{xy}^{(i)} - H_{xy}^{(j)} \right|_2^2 \tag{7-16}$$

为了保留不成对数据和成对数据的模态内关联性,定义损失:

$$L_{intra} = \sum_{i=1}^{n+n_1} \sum_{j=1}^{n+n_1} S_{ox}^{(ij)} \left| H_{ox}^{(i)} - H_{ox}^{(j)} \right|_2^2 + \sum_{i=1}^{n+n_2} \sum_{j=1}^{n+n_2} S_{oy}^{(ij)} \left| H_{oy}^{(i)} - H_{oy}^{(j)} \right|_2^2 \tag{7-17}$$

整体的损失函数为

$$L_{\text{all}} = L_{\text{class}} + \beta L_{\text{inter}} + \gamma L_{\text{intra}} + \mu L_{\text{adv}} \quad (7\text{-}18)$$

7.3.2 传统村落多模态知识图谱

1. 传统村落基础信息模型

传统村落基本信息模型（图 7-9）主要包括：基本信息、传统建筑信息、历史文化信息、环境格局信息、民俗文化信息、村志族谱信息、生产生活信息等。

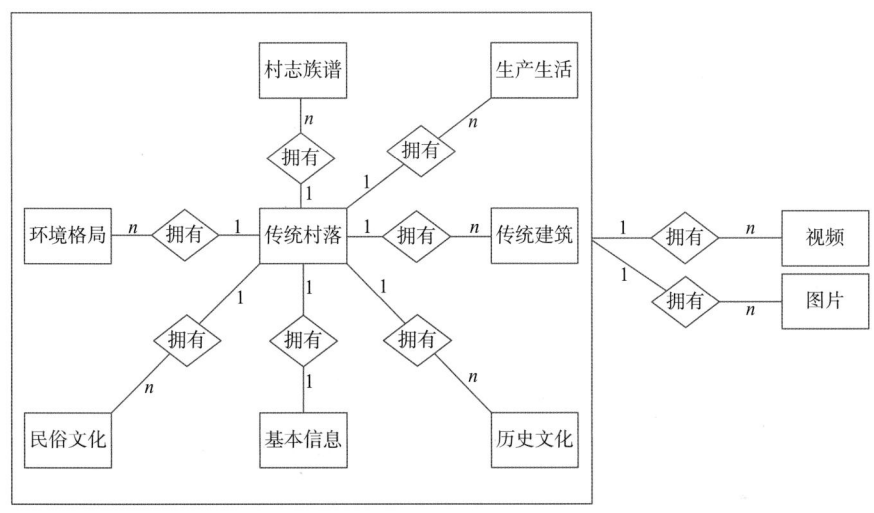

图 7-9 传统村落基本信息模型

（1）基本信息。基本信息包括村落名称；属性（行政村或自然村）；经度；纬度；海拔；村落形成年代（元代以前、明代、清代、民国时期、中华人民共和国成立以后）；户籍人口；常住人口；村域面积，单位是平方千米；村庄占地面积，单位是亩；地形地貌特征（高原、山地、丘陵、平原、河网）；村集体年收入，单位是万元；村民人均年收入，单位是元；主要民族；产值较高的主要产业；村落是否列入各级保护或示范名录，用 0 表示否，1 表示是；历史文化名村级别，用 2 表示国家级，1 表示省级，不是就用 0 表示；特色景观旅游名村级别，用 2 表示国家级，1 表示省级，没有就用 0 表示；是否列入少数民族特色村寨试点示范，用 0 表示否，1 表示是；此村落在保护或示范名录中的名称；此村落由哪一级认定公布其列入保护或示范名录。参见图 7-10。

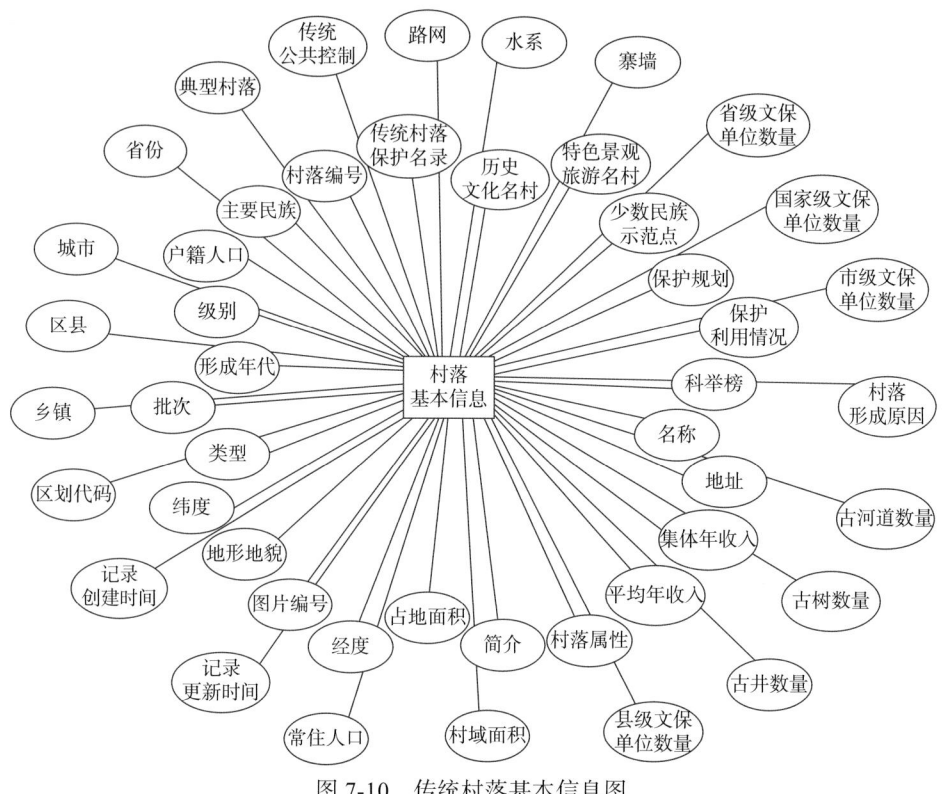

图 7-10 传统村落基本信息图

（2）传统建筑信息。传统建筑信息包括村落名称；国家级文物保护单位名称、数量；省级文物保护单位名称、数量；市级文物保护单位名称、数量；县级文物保护单位名称、数量；文物数量；文保单位是否为古建筑群，如果是则为1，否则标记为0；县级政府认定的历史建筑的数量；市级政府认定历史建筑的数量；全部传统建筑物占村庄建筑总面积的比例；仍在使用的传统建筑物的比例。具体建筑信息包括建筑编号、建筑名称、位置（门牌号）、所有权人、使用人、建造年代、面积、层数、结构形式、保护等级、公布时间、公布机关、功能用途、保存状况、屋顶主要材料、墙体主要材料、装修主要材料、简介。参见图 7-11。

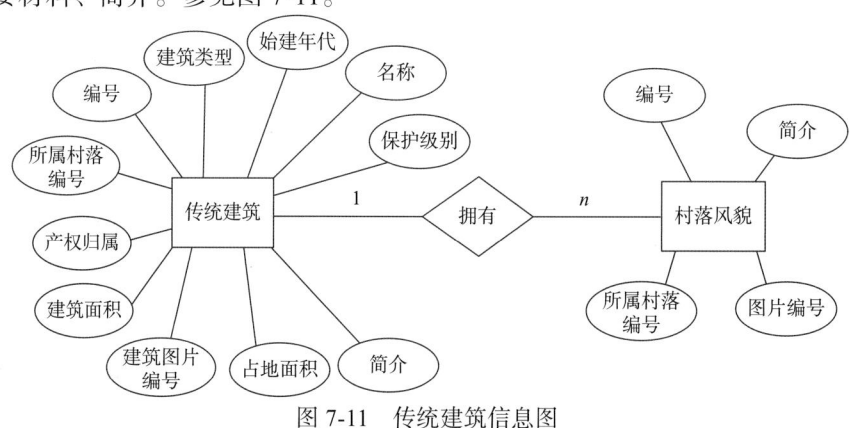

图 7-11 传统建筑信息图

（3）历史文化信息。历史文化信息包括历史介绍、历朝历代的基本情况等。如图7-12所示。

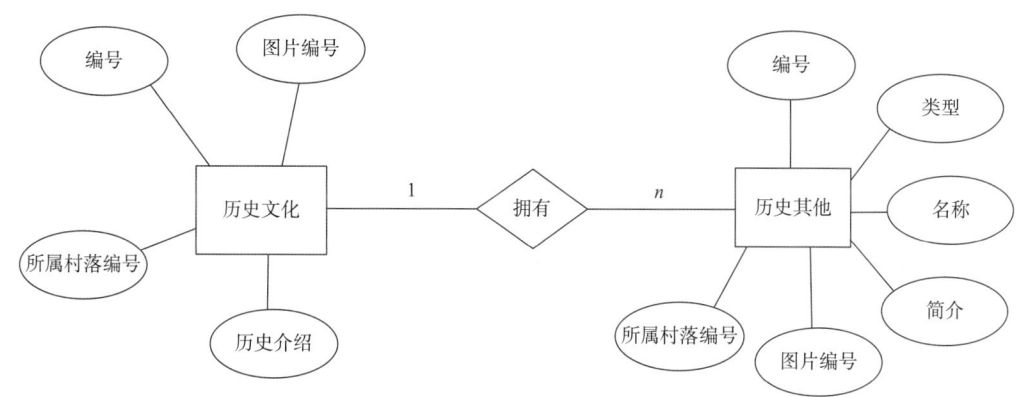

图7-12　历史文化信息图

（4）其他信息。其他信息包括环境格局、民俗文化、村志族谱、生产生活等方面。如图7-13所示。

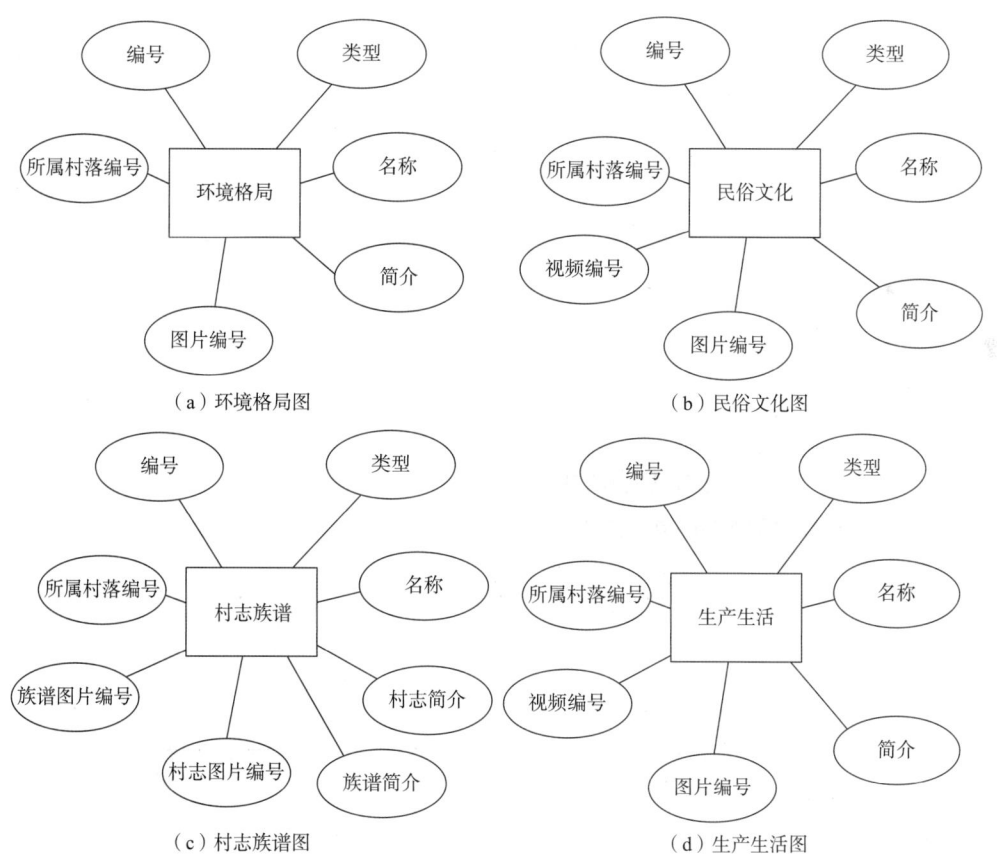

（a）环境格局图　　　　　　　　（b）民俗文化图

（c）村志族谱图　　　　　　　　（d）生产生活图

图7-13　环境格局、民俗文化、村志族谱、生产生活结构图

环境格局信息包括环境要素、古树名木、人居环境等。①环境要素信息：环境要素编号、环境要素名称、位置、类型、规模、年代、功能用途、保存状况、主要特点。②古树名木信息：古树木编号、树名、树龄、位置、树高、冠幅、特点。③人居环境信息：居民数量；现有设施状况——入户自来水、垃圾收集设施、排水设施、入户煤气、公交站点、卫生室、有线电视、消防设施、已改造电网（用数字0—9表示，已建成时间，上次维修为多少年前）；路面情况——沥青或水泥路、土路、传统石砖路、其他（用数字0—3表示）；公共照明情况——用数字0—2表示全村有、局部地段有、无；污水处理设施情况——用数字0—2表示村内集中处理、单户或多户分散处理、无处理；厕所情况——用数字0—3表示公用、分户、旱厕、水冲厕所；垃圾处理方式情况——用数字0—3表示卫生填埋、简易填埋、直接焚烧、送往镇（县）处理。

民俗文化信息：包括非物质文化遗产编号；非物质文化遗产名称；非物质文化遗产级别（用0和1表示国家级和省级，用0-10表示其类别）；民间文学；传统音乐；传统舞蹈；传统戏剧；曲艺；民俗；传统体育；游艺与杂技；传统美术；传统技艺；传统医药（0表示没有传承人，1表示有传承人）；项目存续情况（0—2表示传承良好、传承一般、濒危状态）；与村落依存程度（0表示必须依托村落存在，1表示不需依托村落存在）；活动规模（0—3表示10人以上，10—30人，30人以上，全村参与）；传承时间（0表示连续100年以上，1表示连续50年以上）。

村志族谱信息：包括现存的与村落相关的各种文献。

生产生活信息：包括传统生产生活的基本情形。

2. 传统村落知识图谱

知识图谱是描述客观世界中的概念、实体及其相互关系的大型语义网络。地理知识是人类对地理事物或现象空间分布、演变过程和相互作用规律的认知结果。地理知识图谱是一种对地理概念、实体及其相互关系进行形式化描述的知识系统，能够提供系统的、深层次的结构化地理知识。传统村落是一个地理实体，故传统村落知识图谱就是一种地理知识图谱。

传统村落知识划分为基础信息、陈述性知识和程序性知识三个层次。第一层是基础信息，具体包括有知识点的基本信息、空间几何信息、基础图像信息；第二层是陈述性知识，主要包含描述信息、类型定义、地理特征、空间特征、演变特征等；第三层是程序性知识，主要包含历史文化空间格局、生态文明建设战略格局、文化遗产本体价值及活态化保护利用价值（表7-1）。

表 7-1 传统村落知识本体属性表

类别	名称	含义
基础信息	基本信息	描述知识名称、类型、区域等属性知识
	空间几何信息	空间数据坐标点，可以是自然、行政边界和自定义区域
	基础图像信息	典型地貌、地理特征等图像信息
陈述性知识	描述信息	描述某一类型知识点信息
	类型定义	反映共同特性的确切表述
	地理特征	描述时空变化和周围环境的知识
	空间特征	描述某种类型的形状、大小、方位等空间位置
	演变特征	描述随时间的变化特征
	演变因素	描述时空变化的原因
	价值作用	描述时空变化对生态环境、经济发展的影响作用
程序性知识	历史文化空间格局	描述国家历史发展的时空格局和重要历史文化资源的宏观、中观分布状况
	生态文明建设战略格局	描述生态系统脆弱或生态功能的重要程度，以及资源环境的承载能力和工业化、城市化开发的条件
	文化遗产本体价值	描述传统村落自身文化遗产的资源特色，分为古色类、绿色类和红色类
	活态化保护利用价值	描述被评估对象当前对文化遗产的保护与传承状态

传统村落本体关系分为空间关系和语义关系，如表7-2所示。

表 7-2 传统村落知识本体关系表

类别	名称	
语义关系	包含关系	组成
	类型关系	定义
	特征关系	属性
	价值作用	历史文化价值、生态文明价值、文化遗产本体价值、活态化保护利用价值
空间关系	拓扑关系	包含、相离、相交、邻接
	方位关系	两点之间的角度、方位
	距离关系	两点之间的距离

7.3.3 "文化+生态"国家战略空间格局知识图谱

1. 基于地理格网的空间知识图谱

地理格网是一种基于地图投影按数学法则对地球表面进行划分而形成的格网系统。格网与经纬度坐标对应，空间对象的时空变化以格网为单元进行描述和表达。本节采用的离散格网系统是一种基于球面的可以无限细化却不改变其形状的地球体拟合格网，具有层次性和全球连续性特征，既避免了平面投影带来的角度、长度和面积的变形及其空间数据的不连续性，又可以表达地球上任意位置获取的任何分辨率的空间数据。

知识图谱是用语义网络表达数据，通过点和边的不同信息连接在一起形成一个关系网络。如图7-14所示，基于地理网格可以构建空间知识图谱，以RDF形式化表示三元关系，其中主体（subject）是被描述的资源，谓语（predicate）用于描述主体属性和宾语之间的关系，宾语（object）表示资源或属性值。

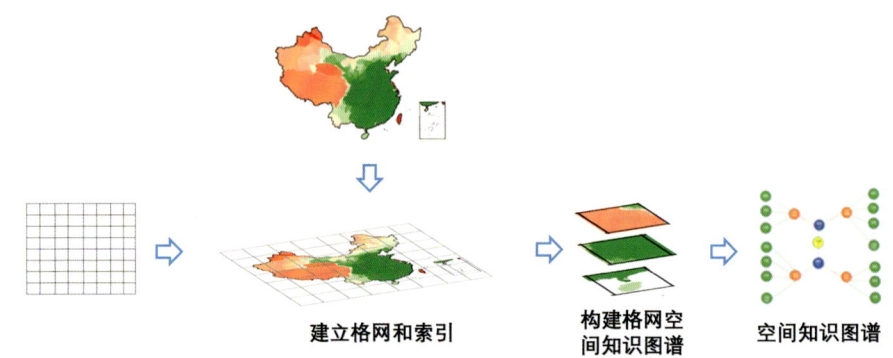

图7-14　基于地理格网的空间知识图谱

地图基于自然资源部标准地图服务网站审图号为GS（2019）1829号的标准地图制作，底图边界无修改

传统空间分析以图层为单位进行烦琐的跨图层查询和运算，空间知识图谱将空间分析中复杂的计算过程分配在预处理阶段，在空间预分析阶段将空间分析信息预加载到格网上形成知识图谱，使得真正在空间分析过程只需要从格网中检索预分析结果和提取目标属性。极大减少用户在实际空间分析过程中的等待时间。

2. "文化+生态"国家战略空间格局知识图谱

为了实时在线评估传统村落的历史文化空间格局背景价值和生态文明建设战略需求背景价值，如图7-15所示，提出了基于"文化+生态"国家战略空间格局知识图谱的传统村落历史文化空间格局背景价值和生态文明建设战略需求背景价值的评估方法。首先，利用Google S2算法对全球模型进行四边形格网剖分，选取面积大小为1.27 km²的13级格网，并使用希尔伯特曲线枚举单元格，建立格网索引；其次，依据第2、3章提出的国家历史文化空间格局和生态文明建设战略需求空间格局计算方法，分别计算获得了我国疆界内各个空间格网的历史文化的厚度、丰度和精度，以及生态文明的地形、环境容量、社会经济、交通区位和生态格局等，并存储在空间格网图谱中；最后，通过空间分析，判断待评估传统村落所处具体格网，用检索替代分析，直接检索本格网以及所求范围内的邻近格网，抽取格网内的历史文化价值和生态文明价值，实时在线评估传统村落的历史文化空间格局背景价值和生态文明建设战略需求背景价值。

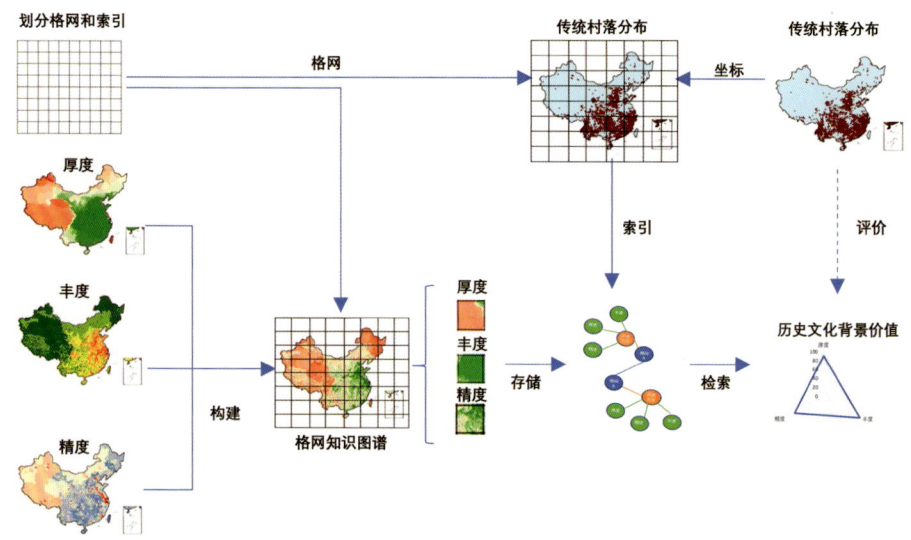

图 7-15 "文化+生态"国家战略空间格局知识图谱和传统村落价值评估

地图基于自然资源部标准地图服务网站审图号为 GS（2019）1829 号的标准地图制作，底图边界无修改

7.4 软件共享平台

针对传统信息系统的单体应用设计存在功能耦合强、启动速度慢、弹性扩展难等问题，特采用基于容器云的微服务架构对传统村落保护利用价值基础数据平台进行底层设计，形成传统村落软件共享平台。其中，采用微服务架构将大型单体应用拆分为可独立部署的服务组件，采用容器云对微服务进行编排，提高微服务的可扩展性。本节将对上述应用进行系统性阐述，并对平台中所设计的微服务功能进行逐一介绍。

7.4.1 基于容器云的微服务架构

基于容器云的微服务架构的信息系统平台的建设目标是给开发人员提供一套快速开发、部署、运维管理，以及持续开发、持续集成的流程。平台提供基础设施、中间件、数据服务、云服务器等资源，开发人员提供业务代码，系统会自动构建部署，实现应用的敏捷开发和快速迭代。

1. 基本介绍

云计算是一种资源的服务模式，能通过互联网向用户提供各种类型的计算资源。容器云起源于 Docker 容器技术，是一种容器化的云服务。这种高效的、负载性极强的容器解决方案，屏蔽了底层架构的差异性，为应用提供异构系统平台的无缝部署；同时，这种通过将系统打包为容器镜像的方式，让系统的交付和部署变得更加简单与自动化。微服务架构是一种架构概念，旨在通过将功能分解到各个离散的服务中以实现对解决方案的解耦，其将功能分解到离散的各个服务中，从而降低了系统的耦合性，并提供了更加灵活的服务支持。

将基于容器云的微服务架构应用到平台形成一款企业级的容器及容器化应用的管理平台，其目标是提供容器化应用的全生命周期管理；同时，将丰富的特性与企业已经存在的业务系统和管理系统进行集成，内置丰富的容器镜像及大量经过验证的微服务集群应用，结合强大的应用编排功能，可以帮助企业在已有的IT基础架构之上快速构建出大规模具有弹性的应用系统。平台提供的持续集成服务可以实现应用编译、构建、测试、打包、发布的自动化流程，可保障业务的快速上线。平台可帮助客户提高业务效率，降低IT成本，从繁杂的基础架构管理中解脱，更加专注于业务。

容器云管理引擎提供高可靠、高性能的企业级容器应用管理服务，支持社区原生应用和工具，简化云上自动化容器运行环境搭建，面向云原生2.0打造容器集群，计算、网络、调度全面加速，全面加速企业应用创新。云原生2.0以应用为中心，除了具备云原生1.0的容器、微服务、DevOps等特征外，云原生2.0更强调对资源的配备，即资源高效、应用敏捷、业务智能、安全可信，在协同高效中助力企业将IT资源投入核心竞争力。

微服务架构是互联网技术发展的必然结果，其提倡将单一应用程序划分成一组小的服务，服务之间互相协调、互相配合，为用户提供最终价值。基于容器云的微服务平台架构如图7-16所示。

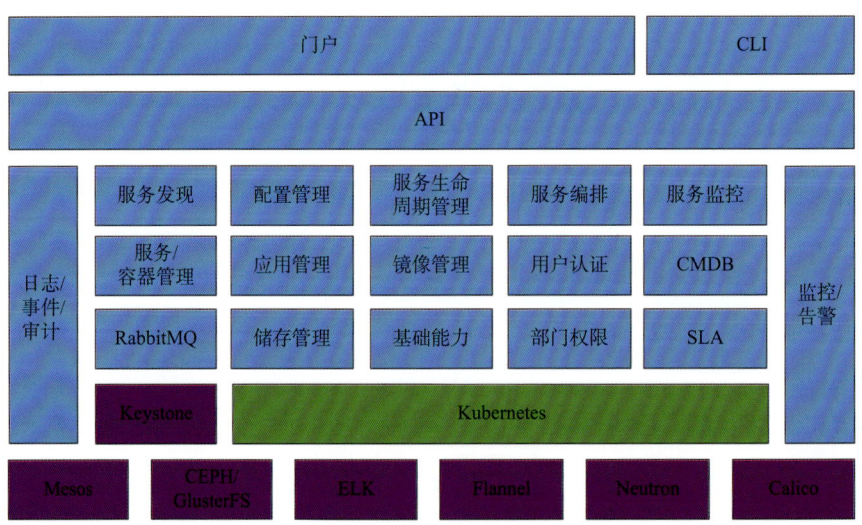

图7-16 基于容器云的微服务平台架构

2. 技术优势

基于容器云的微服务架构旨在利用互联网的计算资源以及容器技术进行微服务框架的设计。此三种技术的结合使用能将各自的优势放大，更加契合当前系统开发行业的业务领域。具体优势如下。

（1）降低复杂度。将原来耦合在一起的复杂业务拆分为单个服务，规避了原本复杂度无止境地积累。每一个微服务专注于单一功能，并通过定义良好的接口清晰表述服务边界。每个服务开发者只专注服务本身，通过使用缓存、DAL 等各种技术手段来提升系统的性能，而对于消费方来说完全透明。

（2）可独立部署。由于微服务具备独立的运行进程，每个微服务可以独立部署。业务迭代时只需要发布相关服务的迭代即可，降低了测试的工作量，同时也降低了服务发布的风险。

（3）容错。在微服务架构下，当某一组件发生故障时，故障会被隔离在单个服务中。通过限流、熔断等方式降低故障导致的危害，保障核心业务正常运行。

（4）扩展。单块架构应用也可以实现横向扩展，就是将整个应用完整地复制到不同的节点。当应用的不同组件在扩展需求上存在差异时，微服务架构便体现出其灵活性，因为每个服务可以根据实际需求独立进行扩展。

（5）节省成本。云计算资源并不依赖于购买的硬件的计算能力，每当硬件需要更新换代时，都意味着资源的浪费。

（6）高资源利用率。容器技术打破静态资源分配瓶颈，支持服务的弹性伸缩，提高资源的利用效率。

（7）标准化，可移植。系统的各功能组件打包为容器，自带所需要的运行环境，可进行低风险的快速移部署和移植。

3. 技术路线支持

本小节搭建的传统村落服务平台是利用上述技术手段搭建而成的整个传统村落保护利用价值基础数据平台的底层平台，具体实现的应用层面的功能都建立在该服务层平台之上。

本平台采用基于容器云的微服务架构进行搭建，具体技术路线梗概如下：①微服务框架——Spring Cloud；②容器化与编排技术——Docker+Kubernetes。Spring Cloud 微服务框架如图 7-17 所示。

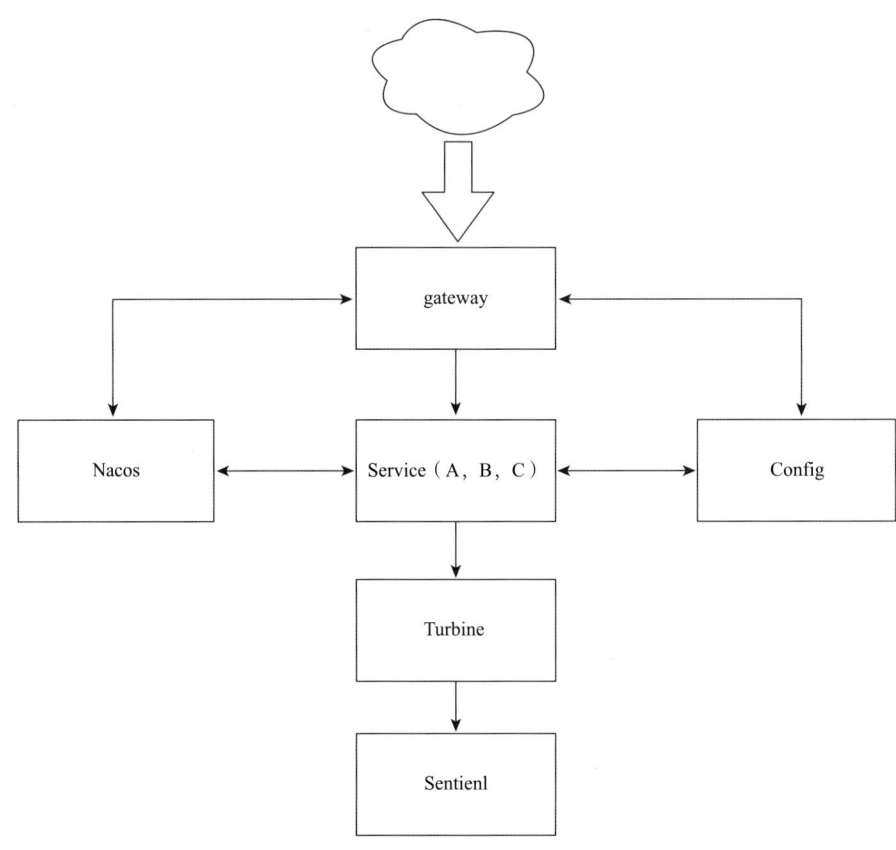

图 7-17　Spring Cloud 微服务框架图

组件说明如下：①Nacos，服务注册与发现的注册中心；②gateway，网关和路由；③Config，分布式配置服务；④Turbine，服务调用汇集展示；⑤Sentienl，服务熔断监控组件。

Docker 是容器技术的一种实现，容器技术是一种轻量级的操作系统级虚拟化技术，可以在一个资源隔离的进程中运行应用及其依赖项。容器之间不会相互影响，也无法访问彼此的资源。容器技术由容器引擎、镜像、容器及镜像仓库等组成，镜像就是模板，用于创建容器；容器是基于镜像创建的运行实例；镜像仓库用来管理镜像，运行程序所必要的组件都将打包成一个镜像并且可以复用。平台选择 Doceker 的考虑是，Docker 有启动快速、资源开销小、隔离性和安全性高等特性，可以根据深度学习框架和版本制定不同的镜像。Docker 容器技术应用如图 7-18 所示。

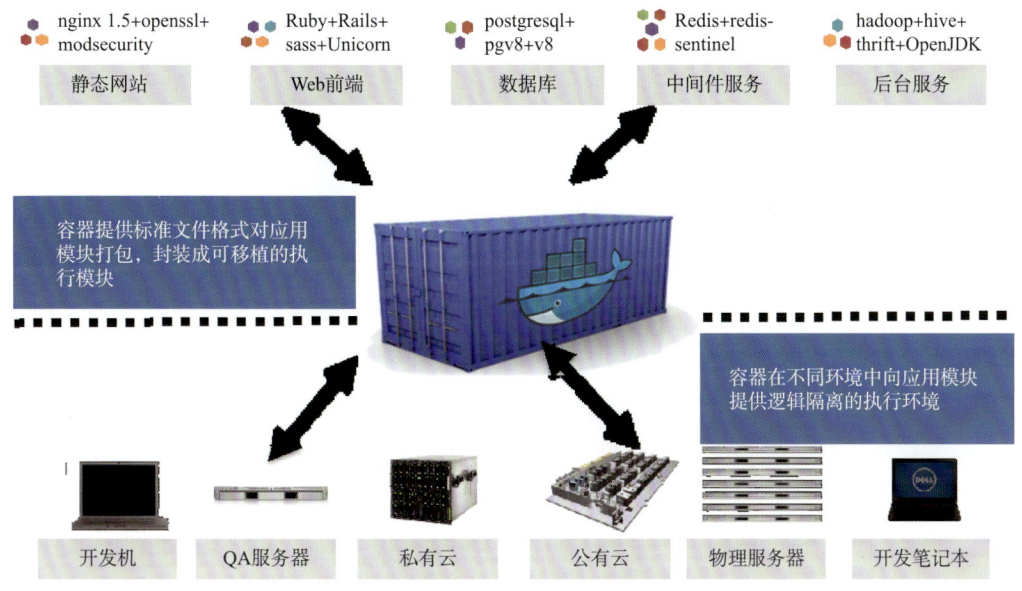

图 7-18 Docker 容器技术应用

Kubernetes（以下简称 K8S）是一个开源的，用于管理云平台中多个主机上的容器化的应用。当资源扩展到服务器资源池时，就需要控制系统对容器进行合理调度，分配计算资源以及容器集群管理和信息维护，其利用 Pod 承载容器做 Docker 的服务编排与调度，包括服务版本升级、服务删除、服务版本回滚、服务创建及服务参数的修改和调整。K8S 覆盖了应用集群管理的方方面面，是目前最成熟的应用集群管理方案。K8S 的 Pod 模型更加接近 VM，对传统应用的兼容性更好，更容易迁移。K8S 的架构如图 7-19 所示。

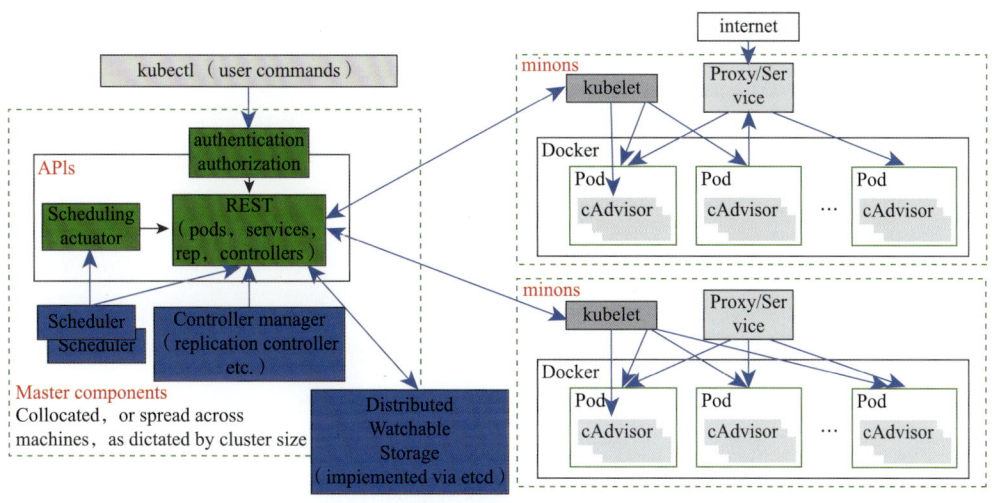

图 7-19 K8S 架构

4. 平台方案规划

将传统村落软件共享平台集成容器技术、容器编排技术、微服务框架以及如 Tensorflow、Pytorch、Caffe 等用于深度学习的框架，旨在打造一个稳定、易用、易扩展的可以为地理空间数据做高级处理和分析的平台。平台在搭建使用中，涉及系统架构、资源调度、分配，以及提供给用户快捷的交互使用方式，为用户解决深度学习和数据挖掘中资源调度难、作业管理难、环境部署隔离难、性能优化与提高稳定性难等问题，整合用户公有云服务，如云存储、云计算、云数据库等，提供一站式深度学习平台服务（即数据存储、处理、训练、预测、可视化、结果应用全流程），该平台的微服务将作为封装好的功能提供给下一级别平台使用。

传统村落软件共享平台设计的地理空间深度学习和数据挖掘类微服务集成方案的分层架构如下：①用户接口层，主要是向用户提供不同的方式去登录开发环境和后续训练；②平台服务层，接受用户请求，并将请求解析给基础服务层执行；③基础服务层，包括 K8S、Docker 及数据库服务；④基础设施层，是 CPU 和 GPU 服务器，是所有服务的基础。平台分层架构如图 7-20 所示。

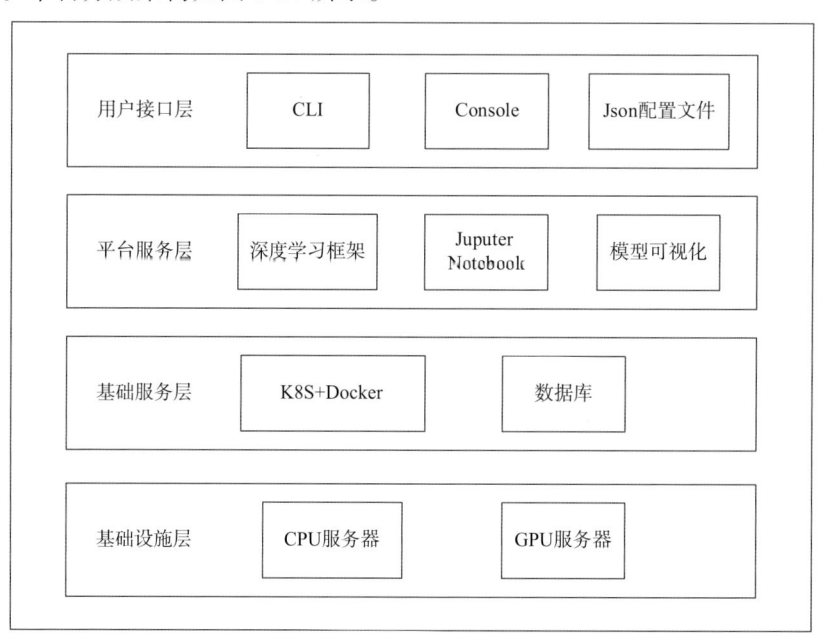

图 7-20　平台分层架构图

（1）基础设施层：是该平台深度学习和数据挖掘微服务所需的物理硬件设备。CPU 和 GPU 性能、内存大小等因素影响着服务器的整体性能。在平台需要的深度学习任务中，轻量级小规模任务多采用 CPU 服务器，计算密集型和高并发型任务则采用 GPU 服务器，两者的混合使用使得平台的基础资源利用率更高。

（2）基础服务层：包含镜像制作、镜像仓库和数据存储系统等。镜像的制作、调用、管理和存储功能使用 K8S+Docker 的技术组合路线，其中，Docker 官方提供规定语法及 docker build 等命令用于用户自定义镜像，并提供仓库对自定义镜像进行存储；镜像之间的管理由 K8S 负责，其通过 Pod 承载容器做 Docker 的服务编排与调度；数据的存储系统则采用 GlusterFS——一个开源的分布式文件系统，其中保存深度学习的模型及相关数据。

（3）平台服务层：属于相对完整的功能层，是整个平台的关键。采用 Python 语言开发核心模块，该层面包括深度学习框架、模型可视化和 Jupyter Notebook 服务三个模块，并且在此基础上向用户提供深度学习模型的开发、训练和服务三个内容。用户通过需求选择服务内容，在该服务层不断添加代码或将数据作为模型开发环境，在上传训练数据训练好模型后将所有数据制作为镜像保存，以便用户下次复用服务。

（4）用户接口层：提供给用户三种接入方式，命令行界面 CLI、控制台方式 Console、配置文件 Json。命令行界面提供 SSH 登录入口，让用户直接访问服务器开发环境；控制台方式借用 Jupyter Notebook 服务提供深度学习的库及图表的支持；配置文件是一种函数化操作方式，用户提前将环境条件、模型参数、存储路径等传入配置文件，由系统负责一系列自动化处理。

平台搭建的整体架构如图 7-21 所示。

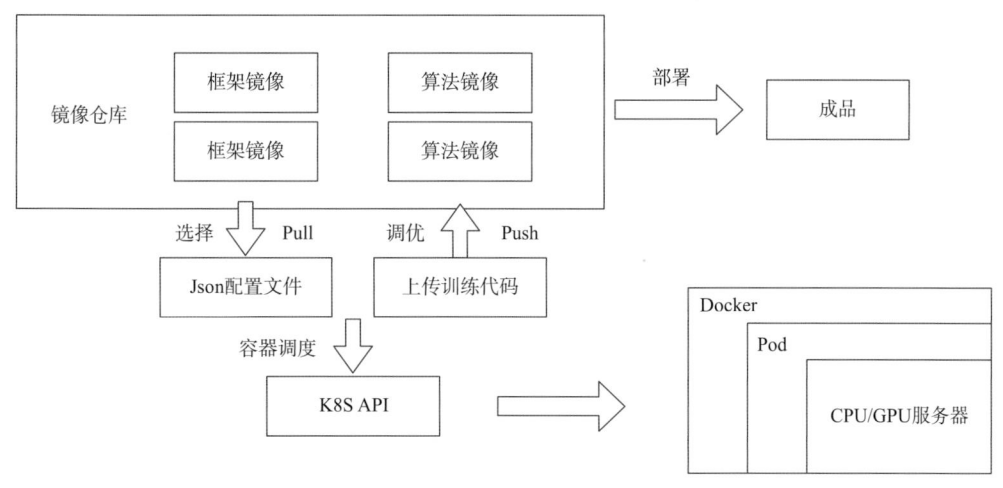

图 7-21　平台整体架构

Docker 创建的镜像作为模型开发的载体，其内部可以由用户根据具体需求自行搭配，而外部则由平台提供统一的服务功能。用户可以通过控制台创建 TensorFlow、Caffe 等框架的开发环境，并根据自身需求选择深度学习或数据挖掘算法一并封装进基础开发容器内部，用户调试好训练代码后通过平台上传该脚本，平台负责将其制作为镜像容器保存，这样所制作的容器即可实现复用，免除了用户重复搭建底层环境的工作量。

基本流程具体如下：①从开源仓库使用 Docker pull 获取基础环境镜像，在此基础上添加深度学习相关的 Python 包；②用户按需求选择模型开发的基础资源，该信息及用户操作相关记录写入 Json 格式配置文件，平台通过此用户请求，用 K8S 的 API 服务器做调度，在指定节点创建容器接受此文件；③ Docker API 根据配置文件信息做具体调度任务的创建、删除、GPU 复用等；④指定节点处调用可视化服务，可以将历史资源信息及任务相关的信息可视化输出。

模型训练的设计：模型训练需要根据用户上传的训练数据对模型进行参数优化，根据用户对模型的训练效果判别，使用户每段时间可以对模型参数进行修改。用户通过平台创建包含 Tensorflow 等深度学习框架的开发环境，指定对象存储的训练代码地址及训练数据，就可以启动训练任务，再经过多次调优后，将训练好的模型输出到指定节点的容器中，达到模型管理保存目的。

基本流程具体如下：①用户上传训练数据，平台采用 GlusterFS 分布式存储系统进行统一保存；②平台记录用户所需的计算框架、任务代码路径、训练参数等与创建任务相关的信息写入 Json 配置文件，平台用 K8S 实现容器创建任务调度；③将配置文件的训练参数等信息制作为 Python 脚本，打入镜像根目录底下，用以传递训练参数，启动训练任务，并将作业的日志实时输出；④用户调整配置文件中训练参数达到模型调优目的。

模型服务的设计：模型服务的目的是将用户自定义且经过训练调优好的模型直接部署到生产环境中，平台通过 K8S 的控制器自动调度创建 Pod，同时在容器启动时执行一个关于提供初始化环境的 Python 脚本，并使用 TensorFlow Serving 加载已经训练好的网络和参数，Pod 在部署完毕即任务状态结束时停止运行，输出并保存结果。

该平台使用容器云技术，针对性地解决了地理空间深度学习和数据挖掘类算法计算资源效率低、集成难、开发部署效率低的问题，实现了资源快速分配、开发环境秒级启动及模型训练的高效化和自动化，缩短了深度学习算法的开发周期，为后续平台做进一步地理空间数据分析处理提供了扎实的基础。

7.4.2 地理空间数据查询和分析统计类微服务

地理空间数据处理最基本的使用概括为数据的查询与统计分析，可以从空间和属性两个方面对现实世界的各个地理对象进行查询、检索和分析，并将结果以各种直观的形式表达出来。对空间对象进行查询和度量是地理信息类系统最基本的功能之一，空间分析统计建立在空间数据查询与度量之上,可以通过分析数据的空间自相关性及其对空间格局的影响,来探求事物在空间的分布规则和特征。

特将地理空间数据查询和分析统计功能划分为一个微服务,针对之前已经整理入库的传统村落的相关空间数据进行查询检索,并在此基础上进行深入分析。空间数据查询方式分为通过属性查图形和通过图形查属性,即几何查询和属性查询;空间数据分析统计包含空间统计数据描述、空间自相关分析、空间插值。该微服务最终结果是地图上的高亮显示、属性列表的展示或分析统计地图信息的展示。该微服务整体框架如图 7-22 所示。

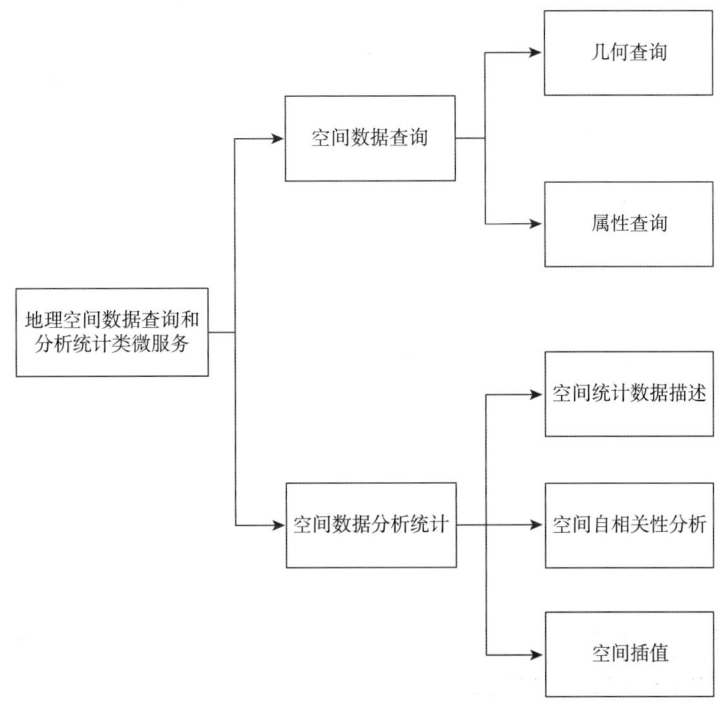

图 7-22　地理空间数据查询和统计类微服务框架图

空间数据查询过程如下:①直接由检索内容显示数据库中的数据及信息;②对检索条件进行一系列特定逻辑运算显示模糊查询的信息;③根据数据库中现有数据模型,进行有机组合构造出复合模型,模拟现实世界中一些现象结构功能,来回答一些检索的复杂问题。

空间数据分析统计流程如下:①对数据进行提取测量;②探索性分析,对数据反映的规律有一个模糊的认识;③空间统计,探究空间自相关性、空间插值和空间回归性。

7.4.3 地理空间深度学习和数据挖掘类微服务

地理空间信息数据中有一部分数据需要深入挖掘其含有的信息价值，如遥感图像特征提取，以及本平台使用到的多源异构地理数据融合和传统村落文本信息价值评估等。深度学习在地理空间领域的应用如图 7-23 所示。这些对数据的处理均需要建立在深度学习或数据挖掘的算法之上，而以往的地理空间领域的算法往往是基于单一的配套环境开发的，不同环境之间兼容性低，算法集成难度大。容器技术可以将不同的深度学习算法或数据挖掘算法集成到同一物理机上，且具有比传统虚拟化技术粒度小、可扩展、灵活性高等优点，为这些算法的环境隔离和资源隔离提供了可能，并提高了算法开发训练和部署的灵活性。

目标识别

传统村落价值评价

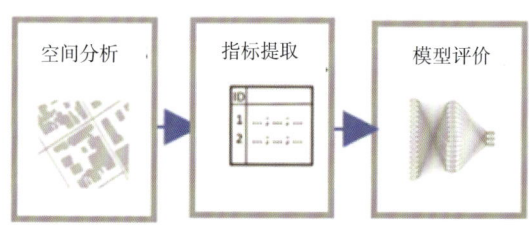

语义分割

图 7-23 深度学习在地理空间领域的应用

特将地理空间深度学习和数据挖掘算法及其使用环境和使用框架封装为一类微服务，用 Docker 容器化技术对其进行镜像化存储，方便后续快捷复现算法环境，并提供统一开发功能模块的基础镜像，提供统一的模型参数接口约定和配置文件模板，满足多用户对算法环境的多样化需求。该微服务技术路线如图 7-24 所示。

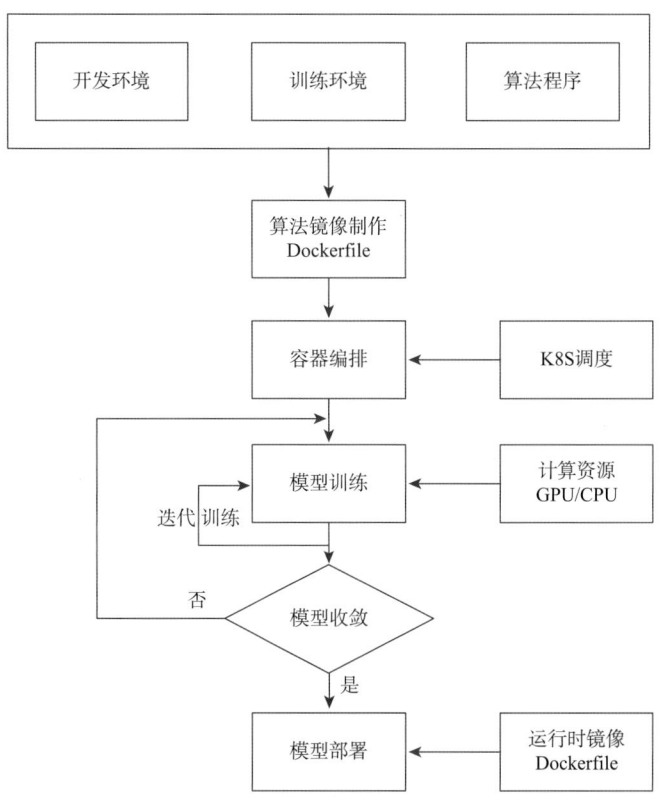

图 7-24　地理空间深度学习和数据挖掘类微服务技术路线

开发环境供开发者编写调试代码，如 Python3.6 环境；训练环境是为编写好的代码提供训练，包括适当的配置环境和深度学习框架，如 Tensorflow、PyTorch 等；算法程序则为具体需求使用到的不同算法，如卷积神经网络、强化学习算法、朴素贝叶斯模型等。这三者为该微服务的核心部分，利用 Docker 容器技术将之制作成镜像，再利用 K8S 对容器进行编排调度，分配给训练模型适当的计算资源，当模型反复训练至收敛即可进行部署。

该微服务的具体使用流程介绍如下：在预先设计好的基础开发镜像内部封装地理数据文件的读写包和常用的地理数据预处理算法，可以将数据读取并进行数据清洗去噪以及格式的统一等操作，免除用户从底层开始搭建环境的重复操作，用户只根据自身实际需求添加所需软件包；在模型训练中，用户对于算法模型参数的选择设计为文件形式的配置数据，只需调整文件内容，即可进行重复实验，然后创建好需要的镜像为下一步的综合应用平台服务。

7.4.4 地理知识推理和可视化微服务

地理知识推理和可视化微服务依据是前阶段整理好的传统村落知识图谱，但是当时做好的知识图谱主要来源于地理实体关系的解读，仍存在大量的潜在关系未标明或已有关系存在错误联系的问题，此时就需要进一步应用知识推理去寻找这些有价值但未建立连接的实体关系以及修正这些错误知识，并且知识图谱的可视化可以帮助用户更好地理解数据、展示数据和应用数据。

特将地理知识推理和可视化模块定义为一个微服务，以期得到更加精准的地理（实体—关系—属性）三元组知识，并将结果以知识图谱形式可视化展示给用户。该微服务整体框架如图7-25所示。

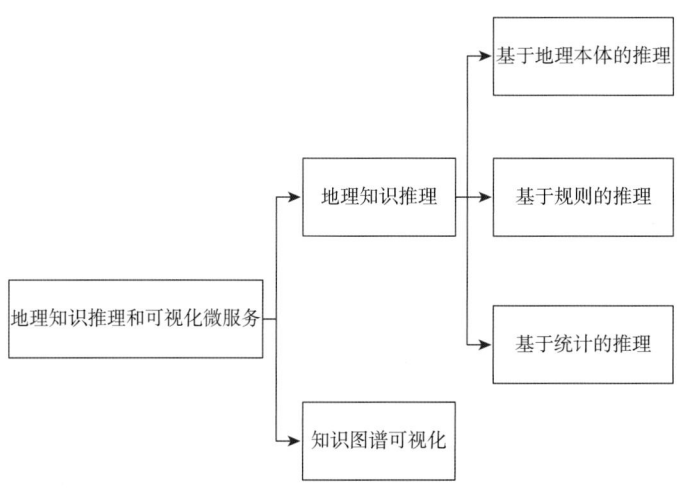

图7-25 地理知识推理和可视化微服务框架

地理知识推理和可视化微服务分两个主要部分：地理知识推理和知识图谱可视化。其中地理知识推理指从地理知识库中的地理实体关系数据出发，经过计算机推理，建立地理实体间的新关系，从而拓展地理知识网络。地理知识推理包括基于地理本体的推理，基于规则的推理和基于统计的推理：①基于地理本体的推理，如（陕西，属于，中国）和（西安，属于，陕西）可以推出（西安，属于，中国）；②基于规则的推理主要利用相关规则，从已有实体关系推理出新的实体关系；③基于统计的推理是利用其学习方法，通过统计规律从知识图谱中学习到新的实体间关系，包括实体关系学习方法、类型推理方法和模式归纳方法。

地理知识推理和可视化微服务的使用流程如下：从经过知识抽取并进行实体关系链接和融合空间关系的地理数据入手，根据三种具体知识推理方法，采用具体算法将地理数据关系结构化表达并计算推理出相应结果。并将最后形成的地理实体间的联系用知识图谱表达再进行可视化处理。

7.5 数据共享平台

7.5.1 中国传统村落保护利用数据共享平台

传统村落是中华文明的重要载体，数量多、分布广、影响大，其保护利用水平与国家文化安全和生态文明建设息息相关。目前我国的大多数传统村落平台是将区域性的传统村落进行描述性介绍。尚缺乏从国家战略层面对传统村落价值体系与层级结构进行科学认知，致使传统村落保护利用存在均质化、扁平化倾向，在国家历史文化和生态文明建设战略格局中未能发挥应有的支撑作用。因此，应从传承国家历史文化空间格局和匹配生态文明建设战略需求角度，研究传统村落保护利用价值的分级分类评价技术，揭示传统村落的差异化价值与层级结构，构建传统村落保护利用价值分级分类体系，确定传统村落活态化保护利用价值评估的普适性指标，整合形成"文化+生态"的国家格局与战略下传统村落保护利用价值分级分类体系与评估导则，搭建基于价值分级分类评估的传统村落保护利用基础数据共享平台（图7-26），为实现传统村落从注重个体特征向体现分级分类结构关系的保护利用转型提供支撑。

图7-26　传统村落分级分类保护利用数据共享平台

针对传统村落保护利用数据共享平台信息互馈的可扩展性的需求，基于时空序列分析、挖掘和预测的数据处理方法，将多源、多维度的数据与传统村落保护利用价值的分级分类评价指标体系进行匹配，搭建了具有可视化呈现、精准化调用、智能化分析特点的适配于"文化+生态"背景价值体系的传统村落保护利用基础数据共享平台。该平台旨在将传统村落各项数据收集整理并清晰地展示给用户，从地脉、人脉和文脉三个层次来展现我国传统村落，考虑传统村落信息有基于村落本身的时间维度里的各相关人文和地理信息，主要表现在历史疆域、行政区域、传统村落分布等，尤其对于传统村落的各种信息分级处理，需强烈体现不同层次下的区别性。除了传统村落的时空信息外，相关生态领域数据的提取与处理也尤为重要，从生态开发区域、水资源、土地资源使用等方面进行多源信息的处理显示，必要的信息利用数据表格或统计图鲜明展示。

如图 7-27 所示，传统村落保护利用价值分级分类评估流程包括：传统村落保护利用评估基础信息收集、评估指标体系选择、评估指标体系权重设置、基于模型的价值评估和传统村落分级分类等步骤。

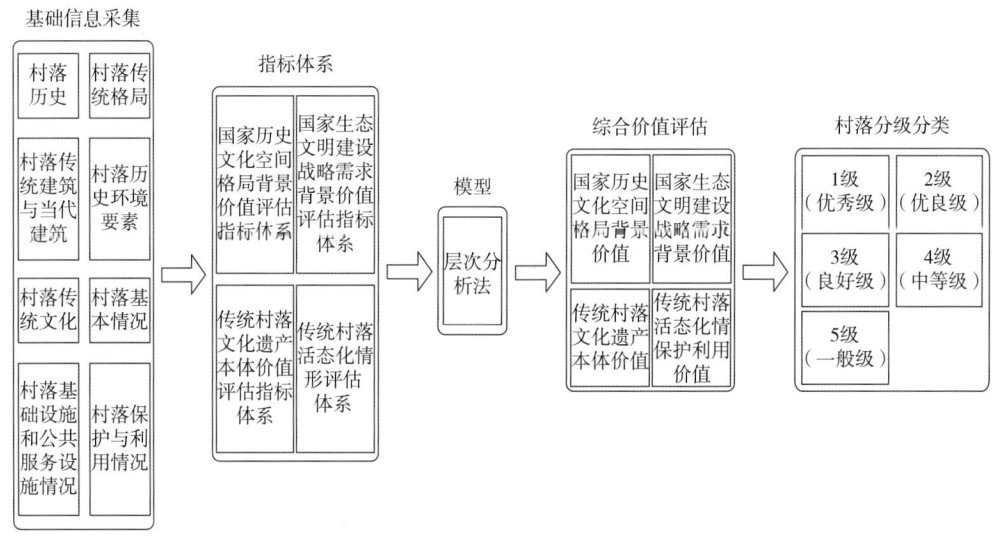

图 7-27　传统村落保护利用价值评估流程

为了全面支撑传统村落保护利用价值分级分类评估流程，如图 7-28 所示，传统村落数据共享平台设计和实现了六个模块，分别为中国传统村落、国家历史文化空间格局背景价值、生态文明建设战略需求背景价值、文化遗产本体价值、活态化保护利用价值和智能评估。

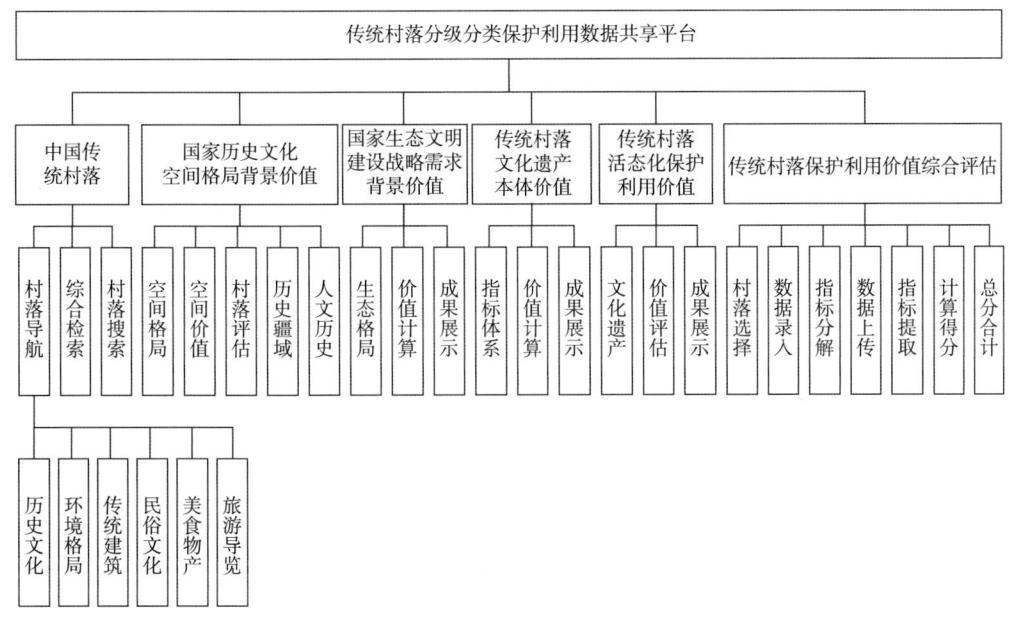

图 7-28 传统村落数据共享平台模块图

下面详细介绍传统村落数据共享平台的六个模块。

1. 中国传统村落

传统村落是中华文明的重要载体,其保护传承关乎国家文化安全和生态文明建设。基于传统村落特定的自然地理、人文历史、经济社会等背景与条件,研究揭示中国传统村落的历史文化生成背景差异和生态系统多样性程度差异,构建传承国家历史文化空间格局、匹配生态文明建设战略需求的传统村落复合性指标体系,通过中国传统村落信息管理系统立体地呈现传统村落在国家历史文化空间格局和生态文明建设战略中的独特的地位与作用。

如图 7-29 所示,(a)展示了全国 6086 个传统村落的空间分布,以及传统村落的价值评价和数量统计;(b)展示了根据行政区划(省、市、县和镇)综合检索传统村落信息;(c)表示根据关键词搜索传统村落相关信息;(f)表示进入村落列表查找具体传统村落信息。通过点击(a)—(d)中的传统村落标记点即可进入传统村落,显示传统村落详细信息。

2. 国家历史文化空间格局背景价值

梳理中华历史文化脉络,挖掘关键历史文化信息及载体,研究历史文化要素的时代分布特征,建立支撑国家历史文化空间格局的传统村落保护利用价值分级分类评估

(a) 初始页面

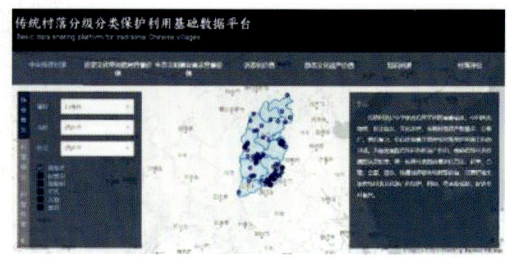
(b) 综合检索

(c) 村落检索

(d) 村落检索——输入信息

(e) 进入村落

(f) 村落列表

图 7-29 中国传统村落信息可视化系统

体系，把历史文化信息进行可视化（地图）表达，可以形成多幅历史文化图层，是研究国家历史文化格局的基础信息。进一步把传统村落在图层上表达，可以获得各传统村落与诸历史文化图层的耦合情况；辅之以历史文化的权重设计，可以得到基于国家历史文化空间格局下的传统村落保护利用价值分级分类评估体系。

如图 7-30 所示，传统村落的历史文化空间格局背景价值评估主要步骤包括：①加载历史文化空间格局，包括厚度、丰度、精度；②叠加传统村落空间信息；③选择待评估的传统村落；④通过空间分析和信息检索，评估传统村落价值；⑤呈现传统村落历史文化价值评估结果。

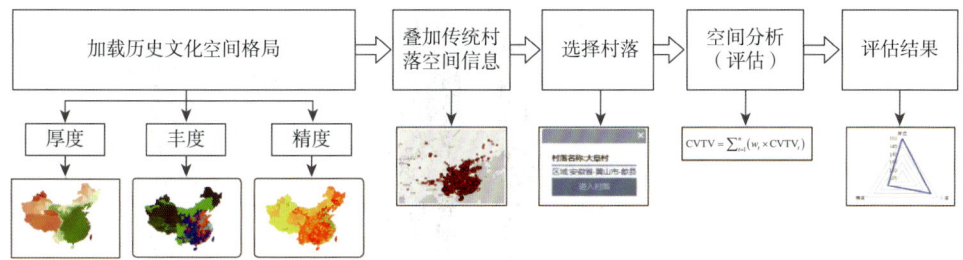

图 7-30 传统村落的历史文化空间格局背景价值评估流程图

如图 7-31（a）所示，历史文化空间格局背景价值评估子系统展示了我国疆域的历史文化空间格局背景价值（包括厚度、丰度和精度）；展示传统村落信息的"历史文化＋传统村落"叠合模型；评价传统村落历史文化空间格局背景价值三方面功能。如图 7-31（b）所示，展示我国历史文化空间格局的背景价值（包括厚度、丰度、精度和综合），以及与传统村落空间分布的相互关系。如图 7-31(c) 所示，通过输入传统村落的名称、精度和纬度（或点击地图中传统村落标记）即可评价该传统村落的历史文化空间格局背景价值。如图 7-31（d）所示，显示了中国历史文化空间格局（包括文化区、四核、两轴、多区和多带），以及与传统村落空间分布的相互关系。如图 7-31（e）和（f）所示，显示了中国历史疆域，以及与传统村落空间分布的相互关系。

3. 国家生态文明建设战略需求背景价值

中国自然生态系统地域差异明显。通过系统地搜集、研究、整合生态文明建设的关键生态要素和既有相关评价结果（如《绿色发展指标体系》评价结果），可以形成多个生态文明建设信息专题数据库；把生态文明建设信息进行可视化（地图）表达，可以形成国家生态文明建设和生态安全格局现状背景图层。研究各传统村落与诸国家生态文明建设战略需求的匹配情况。依据匹配情况的程度差异，主要从村域空间、传统建筑、传统产业、传统环境、传统制度、生活方式等视角展现各个村落信息。进一步把传统村落在图层上表达，可以获得各传统村落与诸国家生态文明建设战略需求的匹配情况。依据匹配情况可以建立匹配国家生态文明建设战略需求的传统村落保护利用价值分级分类评估体系。

首先需要对不同来源、不同内容的专题数据进行规范化处理，建立运算数理模型，以便计算各评价因子的指标值。将数据集成划分为数据库集成和模型数据集成两个层次。数据库集成是利用 Oracle 11g、FGDB 结合 ArcSDE 的方式，对各类空间数据建模，建立传统村落分级分类数据库；然后采用数据 ETL 技术从多种源数据中抽取需要的数据，经过事先定义好的规则对数据进行清洗后，最终按照数据标准和规范以及数据模型，将数据加载、存储到数据仓库中，完成数据从源数据向目标数据的转换，实现对异构数据的统一访问。

（a）初始页面　　　　　　　　　　　　　　（b）背景价值

（c）村落评估　　　　　　　　　　　　　　（d）空间格局

（e）历史疆域　　　　　　　　　　　　　　（f）人文政治

图 7-31　国家历史文化空间格局背景价值评估系统

如图 7-32 所示，传统村落的国家生态文明建设战略需求背景价值评估主要步骤包括：①加载生态文明建设战略需求背景空间格局；②叠加传统村落空间信息；③选择待评估的传统村落；④通过空间分析和信息检索，评估传统村落价值；⑤呈现传统村落生态文明建设战略需求背景价值评估结果。

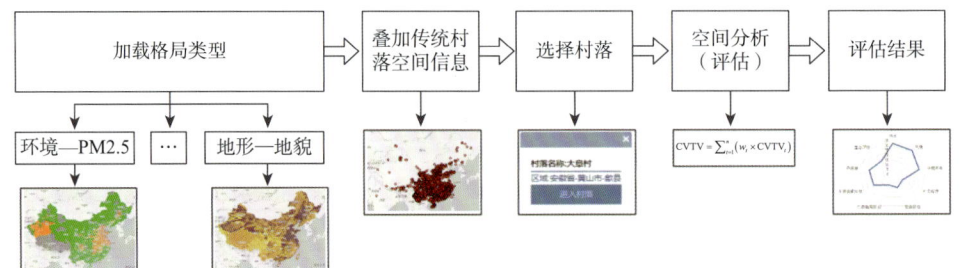

图 7-32　国家生态文明建设战略需求背景价值评估系统流程图

地图基于自然资源部标准地图服务网站审图号为 GS（2019）1829 号的标准地图制作，底图边界无修改如图7-33(a)所示,生态文明建设战略需求背景价值评估子系统展示了我国疆域内生态文明建设战略需求背景价值(包括地形、社会发展、生态分区、生态系统、气候和环境容量等方面);展示了传统村落信息的"生态文明+传统村落"叠合模型;评估传统村落的生态文明建设战略需求背景价值三方面功能。如图7-33(b)所示,显示了我国疆域内地貌与传统村落空间分布的相互关系。如图7-33(c)所示,显示了我国疆域内城镇化率与传统村落空间分布的相互关系。如图7-33(d)所示,通过输入传统村落的名称、经度和纬度(或点击地图中传统村落标记)即可评估该传统村落的生态文明建设战略需求背景价值。

(a)初始页面

(b)格局类型——地貌

(c)格局类型——城镇化率

(d)村落评估

图7-33　中国生态文明建设战略需求背景价值评估系统

4. 传统村落文化遗产本体价值

传统村落文化遗产本体价值反映被评价对象所拥有的文化遗产价值。构成传统村落文化遗产本体价值的基本内容包括村落选址及格局、传统建筑、历史环境要素、非物质文化遗产和红色(革命)文化遗产。根据传统村落自身文化遗产的资源特色,可以把传统村落分为古色类、绿色类、红色类三大类。古色类传统村落指物质性文化遗产保存较多,建筑、街巷等传统色彩较为浓厚的传统村落。绿色类传统村落指非物质文化遗产传承、延续较好,传统的生产、生活习俗较为丰富的传统村落。红色类传统村落指红色(革命)文化遗产较多的传统村落。红色文化遗产一般是指从1921年中国共产党成立至中华人民共和国成立的各个革命时期(中央革命根据地、红军长征、抗日战争、解放战争)留存的具有重要历史价值的名人旧居、会议旧址、历史陵园、纪念碑、红军遗物、文献资料、人造工程(如战壕),以及流传的承载一定革命精神的相关口头资料(如革命文艺、革命歌曲、革命口号）等。将传统村落的文化遗产本体价值在信息平台进行展现，见图7-34。

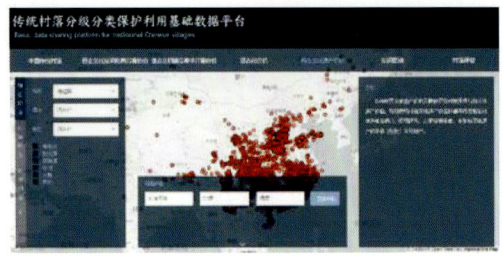
（a）初始页面

（b）评估

（c）综合检索

（d）村落检索

（e）村落列表

（f）村落评估

图 7-34 传统村落文化遗产本体价值评估系统

如图7-34（a）所示，初始页面呈现了我国传统村落的空间分布；并通过行政区划查询传统村落基础信息；同时通过传统村落名称、经度和纬度获取该传统村落文化遗产本体价值的评估结果。如图7-34（b）所示，针对某一传统村落，输入村落选址及格局、传统建筑、历史环境要素、非物质文化遗产和红色类文化遗产5项指标评价值及其权重，系统自动计算该传统村落的文化遗产本体价值评估结果。

5. 传统村落活态化

通过系统研究国内外具有典型性、代表性的传统村落，基于既有的传统村落评选指标、传统村落个体评价指标及相关的历史文化村镇评价指标等，结合自然观、经济观、社会观、科技观、文化观"五位一体"的人居环境科学理论，从建筑设施活态化（包括居住、修缮、改造、维护等）、生活方式活态化（包括衣食交往、风俗习惯、精神信仰、道德观念等）、生产方式活态化(包括农业生产方式、非农业生产方式等)、生态系统活态化(包括自然生态、人工生态等)四方面来展现各个典型传统村落信息。

如图7-35所示，传统村落的活态化保护利用评估主要步骤包括①选择待评估的传统村落；②选择传统村落活态化保护利用指标体系；③设置各项指标权重；④通过评估模型计算传统村落的活态化保护利用价值；⑤呈现传统村落生态文明建设需求背景价值评估结果。

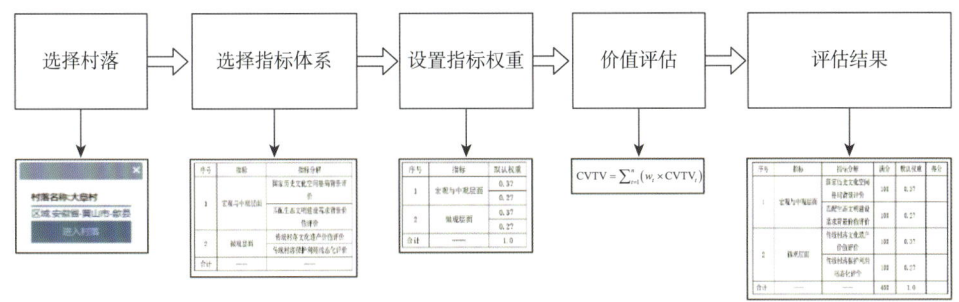

图 7-35　传统村落活态化保护利用评估系统流程图

如图7-36(a)所示，初始页面呈现了我国传统村落的空间分布；并通过行政区划查询传统村落基础信息；同时通过传统村落名称、经度和纬度获取该传统村落活态化保护利用的评估结果。如图7-36(b)所示，针对某一传统村落，从生产系统、生活系统、生态系统、发展条件和潜力价值五方面，输入传统村落的农业生产体系、农业技术知识、公共建筑与空间、传统民居建筑、礼仪节庆习俗、地区方言、生态环境变化、文化生态变化、社会生态变化、人口规模、人口结构、经验发展、区位条件、交通联系、设施条件、影响力、传承力和保障力18项指标评价值及其权重，系统自动计算该传统村落的活态化保护利用评价结果。

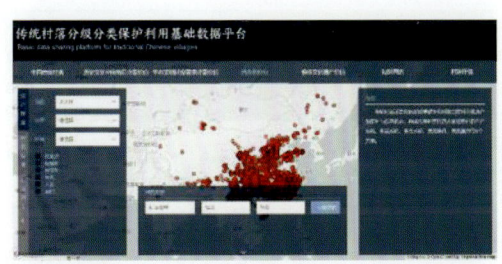

(a) 初始页面

(b) 评估

(c) 综合检索

(d) 村落检索

　　　　　（e）村落列表　　　　　　　　　　　　（f）村落评估

图 7-36　传统村落活态化保护利用评估系统

6. 传统村落保护利用价值综合评估

　　该系统另外一大特色在于利用收集到的多源数据对传统村落价值进行指标评估和对各子领域进行分级分类评估，从村落的活态化现状提取数据，设计一套针对性的体系指标算法，利用参数调整模型计算对相关指标进行处理，并以此为根据对该村落的发展潜力和条件进行判别。对于村落子领域的一些如传统建筑、非物质文化遗产村落选址等方面，针对性地对特定领域的特定信息进行指标化分解，按特色和前面数据分析给予特定评分标准。以此两类处理作为分级分类的主要对象。参见图 7-37。

　　　（a）初始页面　　　　　　　　　　　（b）第一步——基础信息收集

　　（c）第二步——指标体系选择　　　　　　（d）第三步——指标体系权重

(e)第四步——综合价值评估　　　　（f）第五步——村落分级分类（评估得分）

图 7-37　传统村落保护利用价值综合评估系统

7.5.2　中国传统村落保护利用价值智能评估系统

1. 传统村落价值评估指标

传统村落的认定评审是以《传统村落评价认定指标体系（试行）》为依据的，该指标体系主要从传统建筑、村落选址和格局、村落非物质文化三个主导方向进行评估认定，其中每个评估方向可以依次分解成若干个子指标，其指标维度包括传统村落地理信息、所属区域、民族、村落形成年代、族谱、地形地貌、历史环境、历史人物、传统建筑等。以《第五批传统村落调查推荐表》为参考，其传统村落的价值评估体系是从村落概况、村落周围环境、选址格局、传统建筑和非物质文化遗产 5 个评估方向进行评价的，其中，每个评估方向又有各自的子指标。通过分析《第五批传统村落调查推荐表》，挖掘出以下具有代表性的传统村落价值评估指标（表 7-3）。

表 7-3　传统村落关键指标

序号	评估指标方向	指标
1	村落概况	村落地理信息、民族、文物保护单位等级
2	村落周围环境	自然环境、风景名胜、文物古迹
3	选址格局	村落选址格局、村落风貌
4	传统建筑	建筑特征
5	非物质文化遗产	环境种类、分布、数量

1）村落概况评估指标

描述村落的基本信息。定量指标有村落占地面积、户籍人口、地形地貌特征、主要民族和文物保护单位等级，详见表 7-4。

表 7-4　村落概况评估定量指标表

序号	指标分解	字典项
1	村落占地面积	5公顷以上、3—5公顷、1—3公顷、0—1公顷
2	户籍人口	1000人以下、1001—2000人、2000人以上
3	地形地貌特征	高山、山地、平原、丘陵、河网地区
4	主要民族	汉族、少数民族
5	文物保护单位等级	国家级、省级、县级

2）村落周围环境指标

主要描述村落与周围环境的和谐共生关系，主要指标包括自然环境、风景名胜等，详见表7-5。

表 7-5　村落周围环境评估定量指标表

序号	指标分解	字典项
1	自然环境	山川水系、地址地貌、植被动物
2	风景名胜	名胜级别、类别、环境

3）选址格局指标

主要描述村落选址的文化价值、可削价值和历史环境等要素，包括村落格局和村落风貌等指标，详见表7-6。

表 7-6　村落选址格局评估定量指标表

序号	指标分解	字典项
1	村落格局	传统公共空间、水系、路网
2	村落风貌	古河道、古树、古井、寨墙

4）传统建筑指标

该指标表描述村落中现存的有价值的传统民居、历史建筑、文物古迹的情况，定量指标详见表7-7。

表 7-7　村落传统建筑评估定量指标表

序号	指标分解	字典项
1	最早修建年代	明代以前、清代、民国、1949—1980年
2	建筑种类	民居、祠堂、庙宇、书院、牌坊、特殊建筑、故居

5）村落非物质文化遗产指标

主要描述该村落的文化、非物质文化遗产的特征，详见表7-8。

表 7-8　村落非物质文化遗产评估定量指标表

序号	指标分解	字典项
1	族谱	村志、族谱、村规
2	科举榜	一甲、进士
3	其他	民间文学、传统音乐、传统舞蹈、传统戏剧、曲艺、民俗、传统体育、游艺与杂技、传统美术、传统技艺、传统医药

将以上指标建立成结构化数据集,为智能评估模型提供有效数据。通过智能评价流程图(图 7-38)进行传统村落评估。

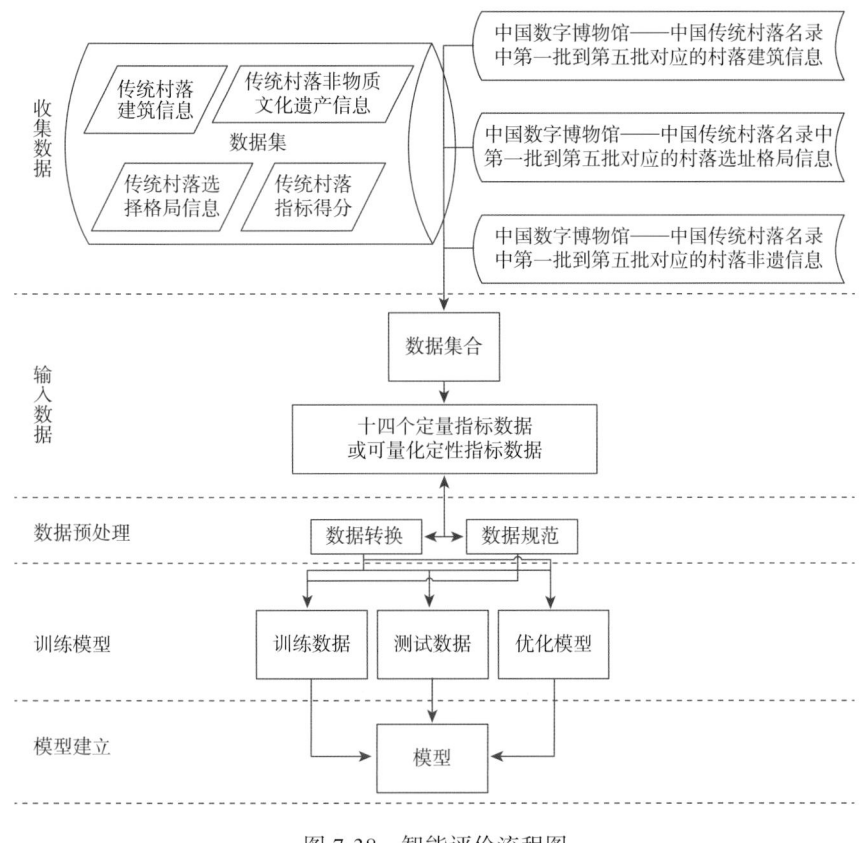

图 7-38　智能评价流程图

2. 智能评价算法

机器学习方法已经广泛应用于各个领域的数据挖掘和评级评判系统的构建中。此外,传统村落的评价方法受到指数维度、权重设置和数据内部复杂线性关系的制约,不同专家的主观判断意识和对研究领域的背景的理解、认识角度的不同都会对评级评价有一定的影响。基于机器学习的分类评估体系可以有效避免权重设置受到主观干扰。机器学习方法可以通过样本学习,实现对样本特征集合与分类结果关系的非线性统计与拟合,本章评估模型主要采用了三种机器学习算法。

1)随机森林

随机森林是一种基于多棵决策树的集成学习方法,在回归和分类问题的解决上有很好的表现,具有简单灵活、能处理高维特征样本、不易过拟合、准确性高等特性。该模型已广泛应用到各种智能评级评估系统中,在房价预测、信用卡违约分类、市场营销、医疗保险、疾病风险预测等方面取得良好的效果。随机森林通过构造不同的训练集来增加各个分类模型的差异，使分类组合模型的预测能力得到显著的提高，这样能很好地解决单个分类模型容易过拟合的问题。

随机森林是通过 boostrap 重抽样法从样本中抽取 K 个样本，并分别建立 K 个分类树组成的森林 $\{h(x,\vartheta_t),t=1,2,\cdots,T\}$ 组，其中，ϑ_t 是服从独立分布的随机变量，T 表示随机森林中决策树的个数，每个决策树分类器通过投票的方式来决定最优的分类结果。具体计算公式如下：

$$\tilde{h}(x) = \frac{1}{T}\sum_{t=1}^{T}(h(x,\vartheta_t)) \tag{7-19}$$

基于传统村落保护利用价值分级分类评估的研究要求，构建了中国传统村落保护利用价值评估系统。将 465 条村落信息送入神经网络进行学习，其中属于传统村落的数据有 95 条，不属于传统村落的数据有 370 条。村落信息包含村落形成年代、占地面积、户籍人口、地形地貌特征、村集体年收入、村民年均收入、主要副业、村落是否列入各级保护或示范名录、村落传统建筑、村落选址和格局、村落非物质文化遗产等。以神经网络学习到的模型作为评估标准，用来预测其他村落的保护利用价值。

2）聚类分析

聚类分析按照个体特征，利用同一类别内个体的相似性，对样本进行分类。基于传统村落类型及其特征，依据传统村落的环境、形态、建筑物、人物、时间、民俗等特征，挖掘传统村落的关键特征因子，并根据关键属性进行分级分类。这里采用分层聚类方法，每一个样本点视为一个簇；计算各个簇之间的距离，最近的两个簇聚合成一个新簇；重复以上过程直至最后只有一簇。

3）决策树

决策树是一种解决分类问题的算法，本质是选择一个能带来最大信息增益的特征值进行逐步分类，直到到达结束条件。IDE3、C4.5 和 CART 是决策树的三种典型算法。CART 算法在解决分类和回归问题有很好的表现，其主要处理步骤分为特征选择、决策树生成和决策树剪枝三个步骤。

CART 算法采用最小 Gini 系数实现特征选择。首先需要算出特征值 Gini 系数，公式如下：

$$\text{Gini}(D) = 1 - \sum_{K=1}^{K}\left(\frac{C_k}{D}\right)^2 \tag{7-20}$$

$$\text{Gini}(D|A) = \frac{|D_1|}{|D|}\text{Gini}(D_1) + \frac{|D_2|}{|D|}\text{Gini}(D_2) \tag{7-21}$$

其中，$|D|$ 表示数据集 D 的样本量，$|D_1|$ 和 $|D_2|$ 则表示子集的样本数量。在获得样本数据之后，对于样本的每一个特征计算该特征的 Gini 系数，选在 Gini 系数最大的特征进行划分，对于划分后的样本继续重复此步骤，直到分割条件停止，完成决策树的建立。

附录1　国家生态文明建设战略需求背景价值评估指标体系

目标层	准则层	指标层	指标对象层
国家生态文明建设战略需求背景价值	自然环境	地形	海拔
			起伏度
			地貌
		气候	气候区划
			年平均气温
			年平均风速
			年平均湿度
			年平均降雨量
			年平均日照时数
		环境容量	碳排放量
			二氧化硫排放量
			$PM_{2.5}$ 排放量
	社会发展	社会经济	城镇化率
			人口密度
			人均 GDP
		交通区位	距城镇距离
			距河流水系距离
	生态分区	生态格局区划	生态安全战略格局
		生态功能区划	重点开发区
			限制开发区域-农产品主产区
			限制开发区域-重点生态功能区
	生态系统	生态资源	人均可利用土地资源
			人均可利用水资源
		生态评估	生态系统重要性
			生态系统脆弱性
			自然灾害危险性

附录2 国家生态文明建设战略需求背景价值评估指标赋分标准及权重

指标	指标释义	赋分标准	权重
海拔	反映地面某个地点高出海平面的垂直距离（m）	≥3600 m（对大多数人不适宜），20分；2800—3600 m（对于一般人不适宜），40分；1800—2800 m（有所不适），60分；800—1800 m（适宜），80分；0—800 m（很适宜），100分	0.0113
起伏度	反映某地最高点海拔高度与最低点海拔高度的差值与该地面积的比率（%）	4.36%—6.30%，20分；2.79%—4.36%，40分；1.56%—2.79%，60分；0.61%—1.56%，80分；0—0.61%（很适宜），100分	0.0264
地貌	反映某地的地表形态	山脉，20分；高原，40分；盆地，60分；丘陵，80分；平原，100分	0.0071
气候区划	反映某地所属的气候分区	严寒地区，20分；寒冷地区，40分；夏热冬冷地区，60分；夏热冬暖地区，80分；温和地区，100分	0.0093
年平均气温	反映某地一年内逐月平均气温的算术平均值（℃）	>25℃或<0℃，20分；22—25℃或0—6℃，40分；20—22℃或6—10℃，60分；18—20℃或10—14℃，80分；14—18℃，100分	0.0070
年平均风速	反映某地在给定时间内瞬时风速的平均值（m/s）	>3.56 m/s或<1.48 m/s，20分；3.3—3.56 m/s或1.48—1.74 m/s，40分；3.04—3.56 m/s或1.74—2 m/s，60分；2.78—3.04 m/s或2—2.26 m/s，80分；2.26—2.78 m/s，100分	0.0052
年平均湿度	反映某地一定体积的空气中含有的水蒸气的质量（%）	>92.5%或<10%，20分；85%—92.5%或10%—20%，40分；77.5%—85%或20%—30%，60分；70%—77.5%或30%—40%，80分；40%—70%，100分	0.0051
年平均降雨量	反映某地多年来平均起来的年降水量（mm）	>2513.2 mm或<310.0 mm，20分；2231—2513.2 mm或310.0—574.1 mm，40分；1966.9—2231 mm或574.1—856.3 mm，60分；1684.7—1966.9 mm或856.3—1120.4 mm，80分；1120.4—1684.7 mm，100分	0.0103

附录2　国家生态文明建设战略需求背景价值评估指标赋分标准及权重

续表

指标	指标释义	赋分标准	权重
年平均日照时数	反映某地多年来平均起来的日照时数（h）	>3127.0 h 或 <1191.6 h, 20 分；2885.2—3127.0 h 或 1191.6—1433.5 h, 40 分；2463.2—2885.2 h 或 1433.5—1675.5 h, 60 分；2410.2—2643.2 h 或 1675.5—1917.4 h, 80 分；1917.4—2401.2 h, 100 分	0.0079
碳排放量	反映某地在生产、运输、使用及回收过程中所产生的平均温室气体排放量（kg）	17.03—44.03 kg, 20 分；8.81—17.03 kg, 40 分；4.62—8.81 kg, 60 分；1.88—4.62 kg, 80 分；0—1.88 kg, 100 分	0.0448
二氧化硫排放量	反映某地工业与生活二氧化硫排放量总和（mg/m³）	50394—115089 mg/m³, 20 分；25813—50393 mg/m³, 40 分；11577—25812 mg/m³, 60 分；3704—11576 mg/m³, 80 分；0—3703 mg/m³, 100 分	0.0224
$PM_{2.5}$ 排放量	反映某地大气中空气动力学当量直径小于或等于2.5微米的颗粒物的浓度（μg/m³）	57.05—88.84 μg/m³, 20 分；41.06—57.05 μg/m³, 40 分；27.20—41.06 μg/m³, 60 分；11.28—27.20 μg/m³, 80 分；0—11.28 μg/m³, 100 分	0.0224
城镇化率	反映某地城镇人口占总人口（包括农业与非农业）的比重（%）	0—16.45%, 20 分；16.45%—41.3%, 40 分；41.3%—57.7%, 60 分；57.7%—76.13%, 80 分；76.13%—100%, 100 分	0.0239
人口密度	反映某地单位土地面积上的人口数量（人/km²）	0—185.14 人/km², 20 分；185.14—538.12 人/km², 40 分；538.12—2332.37 人/km², 60 分；2332.37—6174.86 人/km², 80 分；6174.86—18487.39 人/km², 100 分	0.0478
人均GDP	反映某地区核算期内实现的每万人常住人口的平均生产总值（亿元）	0—400.81 亿元, 20 分；400.81—2279.55 亿元, 40 分；2279.55—6827.7 亿元, 60 分；6827.7—55293 亿元, 80 分；55293—523675 亿元, 100 分	0.0478
距城镇距离	反映传统村落中心距城镇中心直线距离（km）	>15 km, 20 分；12—15 km, 40 分；8—12 km, 60 分；4—8 km, 80 分；0—4 km, 100 分	0.0399
距河流水系距离	反映传统村落中心距最近河流水系直线距离（km）	>5 km, 20 分；3—5 km, 40 分；1.5—3 km, 60 分；0.5—1.5 km, 80 分；0—0.5 km, 100 分	0.0199
生态安全战略格局	反映传统村落是否落位于该省生态区、生态屏障、生态带的范围	村落位于省级生态区、生态屏障、生态带, 50 分；位于国家级生态区、生态屏障、生态带, 100 分	0.122
重点开发区	反映传统村落是否落位于该省（自治区、直辖市）中经济和人口集聚有一定基础、资源环境承载能力较大的区域	村落位于省级重点开发区域, 50 分；位于国家级重点开发区域, 100 分	0.0407
限制开发区域-农产品主产区	反映传统村落是否落位于该省以种植业为主的农业地区和以草原牧业为主的农业地区	村落位于省级农产品主产区, 50 分；位于国家级农产品主产区, 100 分	0.0407

续表

指标	指标释义	赋分标准	权重
限制开发区域-重点生态功能区	反映传统村落是否落位于该省生态环境问题严重的地区和生态功能重要的地区	村落位于省级重点生态功能区，50 分；位于国家级重点生态功能区，100 分	0.0407
人均可利用土地资源	反映某地人均可利用土地资源面积（单位：亩/人）	<0.1 亩，20 分；0.1—0.3 亩，40 分；0.3—0.8 亩，60 分；0.8—2 亩，80 分；2 亩以上，100 分	0.0662
人均可利用水资源	反映某地人均可利用水资源体积（单位：m^3/人）	<0 m^3，20 分；0—200 m^3，40 分；200—500 m^3，50 分；500—1000 m^3，60 分；1000—1500 m^3，70 分；1500—3000 m^3，80 分；>3000 m^3，100 分	0.0662
生态系统重要性	反映我国全国或区域尺度生态系统结构、功能重要程度的综合性指标	低，20 分；较低，40 分；中等，60 分；较高，80 分；高，100 分	0.1135
生态系统脆弱性	反映我国全国尺度或区域尺度生态环境脆弱程度的集成性指标	脆弱，20 分；较脆弱，40 分；一般脆弱，60 分；略脆弱，80 分；不脆弱，100 分	0.0757
自然灾害危险性	反映特定区域自然灾害发生的可能性和灾害损失的严重性	极大，20 分；大，40 分；较大，60 分；略大，80 分；无，100 分	0.0757

附录 3 国家生态文明建设战略需求背景价值下陕西传统村落价值评估打分表

镇村	所在地	县级市	海拔	起伏度	地貌区划	气候区划	市级温度	市级风速	市级湿度	市级降水	累计日照	二氧化碳	二氧化硫	PM2.5	城镇化率	人口密度	人均GDP	距城镇距离	距水系距离	生态安全战略格局	重点开发区	农产品主产区	重点生态功能区	土地资源	水资源	生态重要性	生态脆弱性	自然灾害危险性	加权得分
永乡镇阿寺村	延安市	洛川县	80	80	40	40	80	60	60	40	60	80	80	60	80	20	20	60	40	0	0	50	0	100	20	40	100	80	47.615
土基镇鹏城村	延安市	洛川县	80	60	40	40	80	60	60	40	100	100	80	60	80	20	20	100	100	0	50	0	50	80	20	60	100	100	53.681
旧县镇桐堤村	延安市	洛川县	80	100	40	40	80	60	60	40	60	80	80	60	80	20	20	40	40	0	0	50	0	100	20	40	100	80	46.547
桐岭镇善车口村	延安市	洛川县	100	80	20	40	80	80	80	60	60	100	20	80	20	20	20	60	100	0	100	0	0	60	60	80	100	80	48.592
锦阳路街办小葫芦咯村	铜川市	耀州区	80	100	40	40	80	60	80	60	100	80	100	40	20	40	20	80	40	0	100	0	0	60	60	60	80	40	49.858
首善街道小葫芦岭村	宝鸡市	眉县	100	100	100	40	80	60	80	60	100	80	100	40	60	20	20	60	100	100	0	0	0	60	40	100	100	40	69.478
黄村塬镇一郎班村	宝鸡市	太白县	80	60	20	40	80	60	80	60	100	100	80	60	60	20	20	80	100	0	0	100	0	40	100	100	100	80	70.85
鹦头镇方才关村	宝鸡市	太白县	80	100	20	40	80	60	80	60	100	100	100	80	60	20	20	100	80	100	0	0	100	40	100	80	100	80	74.7
双石铺镇张家尧村	宝鸡市	凤县	80	80	40	40	80	60	60	60	100	80	80	60	60	20	20	40	100	100	0	0	0	40	100	80	100	40	55.49
凤州镇凤州村	宝鸡市	凤县	80	100	40	40	80	60	60	60	100	80	100	80	60	20	20	20	80	100	0	0	100	40	100	80	100	80	67.548
河口镇安河村	宝鸡市	凤县	80	40	20	40	80	60	80	60	100	100	100	80	60	20	20	20	20	100	0	0	100	40	100	80	100	40	63.432
九成宫镇城头村	宝鸡市	麟游县	80	60	40	40	80	60	80	60	100	100	100	60	60	20	20	100	80	0	0	50	0	100	80	40	100	40	55.389
九成镇官家河村	宝鸡市	麟游县	80	80	40	40	80	60	80	60	100	100	100	60	60	20	20	80	100	0	0	50	0	60	60	40	100	40	55.917
太八镇丈人村	宝鸡市	句邑县	80	60	40	40	80	60	80	60	80	100	100	60	60	20	20	80	40	100	0	0	100	80	40	60	100	80	51.799
铁王镇桃渠塬村	咸阳市	淳化县	80	100	40	40	80	60	80	60	80	80	100	80	60	20	20	80	20	0	0	50	0	100	40	60	100	60	50.54
薛灵镇盘州村	咸阳市	乾县	100	100	100	40	80	60	80	60	80	100	100	60	60	20	20	60	40	0	0	50	0	80	20	40	100	80	47.943
南市镇子孝村	咸阳市	兴平市	100	100	100	40	80	60	80	60	80	100	100	60	60	20	20	20	40	0	0	50	0	60	20	40	100	40	47.167
桑镇双山村	咸阳市	兴平市	100	100	100	40	80	60	80	60	80	100	100	60	60	40	40	80	80	0	0	0	100	80	60	40	100	80	64.958
庄里镇西关村	渭南市	富平县	100	100	40	40	80	60	80	60	80	100	100	60	60	40	40	40	80	0	0	50	0	80	20	40	100	60	64.158
庄里镇杜村	渭南市	富平县	100	100	100	40	80	60	80	60	80	100	100	60	60	20	20	20	100	0	0	50	0	60	60	40	100	80	43.804
皇甫庄镇河西坡村	渭南市	合阳县	80	60	20	40	80	60	80	60	80	100	100	100	60	20	20	40	100	0	0	50	50	80	60	60	100	100	53.137
马家庄镇西中雷村	渭南市	合阳县	100	100	20	40	80	60	80	60	80	100	100	100	60	20	20	40	40	0	0	50	0	80	40	80	100	60	48.697
坊镇东富村	渭南市	合阳县	100	80	20	40	80	60	80	60	80	100	100	100	60	20	20	40	60	0	0	50	0	80	20	40	100	80	49.891
史官镇史官村	渭南市	白水县	80	100	100	40	80	60	80	60	80	80	80	20	80	20	20	20	40	0	100	0	0	80	80	40	100	40	45.831
史官镇富平村	渭南市	白水县	80	60	40	40	80	60	80	60	80	80	80	20	80	20	20	40	60	0	100	0	0	80	80	40	100	40	45.077
北塬镇却莱村	渭南市	白水县	80	100	40	40	80	60	80	60	80	80	80	20	80	20	20	20	40	0	100	0	0	80	80	40	100	40	45.605
高塘镇拆乐村	渭南市	华县	100	100	100	40	80	60	80	60	80	100	20	20	80	20	20	20	60	0	100	0	0	60	40	40	100	80	48.905
高塘镇腰村	渭南市	华县	100	80	20	40	80	60	80	60	80	100	20	20	80	20	40	40	60	0	100	0	0	60	40	80	100	80	48.907
高塘镇柿村	渭南市	华县	100	100	100	40	80	60	80	60	80	100	20	20	80	20	20	40	60	0	100	0	0	60	40	40	100	80	48.907
孟源镇司家村	渭南市	华阴市	100	100	100	40	80	60	80	60	80	80	20	60	80	20	20	80	20	0	100	0	0	60	60	80	80	60	48.178
西庄镇梁带村	韩城市		100	100	100	40	80	60	80	60	80	80	100	20	80	40	40	80	100	0	100	0	0	80	100	60	80	60	54.578
芝川镇堡安村	韩城市		100	80	100	40	80	60	80	60	80	80	80	20	80	20	20	20	60	0	100	0	0	80	100	60	80	60	52.984
芝川镇华地村	韩城市		100	80	100	40	80	60	80	60	80	80	80	20	80	20	40	60	40	0	100	0	0	80	100	60	80	60	52.854
芝川镇徐村	韩城市		100	80	100	40	80	60	80	60	80	80	80	20	80	20	20	20	60	0	100	0	0	80	100	60	80	60	52.558
五泉镇毕公村	咸阳市	杨陵区	100	100	100	40	80	60	80	60	80	100	80	20	80	20	60	60	20	0	100	0	0	60	20	60	80	80	53.542
揉谷镇姜塬村	咸阳市	杨陵区	100	100	100	40	80	60	80	60	80	80	20	20	80	20	20	20	20	0	100	0	0	20	20	60	80	80	63.94
秦汉新城刘家沟村	咸阳市	渭城区	100	100	40	40	80	60	60	60	80	80	20	20	80	20	20	20	60	0	100	0	50	80	20	60	100	80	59.998
吉子现城镇川川啤村	延安市	富县	80	60	20	40	80	60	60	40	80	80	20	20	80	20	20	20	100	0	100	0	0	80	20	60	100	100	50.489

续表

镇村	所在地	县级市	海拔	起伏度	地貌区划	气候区划	市级温度	市级风速	市级湿度	市级降水	累计日照	二氧化碳	二氧化硫	PM2.5	城镇化率	人口密度	人均GDP	距城镇距离	距水系距离	生态安全战略格局	生态重点开发区	农产品主产区	重点生态功能区	土地资源	水资源	生态重要性	生态脆弱性	自然灾害危险性	加权得分
茶坊街办思宜村	延安市	富县	80	60	40	40	80	60	60	40	60	100	80	80	80	20	20	20	40	0	0	0	50	80	20	60	100	100	49.295
直罗镇直罗村	延安市	富县	80	100	40	40	80	60	60	40	60	100	80	80	80	20	20	20	100	0	0	0	50	80	20	60	100	100	51.545
寺仙镇太平村	延安市	富县	80	80	40	40	80	60	60	40	60	100	80	80	80	20	20	20	20	100	0	0	50	80	20	60	100	100	48.897
楼坪乡魏塔村	延安市	安塞区	80	80	40	40	80	60	60	40	60	100	100	100	80	20	20	20	20	20	0	0	100	100	20	100	20	60	47.364
旧县镇北村	延安市	洛川县	80	80	40	40	80	60	60	40	60	80	80	60	60	80	20	20	20	20	0	50	0	0	80	20	40	100	80	49.341
永宁镇白沙川村	延安市	志丹县	80	80	100	40	80	60	60	40	60	40	80	80	80	20	20	20	20	20	0	0	0	100	80	20	80	40	100	46.5
日人镇吊坪村	延安市	志丹县	80	80	40	40	80	60	60	40	60	40	40	80	80	20	20	20	20	80	0	0	0	100	80	20	80	40	100	48.12
永宁镇马老庄村	延安市	志丹县	80	80	100	40	80	60	60	40	60	40	40	80	80	20	20	20	20	80	0	0	0	100	80	20	80	100	100	50.384
永宁镇崾子川村	延安市	志丹县	80	60	40	40	80	60	60	40	60	40	40	80	80	20	20	20	40	20	0	0	0	100	80	20	80	40	100	47.564
金丁镇金汤村	延安市	志丹县	80	80	100	40	80	60	60	40	60	40	40	80	80	20	20	20	20	80	0	0	0	100	80	40	80	40	100	47.592
高渠乡高西沟村	榆林市	米脂县	80	80	100	40	80	60	40	40	40	100	100	80	80	20	20	20	40	100	0	0	0	100	40	20	100	20	60	50.126
淮宁湾镇薛家城则村	榆林市	子洲县	80	80	100	40	80	60	40	40	40	80	80	80	80	20	20	20	20	20	0	0	0	100	100	20	100	20	60	59.574
坑镇永牛瓜村	榆林市	佳县	80	60	40	40	80	60	40	40	40	40	80	80	80	20	20	20	40	80	100	0	0	100	80	20	100	20	20	59.916
石家湾镇芝房沟村	榆林市	佳县	80	100	100	40	80	60	40	40	40	40	80	80	80	20	20	20	40	20	100	0	0	100	80	20	100	20	20	59.724
薛家屹圪塔村薛家畔村	榆林市	绥德县	80	80	40	40	80	60	40	40	40	40	80	80	80	20	20	20	40	80	100	0	0	100	80	20	100	20	20	58
张家砭镇郝家桥村	榆林市	绥德县	80	80	40	40	80	60	40	40	40	40	80	80	80	20	20	20	60	60	100	0	0	100	80	20	100	20	20	59.172
田庄镇田庄村	榆林市	绥德县	80	100	40	40	80	60	40	40	40	40	80	80	80	20	20	20	40	20	100	0	0	100	80	20	100	20	20	59.596
白家硷镇镇海满坪村	榆林市	绥德县	100	80	40	40	80	60	40	40	40	40	80	80	80	20	20	20	60	20	100	0	0	100	80	20	100	20	20	60.748
定仙墕镇前坪村	榆林市	绥德县	80	80	40	40	80	60	40	40	40	40	80	80	80	20	20	20	40	40	100	0	0	100	80	20	100	20	20	44.578
崔家湾镇王家沟村	榆林市	绥德县	80	80	40	40	80	60	40	40	40	40	80	80	80	20	20	20	40	20	100	0	0	100	80	20	100	20	20	44.18
崔家湾镇雷家沟村	榆林市	绥德县	80	80	40	40	80	60	40	40	40	40	80	80	80	20	20	20	60	60	100	0	0	100	80	20	100	20	20	45.774
崔家湾镇铁茄坪村	榆林市	绥德县	80	40	100	40	80	60	40	40	40	40	80	80	80	20	20	20	40	100	100	0	0	100	80	20	100	20	20	57.342
崔家沟镇苏家岔村	榆林市	绥德县	100	80	40	40	80	60	40	40	40	40	80	80	80	20	20	20	40	60	0	0	0	100	80	20	100	20	20	45.998
义和镇薛家寨村	榆林市	绥德县	80	60	40	40	80	60	20	40	40	40	80	80	80	20	20	20	60	20	100	0	0	100	80	20	100	20	20	44.578
名州镇裴家沟村	榆林市	绥德县	80	80	40	40	80	60	20	40	40	40	80	80	80	20	20	20	20	40	100	0	0	100	80	20	100	20	20	57.448
薛家河镇吉镇村	榆林市	绥德县	80	60	40	40	80	60	20	40	40	40	80	80	80	20	20	20	100	20	100	0	0	100	80	20	100	20	20	45.244
中角镇深沟村	榆林市	绥德县	80	60	40	40	80	60	20	40	40	40	80	80	80	20	20	20	100	60	0	0	0	100	80	20	100	20	20	44.18
四十里铺镇雷家岔村	榆林市	绥德县	80	80	20	40	80	20	20	40	40	40	80	80	80	20	20	20	60	40	0	0	0	100	80	20	100	20	20	45.376
薛家峁镇高家沟村	榆林市	绥德县	100	60	40	40	80	20	20	40	40	40	80	80	80	20	20	20	20	40	0	0	0	100	100	20	100	20	20	44.18
高杰村镇袁家沟村	榆林市	清涧县	80	80	40	40	80	20	20	40	40	40	80	80	80	20	20	20	40	20	0	0	0	100	100	40	100	20	20	51.768
高杰村镇高家河口村	榆林市	清涧县	100	60	40	40	80	20	20	40	40	40	80	80	60	20	20	20	40	20	100	0	0	100	80	40	100	20	20	52.79
王家河镇王宿里村	榆林市	清涧县	100	80	40	40	80	20	20	40	40	100	100	80	60	20	20	20	60	40	0	0	0	100	100	40	100	20	20	53.188
宽州镇石台寺村	汉中市	宁强县	80	80	20	60	100	20	20	80	80	100	80	60	40	20	20	20	20	100	0	0	0	100	40	100	80	20	80	67.984
大安镇烈金坝村	汉中市	宁强县	80	20	20	60	100	20	20	80	80	100	80	60	40	40	20	20	20	60	100	0	0	100	60	80	80	20	80	54.174
白雀寺镇白雀寺村	汉中市	略阳县	80	40	20	60	80	20	20	80	80	100	80	60	40	40	20	20	40	40	0	0	0	100	40	80	100	60	40	51.866
白水江镇铁佛寺村	安康市	石泉县	100	80	100	60	60	20	20	80	80	100	80	60	60	40	20	20	40	100	0	0	0	100	60	100	80	80	60	49.698
中池镇禾沙河村	安康市	石泉县	100	60	100	60	60	20	20	80	80	100	80	60	60	40	20	20	40	80	0	0	0	100	60	100	80	80	60	56.144
中池镇中心村	安康市	石泉县	100	60	40	60	60	20	20	80	80	100	80	60	60	40	20	20	20	80	0	0	0	100	60	100	80	80	60	54.522

附录3 国家生态文明建设战略需求背景价值下陕西传统村落价值评估打分表

续表

镇村	所在地	县级市	海拔	起伏度	地貌区划	气候区划	市级温度	市级风速	市级湿度	市级降水	累计日照	二氧化碳	二氧化硫	PM2.5	城镇化率	人口密度	人均GDP	距城镇距离	距水系距离	生态安全战略格局	重点开发区	农产品主产区	重点生态功能区	土地资源	水资源	生态重要性	生态脆弱性	自然灾害危险性	加权得分
中池镇五坪村	安康市	石泉县	100	80	100	60	100	20	80	80	100	100	100	60	60	20	20	20	80	0	0	0	0	60	100	80	80	60	55.476
中池镇军民村	安康市	石泉县	100	60	100	60	100	20	80	80	100	100	100	60	60	20	20	40	60	0	0	0	100	60	100	80	80	60	55.348
中池镇茨坪村	安康市	石泉县	100	60	40	60	100	20	80	80	100	100	100	60	60	20	20	20	80	100	0	0	100	60	100	80	80	60	54.522
后柳镇群英村	安康市	石泉县	100	60	40	60	100	20	80	80	100	100	100	60	60	20	20	60	100	0	0	0	100	60	100	80	80	60	68.716
迎丰镇新庄村	安康市	石泉县	100	60	40	60	100	20	80	80	100	100	100	60	60	20	20	60	40	0	0	0	100	40	100	80	80	60	53.5
迎丰镇火石沟村	安康市	石泉县	80	80	40	60	100	20	80	80	100	100	100	60	60	20	20	40	20	0	0	0	100	60	100	80	80	60	54.654
蜀河镇傅家湾村	安康市	旬阳县	100	60	40	60	100	20	80	80	100	100	100	60	60	20	20	40	60	0	0	0	100	60	100	80	80	40	51.286
小河镇胜子村	安康市	旬阳县	100	60	20	60	100	20	80	80	100	100	100	60	60	20	20	20	80	0	0	0	100	40	100	80	80	40	51.542
小河镇金坡村	安康市	旬阳县	100	40	100	60	100	20	80	80	100	100	100	60	60	20	20	20	100	0	0	0	100	40	100	80	80	40	51.98
棕溪镇矾石村	安康市	旬阳县	80	40	40	60	100	20	80	80	100	100	100	60	60	20	20	20	100	0	0	0	100	40	100	80	80	40	50.93
蜀河镇蜀河村	安康市	旬阳县	100	60	20	60	100	20	80	80	100	100	100	60	60	20	20	20	60	0	0	0	100	40	100	80	80	40	52.61
红军镇灵坪村	安康市	旬阳县	80	60	40	60	100	20	80	80	100	100	100	60	60	20	20	20	80	0	0	0	100	40	100	80	80	40	50.616
红军镇红军村	安康市	旬阳县	80	60	20	60	100	20	80	80	100	100	100	60	60	20	20	20	20	0	0	0	100	40	100	80	80	40	51.316
红军镇上马村	安康市	旬阳县	80	60	20	60	100	20	80	80	100	100	100	60	60	20	20	20	60	0	0	0	100	40	100	80	80	40	50.122
红军镇丰家河村	安康市	旬阳县	80	40	20	60	100	20	80	80	100	100	100	60	60	20	20	20	80	0	0	0	100	40	100	80	80	40	50.52
县麻坪镇枫树村	安康市	旬阳县	100	60	40	60	100	20	80	80	100	100	100	60	60	20	20	40	20	0	0	0	100	40	100	80	80	40	50.264
麻坪镇卷棚村	安康市	旬阳县	100	60	20	60	100	20	80	80	100	100	100	60	60	20	20	20	100	100	0	0	100	60	100	80	80	40	64.14
麻坪镇早阳村	安康市	旬阳县	100	80	40	60	100	20	80	80	100	100	100	60	60	20	20	20	80	100	0	0	100	40	100	80	80	40	64.412
仁河口镇水泉坪村	安康市	旬阳县	80	60	20	60	100	20	80	80	100	100	100	60	60	20	20	20	60	0	0	0	100	40	100	80	80	40	50.39
烧古镇焕古村	安康市	紫阳县	100	60	40	60	100	20	80	80	100	100	100	60	80	20	20	20	80	100	0	0	100	60	100	80	80	60	65.448
孟石岭镇铁佛村	安康市	凤翠县	100	20	40	60	100	40	80	80	100	100	80	80	60	20	20	20	100	100	0	0	100	40	100	80	100	40	67.57
双河口镇幸福村	安康市	汉阴县	100	40	40	60	100	40	80	80	100	100	80	80	60	20	20	20	80	0	0	0	100	40	100	80	80	60	54.36
铁佛寺镇双喜村	安康市	汉阴县	80	80	40	60	100	40	80	80	100	100	80	80	60	20	20	20	100	0	0	0	100	40	100	80	80	60	52.076
铁佛寺镇四合村	安康市	汉阴县	100	40	40	60	100	40	80	80	100	100	80	80	60	20	20	20	80	0	0	0	100	40	100	80	80	60	53.756
漩涡镇汉沟村	安康市	汉阴县	80	60	40	60	100	40	80	80	100	100	80	80	60	20	20	40	40	0	0	0	100	40	100	80	80	60	52.076
双坪镇樟坪村	安康市	汉阴县	80	100	40	60	100	40	80	80	100	100	80	80	60	20	20	40	40	100	0	0	100	20	60	80	100	60	65.032
大同镇鱼坝村	安康市	恒口区	100	60	80	60	80	40	80	80	100	100	80	80	60	20	20	20	40	100	0	0	0	60	60	80	80	60	66.088
大同镇盘龙村	安康市	恒口区	100	100	100	60	80	40	80	80	100	100	80	80	60	20	20	40	40	0	50	0	0	60	60	80	80	60	65.286
柴坪镇文家庙村	安康市	商南县	80	80	20	40	80	40	60	60	100	100	80	80	60	20	20	40	60	0	0	0	100	40	100	80	80	40	43.851
铁广岭镇铁广村	安康市	商洛市	80	80	20	40	80	40	60	60	100	100	80	80	60	20	20	20	60	0	0	0	100	40	100	80	80	40	53.386
米粮镇八一村	安康市	镇安县	80	80	40	40	80	40	60	60	100	100	80	80	60	20	20	20	40	0	0	0	100	40	80	80	80	40	50.07
大坪镇红旗村	安康市	镇安县	80	40	20	40	80	40	60	60	100	100	80	80	60	20	20	20	20	0	0	0	100	40	100	80	80	40	49.996
腰市镇上集村	商洛市	商州区	80	40	40	40	80	40	60	60	100	80	80	80	60	20	20	40	80	0	0	0	100	20	60	80	100	40	51.676
凤凰镇凤凰街村	商洛市	柞水县	80	60	20	40	80	40	60	60	100	80	80	80	60	20	20	40	100	0	0	0	100	40	80	80	80	40	50.524
寺耳镇伍仙村	商洛市	洛南县	80	20	40	40	80	40	60	60	100	80	80	80	60	20	20	20	60	0	50	0	100	40	60	80	80	40	48.58
寺耳镇秦坪村	商洛市	洛南县	80	60	40	40	80	40	60	60	100	80	80	80	60	20	20	20	80	0	50	0	100	60	80	80	80	40	50.062
	商洛市		80	60	40	40	80	40	60	60	100	80	80	80	60	20	20	20	60	0	0	0	100	80	60	80	80	40	48.495
	商洛市		80	60	40	40	80	40	60	60	100	80	80	80	60	20	20	20	80	0	0	0	100	80	60	80	80	40	48.893

续表

镇村	所在地	县级市	海拔	起伏度	地貌区划	气候区划	市级温度	市级风速	市级湿度	市级降水	累计日照	二氧化碳	二氧化硫	PM2.5	城镇化率	人口密度	人均GDP	距城镇距离	距水系距离	生态安全战略格局	重点开发区	农产品主产区	重点生态功能区	土地资源	水资源	生态重要性	生态脆弱性	自然灾害危险性	加权得分
棣花镇棣花村	商洛市	丹凤县	100	80	100	40	80	40	60	60	100	100	80	60	60	20	20	40	60	100	0	0	0	20	60	80	100	60	63.316
竹林关镇竹林关村	商洛市	丹凤县	100	80	40	40	80	40	60	60	100	100	80	60	60	20	20	20	100	0	50	0	0	20	60	80	100	60	48.839
武关镇武关村	商洛市	丹凤县	100	80	40	40	80	40	60	60	100	100	80	60	60	20	20	20	80	100	50	0	0	40	80	80	100	60	59.927
金丝峡镇太子坪村	商洛市	商南县	100	60	40	40	80	40	60	60	100	100	80	60	60	20	20	40	80	0	50	0	0	40	80	80	100	60	50.561
十里坪镇核桃坪村	商洛市	商南县	80	60	40	40	80	40	60	60	100	100	80	60	60	20	20	60	80	0	50	0	0	40	80	80	100	60	50.335
中村镇南红庙村	商洛市	商南县	100	100	40	40	80	40	60	60	100	100	80	60	60	20	20	60	80	100	50	0	0	40	80	80	100	60	65.413
漫川关镇洛峪岭村	商洛市	山阳县	80	60	40	40	80	60	60	60	100	100	100	60	60	20	40	20	60	0	0	0	0	40	60	40	100	40	46.601
酒房镇陕家夫村	商洛市	山阳县	80	80	40	40	80	60	60	60	100	100	100	80	60	40	20	40	80	0	0	0	0	40	80	80	100	80	47.111
烟霞镇官厅村	宝鸡市	麟游县	80	100	40	40	80	60	60	60	100	80	100	80	60	40	20	100	80	0	50	0	0	80	40	40	100	80	51.531
胡家庙镇黄甫村	咸阳市	礼泉县	80	40	40	40	80	60	60	60	100	80	20	40	60	40	20	100	80	0	50	0	0	60	40	60	60	60	45.939
丁家镇吴家村	咸阳市	淳化县	100	100	100	40	80	60	60	60	80	60	20	20	40	20	20	60	40	0	50	0	0	60	20	40	60	60	48.341
丁家镇南洞村	咸阳市	泾阳县	100	100	40	40	80	60	60	60	80	60	20	20	40	20	20	80	60	100	0	0	0	60	20	40	60	60	46.141
彭公镇十里铺村	咸阳市	长武县	80	100	40	40	80	60	60	60	80	60	20	20	40	20	20	80	60	0	0	0	0	60	20	80	40	60	51.676
彭公镇马坊村	咸阳市	长武县	80	100	40	40	80	60	60	60	80	60	20	20	40	20	20	100	60	0	0	0	0	60	20	80	40	60	52.074
相公镇芋元村	咸阳市	长武县	80	60	40	40	80	60	60	60	80	20	20	20	40	20	20	80	80	0	0	0	0	60	20	80	40	60	49.68
相公镇柳家村	咸阳市	长武县	80	60	40	40	80	60	60	60	80	20	20	20	40	20	20	80	80	0	0	0	0	80	20	80	40	60	48.224
三张镇紫阳村	咸阳市	临渭区	100	100	40	40	80	60	60	60	80	60	60	40	40	20	40	60	80	0	0	0	0	80	100	60	60	60	44.344
龙背镇南焦村	咸阳市	临渭区	80	100	100	40	80	60	60	60	80	60	60	40	40	20	40	80	80	100	0	0	0	60	100	60	60	60	54.976
龙背镇油陈村	咸阳市	临渭区	100	100	100	40	80	60	60	60	80	60	60	40	40	20	40	100	80	100	0	0	0	60	100	80	80	60	56.174
西庄镇下干谷村	韩城市		100	100	100	40	80	60	60	60	80	60	40	40	40	20	40	60	20	0	0	0	0	80	40	60	60	60	54.18
新城办留芳村	韩城市		100	100	40	40	80	60	60	60	80	60	40	40	40	20	40	80	100	0	0	0	0	80	100	60	80	60	53.78
芝川镇滩子村	韩城市		100	100	100	40	80	60	60	60	80	60	40	40	40	20	40	80	100	0	0	0	0	80	100	60	80	60	54.578
芝川镇高门村	韩城市		100	100	40	40	80	60	60	60	80	60	40	40	40	20	40	80	100	0	0	0	0	80	100	60	80	60	54.578
尧山镇光陵村	渭南市	蒲城县	100	60	40	40	80	60	60	60	80	40	40	40	40	20	40	60	20	0	50	0	0	80	40	60	80	60	52.984
尧山镇山家村	渭南市	蒲城县	100	100	40	40	80	60	60	60	80	40	40	40	40	20	40	80	20	0	50	0	0	80	40	60	100	80	47.439
尧山镇六合村	渭南市	蒲城县	100	100	40	40	80	60	60	60	80	40	40	40	40	20	40	60	20	0	50	0	0	80	40	60	100	60	48.237
兴镇曹家村	渭南市	蒲城县	100	100	40	40	80	60	60	60	80	40	40	40	40	20	40	80	20	0	50	0	0	80	40	60	100	60	48.237
范家镇井庄村	渭南市	大荔县	100	100	40	40	80	60	60	60	80	100	20	20	40	20	40	40	20	0	50	0	0	80	20	60	60	60	46.641
百良镇岔管村	渭南市	合阳县	100	100	100	40	80	60	60	60	80	100	20	20	40	20	40	40	100	0	50	0	0	80	0	0	0	0	42.045
路井镇岔堡村	渭南市	合阳县	100	100	100	40	80	60	60	60	80	100	20	20	40	20	40	60	60	0	50	0	0	80	80	60	100	60	23.387
路井镇北党东村	渭南市	合阳县	100	100	40	40	80	60	60	60	80	80	20	20	40	20	40	80	40	0	50	0	0	80	80	60	100	60	50.135
城关街道办临泉阜村	渭南市	合阳县	100	100	100	40	80	60	60	60	80	80	20	20	40	20	40	80	60	0	50	0	0	80	80	60	100	60	49.735
黑池镇北党村	渭南市	合阳县	100	100	40	40	80	60	60	60	80	80	20	20	40	20	40	80	60	0	50	0	0	80	80	60	100	60	48.669
同家庄镇文王村	渭南市	合阳县	80	100	40	40	80	60	60	60	80	80	20	20	40	20	40	100	60	100	50	0	0	80	100	60	80	60	53.569
美原镇美原村	渭南市	富平县	100	100	40	40	80	60	60	60	80	80	20	40	40	20	60	20	20	0	50	0	0	60	20	40	60	80	39.749

附录3 国家生态文明建设战略需求背景价值下陕西传统村落价值评估打分表

续表

镇村	所在地	县级市	海拔	起伏度	地貌区划	气候区划	市级温度	市级风速	市级湿度	市级降水	累计日照	二氧化碳	二氧化硫	PM2.5	城镇化率	人口密度	人均GDP	距城镇距离	距水系距离	生态安全战略格局	重点开发区	农产品主产区	重点生态功能区	土地资源	水资源	生态重要性	生态脆弱性	自然灾害危险性	加权得分
甘谷驿镇岳镇禾村	延安市	宝塔区	80	80	100	40	80	60	60	40	60	60	80	80	80	20	20	20	100	0	50	0	0	60	40	60	60	60	43.595
甘谷驿镇顾屯村	延安市	宝塔区	80	60	40	40	80	60	60	40	60	60	80	80	80	20	20	20	60	0	50	0	0	60	40	60	60	60	41.845
南泥湾镇马坊村	延安市	宝塔区	80	80	40	40	80	60	60	40	60	60	80	80	80	20	20	20	60	0	50	0	0	60	40	60	60	60	42.373
万花乡毛家塔则	延安市	宝塔区	80	80	40	40	80	60	60	40	60	60	80	80	80	20	20	20	40	0	50	0	0	60	40	60	60	60	41.975
枣园办事处油泡沟村	延安市	宝塔区	80	80	100	40	80	60	60	40	60	60	80	80	80	20	20	20	80	0	50	0	0	60	40	60	60	60	44.793
雷赤镇上坡村	延安市	延长县	100	60	40	40	80	60	60	40	60	100	80	80	80	20	20	20	20	100	0	50	0	60	60	60	60	60	49.069
雷赤镇下坡村	延安市	延长县	80	80	40	40	80	60	60	40	60	60	80	80	80	20	20	20	20	100	0	50	0	100	60	60	40	80	48.939
旧县镇候井村	延安市	洛川县	80	100	40	40	80	60	60	40	60	60	80	80	80	20	20	20	40	40	0	50	0	100	20	40	60	100	47.345
旧县镇洛生村	延安市	洛川县	80	80	40	40	80	60	60	40	60	60	80	80	80	20	20	20	20	20	0	0	50	100	20	40	60	100	46.019
旧县镇洛阳村	延安市	洛川县	80	60	40	40	80	60	60	40	60	60	80	80	80	20	20	20	20	20	0	0	50	100	20	40	60	100	45.621
云岩镇永宁村	延安市	宜川县	80	80	40	40	80	60	60	40	60	80	80	80	80	20	20	20	20	100	0	0	50	100	20	40	80	100	50.259
壶口镇罂骑村	延安市	宜川县	100	80	40	40	80	60	60	40	60	60	100	80	80	20	20	20	20	60	0	0	50	100	40	60	80	100	51.809
秋林镇西庄村	延安市	宜川县	80	80	40	40	80	60	60	40	60	60	80	80	80	20	20	20	20	40	0	0	50	100	40	60	80	100	50.259
秋林镇太平村	延安市	宜川县	80	80	40	40	80	60	60	40	60	60	100	80	80	20	20	20	20	100	0	0	50	100	20	60	80	100	50.389
集义镇昊里村	延安市	宜川县	80	80	40	40	80	60	60	40	40	60	80	80	80	20	20	20	20	60	0	0	50	80	20	60	60	100	51.055
安崖办事处房崖村	延安市	榆阳区	80	60	40	40	80	60	60	40	40	40	100	80	80	20	20	20	20	40	0	100	0	80	40	100	60	60	47.158
城郊镇姬姊村	榆林市	米脂县	80	80	40	40	80	80	40	40	40	40	80	100	80	80	20	20	100	80	0	0	100	100	40	100	60	60	52.918
杜家石沟镇柳家洼	榆林市	米脂县	80	60	40	40	80	80	40	40	40	40	80	100	80	80	20	20	60	100	0	0	100	100	40	100	60	60	51.192
杜家石沟镇柳家洼	榆林市	米脂县	80	100	40	40	80	80	40	40	40	40	80	100	80	80	20	20	20	40	0	0	100	80	40	100	60	60	49.458
郭兴庄镇天王塔村	榆林市	米脂县	80	80	40	40	80	80	40	40	40	40	80	100	80	80	20	20	20	40	0	0	100	80	40	100	60	60	48.402
龙镇黑石窑村	榆林市	米脂县	80	80	40	40	80	80	40	40	40	40	80	100	80	80	20	20	20	80	0	0	100	80	40	100	60	60	49.596
榆林镇马湖峪村	榆林市	米脂县	80	100	100	40	80	80	40	40	40	40	80	100	80	80	20	20	20	40	0	0	50	80	80	100	40	60	50.68
沙家店镇吕家站村	榆林市	米脂县	80	80	40	40	80	80	40	40	40	40	80	100	80	80	20	20	20	80	0	0	50	80	40	100	20	60	45.919
沙家店镇木头则沟村	榆林市	米脂县	80	100	40	40	80	80	40	40	40	40	80	100	80	80	20	20	40	40	0	0	100	80	40	100	40	60	48.93
沙家店镇折家圪崂村	榆林市	米脂县	80	100	40	40	80	80	40	40	40	40	80	100	80	80	20	20	60	80	0	0	100	80	40	100	40	60	50.152
杨家沟镇巩家沟村	榆林市	米脂县	80	80	40	40	80	80	40	40	40	40	80	100	80	80	20	20	20	40	0	0	100	80	40	100	40	60	50.126
杨家沟镇马家园则村	榆林市	米脂县	80	80	40	40	80	80	40	40	40	40	80	100	80	80	20	20	20	80	0	0	100	80	40	100	20	60	48.93
印斗镇吕家硷村	榆林市	米脂县	80	80	100	40	80	80	40	40	40	40	80	100	80	80	20	20	40	100	0	0	50	80	40	100	60	60	51.054
印斗镇红崖洼村	榆林市	米脂县	80	100	100	40	80	80	40	40	40	40	80	100	80	80	20	20	40	60	0	0	100	80	40	100	60	60	51.078
银州街道办事处王沙沟村	榆林市	米脂县	80	80	100	40	80	80	40	40	40	40	80	100	80	80	20	20	40	100	0	0	100	80	40	100	40	60	49.328
银州街道办事处富家硷村	榆林市	米脂县	80	80	40	40	80	80	40	40	60	40	80	100	80	60	40	20	80	80	0	0	100	80	40	100	20	60	50.524
周家硷镇吾盘村	榆林市	子洲县	80	80	100	40	80	80	40	40	40	40	80	100	80	60	20	20	20	100	0	0	100	80	40	100	20	60	52.944
张家屹乡侯家坪村	榆林市	绥德县	80	80	100	40	80	80	40	40	60	40	100	100	60	60	20	20	40	80	0	0	100	80	20	100	20	60	59.704
宋川镇城里村	榆林市	吴堡县	100	100	40	40	80	80	40	40	60	40	100	100	60	60	40	20	100	100	0	0	0	0	40	100	20	60	58.798
																													23.046

续表

镇村	所在地	县级市	海拔	起伏度	地貌区划	气候区划	市级温度	市级风速	市级湿度	市级降水	累计日照	二氧化碳	二氧化硫	PM2.5	城镇化率	人口密度	人均GDP	距城镇距离	距水系距离	生态安全战略格局	重点开发区	农产品主产区	重点生态功能区	土地资源	水资源	生态重要性	生态脆弱性	自然灾害危险性	加权得分
辛家沟镇高家庄村	榆林市	吴堡县	100	100	40	40	80	80	40	40	60	60	100	60	60	40	20	80	100	0	0	0	0	0	40	0	0	0	22.248
张家山镇高家塄	榆林市	吴堡县	80	60	40	40	80	80	40	40	40	100	100	60	60	20	20	20	100	0	0	0	100	100	40	100	20	20	47.444
张家山镇寺沟村	榆林市	吴堡县	80	80	40	40	80	80	40	40	40	100	100	80	60	20	20	80	80	0	0	0	100	80	40	100	20	20	47.574
黄甫镇黄甫村	榆林市	府谷县	80	80	100	20	80	80	40	40	100	40	80	80	40	20	20	60	100	0	100	0	0	60	40	80	20	60	47.278
原公镇西坝村	汉中市	城固县	100	100	100	60	100	20	80	80	100	100	80	80	80	40	20	60	100	50	0	0	0	80	40	100	100	40	53.345
华阳镇华阳街村	汉中市	洋县	80	100	20	80	100	20	80	80	100	100	80	80	80	20	20	20	80	0	0	0	100	60	40	100	100	40	65.392
谢村镇东韩村	汉中市	洋县	80	100	100	80	100	20	80	80	100	100	80	80	80	60	20	60	60	100	0	0	100	40	40	100	100	40	68.894
观音镇小里沟村	汉中市	镇巴县	80	80	20	60	100	20	80	80	100	100	80	80	60	20	20	20	100	0	0	0	100	40	100	80	100	80	55.908
简池镇杨家营村	汉中市	镇巴县	100	60	20	60	100	20	80	80	100	100	80	80	60	20	20	40	100	100	0	0	100	40	60	80	100	40	56.532
碾子镇碾子老街	汉中市	镇巴县	100	100	40	60	100	20	80	80	80	100	80	80	60	20	20	40	80	100	0	0	100	40	60	60	80	40	67.676
五里镇五里社区	安康市	汉滨区	100	40	20	60	100	20	80	80	100	100	80	60	60	60	20	40	60	0	50	0	0	40	60	60	80	40	57.491
叶坪镇叶坪村	安康市	汉滨区	80	20	40	60	100	20	80	80	100	100	80	60	60	20	20	20	80	50	50	0	50	40	60	60	80	40	42.939
中原镇卫星村	安康市	汉滨区	100	100	100	60	100	20	80	80	100	100	80	60	60	20	20	40	80	100	0	0	0	40	60	60	80	40	57.517
中原镇联合村	安康市	汉滨区	100	80	60	60	100	20	80	80	100	100	80	60	60	20	20	60	80	0	50	0	50	40	60	60	80	40	43.965
中原镇麻油村	安康市	汉滨区	100	40	20	60	100	20	80	80	100	100	80	60	60	20	20	60	100	0	0	0	0	40	60	60	80	40	43.337
中原镇团结村	安康市	汉滨区	80	60	40	60	100	20	80	80	100	100	80	60	60	40	20	40	100	100	0	0	50	40	60	60	80	40	44.233
大河镇大河社区	安康市	汉滨区	100	80	20	60	100	20	80	80	100	100	80	60	60	20	20	40	100	100	0	0	0	40	100	60	100	60	54.883
瀛湖镇大明村	安康市	汉滨区	80	100	40	60	100	20	80	80	100	100	80	60	60	60	20	40	60	100	50	0	50	40	60	60	80	40	56.833
瀛湖镇青春村	安康市	汉滨区	100	40	40	60	100	20	80	80	100	100	80	60	60	20	20	20	80	0	50	0	0	40	60	60	80	40	55.809
瀛湖镇中心村	安康市	汉滨区	100	100	40	60	100	20	80	80	100	100	80	60	60	60	20	40	60	100	0	0	50	40	60	60	80	40	57.233
双龙镇天柱山村	安康市	汉滨区	80	80	40	60	100	20	80	80	100	100	80	60	60	20	20	40	80	0	0	0	0	40	60	60	80	40	43.835
双龙镇双龙村	安康市	汉滨区	100	40	40	60	100	20	80	80	100	100	80	60	60	20	20	20	60	100	0	0	50	40	60	60	80	40	42.811
双溪镇兴红村	安康市	汉滨区	80	40	20	60	100	20	80	80	100	100	80	60	60	20	20	20	40	0	50	0	100	40	100	80	100	60	43.211
新坝镇黄泥村	安康市	汉滨区	100	60	40	60	100	20	80	80	100	100	80	60	60	20	20	20	100	100	0	0	0	40	60	80	100	60	54.62
早阳镇集中村	安康市	汉滨区	80	60	20	60	100	20	80	80	100	100	80	60	60	40	20	20	20	100	0	0	50	40	60	60	100	40	42.415
关家镇高河村	安康市	汉滨区	100	80	20	60	100	20	80	80	100	100	80	60	60	20	20	40	40	100	0	0	50	40	60	60	80	40	44.633
关家镇许河村	安康市	汉滨区	80	80	20	60	100	20	80	80	100	100	80	60	60	20	20	20	80	0	50	0	0	40	60	60	80	40	43.835
沈坝镇张四营村	安康市	汉滨区	80	100	20	60	100	20	80	80	100	100	80	60	60	20	20	20	80	100	0	0	0	40	60	60	80	40	43.609
恒口镇明清古街	安康市	汉滨区	80	60	40	60	100	20	80	80	100	100	80	60	60	60	20	60	80	100	0	0	0	40	60	60	80	40	44.891
大同镇新庄村	安康市	汉滨区	80	80	40	60	100	20	80	80	100	100	80	60	60	40	20	40	60	0	50	0	0	40	60	60	80	40	55.411
流水镇窑头村	安康市	汉滨区	100	100	20	60	100	20	80	80	100	100	80	60	60	40	20	20	20	100	0	0	0	40	60	60	80	40	56.433
牛蹄镇吉安村	安康市	汉滨区	80	60	40	60	100	20	80	80	100	100	80	60	60	20	20	40	40	100	0	0	0	40	60	80	80	40	57.489
牛蹄镇双村	安康市	汉滨区	100	100	20	60	100	20	80	80	100	100	80	60	60	20	20	60	80	0	0	0	0	40	60	60	80	40	55.411
涧池镇新华村	安康市	汉阴县	100	60	20	40	100	20	80	80	100	100	80	60	60	40	20	20	80	100	0	0	100	40	60	60	80	40	56.035
双河口镇梨树河村	安康市	汉阴县	80	60	40	40	100	20	80	80	100	100	80	60	60	20	20	20	40	0	0	0	100	60	60	80	80	60	55.738
双河口镇幸河村	安康市	汉阴县	80	40	40	40	100	20	80	80	100	100	80	60	60	40	20	20	80	0	0	0	100	60	60	80	80	60	52.076

附录3 国家生态文明建设战略需求背景价值下陕西传统村落价值评估打分表

续表

镇村	所在地	县级市	海拔	起伏度	地貌区划	气候区划	市级温度	市级风速	市级湿度	市级降水	累计日照	二氧化碳	二氧化硫	PM2.5	城镇化率	人口密度	人均GDP	距城镇距离	距水系距离	生态安全战略格局	重点开发区	农产品主产区	重点生态功能区	土地资源	水资源	生态重要性	生态脆弱性	自然灾害危险性	加权得分
涨涡镇堰坪村	安康市	汉阴县	100	60	40	60	100	20	80	80	100	100	100	60	60	40	20	20	40	0	100	0	0	60	60	80	80	60	65.032
石门镇崔家老院村	安康市	旬阳县	100	20	40	60	100	20	80	80	100	100	100	60	60	20	20	20	80	0	100	0	100	40	100	80	80	40	50.628
红军镇袁家庄	安康市	旬阳县	100	60	40	60	100	20	80	60	100	100	100	60	60	20	20	100	60	0	100	0	100	60	100	80	80	40	66.678
营军镇庙湾村	安康市	旬阳县	100	40	20	60	100	20	80	60	100	100	100	60	60	20	20	20	60	0	100	0	100	60	100	80	80	40	63.574
营丝峡朱家湾坡	商洛市	柞水县	80	60	20	60	80	40	80	60	100	100	100	80	60	20	20	20	20	0	100	0	100	40	80	80	100	40	50.335
石坡镇王家坡	商洛市	商南县	80	60	40	60	80	40	80	60	100	100	80	80	60	20	20	20	40	0	0	50	0	40	60	80	80	40	49.421
石坡镇蛰子梁	商洛市	洛南县	80	80	40	60	80	40	80	60	100	100	80	80	60	20	20	100	60	0	0	0	0	40	20	80	60	40	47.066
凤鸣镇北郡村	宝鸡市	岐山县	100	100	100	60	80	60	80	60	100	80	100	40	60	20	20	20	60	0	100	50	0	60	20	60	60	40	59.292
凤鸣镇院里村	宝鸡市	岐山县	80	80	100	60	80	60	80	60	100	80	100	40	60	20	20	20	80	0	0	0	0	60	20	60	60	40	42.681
故郡镇涝川村	宝鸡市	岐山县	80	80	40	60	80	40	80	60	100	80	100	40	60	20	20	20	60	0	0	50	0	60	20	60	60	40	42.905
京当镇岐阳村	宝鸡市	岐山县	80	100	40	60	80	60	80	60	80	80	80	60	40	20	20	20	20	0	0	50	0	60	40	60	60	40	44.121
南坊镇水平村	咸阳市	礼泉县	80	80	40	40	80	40	80	60	80	80	80	80	60	40	20	20	40	0	100	0	0	60	20	80	60	60	47.16
亭口镇川丰村	咸阳市	长武县	80	80	40	40	80	60	80	60	80	80	80	80	40	40	20	20	80	0	0	50	0	40	60	80	40	60	47.862
柳枝镇张家村	铜川市	耀州区	80	100	20	60	80	60	80	40	80	80	80	100	40	40	20	20	40	100	0	0	0	60	60	60	80	60	52.138
杏林镇老官台村	渭南市	华州区	100	100	40	40	80	60	80	40	80	80	80	100	60	40	20	20	100	60	0	50	0	60	40	80	100	60	53.904
桥南镇天留村	渭南市	临渭区	100	100	20	40	80	60	80	40	80	80	80	20	20	40	20	20	20	60	0	50	0	60	40	60	60	60	40.571
和家庄镇刘彦村	渭南市	合阳县	100	100	40	40	80	60	80	40	80	80	80	20	20	40	20	20	60	80	0	50	0	80	80	60	100	60	49.467
和家庄镇张刘村	渭南市	合阳县	100	100	40	40	80	60	80	40	80	80	80	20	20	40	20	20	60	60	0	50	0	80	80	60	100	60	49.467
黑池镇万蒙渠村	渭南市	合阳县	100	100	100	40	80	60	80	40	80	80	80	20	20	40	20	20	40	80	0	50	0	80	80	60	60	60	48.299
金岭镇吴家坡社区朱家河村	渭南市	合阳县	100	80	40	40	80	60	80	40	80	80	80	20	20	40	40	20	20	60	0	0	0	80	60	60	60	60	49.337
同家庄镇南伙亭村	渭南市	合阳县	100	100	40	40	80	60	80	40	80	60	80	20	40	40	20	20	20	60	0	0	50	60	100	60	80	60	52.997
同家庄镇西同鞍村	渭南市	合阳县	100	100	40	40	80	60	80	40	80	60	80	20	40	40	20	20	60	100	0	0	50	80	80	60	60	60	50.263
王村镇井溢村	渭南市	合阳县	100	100	40	40	80	60	80	40	80	60	80	20	40	40	20	20	60	40	0	0	50	80	80	60	100	60	49.867
王村镇南午村	渭南市	合阳县	100	100	40	40	80	60	80	40	80	60	80	20	40	40	20	20	60	100	0	0	50	80	80	60	100	60	49.867
大荔镇寺底村	渭南市	潼关县	80	80	40	40	80	60	80	40	60	80	100	60	40	40	20	20	20	100	0	50	0	80	40	60	80	40	45.192
朝邑镇李罗村	渭南市	大荔县	80	80	40	40	80	60	80	40	60	80	80	20	40	40	20	20	20	80	0	50	0	60	20	60	60	60	43.641
寺前镇吴家坡村	渭南市	澄城县	80	80	40	40	80	60	80	40	80	60	100	20	40	40	20	20	40	80	100	0	0	80	80	60	80	60	49.067
太华街道办事处西关村	渭南市	华阴市	100	100	100	40	80	60	80	40	60	80	80	20	40	40	20	20	100	80	100	0	0	60	60	60	60	40	49.8
冯庄乡李庄村	宝鸡市	宝塔区	80	80	40	40	80	60	80	40	60	80	80	40	40	40	20	20	20	80	0	50	0	80	40	60	60	60	42.771
冯庄乡康龙丰村	延安市	宝塔区	80	80	40	40	80	60	80	40	60	80	80	40	40	40	20	20	60	80	0	50	0	80	40	60	60	60	42.771
枣林镇龙丰村	延安市	宝塔区	80	80	40	40	80	60	80	40	60	80	80	40	40	40	20	20	60	20	0	50	0	80	40	60	60	60	42.375
大禹街道办高家沟合村	延安市	延川县	80	80	40	40	80	60	80	40	60	80	80	80	40	40	20	20	40	20	100	0	50	60	40	80	100	60	49.505
贾家坪镇刘家沟村	延安市	延川县	80	80	40	40	80	60	80	40	60	100	80	80	40	40	20	20	80	20	100	0	50	60	20	100	80	100	61.303
贾家坪镇刘家沟塔村	延安市	延川县	80	80	40	40	80	60	80	40	60	100	80	80	40	40	40	20	40	40	100	0	50	80	20	100	60	100	62.899
曲溪交口政村合古	延安市	延川县	80	60	40	40	80	60	80	40	60	100	80	80	40	40	20	20	40	80	100	0	50	80	20	100	20	100	61.573

续表

镇村	所在地	县级市	海拔	起伏度	地貌区划	气候区划	市级温度	市级风速	市级湿度	市级降水	累计日照	二氧化碳	二氧化硫	PM2.5	城镇化率	人口密度	人均GDP	距城镇距离	距水系距离	生态安全战略格局	重点开发区	农产品主产区	重点生态功能区	土地资源	水资源	生态重要性	生态脆弱性	自然灾害危险性	加权得分
贾家坪镇张家河村	延安市	延川县	80	60	40	40	80	60	60	40	60	100	80	80	80	20	20	60	60	100	0	0	50	80	20	100	20	100	61.973
文安驿镇日家河村	延安市	延川县	80	80	40	40	80	60	60	40	60	100	80	80	80	20	20	20	40	0	0	0	50	80	20	100	20	100	48.307
文安驿镇乔家河村	延安市	延川县	80	80	40	40	80	60	60	40	60	100	80	80	80	20	20	20	20	0	0	0	50	80	20	100	20	100	47.909
杨家屹台镇下大木村自然村	延安市	延川县	80	60	40	40	80	60	60	40	60	100	80	80	80	20	20	60	40	0	0	0	50	80	20	100	20	100	49.375
杨家屹台镇瓦村河村	延安市	延川县	80	60	40	40	80	60	60	40	60	100	80	80	80	20	20	20	40	0	0	0	50	80	20	100	20	100	50.173
杨家屹台镇折家坪村	延安市	延川县	80	80	40	40	80	60	60	40	60	100	80	80	80	20	20	20	40	0	0	0	50	80	20	100	20	100	48.307
永坪镇段家屹塔村	延安市	延川县	100	100	40	40	80	60	60	40	60	80	80	80	80	20	20	100	80	100	0	0	0	80	20	100	20	100	60.775
凤栖街道小作革村	延安市	延川县	80	60	40	40	80	60	60	40	60	100	80	80	80	20	20	100	100	0	0	50	0	80	20	100	20	100	50.255
交口河道永胜古村	延安市	延川县	80	80	40	40	80	60	60	40	60	80	80	80	80	20	20	80	20	0	0	50	0	100	20	40	100	80	48.285
旧县镇京兆村	延安市	延川县	80	100	40	40	80	60	60	40	60	80	80	80	80	20	20	20	40	0	0	50	0	100	20	40	100	80	47.885
石头镇秦寨村	延安市	延川县	80	100	40	40	80	60	60	40	60	80	80	80	80	20	20	20	80	0	0	50	0	100	20	40	100	80	46.547
土基镇黄连河村	延安市	延川县	80	100	40	40	80	60	60	40	60	80	80	80	80	20	20	20	40	0	0	50	0	100	20	40	100	80	47.343
永乡镇冯家村	延安市	延川县	80	100	40	40	80	60	60	40	60	80	80	80	80	20	20	20	80	0	0	50	0	100	20	40	100	80	45.093
交口河道观头村	延安市	延川县	80	100	40	40	80	60	60	40	60	80	80	80	80	20	20	20	20	0	0	50	0	100	20	40	100	80	47.745
洞岭岔镇周家山村	延安市	子长市	80	60	40	40	80	60	60	40	40	100	80	80	80	20	20	60	60	0	0	0	100	40	20	100	20	60	45.568
杨家园则镇热寺湾村	延安市	子长市	80	60	40	40	80	60	60	40	60	100	80	80	80	20	20	20	60	0	100	0	0	80	20	60	20	60	59.832
白马滩镇神咱村	延安市	黄龙县	80	40	40	40	80	60	60	40	40	80	80	80	60	40	20	20	60	0	0	0	50	80	60	100	40	100	51.813
上盐湾镇寨孤村	延安市	榆阳区	80	80	40	40	80	80	60	40	40	60	80	80	80	40	20	20	60	0	100	0	0	80	80	60	40	60	45.123
镇川镇陈家坡村	延安市	榆阳区	80	80	100	40	80	80	60	40	40	60	80	80	80	40	20	20	60	100	0	0	50	80	80	60	40	60	47.145
府谷镇城内村	延安市	府谷县	80	60	40	20	80	80	60	40	40	60	100	80	80	40	20	20	60	100	0	0	0	80	40	60	20	60	49.032
哈镇哈镇村	延安市	府谷县	80	60	40	20	80	80	60	40	40	60	100	80	80	40	20	20	60	100	0	0	0	80	20	100	20	60	44.687
庙沟门镇沙梁村	延安市	府谷县	80	80	40	20	80	80	60	40	40	60	100	80	80	40	20	20	80	0	0	50	0	80	40	100	20	60	46.852
木瓜镇木瓜村	延安市	府谷县	80	80	40	20	80	80	60	40	40	60	80	80	80	40	20	20	60	0	0	50	0	80	40	100	20	60	44.817
黄甫镇前园则村	延安市	府谷县	80	80	40	20	80	80	60	40	40	60	80	80	80	40	20	20	60	40	0	50	0	80	40	100	20	60	46.982
清水镇磁沟渠村	延安市	府谷县	80	100	40	20	80	80	60	40	20	80	80	80	80	40	20	20	80	0	100	0	0	0	0	100	0	0	18.756
崔家湾镇纸房沟村	延安市	绥德县	80	80	40	20	100	20	80	80	40	60	80	80	80	40	20	20	60	80	0	0	100	80	40	100	20	60	48.204
吉镇镇狮子二十里铺村	延安市	绥德县	80	80	40	20	100	20	80	80	40	40	100	80	80	40	20	20	60	80	100	0	0	80	20	100	20	20	47.038
满堂川镇孙家岔村	延安市	绥德县	80	80	40	20	100	20	80	80	40	40	60	80	80	40	20	20	60	80	0	0	100	80	20	100	20	20	57.574
枣林坪镇前村村	延安市	绥德县	80	80	40	20	100	20	80	80	40	40	60	80	80	40	20	20	40	0	0	0	100	80	20	100	20	20	44.578
火烧店镇堰坎村	汉中市	留坝县	60	80	40	40	100	20	80	80	80	80	80	80	80	40	20	20	80	40	0	0	100	40	20	100	20	20	57.846
留侯镇营盘村	汉中市	留坝县	80	80	40	40	100	20	80	80	80	80	80	80	80	40	20	20	40	80	0	0	100	40	100	100	100	60	44.846
江口道镇龙潭坝村	汉中市	留坝县	80	80	20	40	100	20	80	80	80	100	80	80	80	40	20	20	80	40	0	0	100	40	100	100	100	60	44.578
武侯镇奎水社区	汉中市	勉县	80	80	20	40	100	20	80	80	100	100	60	80	80	60	20	20	40	80	0	0	50	60	60	80	100	40	58.742
武侯镇龙潭坝村	汉中市	勉县	100	80	20	60	100	20	80	80	100	100	60	80	80	60	20	20	40	80	0	0	50	60	60	80	100	40	54.53
洼沟镇奎水社区	安康市	汉滨区	80	60	40	40	100	20	80	80	100	80	60	80	60	60	20	20	80	40	0	0	100	60	60	80	80	40	54.626
武侯镇奎水村	汉中市	勉县	80	40	40	40	100	20	80	80	100	80	80	100	60	60	20	20	80	40	0	0	100	40	100	80	80	40	50.584
洼沟镇瓦铺村	安康市	汉滨区	80	40	40	40	100	20	80	80	100	80	80	100	60	60	20	20	40	40	0	0	50	40	60	60	80	40	42.285

附录3 国家生态文明建设战略需求背景价值下陕西传统村落价值评估打分表

续表

镇村	所在地	县级市	海拔	起伏度	地貌区划	气候区划	市级温度	市级风速	市级湿度	市级降水	累计日照	二氧化碳	二氧化硫	PM2.5	城镇化率	人口密度	人均GDP	距城镇距离	距水系距离	生态安全战略格局	重点开发区	农产品主产区	重点生态功能区	土地资源	水资源	生态重要性	生态脆弱性	自然灾害危险性	加权得分
县河镇红霞村	安康市	汉滨区	100	80	40	60	100	20	80	80	100	80	100	60	60	20	20	60	100	0	0	0	50	40	60	60	80	40	46.357
县河镇林香村	安康市	汉滨区	100	60	40	60	100	20	80	80	100	80	100	60	60	20	20	40	40	0	0	0	50	40	60	60	80	40	43.837
瀛湖镇沙沟村	安康市	汉滨区	100	60	40	60	100	20	80	80	100	80	100	60	60	20	20	20	60	0	50	0	0	40	60	60	80	40	43.437
中池镇堰坪村	安康市	石泉县	100	60	100	60	100	20	80	80	100	100	100	80	20	20	20	20	40	0	0	0	100	60	100	80	100	60	54.948
城关镇友谊村	安康市	镇坪县	80	20	20	60	100	40	80	80	100	80	80	80	20	20	20	60	40	0	0	0	100	40	80	80	100	40	53.212
高坝店镇高坝街社区	商洛市	山阳县	80	80	40	60	80	40	60	60	100	100	80	60	40	20	20	20	100	0	0	0	50	40	60	80	100	40	47.527
法官镇法官庙村	商洛市	山阳县	100	60	80	60	80	40	60	60	100	100	80	60	40	20	20	20	100	0	0	0	50	40	60	80	100	40	47.509
南宽坪镇艾家门村	商洛市	山阳县	80	20	20	60	80	40	60	60	100	100	80	60	40	20	20	20	80	0	0	0	50	40	60	80	100	40	45.403
南宽坪镇湖坪村	商洛市	山阳县	80	60	20	60	80	40	60	60	100	100	80	60	40	20	20	20	40	0	0	0	50	40	60	80	100	40	45.663
南宽坪镇老林村	商洛市	山阳县	80	80	20	60	80	40	60	60	100	100	80	60	40	20	20	20	100	0	0	0	0	40	60	80	100	40	46.191
南宽坪镇李家湾村	商洛市	山阳县	100	40	20	60	80	40	60	60	100	100	80	60	40	20	20	20	40	0	0	0	50	40	60	80	100	40	46.555
南宽坪镇下锅厂村	商洛市	山阳县	80	20	20	60	80	40	60	60	100	100	80	60	40	20	20	20	80	0	0	0	50	40	60	80	100	40	45.135
南宽坪镇答沟口村	商洛市	山阳县	80	80	40	60	80	40	60	60	100	100	80	60	40	20	20	20	40	0	0	0	50	40	60	80	100	40	47.213
湘河镇地坡村	商洛市	商南县	100	60	40	60	80	40	60	60	100	100	80	60	40	20	20	20	60	0	0	0	100	40	60	80	100	60	49.895
陈炉镇立地坡村	铜川市	印台区	60	60	20	60	80	80	60	40	100	80	100	80	20	20	20	20	60	0	100	0	0	60	40	60	80	60	44.268
小丘镇小丘镇移村	铜川市	耀州区	80	80	40	60	80	80	60	40	100	80	100	80	20	20	20	20	20	0	100	0	0	60	40	60	80	60	47.108
孙塬镇孙塬村	铜川市	耀州区	20	100	100	60	80	80	60	40	40	100	100	80	20	20	20	40	40	0	100	0	0	60	40	60	80	20	41.678
西庄镇党家村	韩城市	—	80	60	40	60	80	80	60	40	40	20	60	60	20	40	20	40	100	0	0	0	100	80	20	60	80	60	56.702
佳家硷乡贺一村	榆林市	绥德县	40	60	40	40	80	80	40	40	40	100	100	80	20	20	40	40	40	0	0	0	100	100	60	60	80	80	46.814
佳芦镇神泉村	榆林市	佳县	60	60	40	40	80	80	40	40	40	40	100	80	20	20	40	20	80	0	0	50	100	100	40	60	80	80	50.26
杨家沟镇杨家沟村	榆林市	米脂县	40	60	40	40	80	80	40	40	60	80	100	80	20	20	20	20	60	0	0	50	100	80	60	60	80	80	49.318
新兴镇柏社村	咸阳市	三原县	60	60	40	40	60	80	60	40	40	100	20	40	40	20	20	20	60	0	0	50	0	80	40	40	60	80	43.349
烟霞镇袁家村	咸阳市	礼泉县	80	60	40	40	60	80	60	40	40	100	20	40	40	20	20	20	60	0	0	50	0	80	80	40	80	80	44.917
监军镇等写坡村	咸阳市	永寿县	40	60	40	40	60	80	60	40	40	100	100	60	40	20	20	20	60	0	0	50	50	80	40	60	80	80	52.595
蓝湾镇中山村	安康市	旬阳县	60	100	60	60	100	60	80	60	80	60	80	60	40	20	20	60	60	0	0	0	50	60	60	60	80	40	50.204
城关镇立泉村	渭南市	富平县	100	100	80	60	100	80	60	40	100	40	100	40	40	20	20	100	100	0	100	0	0	60	100	60	80	60	46.596
坊镇灵泉村	渭南市	合阳县	80	40	40	40	80	80	40	40	40	80	20	40	20	20	20	20	60	0	100	50	0	80	40	40	80	40	48.309
尧头镇尧头村	渭南市	澄城县	60	60	40	40	80	80	40	40	40	80	80	40	40	20	20	20	80	0	100	50	0	80	40	60	80	40	45.539
芦芋镇张庄村	渭南市	佳县	60	100	100	40	80	80	60	40	100	40	100	80	40	20	20	40	100	0	0	50	100	80	100	80	100	80	53.548
酒房镇丁家城村	宝鸡市	麟游县	20	60	40	60	60	80	40	40	40	100	100	80	20	20	20	20	60	0	0	50	0	100	60	100	80	60	51.649
同家庄镇长益村	渭南市	合阳县	60	60	40	40	60	80	40	40	60	60	40	40	60	20	20	20	80	0	0	50	0	80	40	60	80	60	49.811
芝阳镇清水村	韩城市	—	80	80	40	40	80	80	40	40	60	60	80	60	40	20	20	20	100	0	0	0	100	100	40	60	80	60	51.006
白马滩镇张峰村	延安市	黄龙县	40	60	40	40	80	80	60	40	100	100	40	60	20	20	20	20	40	0	0	50	50	100	40	80	80	80	51.361
青木川镇青木川村	汉中市	宁强县	60	60	40	40	100	80	80	80	100	100	100	40	40	20	20	40	40	0	0	0	100	60	80	100	100	40	51.872
四十里铺乡艾家沟村	榆林市	绥德县	60	60	40	40	80	80	60	40	40	100	100	80	40	20	20	20	40	0	0	50	50	80	40	60	80	20	45.418
满堂川乡郭家沟村	榆林市	绥德县	40	60	40	40	80	80	40	40	40	100	80	80	40	20	20	20	60	0	0	0	100	80	60	100	80	20	43.866
满堂川乡前家沟村	榆林市	绥德县	40	60	40	40	80	80	40	40	40	100	100	80	40	20	20	20	80	0	0	0	100	80	60	100	80	20	44.394
康家港乡沙坪村	榆林市	佳县	60	60	40	40	80	80	40	40	100	100	100	80	20	20	20	20	80	0	0	0	100	100	100	20	20	80	50.486

续表

镇村	所在地		海拔	起伏度	地貌区划	气候区划	市级温度	市级风速	市级湿度	市级降水	累计日照	二氧化碳	二氧化硫	PM2.5	城镇化率	人口密度	人均GDP	距城镇距离	距水系距离	生态安全战略格局	重点开发区	农产品主产区	重点生态功能区	土地资源	水资源	生态重要性	生态脆弱性	自然灾害危险性	加权得分
		县级市																											
峪口乡峪口村	榆林市	佳县	100	100	40	40	80	80	40	40	60	80	100	60	60	20	20	60	100	0	0	0	0	0	0	0	0	0	22.346
朱家坬镇泥河沟村	榆林市	佳县	60	100	40	40	80	80	40	40	60	80	100	60	60	20	20	20	100	6	0	0	0	0	0	0	0	60	21.03
双湖峪镇张家村	榆林市	子洲县	60	60	100	60	80	80	80	80	100	100	100	60	80	40	20	100	20	100	0	0	100	60	40	80	20	60	62.142
后柳镇长兴村	安康市	石泉县	20	40	40	60	100	20	80	80	100	100	100	80	80	20	20	100	20	100	0	0	100	60	80	80	80	60	64.096
向阳镇营梁村	安康市	紫阳县	80	20	20	60	100	20	80	80	100	100	100	80	80	20	20	60	40	0	0	0	100	40	100	80	80	60	65.762
赤岩镇七里村庙湾村	安康市	紫阳县	80	20	20	40	100	20	80	80	100	100	100	60	80	40	20	20	40	0	0	0	100	40	100	80	80	40	49.464
赤岩镇万福村	安康市	紫阳县	20	20	40	40	100	20	60	80	100	100	100	60	80	40	20	40	20	0	0	0	100	40	100	80	80	40	48.388
葛牌镇湛家湾村	西安市	蓝田县	60	20	20	40	100	20	60	80	80	100	100	60	80	20	20	100	20	100	0	50	0	40	60	80	80	40	48.982
厚畛子乡老县城村	西安市	周至县	20	100	40	40	100	20	60	60	80	100	100	60	80	40	20	100	40	100	0	50	0	40	80	100	100	40	61.821
鲁桥镇东里村	咸阳市	三原县	100	20	100	40	80	60	60	63	100	100	100	20	80	60	20	20	60	0	100	0	0	60	20	40	60	80	65.022
香庙乡程家川村	渭南市	彬州市	60	40	40	40	80	60	60	63	100	80	20	100	80	20	20	100	100	100	0	50	0	60	40	80	100	80	45.823
赤水镇辛村	渭南市	华县	100	40	100	40	80	60	60	60	80	80	20	40	80	40	20	100	100	0	100	0	0	60	60	40	60	60	46.424
朝邑镇大荔村	渭南市	大荔县	100	40	100	40	80	60	60	60	80	80	20	40	80	40	20	40	100	0	100	50	0	60	20	80	60	60	64.506
段家镇东高垣村	渭南市	大荔县	80	100	100	40	80	60	60	60	80	80	20	40	80	40	20	20	100	0	100	0	0	80	60	80	40	60	48.974
百良镇东宫城村	渭南市	合阳县	80	100	100	40	80	60	60	60	80	80	20	40	80	40	20	40	60	0	100	50	0	60	20	60	100	60	43.015
樊林镇山西村	渭南市	蒲城县	100	100	100	40	80	60	60	60	80	80	20	40	80	40	20	40	60	0	100	50	0	60	40	60	100	60	49.667
新城办小相里堡村			80	80	40	40	80	60	60	60	80	80	20	40	80	40	20	80	60	0	100	0	0	60	40	60	80	80	47.211
龙门镇西原村	韩城市			100	100	40	80	60	60	40	80	80	20	40	80	40	20	80	100	0	100	0	0	80	60	60	80	60	54.578
桑树坪镇王峰村	韩城市		80	100	40	40	80	60	60	60	80	80	20	40	80	40	20	80	100	0	100	0	0	80	60	60	60	60	40.545
西庄镇郭庄村	韩城市		100	80	100	40	80	60	60	40	80	80	20	40	80	40	20	40	60	0	100	0	0	80	40	60	60	60	49.152
西庄镇柳村	韩城市		80	80	40	40	80	60	60	40	80	80	20	40	80	40	20	80	60	0	100	0	0	80	40	60	80	60	52.602
西庄镇薛村	韩城市		100	80	100	40	80	60	60	40	80	80	20	40	80	40	20	40	60	0	100	0	0	80	60	60	60	60	52.758
西庄镇张氏村	韩城市		100	100	52	40	80	60	60	40	80	80	20	40	80	40	20	80	60	0	100	0	0	80	60	60	60	60	53.254
临镇镇石村	延安市	宝塔区	40	60	80	40	80	60	60	40	80	60	20	80	80	40	20	80	100	0	50	0	0	40	40	60	60	60	52.984
安定镇安定村	延安市	子长市	20	100	40	40	100	60	60	40	60	60	20	80	80	40	20	40	80	0	100	50	0	80	20	60	20	60	54.578
上元观镇乐丰村	汉中市	城固县	80	100	40	60	100	20	80	60	40	60	100	80	80	40	20	80	80	0	50	0	100	80	40	80	20	40	42.189
义和镇虎头村		绥德县	40	60	100	40	80	60	40	60	80	60	20	80	80	40	20	20	80	0	0	0	100	20	80	100	20	40	59.026
中角镇梁家甲村	榆林市	米脂县	40	80	40	40	80	60	40	40	80	60	20	80	80	20	20	40	80	0	0	0	100	20	40	100	20	20	63.327
银州办事处高庙山村	榆林市	米脂县	20	80	100	40	80	60	60	40	80	60	20	80	80	20	20	40	80	0	0	0	100	20	40	100	20	60	44.394
桃镇桃镇村	榆林市	米脂县	20	80	40	40	80	60	60	40	80	60	20	80	80	20	20	80	80	0	0	0	100	40	40	100	20	20	44.168
杨家沟镇黑圪塔村	榆林市	米脂县	20	20	40	40	80	60	60	40	80	60	20	80	80	20	20	40	80	0	0	0	100	40	40	100	20	60	50.644
杨家沟镇寺沟村	榆林市	米脂县	40	80	40	40	80	60	60	40	80	60	20	80	80	20	20	40	80	0	0	0	100	60	40	80	20	40	49.318
郭兴庄镇岳家岔村	榆林市	米脂县	40	80	100	40	80	60	60	40	80	60	20	80	80	20	20	40	80	0	0	0	100	80	40	80	20	40	49.318
郭兴庄镇白兴庄村	榆林市	米脂县	20	80	40	40	80	60	60	40	80	60	20	80	80	20	20	40	80	0	0	0	100	60	40	80	20	60	49.016
乔河乡刘家峁村	榆林市	米脂县	40	60	100	40	80	60	60	40	80	60	20	80	80	20	20	40	80	0	0	0	50	80	40	80	20	60	50.005
城郊乡镇子湾村	榆林市	米脂县	60	100	100	40	80	60	40	40	80	60	100	80	80	20	20	80	80	0	0	0	50	80	80	60	40	60	48.643

附录3　国家生态文明建设战略需求背景价值下陕西传统村落价值评估打分表

续表

镇村	所在地	县级驻地	海拔	起伏度	地貌区划	气候区划	市级温度	市级风速	市级湿度	市级降水	累计日照	二氧化碳	二氧化硫	PM2.5	城镇化率	人口密度	人均GDP	距城镇距离	距水系距离	生态安全战略格局	重点开发区	农产品主产区	重点生态功能区	土地资源	水资源	生态重要性	生态脆弱性	自然灾害危险性	加权得分
木头峪乡木头峪村	榆林市	佳县	100	100	40	40	80	80	40	40	60	80	100	60	60	40	20	20	100	0	0	0	0	0	0	0	0	0	20.75
高杰村镇高杰村	榆林市	清涧县	60	60	40	40	80	80	40	40	40	100	100	80	80	20	20	20	80	0	0	100	40	100	100	20	80	51.81
何家集镇眠虎沟	榆林市	子洲县	20	40	40	40	80	80	40	80	40	80	100	60	80	20	20	20	80	100	0	100	40	40	100	20	60	57.544
石转镇双柏树	安康市	汉滨区	40	20	20	60	100	100	80	80	100	80	100	60	80	20	20	20	20	20	0	0	50	40	60	60	40	52.965
双龙镇天宝村	安康市	汉滨区	80	20	20	60	100	80	60	80	100	80	100	60	80	20	20	20	20	20	0	0	50	40	60	60	80	40	41.217
叶坪镇双桥村	安康市	汉滨区	20	40	20	60	100	80	60	80	100	80	100	60	80	20	20	20	20	40	0	0	0	40	60	60	80	40	41.465
早阳镇王正村	安康市	汉滨区	40	20	40	60	100	80	60	80	100	100	100	60	80	20	20	20	20	20	0	0	0	40	60	60	80	40	53.107
共进镇高山村	安康市	汉滨区	60	40	80	60	100	80	60	80	100	80	100	60	80	20	20	20	20	20	0	0	0	40	60	60	80	40	54.145
瑶镇马河村	安康市	汉滨区	60	40	40	60	80	80	80	80	100	100	100	60	60	20	20	20	40	20	0	0	0	40	60	60	80	40	41.661
仙河乡牛家阴坡村	安康市	旬阳县	100	80	20	40	80	20	80	80	100	100	80	20	80	20	20	40	20	0	100	0	100	40	100	0	80	0	18.506
云盖寺镇云镇火村	商洛市	镇安县	80	20	40	60	60	60	80	80	100	80	80	20	40	20	20	40	40	40	0	0	0	40	80	40	100	40	48.606
烽火镇烽火村	咸阳市	礼泉县	100	100	40	40	80	60	60	60	100	80	100	40	80	20	20	20	20	60	0	0	50	80	20	40	60	60	44.517
两宜镇东白池村	渭南市	大荔县	80	40	40	60	80	20	60	60	80	80	80	40	60	20	20	20	40	20	0	0	50	80	60	60	100	60	46.859
范家镇铬草村	渭南市	大荔县	100	40	100	60	80	20	60	60	80	80	80	40	80	20	20	20	60	20	0	0	50	80	60	60	100	60	41.387
新池镇行家正村	渭南市	合阳县	80	80	40	60	80	60	60	80	80	80	80	40	80	20	20	20	40	40	0	0	50	80	60	60	100	40	49.137
黑池镇南社村	渭南市	合阳县	80	100	100	60	80	80	60	80	80	80	80	40	80	20	20	20	40	60	0	0	50	80	60	60	100	60	48.443
黑池镇黑家东村	渭南市	合阳县	80	100	40	40	80	80	60	80	80	80	80	40	80	20	20	20	40	40	0	0	50	80	80	60	60	60	48.869
路井镇杨家坡村	渭南市	合阳县	80	60	60	60	80	60	60	80	100	80	80	40	80	20	20	20	60	60	0	0	50	80	60	60	100	60	48.757
冯原镇吉安城村	渭南市	澄城县	60	100	100	60	80	60	60	80	80	60	100	60	80	20	20	20	60	100	0	0	50	80	20	40	100	40	43.449
兴镇西家村	渭南市	蒲城县	100	100	40	40	80	60	60	60	80	80	80	40	80	20	20	20	40	60	0	0	50	80	40	60	100	60	47.437
老庙镇驾岭村	渭南市	白水县	80	80	40	40	80	60	60	60	80	80	80	40	80	20	20	20	40	60	0	0	50	80	60	40	100	60	48.805
北源镇杨社村	渭南市	白水县	60	80	40	40	80	80	60	60	80	80	80	40	80	20	20	20	40	100	0	0	50	80	20	40	100	60	46.845
杜康镇家卫村	渭南市	富平县	80	40	100	40	80	60	40	40	80	80	100	40	60	40	20	20	40	60	0	0	50	80	20	40	60	60	44.721
泛山镇陶池村	韩城市	韩城市	100	60	40	60	80	60	40	40	60	60	100	40	80	20	20	20	80	60	0	100	50	0	40	40	60	80	41.117
新城街道周原村	渭南市	华阴市	100	80	100	60	80	80	40	80	60	100	100	60	80	20	20	20	80	100	0	100	50	80	80	40	60	40	54.05
岳庙镇道双泉村	渭南市	华阴市	100	100	40	60	80	60	40	60	80	100	80	60	80	20	20	20	40	40	0	100	50	80	40	60	80	40	48.602
雷赤镇京水岸村	延安市	延长县	100	40	60	40	40	80	60	40	60	100	80	80	80	20	20	20	60	60	0	0	50	40	0	20	60	0	21.054
水坪镇赵家河村	延安市	延川县	40	60	40	40	80	40	60	40	60	80	80	80	80	20	20	20	80	100	100	0	50	80	20	20	100	20	100	60.323
文安驿镇梁家河村	延安市	延川县	40	60	60	40	80	40	60	40	80	100	80	80	80	20	20	20	80	60	100	0	50	80	20	20	100	40	100	61.789
贾家坪镇马刘家沟村	延安市	延川县	40	60	60	40	80	40	60	40	80	100	80	80	80	20	20	20	60	80	100	0	50	80	20	20	80	20	100	60.593
贾家坪镇田家川村 马家湾村	延安市	延川县	20	20	40	40	40	60	40	40	60	80	100	80	60	20	20	20	80	80	100	0	50	80	20	20	100	20	100	59.041
上田家川																													
关庄镇聂家湾村	延安市	延川县	40	40	20	40	80	60	60	40	60	80	100	80	60	20	20	20	80	80	100	0	50	80	20	20	100	40	100	61.391
关庄镇大相寺村	延安市	延川县	40	40	40	40	80	60	60	40	60	80	100	60	60	20	20	20	80	80	100	0	50	80	20	20	100	40	100	59.795
乾坤湾镇碾畔村	延安市	延川县	20	60	60	40	80	80	40	40	60	100	80	60	80	20	20	20	80	100	0	0	50	40	20	20	100	20	60	34.864
乾坤湾镇刘家山村	延安市	延川县	60	40	40	40	80	80	40	40	80	80	80	60	80	20	20	20	60	60	0	0	50	40	80	40	100	40	60	47.951
古塔镇罗硷村	榆林市	榆阳区	40	60	100	40	80	80	40	40	40	100	100	80	80	20	20	20	60	60	0	0	0	80	80	60	40	60	45.365
横山街道贾大峁村	榆林市	横山区	20	80	40	40	80	80	40	40	40	100	100	100	80	20	20	20	80	100	100	0	0	100	80	80	40	40	60	65.796

续表

镇村	所在地	县级市	海拔	起伏度	地貌区划	气候区划	市级温度	市级风速	市级湿度	市级降水	累计日照	二氧化碳	二氧化硫	PM$_{2.5}$	城镇化率	人口密度	人均GDP	距城镇距离	距水系距离	生态安全战略格局	重点开发区	农产品主产区	重点生态功能区	土地资源	水资源	生态重要性	生态脆弱性	自然灾害危险性	加权得分
响水镇响水村	榆林市	横山区	40	80	100	40	80	80	40	40	40	100	100	100	80	20	20	20	100	0	0	0	50	80	80	80	40	60	50.403
殿市镇五龙山村	榆林市	横山区	40	60	100	20	80	80	40	40	40	100	100	100	80	20	20	20	80	100	0	0	0	80	80	40	40	60	51.326
赵石畔镇王皮庄村	榆林市	横山区	20	60	40	20	80	80	40	40	40	100	100	80	80	20	20	20	100	80	0	50	0	80	80	40	60	60	60.839
镇靖镇镇靖村	榆林市	靖边县	20	80	100	40	80	80	40	40	40	60	100	80	60	20	20	20	80	100	0	0	50	80	40	60	60	100	59.575
中角镇中角村	榆林市	绥德县	40	60	40	40	80	80	40	40	60	100	100	60	60	40	20	20	100	80	0	0	100	80	20	100	20	20	44.394
螅镇荷叶坪村	榆林市	佳县	100	100	40	40	80	80	40	40	40	100	100	60	60	20	20	20	80	0	0	100	100	0	0	0	0	0	20.75
螅镇刘家坪村	榆林市	佳县	60	80	100	40	80	80	40	40	40	100	100	80	80	20	20	20	100	100	0	100	0	40	20	100	20	80	51.412
裴家湾镇园则坪村	榆林市	子洲县	40	60	40	40	80	20	80	80	100	100	100	80	40	40	20	20	40	100	0	100	0	40	40	100	100	60	58.724
城关镇城关村	汉中市	留坝县	40	60	20	40	100	20	80	80	100	100	80	80	40	20	20	20	40	100	0	100	0	40	100	100	100	80	69.438
留侯镇庙台子村	汉中市	留坝县	20	20	20	40	80	60	80	60	100	100	100	80	60	20	20	60	40	100	0	100	0	40	100	100	100	80	68.272
江口镇磨坪村	汉中市	留坝县	20	20	40	40	80	20	80	80	100	80	100	60	60	20	20	20	40	100	0	100	0	40	100	100	100	80	67.922
谭坝镇前河村	安康市	汉滨区	80	60	40	60	100	20	80	80	100	100	100	60	60	20	20	50	20	0	50	0	0	60	60	100	80	40	42.415
骏斗镇长岭村	安康市	石泉县	80	40	40	60	80	60	80	80	100	100	100	60	60	20	20	20	20	100	0	100	0	100	80	80	80	60	64.774
漫川关镇古镇社区	商洛市	山阳县	100	40	80	60	80	40	60	60	100	100	80	20	20	20	20	20	100	0	0	0	50	40	60	80	100	40	46.981

附录4 传统村落文化遗产本体价值评估指标体系表

目标	准则	指标	指标对象	分值标准及释义	满分
1	村落选址及格局	久远度	村落现有选址形成年代	明清及明清以前，10分；民国，5分；中华人民共和国成立后，1分	10
		格局完整性	核心区整体风貌	核心区建筑风貌整体保存良好，7—10分；一般，4—6分；较差，0—3分	10
			传统街巷体系	街巷空间非常丰富且尺度宜人，7—10分；一般丰富，4—6分；较差，0—3分	10
			传统公共空间	传统公共空间保存原有功能且非常好，7—10分；一般，4—6分；较差，0—3分	10
		协调性	周边自然环境保护程度	村落周边环境保存良好，清晰体现原有选址观念，10—15分；一般，5—9分；较差，0—4分	15
			周边建设项目情况	周边无建设项目或对环境无影响，10—15分；一般影响，5—9分；较大影响，0—4分	15
		科学文化价值	村落选址、规划及营造特色	村落的选址、规划、营造具有很高的科学研究价值，7—10分；一般，4—6分；较差，0—3分	10
			村落地域或民族特色	村落极具地域或民族特色，7—10分；一般，4—6分；较差，0—3分	10
			村落周边自然环境资源影响	村落的建设与发展与周边自然环境资源有极大关系，7—10分；一般，4—6分；较差，0—3分	10

续表

目标	准则	指标	指标对象	分值标准及释义	满分
2	传统建筑	久远度	现存最早建筑修建年代	明代及以前，4分；清代，3分；民国，2分；中华人民共和国成立至1980年，1分	4
			传统建筑群集中修建年代	清代及以前，6分；民国，4分；中华人民共和国成立至1980年，3分	6
		稀缺度	文物保护单位等级	国家级文物保护单位，5分；省级文物保护单位，3分；市县级文物保护单位，2分	10
		规模与比例	传统村落中传统建筑栋数占村庄整体建筑栋数比例	≥60%，16—20分；40%—60%，11—15分；20%—40%，6—10分；0—20%，0—5分	20
		丰富度	传统村落建筑所具有的功能类型	传统村落建筑的功能类型有居住、传统商业、防御、驿站、祠堂、庙宇、书院、楼塔及其他种类。每一种得2分	10
		完整性	现存传统建筑（群）及其建筑细部乃至周边环境保存情况	保存完好，12—15分；保存较好，8—11分；保存一般，4—7分；保存较差，0—3分	15
		工艺美学价值	现有传统建筑具有特殊建造工艺的特色建筑	具有典型地域或民族特色，且工艺精湛，7—10分；具有典型地域、民族特色但工艺一般，或不具备地域典型性但工艺精湛，4—6分；地域性典型性或工艺均较为一般，0—3分	10
		传统营造工艺传承	传统的营造工艺在建筑中的应用	至今仍大量应用传统技艺营造日常生活建筑，8—10分；较多遗存，5—7分；较少遗存，0—4分	10
		生活延续性	现存传统建筑中原住民的生活延续情况	原住民居住人口占村落总人口60%以上，12—15分；40%—60%，8—11分；20%—40%，4—7分；0—20%，0—3分	15
3	历史环境要素	久远度	现存最早历史环境要素年代	明代及以前，10分；清代，8分；民国，6分；中华人民共和国成立至1980年，3分	10
		稀缺度	文物保护单位等级	环境要素被列入国家级、省级、市县级、第三次文物普查范围分别得5分、3分、2分、1分，每超过一处分别得2分、1.5分、1分、0.5分	10
		数量	历史环境要素总数	环境要素总数量超过35个，15—20分；总数量超过25—35个，10—14分；总数量超过15—25个，5—9分；总数量超过0—15个，0—4分	20
		丰富度	历史环境要素种类	传统村落具有史建祭台、古石板、碑刻、遗留水井及水渠、古墓群、名木古树及其他种类。每一种得2分	16
		完整性	存在于各类要素周边的环境、要素本身的细节部位保存状况	存在于各类要素周边的环境、要素本身的细节部位保存完好，与村落整体风貌协调统一，15—20分；现存历史环境要素、细部、周边环境基本上原貌保存，当地居民就在使用部分要素，10—14分；现存历史环境要素遭受到部分人为或自然破坏，但还能分辨其结构，周边环境虽遭受到了一定破坏，但能从其看出村落一定时期的风貌特色，5—9分；历史环境要素大部分破损较严重，存留部分结构构件及细部装饰，具有一定历史与地域特色风貌，周边环境破坏较为严重，0—4分	20

附录4 传统村落文化遗产本体价值评估指标体系表

续表

目标	准则	指标	指标对象	分值标准及释义	满分
3	历史环境要素	工艺美学价值	传统村落现存环境要素所采用的结构及材料，整体上的造型，要素的装饰等美学艺术价值	现存历史环境要素所具有的外观、形体等，建筑所采用的结构及使用材料的配置对比，材料的加工方式，是否采用本地材料，能够从这些要素中体验到一定地域的特点和区域民族特色，工艺美学价值高，16—24分；现存历史环境要素所具有的外观、形体等，建筑整体结构，所使用的材料的配置对比，材料的加工方式，是否采用本地材料，要素具有地域性特点或民族性特色，工艺美学价值较高，8—15分；历史环境要素外观、装饰、使用材料等不具备典型民族或地域代表性，建造与装饰仅体现当地乡土特色，美学价值一般，0—7分	24
4	非物质文化遗产	稀缺度	非物质文化遗产级别	世界级非物质文化遗产，10分；国家级非物质文化遗产，8分；省级非物质文化遗产，5分	10
		丰富度	非物质文化遗产种类	国家级非物质文化遗产，2分；省级非物质文化遗产，1分	5
		连续性	至今连续传承时间	非物质文化遗产至今已连续传承时间在100年以上，10分；连续传承时间在50年以上，8分	10
		规模	传承活动规模	全村参加非物质文化遗产活动，5分；参加人数大于30人，4分；参加人数大于等于10人，小于30人，3分；参加人数小于10人，2分	5
		传承人	是否有明确代表性传承人	有，且为省级以上，5分；有，且为市级以上，3分；无，0分	5
		活态性	传承情况	传承良好，具有传承活力，15分；传承一般，无专门管理，10分；传承濒危无活力，5分	15
		依存性	非物质文化遗产相关的仪式、传承人、材料、工艺以及其他实践活动等与村落及其周边环境的依存程度	非物质文化遗产举行活动的空间及组织管理、工具的加工工艺及材料等内容与村落物质环境密切联系，15—20分；遗产举行活动的空间、工具的加工工艺的传承对村落具有一定依赖性，当地村民与非物质文化活动的举行有联系密切，具有民间管理组织，10—14分；遗产举行活动的空间、工具的加工工艺的传承与村落联系较为密切，为本地域共有特色遗产，具有代表性，5—9分；遗产可不依赖村落保持独立传承，0—4分	20
4	非物质文化遗产	典型性	非物质文化遗产的地域性、民族性特色评价	传统村落极具地域或民族特色，5—10分；一般，5分；较差，0—4分	10
		社会文化价值	本地传统习俗	传统习俗总数量超过10个，7—10分；总数量为5—10个，4—6分；总数量为0—5个，0—3分	10
			本土文化认同感	文化认同感强，7—10分；一般，4—6分；较差，0—3分	10

续表

目标	准则	指标	指标对象	分值标准及释义	满分
5	红色文化遗产	红色建筑	建筑风貌	红色建筑风貌保存良好，7—10分；一般，4—6分；较差，0—3分	10
			建筑价值	红色建筑价值较高，7—10分；一般，4—6分；较低，0—3分	10
		红色环境	红色遗址规模	传统村落红色遗址规模，突出，7—10分；一般，4—6分；较差，0—3分	10
			红色景观特色	传统村落极具红色景观特色，突出，7—10分；一般，4—6分；不突出，0—3分	10
		历史影响	英雄事迹	各个革命时期传统村落所流传的具有重要历史价值、承载一定革命精神的英雄事迹。每存在一种得5分	20
			革命文化	各个革命时期传统村落所流传的具有重要历史价值、承载一定革命精神的革命文艺、革命歌曲、革命口号、称颂诗词。每存在一种得5分	20
		红色习俗	纪念仪式	各个革命时期传统村落所流传的具有重要历史价值、承载一定革命精神的纪念仪式。每存在一种得5分	20

后　　记

　　本书终于要出版面世了。在此，有必要就本书的撰著再说几句话。

　　传统村落的保护利用价值评估，既是传统村落保护利用工作的基础，也是传统村落保护利用研究的难题。本课题"传统村落保护利用价值的分级分类体系与评价导则"能够作为重要研究对象提出来，离不开本课题所属重点专项项目主持人西安建筑科技大学校长王树声教授的敏锐认识与深邃思考；本课题在三年多的研究过程中，也一直得到王树声教授及其项目组同志的指导、帮助、关心，使本课题各项任务得以如期完成。在此，谨代表本课题组向王树声教授及其项目组的同志致以诚挚谢意！

　　传统村落的价值认识及其科学、合理评估，要在学界既有研究基础上有所创新、有所突破，很不容易。有了新的思路和设想之后，要在不长的时间内实现本课题的研究设想，达成本课题的研究目标，乃至把研究成果应用于相关村落保护实践项目，更不容易。本课题在研究过程中也遇到了不少专业或非专业的问题，各任务组负责人及研究人员通过多方交流、协作、配合，最后都提出了可行的解决方案，完成了预期研究任务，实现了课题研究目标。在此，谨向参与本课题研究工作的诸位老师、研究生表示衷心感谢！

　　在课题研究进行过程中，我所在的教育部人文社会科学重点研究基地陕西师范大学西北历史环境与经济社会发展研究院以及陕西师范大学相关部门的领导、老师提供了不少支持。在此，谨致谢忱！

　　本书的总体结构及各章的大致内容构成由我提出。在具体写作过程中，第 1 章由刘晚莹、李庆鹏完成，第 2 章由周宏伟、刘晚莹、李庆鹏完成，第 3 章由张薇、朱玲完成，第 4 章由黄晓燕、康晨晨完成，第 5 章由魏峰群、赵晶雪、林碧霞完成，第 6 章由周宏伟、刘晚莹、李庆鹏完成，第 7 章由朱旭东、张帆、王佳婧、赖腾完成。收到各章初稿后，我对其中某些表达表述作了不同程度的修改、增删、调整、规范。

　　希望本书所汇集的研究成果能够优化我国传统村落保护利用格局，提升我国传统村落保护利用水平，真正有益于新时代遗产保护、乡村振兴的伟大事业！由于本课题研究具有探索性，本书中的一些认识、观点、结论未必完全成熟，某些计算、处理方法也未必十分妥当，欢迎研究者批评指正！我们今后将定期对相关数据平台的内容进行更新与完善。

特为记。

周宏伟

2022 年 11 月 8 日